V&R

REGESTA
PONTIFICVM ROMANORVM

IVBENTE ACADEMIA GOTTINGENSI

CONGERENDA CVRAVIT

NICOLAVS HERBERS

BOHEMIA-MORAVIA PONTIFICIA

VEL ETIAM

GERMANIA PONTIFICIA

VOL. V/3

PROVINCIA MAGVNTINENSIS

PARS VII

DIOECESES PRAGENSIS ET OLOMVCENSIS

AVCTORE

WALDEMARO KÖNIGHAVS

GOTTINGAE

IN AEDIBVS VANDENHOECK ET RUPRECHT

MMXI

BOHEMIA-MORAVIA PONTIFICIA

SIVE

REPERTORIVM PRIVILEGIORVM ET LITTERARVM
A ROMANIS PONTIFICIBVS ANTE ANNVM MCLXXXXVIII

BOHEMIAE ET MORAVIAE

ECCLESIIS MONASTERIIS CIVITATIBVS SINGVLISQVE PERSONIS
CONCESSORVM

VEL ETIAM

GERMANIA PONTIFICIA

VOL. V/3

PROVINCIA MAGVNTINENSIS

PARS VII

DIOECESES PRAGENSIS ET OLOMVCENSIS

CONGESSIT

WALDEMARVS KÖNIGHAVS

VSVS WINFRIEDI IRGANG SCHEDIS

GOTTINGAE

IN AEDIBVS VANDENHOECK ET RUPRECHT

MMXI

Dieser Band wurde durch die Gemeinsame Wissenschaftskonferenz (GWK) im Rahmen des Akademienprogramms mit Mitteln des Bundes und des Landes Niedersachsen gefördert.

Bibliografische Information der Deutschen Nationalbibliothek

Die Deutsche Nationalbibliothek verzeichnet diese Publikation in der Deutschen Nationalbibliografie; detaillierte bibliografische Daten sind im Internet über http://dnb.d-nb.de abrufbar.

ISBN 978-3-525-36038-5

Vorwort

Böhmen und Mähren liegen in der Mitte Europas. Deshalb ist es auch ein Beitrag zur Geschichte Europas, wenn nun die Dokumentation der Beziehungen dieses Raumes zum Papsttum bis 1198 in der bewährten Form der ‚Regesta Pontificum Romanorum' im Druck erscheint. Der Untertitel des vorgelegten Bandes zeigt an, daß die einschlägigen Gebiete bis ins 14. Jahrhundert zur Kirchenprovinz Mainz gehörten und damit die Bindungen an das Reich gerade in kirchlicher Hinsicht besonders intensiv waren. Der Plan einer ‚Bohemia-Moravia Pontificia' gehört schon lange zu den Projekten des Göttinger Papsturkundenwerkes und der Pius-Stiftung für Papsturkundenforschung. Aber erst nachdem 2007 das Akademienprogramm auch die Einstellung hauptamtlicher Mitarbeiter möglich gemacht hatte, ist die ‚Bohemia-Moravia' verstärkt und energisch in Angriff genommen worden, so daß in relativ kurzer Bearbeitungszeit nun ein druckfertiges Ergebnis vorliegt.

Der Band steht damit auch im Rahmen des Akademienprogrammes, das sich in den nächsten Jahren vorrangig neben der Bearbeitung der dritten Auflage des Jaffé und der ‚Iberia Pontificia' gerade der mittel- und osteuropäischen Pontificien annehmen wird. Insofern wird die ‚Bohemia-Moravia Pontificia' neben dem Bezug zur ‚Germania Pontificia' erst voll im Zusammenhang mit der inzwischen schon begonnenen ‚Polonia

Úvod

Čechy a Morava leží ve středu Evropy, a proto jsou příspěvkem k evropským dějinám také právě vydávané písemné doklady o vztazích obou zemí k papežství do roku 1198, které vycházejí v zavedené řadě ‚Regesta Pontificum Romanorum'. Podtitul aktuálního svazku napovídá, že tyto celky příslušely až do 14. století k mohučské církevní provincii, což přispívalo především v církevní sféře k vytváření intenzivních vazeb k Říši. Idea díla ‚Bohemia-Moravia Pontificia' náleží již delší dobu ke společným projektům Pracoviště pro vydávání papežských listin v Göttingen a Nadace papeže Pia XI. pro výzkum papežských listin. Teprve v roce 2007 umožnil program Akademie věd v Göttingen zaměstnat na plný úvazek několik spolupracovníků a rovněž zahájit s plným nasazením projekt ‚Bohemia-Moravia Pontificia', završený po uplynutí relativně krátké doby tímto vytištěným dílem.

Svazek vznikl v rámci programu Akademie věd, který klade pro příští léta důraz zvláště na Pontificia pro země střední a východní Evropy a zároveň na zpracování třetího vydání Jafého regest papežských listin a na projekt ‚Iberia Pontificia'. Jeho důležitost a význam se vedle zřetele ke ‚Germania Pontificia' plně projeví až ve vztahu k čerstvě započaté ‚Polonia Pontificia'. Na rozdíl od standardní podoby předchozích svazků tvoří z věcných důvodů první část publikace historie Velkomoravské říše se

Pontificia' zur Wirkung kommen. Gegenüber den früheren Bänden wurde insbesondere darauf geachtet, die Geschichte des Großmährischen Reiches mit den zahlreichen Papstkontakten im 9. Jahrhundert ebenso wie die Betreffe zu den Herzögen und Königen der Gliederung nach Diözesen vorzuschalten. Gerade bei der Bearbeitung dieses Teils der ‚Magna Moravia' war der Austausch mit den im Rahmen der ‚Regesta Imperii' vorbereiteten Papstregesten zum 9. Jahrhundert besonders intensiv.

Ich danke an dieser Stelle nicht nur dem Bearbeiter und der Förderung durch die Akademie der Wissenschaften zu Göttingen, sondern auch Winfried Irgang, der uns seine Ergebnisse kooperativ überlassen hat, weiterhin den vielen Gesprächspartnern und Helfern. Das Manuskript ist mehrfach Korrektur gelesen und verbessert worden, dafür ist vor allen Dingen Rudolf Hiestand (Düsseldorf), Werner Maleczek (Wien) sowie Marie Bláhová (Prag) zu danken.

Mein Glückwunsch richtet sich besonders an Herrn Dr. Waldemar Könighaus, der innerhalb kurzer Zeit den Abschluss des Manuskriptes bewerkstelligt hat und dessen Augenmerk nun der zur ‚Bohemia' komplementären ‚Polonia Pontificia' gilt: Vivant sequentes!

zaměřením na početné kontakty s papeži v 9. století jakož i na doklady vzájemných styků papežů a knížat, resp. králů. Právě při zpracování údajů k ‚Magna Moravia' došlo k intenzivnímu průniku s připravovanými díly papežských regest 9. století v sérii ‚Regesta Imperii'.

Na tomto místě děkuji zpracovateli, dále Akademii věd v Göttingen za podporu, ale také Winfriedu Irgangovi za kolegiální přenechání vlastních podkladů a rovněž početným kolegům, kteří přispěli radou či pomocí. Rukopis prošel mnohými korekturami a úpravami, o něž se zasloužili především Rudolf Hiestand (Düsseldorf), Werner Maleczek (Vídeň) a Marie Bláhová (Praha).

Svoje blahopřání bych rád vyjádřil panu Dr. Waldemaru Könighausovi, který v krátké době rukopis dokončil a nyní už upírá svou pozornost ke komplementárnímu svazku ‚Polonia Pontificia'. Vivant sequentes!

Erlangen/Göttingen, im Oktober 2010   Klaus Herbers

Praefatio

Postquam ‚Germaniae Pontificiae' primus tomus Alberto Brackmann auctore anno 1912 in lucem prodiit, constitutum est, ut etiam Bohemiae et Moraviae regiones Pragensem Olomucensemque dioeceses complexae, quae ad provinciam Maguntinensem pertinebant, ab institutione ‚Regestorum Pontificum Romanorum' sub auspiciis ‚Societatis Regiae Scientiarum Gottingensis' tractarentur. Hac de causa Hermannus Meinert mandante illo Alberto Brackmann per annos 1927/1928 in archivis Bohemicis Moravicisque commoratus nonnulla documenta Pontificum Romanorum primus transcripsit. Illius copiis vel scedulis usus Winfriedus Irgang Marburgensis post Bellum universalem secundum regesta Bohemiae Moraviaeque denuo collecta studiisque recentiorum auctorum aucta tractavit. Cunctis his rebus ab eo tunc collectis vel etiam scriptis mihi uti licuit, postquam anno 2007 hunc librum edendum curare coepi.

Illo enim anno Academia Scientiarum Gottingensis ipsa institutum cui titulus ‚Diplomata Pontificia medii aevi prioris et alti' (‚Papsturkunden des frühen und hohen Mittelalters') novo impetu fovendum sibi proposuit. Quo denique factum est, ut diplomata ad orbis Christiani tam occidentalem quam orientalem margines spectantia comprehendi tractarique possint. Primus huius instituti fructus prodit hic liber, ex quo discitur, quibus modis et rationibus quibusque de causis Bohemiae Moraviaeque duces, reges, episcopi, abbates ceterique homines sive spirituales sive saeculares egerint cum Pontificibus Romanis. Hic autem liber, quoniam descriptionem episcopatuum Pragensis et Olomucensis ad provinciam Maguntinensem pertinentium continet, et editionibus ‚Germaniae Pontificiae' adnumeratur et descriptionem illius provinciae Maguntinensis complens ad finem tandem perduxit.

Dedicatum esse volo hunc librum Rudolpho Hiestand magistro eximio, qui me Dusseldorpiae tam artem diplomaticam quam res historicas medii aevi docuit, qui regestis mecum recensendis latinitatique emendandae elimandaeque operam impendit assiduus et indefessus. Huic ergo grates quam maximas ago beneficiorum numquam immemor. Minime autem praetereundi videntur alii, qui me in hoc opere perficiendo humaniter atque benigne adiuverunt: inter quos praecipue laudandus est Nicolaus Herbers Erlangensis, Secretarius operis, cui titulus ‚Pius-Stiftung', qui praeest instituto ‚Diplomatum Pontificorum' Academiae Scientiarum Gottingensis sumptibus inde ab anno 2007 sustentato, deinde Wernerus Maleczek Vindobonensis, qui correxit commentariisque locupletavit, quae scripseram, deinde collegae cari Franco Engel Bonnensis et Daniel Berger Gottingensis nec postremo Iohannes Hrdina Pragensis vicem praestans omnium collegarum, qui vel quae in bibliothecis archivisque

Tchechicis et Moravicis numquam mihi vel consilio vel opera defuerunt. Cunctis illis et singulis gratias ago praecipuas.

Gottingae m. oct. anno ab incarnatione dominica MMX

Waldemarus Könighaus

Rerum Index

ELENCHVS PONTIFICVM ROMANORVM
QVORVM ACTA IN HOC VOLVMINE CONTINENTVR

(Notas JE., JL., BBS. = Böhmer-Baaken/Schmidt, BF. = Böhmer-Frech, BH. = Böhmer-Herbers, BZ. = Böhmer-Zimmermann explicatas reperies infra in conspectu operum. – * = acta deperdita sive quorum simplex notitia habetur. – † = acta spuria. – ? = acta dubia. – Numeri documentorum, quorum autographa adhuc conservantur, typis crassioribus excussi sunt).

pag.

*?72	1074 aug.	JL. –	{ Bohemia, Duces ac reges n. *?32 { Praha, Episc. n. *?48	48 86
*†73	(ante 1074 sept. 22)	JL. –	{ Praha, Episc. n. *†49 { Olomouc, Episc. n. *†27	86 181
74	1074 sept. 22	JL. 4879	{ Praha, Episc. n. 50 { Bohemia, Duces ac reges n. 34 { Olomouc, Episc. n. 29	86 48 181
75	1074 sept. 22	JL. 4880	{ Bohemia, Duces ac reges n. 35 { Praha, Episc. n. 51 { Olomouc, Episc. n. 30	49 87 182
76	1074 sept. 22	JL. 4881	{ Olomouc, Episc. n. 31 { Bohemia, Duces ac reges n. 36 { Praha, Episc. n. 52	182 49 87
*77	1075 febr. 24–28	JL. –	{ Praha, Episc. n. *54 { Olomouc, Episc. n. *33	88 183
78	1075 mart. 2	JL. 4934	{ Praha, Episc. n. 55 { Olomouc, Episc. n. 34	88 183
79	1075 april. 17	JL. 4953	{ Bohemia, Duces ac reges n. 38 { Praha, Episc. n. 56 { Moravia, Duces et marchiones n. 4 { Olomouc, Episc. n. 35	50 88 166 183
80	1075 april. 17	JL. 4954	{ Bohemia, Duces ac reges n. 39 { Praha, Episc. n. 57 { Olomouc, Episc. n. 36	50 88 183
*?81	(ante 1078)	JL. –	Hradisko n. *?1	208
82	1080 ian. 2	JL. 5151	Bohemia, Duces ac reges n. 41	51

Clemens III (Wibertus)

83	1084 mart. 31	JL. I p. 651	Praha, Episc. n. 58	89
*84	(1085 post mai.–1086)	JL. *5325	{ Praha, Episc. n. *61 { Olomouc, Episc. n. *38	90 184
*85	(ante 1090 ex.–1091 in.)	JL. –	Bohemia, Duces ac reges n. *45	52
86	(1090 ex.–1091 in.)	JL. 5324	Bohemia, Duces ac reges n. 46	53
*87	(1093)	JL. –	{ Praha, Episc. n. *63 { Bohemia, Duces ac reges n. *48	91 53
			Iohannes episc. card. Portensis, (Hugo Albus presb. card. tit. s. Clementis et Petrus presb. card. tit. s. Chrysogoni)	
*88	1085 mai. 4–10 (?)	JL. –	Bohemia, Duces ac reges n. *42	51
*89	1085 mai. 4–10 (?)	JL. –	Praha, Episc. n. *59	89
*90	1085 mai.–1086 april. 29	JL. –	{ Praha, Episc. n. *60 { Bohemia, Duces ac reges n. *43 { Moravia, Duces et marchiones n. *5 { Olomouc, Episc. n. *37	89 52 166 183

pag.

			Rŏpertus (episc. Faventinus), apocrisiarius Clementis III (Wiberti)	
*91	1100 april. 8	JL. –	Praha, Episc. n. *64	92
			Paschalis II Cuno episc. card. Praenestinus et S.R.E. legatus	
*92	(1118 post mai. 22)	JL. –	{ Praha, Episc. n. *65	92
			{ Olomouc, Episc. n. *39	184
			Honorius II aut Innocentius II	
*93	(1130)	JL. –	Vyšehrad n. *5	121
			Innocentius II	
*94	(1131 oct. 18–29)	JL. I p. 850sq.	Praha, Episc. n. *66	92
95	1134 nov. 1	JL. 7659	Praha, Episc. n. 71	94
*96	(ante 1136 med.)	JL. –	{ Olomouc, Eccl. cath. n. *3	204
			{ Olomouc, Episc. n. *42	184
97	(1139–1140) april. 12	JL. 8116	Olomouc, Episc. n. 45	185
98	(1141) ian. 31	JL. 8189	Olomouc, Episc. n. 46	185
99	(1142) april. 1	JL. 8220	Olomouc, Episc. n. 49	186
100	(1142) april. 1	JL. 8221	Olomouc, Episc. n. 50	186
101	(1142) aug. 21	JL. 8238	Olomouc, Episc. n. 53	187
102	(1142 post aug. 21)	JL. –	{ Olomouc, Episc. n. *54	187
			{ Praha, Episc. n. *73	95
*103	(1143?)	JL. –	{ Strahov n. *1	147
			{ Olomouc, Episc. n. *62	189
			(Iohannes episc. card. Ostiensis? et) S.R.E. legatus	
*104	(1133 ante oct. 18)	JL. –	Praha, Episc. n. *67	93
			Gerhardus presb. card. tit. s. Crucis in Iherusalem et Adabertus archiepisc. Moguntinus, S.R.E. legati	
*105	1133 (oct. 18–21)	JL. –	Praha, Episc. n. *68	93
*106	1133 (oct. 18–21)	Jl. –	Praha, Episc. n. *69	93
*107	1133 oct. 23	JL. –	Praha, Episc. n. *70	94
			Adalbertus archiepisc. Moguntinus et S.R.E. legatus	
108	(ante 1136 med.)	JL. –	{ Olomouc, Eccl. cath. n. 2	203
			{ Olomouc, Episc. n. 41	184

pag.

			Theodewinus episc. card. tit.s. Rufinae et S.R.E. legatus	
*109	(1135 febr. 17–mai. med.)	JL. –	Praha, Episc. n. *72	94
*110	1138 (mai. 22–23)	JL. –	Bohemia, Duces ac reges n. *49	53
*111	1142 (mai.)	JL. –	{ Bohemia, Duces ac reges n. *51 Olomouc, Episc. n. *51	54 186
†*112	1142 (mai.)	JL. –	{ Bohemia, Duces ac reges n. *†52 Olomouc, Episc. n. *†52	54 186
*113	1142 dec. 15	JL. –	Olomouc, Episc. n. *55	187
			Albero archiepisc. Trevirensis et S.R.E. legatus	
*114	1139 iul./aug.	JL. –	Bohemia, Duces ac reges n. *50	54
			Guido diac. card.(incerti tituli) et S.R.E. legatus	
*115	(1143 in.)	JL. –	Olomouc, Episc. n. *56	187
*116	(1143 ante sept. 24–oct. 27)	JL. –	Olomouc, Episc. n. *57	188
*117	(1143 ante sept. 24–oct. 27)	JL. –	{ Praha, Episc. n. *74 Olomouc, Episc. n. *58	95 188
*118	(1143 ante sept. 24–oct. 27)	JL. –	{ Bohemia, Duces ac reges n. *53 Praha, Episc. n. *75 Moravia, Duces et marchiones n. 6 Olomouc, Episc. n. *59	54 95 167 188
119	(1143 sept. 24–oct. 27)	JL. –	{ Praha, Episc. n. 76 Bohemia, Duces ac reges n. 54 Praha, Eccl. cath. n. 4 Vyšehrad n. 6 Moravia, Duces ac marchiones n. 7 Olomouc, Episc. n. 60 Olomouc, Eccl. cath. n. 5	95 55 110 121 167 188 204
120	(1143)	JL. –	Hradisko, n. *2	209
*121	(1143)	JL. –	{ Hradisko n. *3 Olomouc, Episc. n. *61	209 188
*122	(cr. 1143)	JL. –	Praha, Sv. Jiří n. *4	115
*123	(1144)	JL. –	Sázava n. *1	143
*124	(1145 cr. sept. ex.)	JL. –	{ Sázava n. *2 Olomouc, Episc. n. *74	144 191
			Lucius II	
125	1144 april. 11	JL. 8568	Vyšehrad n. 7	121
126	(1144) iul. 10	JL. 8646	Olomouc, Episc. n. 64	189
127	(1144) aug. 20	JL. 8651	Olomouc, Episc. n. 66	189

pag.

154	(1151) april. 15	JL. 9473	{ Praha, Sv. Jiří n. 7 { Olomouc, Episc. n. 103	116 199
155	(1152) aug. 17	JL. 9605	Praha, Episc. n. 82	97
*156	(1145–1153)	JL. –	Praha. Episc. n. *83	98
			Theodewinus s. Rufinae episc. card. et Thomas presb. card. s. Vitalis tit. Vestinae, S.R.E. legati	
*157	1145 (cr. aug. 24)	JL. –	Olomouc, Episc. n. *72	191
			Gwido diac. card. (incerti tituli)	
*158	(ante 1146 iun. 2)	JL. –	{ Bohemia, Duces ac reges n. *60 { Praha, Episc. n. *78 { Olomouc, Episc. n. *86	56 96 194
			Octavianus presb. card. tit. s. Caeciliae et S.R.E. legatus	
*159	1151 sept. 13	JL. –	Praha, Episc. n. *80	97
			Hadrianus IV	
*160	(1154 dec. 4–1159 sept. 1)	JL. –	{ Hradisko n. *4 { Moravia, Duces ac marchiones n. *15	209 168
			Alexander III	
*161	(1159 post nov. 13)	JL. 10597	Praha, Episc. n. *86	98
162	(1171) ian. 28	JL. 11875	Bohemia, Duces ac reges n. 69	58
163	(1172) iun. 12	JL. 12153	Bohemia, Duces ac reges n. 71	59
*164	(1176–1177)	JL. –	Bohemia, Duces ac reges n. *72	59
165	(1166. 1178–1179) iun. 1	JL. –	Praha, P. Maria na Malé Straně add. n. 1	128
166	(1179) iun. 1	JL. –	Praha, P. Maria na Malé Straně add. n. 2	129
167	(1178) oct. 21	JL. –	{ Praha, Eccl. cath. n. 13 { Bohemia, Duces ac reges n. 73 { Praha, Vyšehrad n. 8	111 59 122
*168	(1178 mart.–aug. aut 1179 febr.–iul.)	JL. –	Kounice n. *1	214
*169	(1159–1181)	JL. –	Praha, Episc. n. *95	101
			Victor IV	
*170	(1159) dec. 5	JL. –	Praha, Episc. n. *88	99
171	(1160 febr. 5–11)	JL. –	Praha, Episc. n. 89	99
172	(1160 febr. 13)	JL. –	Praha, Episc. n. 90	100
*173	(1160 ante mart. 27)	JL. –	Praha, Episc. n. *91	100
*174	(1160 ante iun. 16)	JL. –	{ Praha, Episc. n. *92 { Praha, Eccl. cath. n. *12	100 111

pag.

194	1191 nov. 12	JL. –	Praha, P. Maria na Malé Straně n. 6	127
			Praha, Vyšehrad n. 9	122
			Praha, Sv. Petr na Zderaze n. 4	133
			Břevnov n. 5	140
			Strahov n. 5	148
195	1192 april. 12	JL. –	Praha, P. Maria na Malé Straně n. 7	128
			Praha, Episc. n. 99	102
			Praha, Sv. Petr na Zderaze n. 5	134
*196	(1194 med.)	JL. –	Praha, Episc. n. *100	102
			Olomouc, Episc. n. *104	199
*197	(1194 med.)	JL. –	Praha, Episc. n. * 101	103
			Olomouc, Episc. n. *105	199
*198	(post 1194)	JL. –	Praha, Episc. *102	103
199	1195 april. 27	JL. 17227	Louka n. 1	212
200	(1197 in.)	JL. –	Praha, Episc. n. *104	104
			Bohemia, Duces ac reges n. *76	60
201	1197 iul. 26	JL. 17571	Vyšehrad n. 10	122
202	1197 aug. 7	JL. 17576	Teplá n. 3	162
203	1197 aug. 7	JL. 17575	Teplá n. 4	162
204	1197 aug. 7	JL. 17577	Teplá n. 5	162
			Petrus presb. card. tit. s. Cae-	
			ciliae et S.R.E. legatus	
*205	1195 dec. 6	JL. –	Praha, Episc. *103	103
			Petrus diac. card. tit. s.	
			Mariae in Via Lata et S.R.E.	
			legatus	
*206	1197 mart. (10–12)	JL. –	Milevsko n. *1	157
*207	1197 mart. 12	JL. –	Praha, Episc. *105	104
			Praha, Eccl. cath. n. *14	112
*208	1197 (cr. mart. 22)	JL. –	Praha, Episc. *106	104
			Olomouc, Episc. n. *106	199
*209	1197 (cr. mart. 22)	JL. –	Praha, Episc. n. *107	104
			Olomouc, Episc. n. *107	199
*210	1197 (cr. mart. 22)	JL. –	Břevnov n. *6	140
			Sázava n. *3	144
*211	1197 (ante iun. 15)	JL. –	Teplá n. *1	161
			Bohemia, Duces ac reges n. *77	60
			Praha, Episc. *108	105
			Praha, Eccl. cath. n. *15	112
			Olomouc, Episc. n. *108	200

ELENCHVS PERSONARVM

QVAE ROMANIS PONTIFICIBVS LITTERAS MISERVNT
AVT LIMINA APOSTOLORVM VISITAVERVNT

pag.

†?12	(900 iul.)	Theotmarus Iuuauensis eccl. archiepisc., Uualdo Frisingensis, Erchanbaldus Eistatensis, Zacharias Sebanensis, Tuto Radisponensis, Richarius Patauiensis episc.	Magna Moravia n. †?41	28
			Iohanni XIII	
*?13	(967?–ante 972 sept. 6)	Mlada soror ducis Bolezlai (II)	{ Bohemia, Duces ac reges n. *?1	39
			Praha, Sv. Jiří n. *?1	115
			Benedicto VI	
†14	(973 mai.–974 iun.)	Piligrimus Lauriacensis episc.	{ Magna Moravia n. †43.	29
			Olomouc, Episc. n. †1	175
			Iohanni XV	
*15	(992)	Willigisus Mogunt. archiepisc.	{ Praha, Episc. n. *7	75
			Bohemia, Duces ac reges n. *5	40
*?16	(993 ian.–mai.)	Adalbertus Pragen. episc.	{ Břevnov n. *?3	139
			Praha, Episc. n. *?10	75
			Gregorio V	
*17	(996 mai. 25)	Uuilgisus Magont. archiepisc.	Praha, Episc. n. *12	76
*18	(996 mai.–iun. in.)	Uuilgisus Magont. archiepisc.	Praha, Episc. n. *13	76
			Benedicto VIII	
19	(1024 ian.–mai. 13)	XII episc. suffraganei metropoleos Moguntinae	Praha, Episc. n. 15	76
			Benedicto IX	
*20	(1039)	delator improbus (Stephanus archiepisc. Gneznensis?)	{ Praha, Episc. n. *16	77
			Bohemia, Duces ac reges n. *9	40
*21	(cr. 1039 ex.)	Severus episc. Pragensis	Praha, Episc. n. *19	78
			Alexandro II	
*22	(1061–1067 dec. 9?)	Severus episc. Pragen.	Praha, Episc. n. *22	79
23	(1061–1067 dec. 9?)	Severus episc. Pragen.	Praha, Episc. n. 24	80
†24	(ante 1070 mai. 9)	nuntii Wratizlai Boemorum ducis	Bohemia, Duces ac reges n. †13	41
			Vyšehrad n.†1.	120
*25	(1072 cr. aestate)	(Iohannes) episc. Moravensis	Olomouc, Episc. n. *6	177
*26	(1072–1073 in.)	Hagno clericus in capella Iohannis episc. (Moravien.)	{ Bohemia, Duces ac reges n. *16	42
			Praha, Episc. n. *25	80
			Olomouc, Episc. n. *8	177

pag.

*27	(1072–1073 in.)	Petrus praepositus s. Georgi (Pragen.) cum comite Preda	Bohemia, Duces ac reges n. *17 Praha, Episc. n. *26 Praha, Sv. Jiří n. *3 Olomouc, Episc. n. *9	42 80 115 177
*28	(1072–1073 in.)	(Gebehardus) episc. Pragen. et W(ratizlaus) dux Boemiorum	Bohemia, Duces ac reges n. *18 Praha, Episc. n. *27	43 80
*29	(1072–1073 in.)	Wratizalus dux Boemorum	Bohemia, Duces ac reges n. *20	43
		Gregorio VII		
*30	(ante 1074 ian. 31)	Ieromirus episc. Pragensis	Praha, Episc. n. *38 Olomouc, Episc. n. *15	83 178
31	(1073 mai. ex.–1074 febr.)	Sigefridus Mogunt. archiepisc.	Praha, Episc. n. 41 Olomouc, Episc. n. 18	84 179
*32	(1074 mart./april.)	Geboardus Bragen. episc.	Praha, Episc. n. *44 Olomouc, Episc. n. *23	85 180
*33	(1074 ante sept. 22)	Wratizlaus dux Boemiorum	Bohemia, Duces ac reges n. *33	48
*34	(1074 ante sept. 22)	Iohannes Moravensis episc.	Olomouc, Episc. n. *28	181
*35	(1075 ante febr. 24)	Gebhardus episc. Pragen. et Iohannes episc. Moraviensis	Praha, Episc. n. *53 Olomouc, Episc. n. *32	87 182
*36	(ante 1075 april. 17)	Fredericus nepos Wratizlai Boemiorum ducis	Bohemia, Duces ac reges n. *37	49
*37	(1079 ex.)	Wratizlaus dux Boemiorum	Bohemia, Duces ac reges n. *40	51
		Clementi III (Wiberto)		
38	(cr. 1086)	Wezilo archiepisc. Moguntinus	Bohemia, Duces ac reges n. 44	52
*39	(1093)	Bracizlaus dux Boemorum et Cosmas episc. Pragensis	Praha, Episc. n. *62 Bohemia, Duces ac reges n. *47	91 53
		Innocentio II		
*40	(1139 ante april. 4?)	Heinricus episc. Olomucen.	Olomouc, Episc. n. *43	184
*41	(ante 1139–1140) april. 12	Henricus Moraviensis episc.	Olomouc, Episc. n. *44	185
*42	(ante 1142 april. 1)	Henricus Olomucensis episc.	Olomouc, Episc. n. *48	185
		A(dalberto) archiepisc. Magontino et S.R.E. legato		
*43	(ante 1136 med.)	Heinricus episc. Moravien.	Olomouc, Eccl. cath. n. *1 Olomouc, Episc. n. *40	203 184

		Lucio II		
*44	(ante 1144 iul. 10)	Henricus Olomucensis episc.	Olomouc, Episc. n. *63	189
*45	(ante 1144 aug. 20)	Henricus Olomucensis episc.	Olomouc, Episc. n. *65	189
		Innocentio II ? Celestino II ? Lucio II ?		
*46	(1140 febr. 14–1145 febr. 15)	W(ladislaus) dux Boemorum	Bohemia, Duces ac reges n. *55	55
*47	(ante 1145 febr. 15)	Daniel praepositus Pragensis	Praha, Eccl. cath. n. *5	110
		Eugenio III		
*48	(ante 1145 april. 28)	Heinricus Moravien. episc.	Olomouc, Episc. n. *67	189
*49	(ante 1145 iun. 3)	Heinricus episc. Olomucen.	Olomouc, Episc. n. *69	190
*50	(1145 cr. sept. ex.)	Heinricus episc. Moravien.	Olomouc, Episc. n. *73	191
*51	(ante 1146 april. 22)	Heinricus Moravien. episc.	Olomouc, Episc. n. *75	191
*52	(ante 1146 mai. 25)	Henricus Moravien. episc.	Olomouc, Episc. n. *77 Bohemia, Duces ac reges n. *57 Moravia, Duces et marchiones n. *10	192 55 167
*53	(ante 1146 mai. 25)	(Heinricus Moravien. episc.?)	Olomouc, Episc. n. *79 Moravia, Duces et marchiones n. *11	192 167
*54	(ante 1146 mai. 25)	Heinricus Moravien. episc.	Olomouc, Episc. n. *81 Praha, Eccl. cath. n. *6	192 110
*55	(ante 1146 iun. 1)	Henricus Moravien. episc.	Olomouc, Episc. n. *83	193
*56	(ante 1146 iun. 1)	H(einricus) Moravien. episc., et Daniel praep. Pragen.	Olomouc, Episc. n. *84	193
*57	(1145 febr. 15–1146 iun. 2)	W(ladislaus) dux Boemorum	Bohemia, Duces ac reges n. *59	56
*58	(ante 1146 iun. 2)	Daniel Pragen. praepositus	Praha, Eccl. cath. n. *7 Bohemia, Duces ac reges n. *60 Olomouc, Episc. n. *86	110 56 194
*59	(ante 1146 dec. 31)	Conradus III Romanorum rex, H(einricus) episc. Moravien.	Olomouc, Episc. n. *92	195
*60	(ante 1147 dec. 18)	Daniel Pragen. praepositus	Olomouc, Episc. n. *96 Praha, Eccl. cath. n. *10	197 111
*61	(ante 1149 oct. 24)	Heinricus Moravien. episc.	Olomouc, Episc. n. *100	198
*62	(ante 1150 iun. 25)	Henricus Moravien. episc.	Olomouc, Episc. n. *102 Praha, Sv. Jiří n. *6	198 116
*63	(1152 ante iul.)	XI regni episcopi	Praha, Episc. n. *81	97

pag.

			Alexandro III	
*64	(1159 cr. oct. 23)	Fridericus I imperator	Praha, Episc. n. *84	98
65	(1159 ante nov. 13)	Hermannus Verden. et Daniel Pragen. episcc.	Praha, Episc. n. 85	98
66	(1172 post febr. 20)	H(enricus) Gurcensis eccl. minister, S(iboto) maioris eccl. (Salisburgensis) praepositus, A. (=Meingotus) decanus cum universo capitulo	Bohemia, Duces ac reges n. 70	58
			Victori IV	
*67	(1159 nov. ex.)	Daniel Pragen. et Hermannus Verden. episcc.	Praha, Episc. n. *87	99
			Clementi III	
*68	(1188 ante oct. 12)	fratres hospitalis Ierosolimitani (Pragae)	Praha, P. Maria na Malé Straně n. *2	126
			Celestino III	
*69	(1194 med.)	Magister Arnoldus, legatus Heinrici ducis et episc.	∫ Praha. Episc. n. *100 ⎩ Olomouc, Episc. n. *104	102 199
*70	(1197 cr. aug. 7[?])	Groznata comes Boemiae	Teplá n. *2	161

MAGNA MORAVIA (MORAVIA ANTIQUA)

De fontibus historiam Magnae Moraviae tractantibus cf. August Potthast Wegweiser durch die Geschichtswerke des europäischen Mittelalters bis 1500. T. II (Graz 1957) p. 1261sq. – Franz Grivec Konstantin und Method. Lehrer der Slaven (Wiesbaden 1960) p. 241–261. – Wattenbach-Levison-Löwe IV 470–480. – Josef Vašica Literární památky epochy velkomoravské 863–885 [Literarische Denkmäler der großmährischen Zeit 863–885] (Praha 1966; reimpr. 1996). – Nechutová Latinská literatura p. 49–52 et 251sq. – Repertorium fontium historiae medii aevi. T. XI (Romae 2007) 392–394 (de Vita s. Methodii cum editionibus operibusque laudatis).

Vita Constantini (Magnae Moraviae Font. II 57–115). – Vita Constantini-Cyrilli cum translatione s. Clementis = Legenda Italica (ibid. p. 120–132). – Vita s. Methodii (ibid. p. 134–163; Žitie blaženaago Meťodia archiepiskoupa morav'skaago=Das Leben des hl. Method des Erzbischofs von Sirmium. Ed. Otto Kronsteiner [Die slawischen Sprachen 18. Wien 1989]). – Vita et passio s. Wenceslai et s. Ludmile ave eius = Legenda Christiani (Kristiánova legenda. Život a umučení svatého Václava a jeho báby svaté Ludmily). Ed. Jaroslav Ludvíkovský (Praha 1978). – Wenceslai Hagek a Liboczan Annales Bohemorum. Ed. Gelasius a S. Catharina (rect. Dobner). T. III (Pragae 1765). – Codex diplomaticus Hungariae ecclesiasticus ac civilis. Ed. Georgius Fejér. T. I (Buda 1829). – Wilhelm Wattenbach Beiträge zur Geschichte der christlichen Kirche in Maehren und Boehmen (Wien 1849). – Franjo Rački Viek i djelovanje sv. Cyrilla i Methoda slovjenskih apoštolov [Zeitalter und Werk der Slawenapostel Kyrill und Method]. T. I–II (Zagreb 1857–1859). – Codex iuris Bohemici. T. I: Aetas Přemyslidarum. Ed. Hermenegildus Jireček (Pragae 1867). – Vasilij Alekseevič Biľbasov Kirill' i Mefodij. T. I: Kirill i Mefodij po dokumentaľnym istočnikam. Kritika dokumentov. Rimskije papy i slavjanskije pervoučiteli. Monumenta diplomatica [Kyrill und Method nach den urkundlichen Quellen. Urkundenkritik. Die römischen Päpste und die slavischen Lehrer]; T. II: Kirill' i Mefodij po zapadnym legendam [Kyrill und Method nach den westlichen Legenden] (Sankt Petersburg 1868–1871; reimpr. Amsterdam 1970). – Codex diplomaticus Croatiae, Slavoniae et Dalmatiae. T. I–II. Ed. Ivan Kukuljević-Sakcinski (Zagreb 1874–1876). – Paul Ewald Die Papstbriefe der Brittischen Sammlung, in: N. Archiv 5 (1880) 275–414. 505–596. – Kos Gradivo II passim. – Victor Wolf von Glanvell Die Kanonessammlung des Kardinals Deusdedit (Paderborn 1905). – Erich Caspar Studien zum Register Johanns VIII., in: N. Archiv 36 (1911) 77–156. – Ioannis VIII. PP. epistolae ad Svatopluk principem et Methodium archiepiscopum. Ed. Iosephus Vajs (Romae 1924). – Petr A. Lavrov Kyrylo ta Metodij v davn'o-slov'jans'komu pys'menstvi [Kyrill und Method in der altslawischen Literatur] (Zbirnyk Istoryčno-Filolohičnoho Viddilu Vseukraïns'koï Akademiï Nauk 78. Kiev 1928). – Idem Materialy po istorii vozniknovenija drevnejšej slavjanskoj pis'mennosti [Materialien zur Entstehungsgeschichte des ältesten slawischen Schrifttums] (Trudy Slavjanskoj komissii Akad. Nauk. SSSR 1. Leningrad 1930; reimpr. The Hague e.a. 1966). – Franciscus Grivec Sermo panegyricus in memoriam ss. Cyrilli et Methodii, in: Acta Academiae Velehradensis 18 (1947) 1–25. – Bonizo Liber de vita christiana. Ed. Ernst Perels (Texte zur Geschichte des römischen und kanonischen Rechts im Mittelalter 1. Berlin 1930). – Franciscus Grivec Vitae Constantini et Methodii. Versio Latina, notis et dissertationibus illustrata, in: Acta Academiae Velehradensis 17 (1941) 1–127. 161–277. – Paul Meyvaert-Paul Devos Trois énigmes cyrillo-méthodiennes de la „Légende italique" résolues grâce à un document inédit, in: Analecta Bollandiana 73 (1955) 375–461. – Iidem Autour de Léon d'Ostie et de sa Translatio s. Clementis (Légende italique des ss. Cyrille et Méthode), in: Analecta Bollandiana 74 (1956) 189–240. – Żywoty Konstantyna i Metodego (obszerne). [Die (ausführlichen) Viten des Konstantin und Method]. Ed. et transl. Tadeusz L e h r - S p ł a w i ń s k i (Poznań 1959; reimpr. Warszawa 2000). – Dagmar B a r t o ň k o v á Latinské prameny k dějinám Velké Moravy = Fontes latini ad Moraviam Magnam pertinentes: 1. Annales et chronicae (Učební texty vysokých škol. Praha 1963). – Franciscus G r i v e c - Franciscus T o m š i č Constantinus et Methodius Thessalonicenses. Fontes – Konstantin i Metodije Solunjani. Izvori (Radovi Staroslavenskog Instituta 4. Zagreb 1960). – Erwin H e r r m a n n Slawisch-germanische Beziehungen im südostdeutschen Raum von der Spätantike bis zum Ungarnsturm. Ein Quellenbuch mit Erläuterungen (Veröffentlichungen des Collegium Carolinum 17. München 1965). – Magnae Moraviae Font. t. I: Annales et chronicae; t. II: Textus biographici, hagiographici, liturgici; t. III: Diplomata, epistolae, textus historici varii; t. IV: Leges, textus iuridici, supplementa; t. V: Indices. Edd. Dagmar B a r t o ň k o v á, Karel H a d e r k a, Lubomír H a v l í k, Zdeněk M a s a ř í k et Radoslav V e č e r k a (Opera universitatis Purkynianae Brunensis. Facultas Philosophica 104. 118. 134. 154. 206. Brno 1966. 1967. 1969. 1971. 1976). – Codex diplomaticus et epistolaris Slovaciae. Ed. Richard M a r s i n a. T. I (Bratislavae 1971), de quo cf. Peter R a t k o š Pripomienky k I. zväzku slovenského diplomatára [Ergänzungen zum I. Band des Slovakischen Urkundenbuch], in: Historický časopis 23 (1975) 259–279. – Die Regesten der Bischöfe von Passau. Bd. I: 731–1206. Bearb. von Egon B o s h o f (Regesten zur bayerischen Geschichte 1. München 1992, cum permultis operibus editis historiam Magnae Moraviae resp. SS. Cyrilli et Methodii spectantibus). – Cf. etiam elenchum bibliographicum subsequentem.

Grigorij Andreevič Il'i n s k i j Opyt sistematičeskoj kirillo-mefoďevskoj bibliografi [Versuch einer systematischen kyrillo-methodianischen Bibliographie] (Sofija 1934). – Michail G. P o p r u ž e n k o - Stojan R o m a n s k i Kirilometodievska bibliografija za 1934–1940 g. [Kyrillo-methodianische Bibliographie für die Jahre 1934–1940] (Sofija 1942). – J. H a h n Kyrillo-methodianische Bibliographie 1939–1955 ('s-Gravenhage 1958). – I. P e t r o v i ć Literatura o Cirilu i Metodiju prilikom 1100 jubileja slovenske pisemnosti II [Literatur über Kyrill und Method zum 1100. Jubiläum des slawischen Schrifttums], in: Slovo 18–19 (1969) 233–382. – Inessa E. M o ž a e v a Bibliografija po kirillo-mefodievskoj problematike 1945–1974 gg. [Bibliographie zur kyrillo-methodianischen Problematik für die Jahre 1945–1974] (Moskva 1980). – Ivan D u j č e v - Angelina K i r m a g o v a - Anna P a u n o v a Kirilometodievska bibliografija 1940–1980 [Kyrillo-methodianische Bibliographie der Jahre 1940–1980] (Sofija 1983). – Kirilo-metodievska bibliografija 1516–1934 [Kyrillomethodianische Bibliographie der Jahre 1516–1934]. Red. Svetlina N i k o l o v a (Sofija 2003). – Kirilo-metodievska enciklopedija I–IV [Kyrillo-methodianische Enzyklopädie I–IV]. Hrsg. von Petăr D i n e k o v und Liljana G r a š e v a (Sofija 1985–2003).

Thomas Joannes P e s s i n a de Czechorod Mars Moravicus sive bella horrida et cruenta, seditiones, tumultus, praelia, turbae … quae Moravia hactenus passa fuit (Pragae 1677). – Bohuslaus B a l b í n u s Miscellanea historica regni Bohemiae, decadis I liber VI (Pragae 1684). – S t r e d o w s k y Sacra Moraviae historia. – Samuel T i m o n Imago antiquae Hungariae, repraesentans terras, adventus et res gestas gentis Hunnicae historico genere strictim perscripta (Viennae, Pragae et Tergesti 1762). – Stephanus S a l a g i u s De statu ecclesiae Pannonicae libri VII (Quinque-Ecclesiis 1777–1784). – Georgius S z k l e n á r Vetustissimus Magnae Moraviae situs et primus in eam Hungarorum ingressus et incursus (Posonii 1784. ²1788). – Ernst D ü m m l e r Piligrim von Passau und das Erzbistum Lorch (Leipzig 1854). – Joseph Augustin G i n z e l Geschichte der Slawenapostel Cyrill und Method und der slawischen Liturgie (Leitmeritz 1857. Wien ²1861). – Franjo R a č k i Documenta historiae Chroaticae periodum antiquam illustrantia (Monumenta spectantia historiam Slavorum meridionalium 7. Zagrabiae 1877). – Arthur L a p ô t r e L'Europe et le Saint-Siège à l'époque carolingienne 1: Le pape Jean VIII (872–882) (Paris 1895; reimpr. in: idem, Etudes sur la papauté au IXe siècle t. 2 [Turin 1978] p. 57–437). – František S n o p e k List papeže Hadriána II. v pannonských legendách a bulla Jana VIII. ,Industriae tuae'. Historicko-kritický pokus [Der Brief Papst Hadrians II. in den Pannonischen Legenden und die Bulle Johannes' VIII. ,Industriae tuae'. Eine historisch-kritische Prüfung], in: Sborník velehradský 6 (1896) 1–131. – Leopold Karl G o e t z Geschichte der Slavenapostel Konstantinus (Kyrillus) und Methodius (Gotha 1897). – Ernst D ü m m l e r Über die Entstehung der Lorcher Fälschungen, in: Sitzungsberichte der kaiserl. Akad. d. Wiss. in Wien, Phil.-hist. Kl. 20 (Wien 1898) p. 758–775. – František P a s t r n e k Papežska aprobace liturgického jazyka slovanského r. 869 a 880 [Die päpstlichen Bestätigungen der liturgischen slawischen Sprache in den Jahren 869 und 880], in: ČČH 7 (1901) 30–40. – I d e m Dějiny slovanských apoštolů Cyrilla a Methoda s rozborem a otiskem hlavních pramenů [Geschichte der Slawenapostel Kyrill und Method mit einer Analyse und dem Abdruck der Hauptquellen] (Praha 1902). – Waldemar L e h r Piligrim, Bischof von Passau, und die Lorcher Fälschungen (Diss. Berlin 1909). – František S n o p e k Konstantinus-Cyrillus und Methodius, die Slavenapostel. Ein Wort zur Abwehr für die Freunde historischer Wahrheit (Operum Academiae Velehradensis 2. Kremsier 1911). – Aleksandär T e o d o r o v - B a l a n Kiril i Metodi. T. 1–2 (Sofia 1920.1934). – Francis D v o r n í k Les Slaves, Byzance et Rome au IXe siècle (Travaux publiés par l'Institut d'études slaves 4. Paris 1926). – I d e m Les légendes de Constantin et de Méthode vues de Byzance (Byzantinoslavica Suppl. 1. Prague 1933). – I d e m Metodova diecéza a boj o Illyricum, in: Říša veľkomoravská. Sborník vedeckých prác [Das Großmährische Reich. Sammlung wissenschaftlicher Arbeiten]. Ed. Ján Stanislav (Osvetová knižnica 3. Praha 1933. ²1935), p. 162–225. – Alexander H ú š č a v a Listina pápeža Jána VIII. k sv. Metodovi a univerzalita svetskej moci pápežskej [Der Brief Papst Johannes' VIII. an den hl. Method und die Universalität der päpstlichen weltlichen Macht], ibid. p. 255–263. – Miloš W e i n g a r t Pribina, Kocel a Nitra v zrkadle prameňov doby cyrilometodejskej [Pribina, Kocel und Neutra im Spiegel der Quellen des cyrillomethodianischen Zeitalters], ibid. p. 319–353. – Daniel R a p a n t Pribynov nitriansky kostolík [Die Kirche des Pribina in Neutra] (Bratislava 1941). – Peter v o n V á c z y Die Anfänge der päpstlichen Politik bei den Slawen, in: Archivum Europae Centro-Orientalis 8 (1942) 343–404. – Wolfdieter H a a s Studien zu den Beziehungen der Kurie zu Ländern und Reichen im 9. Jahrhundert unter besonderer Hinsicht auf das Verhältnis zum Osten (Diss. Freiburg 1949). – Josef C i b u l k a Velkomoravský kostel v Modré u Velehradu a začátky křesťanství na Moravě [Die großmährische Kirche in Modra und die Anfänge des Christentums in Mähren] (Praha 1958). – G r i v e c Konstantin und Method (1960, v. supra). – Lubomír E. H a v l í k Územni rozsah Velkomoravské říše v době posledních let vlády krále Svatopluka. K problematice vzájemných vztahů středoevropských Slovanů [Die räumliche Ausdehnung des Großmährischen Reiches in den letzten Herrschaftsjahren des Königs Svatopluk. Zur Problematik der gegenseitigen Beziehungen unter den mitteleuropäischen Slawen], in: Slovanské štúdie 3 (1960) 9–79. – Franz Z a g i b a Die bairische Slavenmission und ihre Fortsetzung durch Kyrill und Method, in: Jbb. f. Geschichte Osteuropas N. F. 9 (1961) 1–56. – Hynek B u l í n Z diskuse o počátcích Velkomravské říše – From the discussion of the origins of the Great Moravian Empire, in: Slavia Occidentalis 22 (1962) 67–113. – Zdenek R. D i t - t r i c h Christianity in Great Moravia (Bijdragen van het Instituut voor middeleeuwse geschiedenis der Rijksuniversiteit te Utrecht 33. Groningen 1962). – Pierre D u t h i l l e u l L'évangélisation des Slaves. Cyrille et Méthode (Bibliothèque de Théologie Sér. IV. Histoire de la Théologie 5. Tournai 1963). – Lubomir E. H a v l í k Byzantská mise a Velká Morava [Die byzantinische Mission und Großmähren], in: Sborník Matice moravské 82 (1963) 105–131. – František G r a u s Velkomoravská říše v české středověké tradici [Das Großmährische Reich in der böhmischen Überlieferung des Mittelalters], in: ČsČH 11 (1963) 289–305. – Vladimír V a v ř í n e k Staroslověnské životy Konstantina a Metoděje [Die altslawischen Viten Konstantins und Methods] (Rozpravy Československé akademie věd. Řada společenských věd 73 – vol. 7. Praha 1963). – I d e m Předcyrilometodějské misie na Velké Moravě (K výkladu V. kapitoly staroslověnského života Metodějova) [Die Missionierung in Großmähren vor Kyrill und Method (Zur Deutung des V. Kapitels der altslawischen Lebensbeschreibung Methods)], in: Slavia 32 (1963) 465–480. – I d e m Die Christianisierung und Kirchenorganisation Großmährens, in: Historica 7 (1963) 5–56. – Viktor B u r r Anmerkungen zum Konflikt zwischen Methodius und den bayerischen Bischöfen, in: Cyrillo-Methodiana p. 39–56. – Karl B o s l Kyrill und Method. Ihre Stellung und Aufgabe in der römischen Kirchenorganisation zwischen Ost und West, in: Zs. f. bayer. Landesgeschichte 27 (1964) 34–54. – František G r a u s Literatura k dějinám Velkomoravské říše a k misii byzantské (cyrilometoděské) [Literatur zur Geschichte des Großmährischen Reiches und zur byzantinischen (kyrillomethodianischen) Mission], in: ČsČH 12 (1964) 389–396; 14 (1966) 390–401. – J. P o š m o u r n ý Církevní architektura Velkomoravské říše [Die Kirchenarchitektur im Großmährischen Reich], in: Umění 12 (1964) 187–202. – Lubomir E. H a v l í k Velká Morava a středoevropští Slované [Großmähren und die mitteleuropäischen Slawen] (Praha 1964). – I d e m Constantine and Methodius in Moravia, in: SPFFBU 13. Řada historická C 11 (1964) 27–50. – I d e m The Relationship between the Great Moravian Empire and the Papal Court in the years 880–885 A. D., in: Byzantinoslavica 26 (1965) 100–122. – I d e m O politických osudech a zahraničních vztazích státu a říše Moravanů [Zur politischen Geschichte und zu den auswärtigen Beziehungen des mährischen Staates und Reiches], in: O počiatkoch slovenských dejín. Sborník materiálov. Red. Peter Ratkoš (Bratislava 1965), p. 104–140. – Josef C i b u l k a Der Zeitpunkt der Ankunft der Brüder Konstantin-Cyrillus und Methodius in Mähren, in: Byzantinoslavica 26 (1965) 318–364. – Magna Moravia. Sborník k 1100. výročí příchodu byzantské mise na Moravu [Magna Moravia. Beiträge zum 1100. Jahrestag der Ankunft der byzantinischen Mission in Mähren] (Spisy University J. E. Purkyně v Brně. Filosofická fakulta 102. Praha 1965). – Das Grossmährische Reich. Tagung der wissenschaftlichen Konferenz des Archäologischen Instituts der Tschechoslowakischen Akademie der Wissenschaften Brno-Nitra 1.–4.X.1963 (Praha 1966). – Karl B o s l Das Großmährische Reich in der politischen Welt des 9. Jahrhunderts, in: Sitzungsberichte der Bayer. Akademie der Wissenschaften, phil.-hist. Klasse Jg. 1966, H. 7 p. 1–33; reimpr. in: Böhmen und seine Nachbarn. Gesellschaft, Politik und Kultur in Mitteleuropa (Veröffentlichungen des Collegium Carolinum 32. München-Wien 1976) p. 38–58. – Josef C i b u l k a Die Bekehrung des Böhmenherzogs Borivoj und der Magnaten des Fürsten Ingo, in: Österreich in Geschichte und Literatur 10 (1966) 106–112. – R. D ó s t a l o v á ΜΕΓΑΛΗ ΜΟΡΑΒΙΑ, in: Byzantinoslavica 27 (1966) 344–349. – František G r a u s L'Empire de Grande-Moravie, sa situation dans l'Europe de l'époque et sa structure intérieure, in: Das Großmährische Reich, hrsg. v. F. Graus, J. Filip und A. Dostal (Praha 1966) p. 133–219. – Josef V a š i c a Literární památky epochy velkomoravské 863–885 [Literarische Denkmäler des großmährischen Zeitalters 863–885] (Praha 1966; reimpr. 1996). – Imre B o b a The episcopacy of St. Methodius, in: Slavic Review 26 (1967) 85–93. – B o s l Handbuch I 170–207. – Grossmähren, ein versunkenes Slavenreich im Lichte neuer Ausgrabungen. Ausstellung der Tschechoslowakischen Akademie der Wissenschaften im Museum für Vor- und Frühgeschichte, Schloss Charlottenburg Berlin (West) 22. Oktober 1967 bis 8. Januar 1968 (s. a. et l.). – Hynek B u l í n Aux origines des formations étatiques des Slaves du moyen Danube au IXe siècle, in: L' Europe aux IXe-XIe siècles. Aux origines des états nationaux (Varsovie 1968) p. 149–204. – Démocratie H e m m e r d i n g e r - I l i a d u Imagination réalité dans l' histoire de Cyrill et Méthode, in: Κυρίλλῳ καί Μεθοδίῳ τομος ʽεόρτιος. T. II (Thessalonike 1968) p. 133–159. – Rostislav N o v ý Die Anfänge des böhmischen Staates. I. Teil: Mitteleuropa im 9. Jahrhundert (Praha 1968), praecipue p. 164–194. – Dietrich L o h r m a n n Das Register Papst Johannes' VIII. (872–882). Neue Studien zur Abschrift Reg. Vat. I, zum verlorenen Originalregister und zum Diktat der Briefe (Bibliothek des Deutschen Historischen Instituts in Rom 30. Tübingen 1968). – Peter R a t k o š Pramene. – František K o p Moravskopanonský metropolitní problém (Síla jeho ideového základu), in: Studie Křesťanská akademie v Římě 1969 p. 336–382 [versio germanica: Mährisch-pannonische Metropolitanprobleme. Die Macht ihrer Grundidee, in: Österreichisches Archiv für Kirchenrecht 22 (1971) 183–244]. – Antonín S a l a j k a (ed.) Konstantin-Kyrill aus Thessalonike (Das östliche Christentum N. F. 22. Würzburg 1969). – Franz Z i e r l e i n Kyrillos und Methodios. Die Lehrer der Slawen, in: Ellwanger Jb. 23 (1969/70) 61–78. – Francis D v o r n i k Byzantine missions among the Slavs. SS. Constantine-Cyril and Methodius (New Brunswick-New Jersey 1970). – Lubomir E. H a v l í k Der päpstliche Schutz und die slavischen Völker, in: Das heidnische und christliche Slaventum II/2 (= Annales Instituti Slavici 6. Wiesbaden 1970) p. 10–32. – Alexis Peter V l a s t o The Entry of the Slavs into Christendom. An introduction to the medieval history of the Slavs (Cambridge 1970), praecipue p. 20–85. – I d e m The mission of ss. Cyril and Methodius and its aftermath in Central Europe, in: The missions of the church and the propagation of the faith, ed. G. J. Cunning (London 1970) p. 1–16. – Imre B o b a Moravia's history reconsidered. A reinterpretation of medieval sources (The Hague 1971). – František G r a u s Die Entwicklung der Legenden der sogenannten Slavenapostel Konstantin und Method in Böhmen und Mähren, in: Jbb. f. Geschichte Osteuropas N. F. 19 (1971) 161–211. – M a r s i n a Veľkomoravské deperditá. – I d e m Štúdie. – Josef R a b a s Die Cyrill- und Method-Idee in den Reformbestrebungen des tschechischen Klerus, in: Wegzeichen. Festschrift für Hermenegild Biedermann OSA (Würzburg 1971) p. 333–347. – Peter R a t k o š Kristianizácia Veľkej Moravy pred misiou Cyrila a Metoda [Die Christianisierung Großmährens vor der Mission Kyrills und Methods], in: Historicky časopis 19 (1971) 71–83. – Franz Z a g i b a Das Geistesleben der Slaven im frühen Mittelalter. Die Anfänge des slavischen Schrifttums auf dem Gebiete des östlichen Mitteleuropa vom 8. bis 10. Jahrhundert (Annales Instituti Slavici 7. Wien-Köln-Graz 1971). – L a c k o The Popes. – Vladimir B u b r i n Prince Pribina and the pre-cyrillomethodian political and missionary activities in Great Moravia and Pannonia, in: Slovak Studies XII. Cyrillo-Methodiana 2 (1972) 135–147. – R a t k o š Kompletnosť. – Lubomir E. H a v l í k Roman universalism and 9th–century Moravia, in: Cyrillomethodianum 2 (1972–1973) 14–22. – Antoine-Émile T a c h i a o s Ľorigine de Cyrille et Methode. Vérité et légende dans les sources slaves, ibid. p. 98–140. – Franz Z a g i b a Die Italogriechen und die Slavenmission im 9. Jh. im östlichen Mitteleuropa, in: La chiesa greca in Italia dell'VIII al XVI secolo. Atti del convegno storico interecclesiale (Bari, 30 aprile–4 maggio 1969). T. 1–3 (Padua 1972/1973) p. 919–925. – Rudolf T u r e k Böhmen im Morgengrauen der Geschichte. Von den Anfängen der slawischen Besiedlung bis zum Eintritt in die europäische Kulturgemeinschaft (6. bis Ende 10. Jahrhunderts) (Wiesbaden 1974). – Joseph S c h ü t z Die Reichssynode zu Regensburg (870) und Methods Verbannung nach Schwaben, in: Südostforschungen 33 (1974) 1–14. – Rudolf G r u l i c h Große Missionare aus Mähren, in: Mährisch-schlesische Heimat 20 (1975) 189–200. – Franz Z a g i b a (ed.) Methodiana. Beiträge zur Zeit und Persönlichkeit sowie zum Schicksal und Werk des hl. Method (Annales Instituti Slavici 9. Wien-Köln-Graz 1976). – Christian H a n n i c k Die byzantinischen Missionen, in: Knut Schäferdiek (ed.) Kirchengeschichte als Missionsgeschichte II: Die Kirche des früheren Mittelalters, 1. Hbbd. (München 1978) p. 279–359. – Lubomir E. H a v l í k Morava v 9.–10. století. K problematice politického postavení, sociální a vládní struktury a organizace [Mähren im 9. bis 10. Jh. Zur Problematik der politischen Stellung, der sozialen und herrschaftlichen Strukturen und der Organisation] (Studie Československé Akademie Věd 7. Praha 1978). – Günther S t ö k l Kyrill und Method. Slawenlehrer oder Slawenapostel. Wirklichkeit und Legende, in: Kirche im Osten 23 (1980) 13–31. – Franz M a c h i l e k Welehrad und die Cyrill-Method-Idee im 19. und 20. Jahrhundert, in: AKBMS 6 (1982) 156–183. – Pavel M i c h n a K utváření raně středověké Moravy [Zur Formierung Mähren im Frühmittelalter], in: ČsČH 30 (1982) 716–744. – Josef P o u l i k Grossmähren zwischen karolingischem Westen und Byzanz, in: Gli Slavi occidentali e meridionali dell'alto medioevo. 15–21 aprile 1982. T. 1 (Settimane di studio del Centro italiano di studi sull'alto medioevo 30. Spoleto 1983) p. 157–168. – Heinz L ö w e Cyrill und Methodius zwischen Byzanz und Rom, ibid. T. II 631–686; reimpr. in: Religiosität und Bildung im frühen Mittelalter. Ausgewählte Aufsätze von Heinz Löwe, hrsg. v. Tilman Struve (Weimar 1994) p. 271–326. – Milada R a d o v á - Š t i k o v á Předrománská a románská architektura středočeského kraje [Die vorromanische und romanische Architektur Mittelböhmens] (Praha 1983). – Peter R a t k o š Deperditné listy Hadriána II slovanským kniežatám z roku 869–870 [Verlorene Briefe Hadrians II. an die slawischen Fürsten aus dem Jahre 869–870], in: Slovenská archivistika 19 (1984) 75–95. – Adolf W. Z i e g l e r Methodius in Ellwangen, in: Land und Reich, Stamm und Nation. Festschrift für Max Spindler. Bd. I (München 1984) 305–324. – Richard M a r s i n a Diplomatické písomnosti k dejinám Veľkej Moravy a ich pramenná hodnost [Diplomatisches Schrifttum zur Geschichte Großmährens und seine quellenkundliche Glaubwürdigkeit], in: Historický časopis 33 (1985) 224–239. – Michael R i c h t e r Die politische Orientierung Mährens zur Zeit von Konstantin und Methodius, in: Herwig Wolfram-Andreas Schwarcz (edd.) Die Bayern und ihre Nachbarn, Teil 1. Berichte des Symposions der Kommission für Frühmittelalterforschung 25. bis 28. Oktober 1982, Stift Zwettl, Niederösterreich. (Österreichische Akademie d. Wissenschaften, Phil.-hist. Klasse. Denkschriften 17. – Veröff. d. Kommission für Frühmittelalterforschung 8. Wien 1985) p. 281–292. – Salzburg und die Slawenmission. Zum 1100. Todestag des hl. Methodius. Beiträge des internationalen Symposions vom 20. bis 22. Sept. 1985 in Salzburg, hrsg. v. Heinz Dopsch (Salzburg 1986); reimpr. in: Der heilige Method, Salzburg und die Slawenmission, hrsg. von Theodor Piffl-Perčević und Alfred Stirnemann (Pro Oriente 11. Innsbruck-Wien 1987), ubi invenies inter alia: Metoděj Z e m e k Zum Problem der Kontinuität zwischen dem Bistum Mähren und dem Bistum Olmütz p. 109–118. – Heinz D o p s c h Slawenmission und päpstliche Politik. Zu den Hintergründen des Methodius-Konfliktes p. 303–340. – Heinz L ö w e Ermenrich von Passau, Gegner des Methodius. Versuch eines Persönlichkeitsbildes p. 221–241; reimpr. in: Religiosität und Bildung im frühen Mittelalter. Ausgewählte Aufsätze von Heinz Löwe, hrsg. v. Tilman Struve (Weimar 1994) p. 327–347. – Heinz D o p s c h Passau als Zentrum der Slawenmission. Ein Beitrag zur Geschichte des ‹Großmährischen Reiches›, in: Südostdeutsches Archiv 28/29 (1986) 5–28. – Josef P o u l í k - Bohuslav C h r o p o v s k ý e.a. Grossmähren und die Anfänge der tschechoslowakischen Staatlichkeit (Praha 1986). – Josef Ž e m l i č k a Velka Morava a byzantská misie [Großmähren und die byzantinische Mission], in: ČČH 34 (1986) 106–113. – Charles R. B o w l u s Die geographische Lage des mährischen Reiches anhand fränkischer Quellen, in: Bohemia 28 (1987) 1–24. – Lubomir E. H a v l í k Slovanské státní útvary raného středověku. Politické postavení, společenská a vládni organizace státních útvarů ve východní, střední a jihovýchodní Evropě od 8. do 11. století [Slawische Staatsgebilde des frühen Mittelalters. Politische Stellung, soziale und herrschaftliche Organisation der Staatsgebilde in Ost-, Mittel- und Südosteuropa vom 8. bis zum 11. Jh.] (Praha 1987). – I d e m Kronika o Velké Moravě [Chronik Großmährens] (Brno 1987. ²1992). – I d e m On the dating in the old slavic literatury monuments and on the primary slav chronography, in: Studia Źródłoznawcze 30 (1987) 1–38. – K a d l e c Přehled I passim. – Lothar W a l d m ü l l e r Die Synoden in Dalmatien, Kroatien und Ungarn: von der Völkerwanderung bis zum Ende der Arpaden (1311) (Konziliengeschichte. Reihe A: Darstellungen. Paderborn e.a. 1987). – Symposium Methodianum. Beiträge der Internationalen Tagung in Regensburg (17. bis 24. April 1985) zum Gedenken an den 1100. Todestag des hl. Method, hrsg. v. Klaus Trost, Ekkehard Völkl und Erwin Wendel (Selecta Slavica 13. Neuried 1988), ubi invenies inter alia: Gerd A l t h o f f Zur Bedeutung der Bündnisse Svatopluks von Mähren mit den Franken p. 13–21. – Vittorio P e r i Il mandato missionario e canonico di Metodio e l'ingresso della lingua slavica nella liturgia, in: Archivum Historiae Pontificiae 26 (1988) 9–69. – Heinz L ö w e Consensus – consessus. Ein Nachtrag zum Streit um Methodius, in: DA. 46 (1990) 507–515. – Evangelos K o n s t a n t i n o u (ed.) Leben und Werk der byzantinischen Slavenapostel Methodios und Kyrillos (Münsterschwarzach 1991). – Vittorio P e r i La chiesa di Roma e le missioni „ad gentes" (sec. VIII–IX), in: Il primato del vescovo di Roma nel primo millennio. Ricerche e testimonianze. Atti del symposium storico-teologico Roma, 9–13 ottobre 1989, a cura di Michele Maccarone (Pontificio comitato di scienze storiche. Atti e documenti 4. Città del Vaticano 1991) p. 567–642. – Dějiny Moravy. Díl 1: Josef V á l k a Středověká Morava [Geschichte Mährens. Teil 1: Mittelalterliches Mähren] (Vlastivěda moravská. Země a lid, nova řada, svazek 5. Brno 1991). – Štefan V r a g a š Cyrilometodské dedičstvo v náboženskom, národnom a kulturnóm živote Slovákov [Das kyrillomethodianische Erbe im religiösen, nationalen und kulturellen Leben der Slowaken] (Zürich-Toronto-Bratislava 1991) p. 17–35. – František H e j l The Salonican brothers Constantine and Methodius and their role in development of the European Christian universe, in: SPFFBU. Řada historická (C) 39 (1992) 19–29. – Vladimír P o d b o r s k ý e.a. Pravěké dějiny Moravy [Urgeschichte Mährens] (Vlastivěda moravská. Země a lid. Nová řada 3. Brno 1993). – Endre T ó t h Das Christentum in Pannonien bis zum 7. Jahrhundert nach den archäologischen Zeugnissen, in: Das Christentum im bairischen Raum. Von den Anfängen bis ins 11. Jahrhundert, hrsg. von Egon Boshof (Passauer Historische Forschungen 8. Köln e. a. 1994), p. 241–272. – Lubomír E. H a v l í k Svatopluk Veliký, král Moravanů a Slovanů [Svatopluk der Große, König der Mährer und Slawen] (Brno 1994). – Charles R. B o w l u s Franks, Moravians and Magyars. The Struggle for the Middle Danube, 788–907 (Philadelphia 1995). – Martin E g g e r s Das ‹Großmährische Reich›. Realität oder Fiktion? Eine Neuinterpretation der Quellen zur Geschichte des mittleren Donauraumes im 9. Jahrhundert (Monographien zur Geschichte des Mittelalters 40. Stuttgart 1995). – Ján S t e i n h ü b e l Veľkomoravské území v severovýchodnom Zadunajsku [Großmährische Gebiete im nordöstlichen Transdanubien] (Bratislava 1995). – Herwig W o l f r a m Salzburg, Bayern. Österreich. Die Conversio Bagoariorum et Carantanorum und die Quellen ihrer Zeit (MIÖG Ergänzungsband 31. Wien-München 1995). – I d e m Historické pramene a poloha (Veľkej) Moravy [Historische Quellen und die Lage (Groß)Mährens], in: Historický časopis 43 (1995) 3–15. – Martin E g g e r s Das Erzbistum des Method. Lage, Wirkung und Nachleben der kyrillomethodianischen Mission (Slavistische Beiträge 339. München 1996). – Heinrich K o l l e r Neue Forschungen zum Großmährischen Reich, in: Mitteilungen der Gesellschaft für Salzburger Landeskunde 136 (1996) 489–495. – Ján S t e i n h ü b e l

Die grossmährischen Bistümer zur Zeit Mojmírs II., in: Bohemia 37 (1996) 2–22. – Eduard Mühle Altmähren oder Moravia? Neue Beiträge zur geographischen Lage einer frühmittelalterlichen Herrschaftsbildung im östlichen Europa, in: ZfO 46 (1997) 205–223. – Krzysztof Polek The Great Moravian state and its participation in the christianization of the Western Slavs in recent studies, in: Early Christianity in Central and East Europe. Ed. Przemysław Urbańczyk (Warszawa 1997) p. 75–85. – Ján Steinhübel Kirchliche Organisation in Grossmähren zur Zeit Mojmirs II., ibid. p. 87–93. – Dušan Třeštík Počátky Přemyslovců. Vstup Čechů do dějin (530–935) [Die Anfänge der Přemysliden. Der Eintritt der Böhmen in die Geschichte] (Edice Česká historie 1. Praha 1997). – Egon Boshof Das ostfränkische Reich und die Slawenmission im 9. Jahrhundert: die Rolle Passaus, in: Mönchtum – Kirche – Herrschaft 750–1000. Festschrift für Josef Semmler (Sigmaringen 1998) p. 51–76. – Dušan Třeštík Großmähren, Passau und die Ungarn um das Jahr 900. Zu den neuen Zweifeln an der Authentizität des Briefes der bayerischen Bischöfe an Papst Johannes IX. aus dem Jahr 900, in: Byzantinoslavica 59 (1998) 137–160. – Christian Hannick Konstantin und Method, in: LexMA V 1382–1385. – L. Poláček Großmährisches Reich, in: Reallexikon der Germanischen Altertumskunde von Johannes Hoops XIII (Berlin-New York ²1999) p. 78–85. – Martin Eggers The Historical-Geographical Implications of the Cyrillo-Methodian Mission Among the Slavs, in: Thessaloniki-Magna Moravia. Proceedings of the International Conference Thessaloniki 16–19 October 1997 (Thessaloniki 1999) p. 65–86. – Dušan Třeštík Místo Velké Moravy v dějinách. Ke stavu a potřebám bádání o Velké Moravě [Der Platz Großmährens in der Geschichte. Zum Forschungsstand und zu den Forschungsdesideraten über Großmähren], in: ČČH 97 (1999) 689–727. – Prosopographie der mittelbyzantinischen Zeit. Erste Abteilung (641–867). 2. Band: Georgios (# 2183)-Leon (# 4270). 3. Band: Leon (# 4271) – Placentius (# 6265). Nach Vorarbeiten F. Winkelmanns erstellt von Ralph-Johannes Lilie, Claudia Ludwig e. a. (Berlin-New York 2000) [cum operibus laudatis]. – Alexander Avenarius Die byzantinische Kultur und die Slawen. Zum Problem der Rezeption und Transformation (6. bis 12. Jahrhundert) (Veröffentlichungen des Instituts für Österreichische Geschichtsforschung 35. Wien-München 2000) praecipue p. 54–109. – Dušan Třeštík Anläufe zur Gestaltung des slawischen Reiches: Großmähren, in: Europas Mitte um 1000. Beiträge zur Geschichte und Archäologie. Bd. 1, hrsg. von Alfried Wieczorek und Hans-Martin Hinz (Stuttgart 2000) p. 298–303. – Vladimír Vavřínek Mission in Mähren: Zwischen dem lateinischen Westen und Byzanz, ibid. p. 304–310. – Herwig Wolfram Warum sollte Moravien nicht in Mähren gewesen sein?, in: Septuaginta Paolo Spunar oblata (70+2), ed. Jiří K. Kroupa (Praha 2000) p. 56–70. – Martin Eggers-Charles R. Bowlus 863/864 – eine „internationale" Konfrontation in Südosteuropa, in: Südost-Forschungen 59/60 (2000–2001, ed. 2001) 14–33. – Dušan Třeštík Vznik Velké Moravy. Moravané, Čechové a střední Evropa v letech 791–871 [Die Entstehung Großmährens. Die Mährer, die Böhmen und Mitteleuropa in den Jahren 791–871] (Edice Česká historie 8. Praha 2001). – Stefan Albrecht Geschichte der Großmährenforschung in den Tschechischen Ländern und in der Slowakei (Práce Slovenského Ústavu N. R. 14. Praha 2003). – Libor Jan Počátky moravského křesťanství a církevní správa do doby husitské [Die Anfänge des mährischen Christentums und die Kirchenverwaltung bis zur Hussitenzeit], in: Vývoj církevní správy na Moravě. 27. Mikulovské sympozium 9.-10. října 2002 (Brno 2003) p. 7-20. – Herman Køll n Westkirchliches in altkirchenslavischer Literatur aus Grossmähren und Böhmen (Historiskfilosofiske Meddelelser 87. Copenhagen 2003). – Idzi Panic Ostatnie lata Wielkich Moraw [Die letzen Jahre Großmährens] (Katowice 2003). – Dorothee Arnold Johannes VIII. Päpstliche Herrschaft in den karolingischen Teilreichen am Ende des 9. Jahrhunderts (Europäische Hochschulschriften. Reihe 23: Theologie 797. Frankfurt a. Main e.a. 2005). – Hans-Dieter Döpmann Kyrillos und Methodios in ihrer Bedeutung für die Bulgaren, in: Methodios und Kyrillos in ihrer europäischen Dimension, hrsg. von Evangelos Konstantinou (Philhellenische Studien 10. Frankfurt a. Main [e.a.] 2005) p. 313–327. – Libor Jan Altmähren zwischen Osten und Westen, in: Der heilige Prokop, Böhmen und Mitteleuropa. Internationales Symposium Benešov – Sázava 24.-26. September 2003, hrsg. von Petr Sommer (Colloquia mediaevalia Pragensia 4. Praha 2005) p. 273-288. – Radoslav Večerka Moravské země veliký občan, sláva a chlouba. Sv. Metoděj Solunňský [Des mährischen Landes großer Bürger, Ruhm und Stolz. Der hl. Method von Thessaloniki], in: Osobnosti moravských dějin. T. 1, ed. Libor Jan, Zdeněk Drahoš e.a. (Brno 2006) p. 17–25. – Klaus H e r b e r s Päpstliche Autorität und päpstliche Entscheidungen an der Wende vom 9. zum 10. Jahrhundert, in: Recht und Gericht in Kirche und Welt um 900, hrsg. von Wilfried Hartmann (Schriften des Historischen Kollegs – Kolloquien 69. München 2007) p. 7–30. – Petr S o m m e r - Dušan T ř e š t í k - Josef Ž e m l i č k a Bohemia and Moravia, in: Christianization and the rise of christian monarchy. Scandinavia, Central Europe and Rus' c. 900–1200. Ed. by Nora Berend (Cambridge 2007) p. 214–262. – David K a l h o u s K významu sirmijské a apoštolské tradice při formování episkopální organizace na Moravě [Zur Bedeutung der Sirmium - und der apostolischen Tradition bei der Formierung der Bistumsorganisation in Mähren], in: Východní Morava v 10. až 14. století (Brno 2008) p. 43-52.

Nomen ‚Moravia' de flumine Moravia (March) deducitur, quod a Tacito ‚Marus' flumen vocatum, postea etiam incolis huius terrae datum est, quam olim gens Quadorum incolebat, deinde Longobardi invaserunt. Quibus saec. VI med. in Italiam profectis Slavi in terram Moraviensem ex meridionalibus et Danubii fluminis partibus immigrabant. De aliqua propagatione fidei christianae vel de vestigiis aedificiorum palaeochristianorum saec. IV–VI ultra ripas Danubii erectorum ante adventum Slavorum huc usque nihil constat.

Primordia Magnae Moraviae regni (nomen istud deducitur de imperatoris Constantini VII Porphyrogeniti opere ‚De administrando imperio' c. 13. 38. 40. 41 [ed. Gyula Moravcsik (Corpus Fontium Historiae Byzantinae 1. Washington 1967)], p. 64. 172. 176. 180, ubi loquitur de Μεγάλή Μοράβια) vel mutatis mutandis Moraviae Antiquae obscura sunt. Post victoriam Karoli Magni imperatoris de chagano Avarorum a. 797 patrata una cum Francis novis dominis etiam nuntii fidei christianae in terra Moraviensium et in Pannonia evangelium praedicare coeperunt, tam Hiberni et Franci e sedibus Pataviensi et Iuvavensi quam Graeci e Constantinopoli et Italici e Aquileiensi sede advenientes (cf. Peter Ratkoš in: Historicky časopis 19 [1971] 71–83; Vladimir Bubrin in: Slovak Studies XII. Cyrillo-Methodiana 2 [1972] p. 135–147; Egon Boshof in: Mönchtum – Kirche – Herrschaft 750–1000. Festschrift für Josef Semmler (1998) p. 51–76). Usque ad saec. IX fontes historici fere penitus tacent, sed partes Moraviae cum Avaris regnoque Samonis saec. VII creato rationes habuisse videntur (cf. Gerard Labuda Pierwsze państwo słowiańskie. Państwo Samona [Poznań 1949] cum permultis fontibus operibusque; Handbuch I 142–144 et novissime Martin Eggers Samo – „Der erste König der Slawen". Eine kritische Forschungsübersicht, in: Bohemia 42 [2001] 62–83). Saeculo IX ineunte terra Moravanorum primum in annalibus regni Francorum memoratur, et a. 822 nuntii harum gentium apud concilium Francofurtanum interfuerunt (Annales regni Francorum, ed. Kurze in Mon. Germ. Script. rer. Germ. VI 159). A. 827 Pribina princeps Moraviensium in loco q.v. Nitria primam ecclesiam aedificari fecit. Principatum eius cum illo in ripa Marchiae per Pribinae successorem Moimirum (830–846) a. 835 in unum coniuncto unus principatus Moraviae vel regnum Rastici creatus est. Contra clerum Bavariae et Francos Moimiri successor Rastislav (846–869/870) imperio orientali inclinavit, unde a. 863 illi famosi fratres Constantinus Kyrillus et Methodius e regione Thessalonicensi oriundi in Moraviam advenerunt (de iis cf. novissime Prosopographie der mittelbyzantinischen Zeit. 1. Abteilung [641–867]. Bd. 2, 561–566. Bd. 3, 230–233 cum operibus laudatis). A Nicolao I Romam vocati (n. *4), Constantinus, qui corpus s. Clementis I papae attulerat, ibi diem ultimum obiit, Methodius a. 869 ecclesiae Moraviae dignitate propria cum titulo archiepiscopali per Pannonias insignitus (n. *†?8), inde ab a. 870 archiepiscopus ecclesiae Moraviensis una cum officio legationis apostolicae sedis institutus est ab Hadriano II papa (n. *10).

A. 870 de inoboedientia incriminatus et ab Iohanne VIII iterum Romam accersitus Methodius archiepiscopus Pannoniensis appellatur. Iam a. 873 in variis litteris sedis apostolicae tam ei quam praelatis Baioariae directis de usu linguae slavonicae in divinis officiis et in vita ecclesiastica agitabatur (n. 19. *21. 25. 26. 30). Una cum Methodio illuc revertenti Paulo etiam episcopo Anconitano legato misso (n. 19. *21), Iohannes VIII a. 880 Wichingum presbyterum episcopum Nitriae in Methodii, qui persona propria ad se defendendum ad sedem apostolicam venerat et plane orthodoxus inventus fuerat, suffraganeum consecravit (n. *28), alium etiam presbyterum se consecraturus annuntiavit, ut in posterum secundum necessitatem ulteriores ecclesiae institui possent (n. 30).

Licet Svantopulcus rex (870–894) totam terram inde a Vistula flumine, Boemiam, Lusaciam et Pannoniam suae ditioni subdideret, regnum eius adhuc paulum firmum remanebat et post eius mortem bellis internis exortis, brevi tempore Hungaris adhuc paganis succubuit, unde a. 906 tam dominium vel regnum Moravensium quam ecclesia novella pauca post decennia periit (cf. Ruotgeri Vita Brunonis c. 3 [Mon. Germ. Script. rer. Germ. N.S. 10, p. 4]; cf. Dümmler Geschichte d. Ostfränk. Reiches ²II 531).

A. 1977 Paulus VI papa in regione olim Magnae Moraviae orientali novam provinciam Slovaciae creavit cum metropolitana sede Trnava, inde ab a. 1995 Bratislava-Trnava appellata, cui Nitria sedes suffraganea subiecta est.

De aliquo t a b u l a r i o et b i b l i o t h e c a tam publicis ducum Magnae Moraviae aut ecclesiarum Moraviensis vel etiam Nitrensis aliarumque sedium episcopalium Moravensium nihil superest.

Aliter ac in reliquiis duobus capitulis principalibus huius voluminis (Bohemia, Moravia) singuli instiutiones in capitulo ,Magna Moravia' intitulato (Duces, Archiepiscopatus, Episcopatus Nitriensis e. a.) propter contextum substantiae non sunt distinctae.

C   = Collectio Britannica: London British Library, Ms. add. 8873 (saec. XI/XII). De manuscripto cf. Ewald Papstbriefe (1880); Klaus Herbers Papst Leo IV. und das Papsttum in der Mitte des 9. Jahrhunderts. Möglichkeiten und Grenzen päpstlicher Herrschaft in der späten Karolingerzeit (Päpste und Papsttum 27. Stuttgart 1996) p. 49–91; Christof Rolker History and Canon Law in the Collectio Britannica. A New Date for London, BL Add. 8873, in: Bishops, texts and the use of canon law around 1100. Essays in honour of Martin Brett, ed. by Bruce Clark Brasington (Aldershot e.a. 2008) p. 141–152.

H   = Codex ms. monasterii S. Crucis (Heiligenkreuz) Cod. 217 (saec. XI), praeter varias canones poenitentiales prologumque Bedae presb. de remediis peccatorum etiam paucas res Bohemicas continens. De codice cf. Franz Zagiba Der Codex 217 der Stiftsbibliothek Heiligenkreuz in Niederösterreich, in: Millenium dioceseos Pragensis 973–1973 (Annales Instituti Slavici 8. Wien-Köln-Graz 1974) p. 64–72 et novissime Jana Zachová-Dušan Třeštík Adhortace De ammonicione ad presbiteros a biskup Vojtěch [Die Adhortation ,De ammnonicione ad presbiteros' und der Bischof Adalbert], in: ČČH 99 (2001) 279-293.

†1   *(824–827)*

E u g e n i u s II Rathfredo s. Favianensis ecclesiae et Methodio ecclesiae Speculiiuliensis, quae et Ouguturensis nuncupatur, atque Alchuuino s. Nitravensis ecclesiae parique modo Annoni s. Vetuarensis ecclesiae episcopis, simul etiam Tutundo nec non Moimaro ducibus et optimatibus exercitibusque plebis Huniae, quae et Avaria dicitur, atque Maraviae: Urolfum s. Lauriacensis ecclesiae archiepiscopum eis rectorem transmittit atque in regionibus Huniae, sed et Maraviae, provinciarum quoque Pannoniae sive Mesiae apostolicam vicem et usum ac potestatem s. Lauriacensis ecclesiae archiepiscoporum committit; pallium praeterea iuxta consuetudinem antiquam dat et monet, ut ei reverentiam exhibeant et ut antistites ordinentur, ubi indicia ecclesiarum et aedificiorum sedes pontificales olim fuisse demonstrant.

       v. Passau, Episc. n. †10, Germ. Pont. I 162 (Magnae Moraviae Font. III 255 n. 122; Marsina Cod. dipl. Slovaciae I 5 n. †4; Boshof Regesten d. Bischöfe v. Passau I 22 n. †86 [ad a. 804–806]; JE. †2566). – Editionem quandam in Marsina Cod. dipl. Slovaciae l.c. haud notatam reperies apud Pessina Mars Moravicus (1677) p. 40.

       Agitur de uno inter falsos Piligrimi episcopi Pataviensis, in quo persona Urolfi (a. 804/5–806) archiepiscopi cum Eugenii papae pontificatu (a. 824–827) nullo modo congruit, unde Boshof l.c., quem vero non sequimur, ad a. 804–806 ascribit litteras. – De re et tempore cf. Dümmler Piligrim p. 20sqq.; Lehr Piligrim p. 30; Kos Gradivo II 83 n. 95 adn.; Marsina Štúdie I 72 et 76sq.; Boshof Das ostfränkische Reich (1998) p. 52 et Franz-Reiner Erkens Die Rezeption der Lorcher Traditionen im hohen Mittelalter in: Ostbairische Grenzmarken 28 (1986) 195–206, imprimis p. 195.

       De episcopatibus hic nominatis et sedibus eorum coniectatis cf. Hans Wagner Die Urkundenfälschungen im Burgenland und in den angrenzenden westungarischen Gebieten bis zum Ende der Regierungszeit König Bélas IV. (Burgenländische Forschungen 23. Eisenstadt 1953) p. 6; Jaroslav Kadlec Die sieben Suffragane des hl. Methodius in der Legende des sogenannten Christian, in: Methodiana (1976) p. 68–70 et Steinhübel in: Early Christianity in Central and East Europe (1997) p. 89–92.

†?2   *(ante 863)*

Rastislaus (et Sventopulkus et Kocel?) apud sanctam sedem (N i c o l a u m I) rogant, ut magistrum in eorum regiones mittat.

       Laud. in n. †?8. – Regg. Magnae Moraviae Font. III 143 n. 19. Marsina Vel'komoravské deperditá p. 20 n. 1. Ratkoš Kompletnosť p. 108 n. 3 [ad a. 861].

       In litteris Rastislao, Sventopulko et Kocelo a. 869 slovene compositis (n. †?8) Hadrianus II enarrat: ,Non enim solum apud hunc episcopalem thronum (hanc sanctam sedem) rogastis doctorem (magistrum), sed etiam apud pium imperatorem Michaelem. Et misit vobis beatum philosophum Constantinum cum fratre, dum nos nondum potueramus' (cit. secundum retranslationem e textu sloveno apud Grivec Konstantin und Method [1960] p. 257 cum variationibus ex Miklosich Vita p. 15). Igitur tempus petitionis ante missionem Constantini et Methodii in regiones Moravianorum a. 863 factam stabiliendum est. De tempore et re cf. Vladimír Vavřínek Církevní misie v dějinách Velké Moravy [Kirchenmission in der Geschichte Großmährens] (Politická knihovna ČSL 60. Praha 1963) p. 63 [ad a. 860 aut 861]; Cibulka Der Zeitpunkt (1965) p. 321sq., qui postulationem Rastislai a. 862 et adventum Constantini-Cyrilli et Methodii in Moravia a. 864 tantum factam esse dicit; econtra Dvorník Byzantine Mission (1970) p. 102. 307–314, qui adventum in Moravia ad a. 863 postulat, quem plures hodie sequuntur; cf. etiam Dittrich Christianity (1962) p. 91 et 149; Vlasto The Entry (1970) p. 26; Kop Metropolitanprobleme (1971) p. 183sq.; Marsina Vel'komoravské deperditá p. 20sq.; idem Štúdie I (1971) 12sq.; Ratkoš Kompletnosť p. 108; Richter Die politische Orientierung (1982) p. 282; Löwe Cyrill und Methodius (1983) p. 651sq. adn. 81 et 86; Kadlec Přehled I 13; Vavřínek Mission in Mähren (2000) p. 306; Sommer-Třeštík-Žemlička Bohemia and Moravia (2007) p. 222.

3   *(864 mai.-iun. ex.)*

Nicolaus I Ludovico (Germanico) regi: inter alia efficacem contra Rastitium (ducem Moraviae) exoptat expeditionem.

     v. Regnum et Imperium (Mon. Germ. Epist. VI 293 n. 26; Friedrich Cod. dipl. Bohem. I 7 n. 10; Magnae Moraviae Font. III 146 n. 23; Marsina Cod. dipl. Slovaciae I 11 n. 13; Böhmer-Herbers n. 704; JE. 2758).

     De re cf. novissime Eric J. Goldberg Ludwig der Deutsche und Mähren. Eine Studie zu karolingischen Grenzkriegen im Osten, in: Ludwig der Deutsche und seine Zeit, hrsg. von Wilfried Hartmann (Darmstadt 2004) p. 67–94 cum operibus laudatis.

     De tempore cf. propediem Böhmer-Herbers n. 704, quem sequimur. Cf. etiam Passau, Episc. n. 11; Regensburg, Episc. n. 3, Germ. Pont. I 162. 269; Mainz, Archiepisc. n. 31, ibid. IV 64; Bremen-Hamburg, Archiepisc. n. 20, ibid. VI 30.

*4   *(867 ante nov. 13)*

Nicolaus I Constantinum et Methodium valde laetus super his, quae sibi relata fuerant, redditus, ad se venire litteris apostolicis invitat.

     Laud. in Vita Constantini (in lingua Slavica) c. XVII (Font. rer. Bohem. I 35; Magnae Moraviae Font. II 110; ibid. p. 58sq. de prioribus editionibus), in Vita Methodii (in lingua Slavica) c. VI (Font. rer. Bohem. I 97; Pastrnek Dějiny (1902) p. 226; Magnae Moraviae Font. II 146; Kronsteiner Žitie p. 56), in Vita Constantini-Cyrilli cum translatione S. Clementis (AA. SS. Martii t. II *19-*21 [ad mart. 9]) = Boczek Cod. dipl. Morav. I 32 n. 43; Font. rer. Bohem. I 97; Magnae Moraviae Font. II 129; ibid. p. 122 de reliquis editionibus), in Translatione S. Clementis (Legenda Italica) c. VIII (Pastrnek Dějiny [1902] p. 243; Grivec-Tomšič Constantinus et Methodius p. 62; Magnae Moraviae Font. II 129), in Legenda SS. Cyrilli et Metudii, patronorum Moraviae (Legenda Moravica) c. VI (Font. rer. Bohem. I 108; Magnae Moraviae Font. II 262); in Leonis Marsicani Translatione s. Clementis c. 8–9 (Meyvaert-Devos Trois énigmes [1955] p. 459), in Translatione s. Clementis auctore Leone Ostiensi (Meyvaert-Devos Autour de Léon d'Ostie [1956] p. 238). – Regg. Boczek Cod. dipl. Morav. I 32 n. 43. Analecta iuris pontificii X 74. Friedrich Cod. dipl. Bohem. I 7 n. 11. Kos Gradivo II 155 n. 207 cum adn. Ratkoš Pramene p. 159 n. 36. Magnae Moraviae Font. III 152 n. 34. Marsina Cod. dipl. Slovaciae I 12 n. 14*. Marsina Veľkomoravské deperditá p. 22 n. 4. Ratkoš Kompletnosť p. 108 n. 6. Böhmer-Herbers n. 863. JE. 2888.

     De tempore cf. Magnae Moraviae Font. III 152 n. 34; Marsina Veľkomoravské deperditá p. 22sq. et propediem Böhmer-Herbers n. 863. – Tempus ante quem est dies mortis Nicolai I.

     De re cf. Dümmler Geschichte d. Ostfränk. Reiches [2]II 186; Grivec-Tomšič Constantinus et Methodius (1960) p. 208; Grivec Konstantin und Method (1960) p. 77; Dittrich Christianity (1962) p. 146 cum adn. 2. 160–162; Dvornik Byzantine Mission (1970) p. 131–137; Lacko The popes (1972) p. 26–29; Jane Carol Bishop Pope Nicholas I and the First Age of Papal Independance (New York 1981) p. 252; Löwe Cyrill und Methodius (1983) p. 656; Dopsch Slawenmission (1987) p. 320sq. Cf. etiam Havlík Byzantská mise (1963) p. 114; idem O politických osudech (1965) p. 116; Kadlec Přehled I 23; Eggers Erzbistum (1996) p. 20; Třeštík Počátky (1997) p. 277; Vavřínek Mission in Mähren (2000) p. 307; Třeštík Vznik (2001) p. 193.

*5   *(867 dec. med.)*

Constantinus philosophus (scil. Kyrillus) Romam sub H a d r i a n o iuniore (II) papa
venit et s. Clementis papae corpus sedi suae restituit.

> *Laud. in n. †?8, in epistola Anastasii Bibliothecarii a. 875 ad Karolum II imperatorem missa*
> *(Mon. Germ. Epist. VII 430); in Vita Constantini cap. XVII (Magnae Moraviae Font. II 110); in Vita*
> *Constantini-Cyrilli cum translatione s. Clementis cap. 9 (Magnae Moraviae Font. II 129sq.) et in*
> *Grano cathalogi presulum Moravie (ed. Loserth) p. 63 [ad a. 891]. – Edd. Dobner Annales III 79.*
> *Grivec-Tomšič Constantinus et Methodius p. 64; Magnae Moraviae Font. III 175sq. n. 59 (fragm.). –*
> *Reg. Boczek Cod. dipl. Morav. I 33 n. 94 (ad a. 867).*

> Translatio corporis s. Clementis a Constantino Thessalonicensi facta laudatur etiam
> in epistola Anastasii Bibliothecarii Gauderico (Veliternensi) episcopo directa (Mon. Germ.
> Hist. Epist. VII 435; cf. etiam J. Friedrich Ein Brief des Anastasius Bibliothecarius an den Bi-
> schof Gauderich von Velletri über die Abfassung der „Vita cum translatione s. Clementis Pa-
> pae". Eine neue Quelle zur Cyrill- und Methodius-Frage, in: Sitzungsberichte der philos.-
> philol. Klasse der k. bay. Akademie der Wissenschaften zu München 1892. Heft III
> 393–442).

> Iter Romanum Constantini (orationis causa) etiam in Christiani monachi Vita et pas-
> sione sancti Wenceslai et sancte Ludmile ave eius (ed. Josef Pekař in: Die Wenzels- und Lud-
> milla-Legenden und die Echtheit Christians. Prag 1906 p. 88–125, p. 90) memoratur. Editio-
> nem alteraam repperies in: Legenda Christiani. Vita et passio sancti Wenceslai et sancte
> Ludmile ave eius, ed. Jaroslav Ludvíkovský (Pragae 1978) p. 12. De hoc opere cf. nunc
> Agnieszka Kuźmiuk-Ciekanowska Święty i historia. Dynastia Przemyślidów i jej bohate-
> rowie w dziele mnicha Krystiana [Der Heilige und die Geschichte. Die Dynastie der
> Přemysliden im Werk des Mönches Christian] (Kraków 2007), ubi de tempore, quo con-
> scriptum sit, atetate s. Adalberti ep. Pragensis attribuendo ut videtur, p. 25–37 discertatur;
> ibid. etiam de prioribus operibus.

> De re cf. Novotný I 1, 328; Grivec Konstantin und Method p. 77–82; Francis Dvornik
> Sts. Cyril and Methodius in Rome, in: St. Vladimirs Seminary quarterly 7 (1963) 20–30; An-
> tonín Salajka Der Aufenthalt des hl. Konstantin-Kyrill in Rom, in: Konstantin-Kyrill aus
> Thessalonike, ed. A. Salajka (Das östliche Christentum N. F. 22. Würzburg 1969) p. 61–75;
> Dvornik Byzantine Missions (1970) p. 137–139.

> De tempore adventus cf. Grivec Konstantin und Method (1960) p. 77 [ad a. 867
> ex./868 in.] et Cibulka Der Zeitpunkt (1965) p. 352sq. (ut supra), quem sequimur.

*6   *(869 paulo post febr. 14)*

H a d r i a n u s II praecipit, ut omnes Romani atque Graeci clerici ad exsequias Constantini cum psalmis, canticis, cereis, thuris odoribusque occurant et Constantino
non aliter ac papae funeris honorem impendant.

> *Laud. in Vita Constantini (in lingua slavica) c. XVIII (Magnae Moraviae Font. II 114); in Vita*
> *cum translatione s. Clementis c. X (Magnae Moraviae Font. II 131; ibid. p. 58 de prioribus editioni-*
> *bus). – Reg. JE. –.*

> Terminus post quem est dies obitus Constantini-Cyrilli. – De re cf. Dümmler Ge-
> schichte d. Ostfränk. Reiches ²II 261sq.; Löwe Cyrill und Methodius (1983) p. 658sq.; Kadlec
> Přehled I 25.

*7 　　　　　　　　　　　　　　　　　　　　　　　*(869 vere)*
Kocel (et Rastislaus et Sventopulkus ?) apostolicum (H a d r i a n u m II) rogat, ut Methodium doctorem ad eum mittit.

 Laud. in Vita s. Methodii c. 8. – Regg. Marsina Veľkomoravské deperditá p. 23. 25 n. 6. 8.
Ratkoš Kompletnosť p. 108 n. 8sq.

†?8 　　　　　　　　　　　　　　　　　　　　　　　*(869 iun.-sept.)*
H a d r i a n u s II Rastislao et Sventopulko et Kocelo: recordato, quomodo non solum
apud apostolicam sedem episcopalem doctorem rogaverint *(n. *†?2)*, sed etiam apud
imperatorem Michaelem, qui eis beatum philosophum Constantinum cum fratre mi-
serit, dum ipse nondum potuisset; notificat illos, cum cognovissent ad apostolicam sedem pertinere eorum regiones, contra canonem nihil fecisse, sed ad se venisse s. Clementis reliquias afferentes; statuit mittere Methodium (in episcopatum) consecratum
cum discipulis in regiones eorum, ut eos doceat, prout rogaverint, interpretans libros
in linguam eorum <secundum totum ecclesiasticum ordinem>, quemadmodum coe-
perit Constantinus, <sed in missa primo legant apostolum et evangelium Romane,
dein Slovenice>; <vituperantem autem libros linguae eorum> esse excommunican-
dum, donec se correxerit, decernit. – Gloria in excelsis (altissimis). (Quia) de vobis.

 Haec epistola duplici exstat tenore in translatione slovenica. Textum breviorem, sed fide dignio-
rem praebet Sermo panegyricus in memoriam ss. Cyrilli et Methodii (retransl. latinam praebet F. Gri-
vec in: Acta Acad. Velehradensis XVIII [Olomucii 1947] 12). Textus uberior exstat in Vita Methodii c.
VIII (Pastrnek Dějiny [1902] p. 228; Magnae Moraviae Font. II 147–150; ibid. p. 58 de prioribus edi-
tionibus translationibusque; Kronsteiner Žitie blaženaago Mefodia [Wien 1989] p. 60; retransl. lati-
nam praebent Fr. Miklosich Vita sancti Methodii [Vindobonae 1870] p. 15 et Grivec Konstantin und
Method p. 257). – Edd. Rački Viek II 241. Biľbasov Kirill' i Mefodij I 110 n. 3. Friedrich Cod. dipl. Bo-
hem. I 7 n. 12. Boczek Cod. dipl. Morav. VII 701 n. 2. Ginzel Anhang I 44. Ginzel Zur Geschichte p. 20.
Mon. Germ. Epist. VI 763 n. 43. Tăutu Acta Romanorum pontificum I 700 n. 333. Herrmann Bezie-
hungen p. 130. Marsina Cod. dipl. Slovaciae I 13 n. 16 (cum adnotatione plurium translationum).
Lacko The Popes (1972) p. 110 n. 2. – Regg. Biľbasov Kirill' i Mefodij I 5 n. 3. Kos Gradivo II 158
n. 211. Ratkoš Pramene p. 160 n. 38 et 161 n. 42. Magnae Moraviae Font. III 154 n. 39. JE. 2924.

 De Hadriani II ad linguam slavicam utendam assensu narrat etiam Povesť vremen-
nych let (cf. Die Nestorchronik. Nachdruck der zweiten Auflage des ersten Bandes der „Voll-
ständigen Sammlung russischer Chroniken", Leningrad 1926–1928 [Forum Slavicum 48.
Handbuch zur Nestorchronik. Hrsg. von Ludolf Müller Bd. I. München 1977] p. 27). Translatio germanica in: Die Nestorchronik, ins Deutsche übersetzt von Ludolf Müller [Forum
Slavicum 56. Handbuch zur Nestorchronik 4. München 2001] p. 27sq.

 De fide huius litterae controversia gravis orta est; in studiis investigandis pars virorum eruditorum hanc litteram falsam, pars interpolatam, pars immo genuinam putat. De
littera cf. František Snopek List papeže Hadriána II. v pannonských legendách a bulla Jana
VIII. ‚Industriae tuae' [Der Brief Papst Hadrians II. in den pannonischen Legenden und die
Bulle ‚Industriae tuae' Johannes' VIII.], in: Sborník velehradský 8 (1896) 1–131; Pastrnek
Dějiny (1902) p. 10sq.; František Snopek Bulla ‚Industriae tuae' listinou nepodvrženou [Die
unverfälschte Bulle ‚Industriae tuae'], in: ČMM 35 (1911) 1–60; G. A. Iljinskij O gramote
papy Adriana II v Pochvalnom Slove Kirilu i Mefodiju [Über die Urkunde Papst Hadrians II.
im ‚Sermo panegyricus Cyrilli et Methodii'], in: Obozrenie prepodavateli na istoricko-filolo-
gicke fakultete Saratovskogo instituta, Saratov 1921 p. 1–12; Milko Kos O pismu papeža Ha-
driana II. knezom Rastislavu, Svetopolku in Koclju [Über den Brief Hadrians II. an Rastislaw,
Sventopulk und Kocel], in: Rozprave Slov. Akad., filos.-filol.-hist. razred II, 12 (Ljubljana

1944) 267–301; Stefan Sakač Die kürzere slavische Fassung des Briefes „Gloria in excelsis deo" Hadrians II., in: Cyrillo-Methodiana p. 411–431; Grivec Konstantin und Method (1960) p. 257–261; Bogo Grafenauer Der Brief Hadrians II. an die slawischen Fürsten: Echt, verfälscht oder Fälschung?, in: Annales Instituti Slavici 4 (1968) 63–77, qui hanc litteram partim interpolatam, imprimis in verbis de quaestione slovenicae linguae esse putat; Marsina Štúdie I 18–38(45) et Peter Ratkoš Deperditné listy Hadriána II slovanským kniežatám z roku 869– 870 [Die verlorenen Briefe Hadrians II. an die slawischen Fürsten aus den Jahren 869–870], in: Slovenská archivistika 19 (1984) 75–95. Et Marsina et Ratkoš ll.cc. duas diversas litteras, unam de a. 869, alteram de a. 870, in duplicibus textibus traditas esse censent. Cf. porro Dvorník Byzantine Missions (1970) p. 147–149; Kadlec Přehled I 26 et Peri Il mandato (1988) passim.

      De tempore cf. etiam Dümmler Geschichte d. Ostfränk. Reiches ²II 262 et Kos O pismu op. cit.

---

*9   *(869 ex.–870 in.)*

Kocel (et Rastislaus et Sventopulkus ?) Methodium et viginti viros honestos ad apostolicum (H a d r i a n u m II) mittit et ordinationem Methodii in episcopum Pannonicae dioecesis s. Andronici optat.

      Laud. in Vita s. Methodii c. 8. – Reg. Ratkoš Kompletnosť p. 108 n. 11sq. [ad a. 869 (autumno)].

      cf. etiam n. †?8. – De tempore cf. Grivec Konstantin und Method (1960) p. 86–90; Dittrich Christianity (1962) p. 171. Cf. etiam Paul Julius Alexander The papacy, the Bavarian clergy and the Slavonic apostles, in: idem Religious and Political History and Thought in the Byzantine Empire. Collected Studies (Variorum Collected Studies Series 71. London 1978) p. II: 266–293a.

---

*10   *(Roma 870 vere)*

H a d r i a n u s II Methodium ordinat archiepiscopum s. Andronici (Pannoniae et Moraviae) et apostolicae sedis legatum; qui promittit se verbis et litteris apostolicae sedis esse crediturum; concedit privilegium de Pannonica dioecesi.

      Laud. in n. 13. 14. 25. 26 et in Vita s. Methodii c. 8, in Legenda Moravica Cyrilli et Methodii (in lingua slavica) (Magnae Moraviae Font. II 165) et in Sermone panegyrico ss. Kyrilli et Methodii (Pochvalnoje slovo Kirillu i Mefodiju; in lingua slavica) (Magnae Moraviae Font. II 172 et 174). – Regg. Ratkoš Pramene 161 n. 41. Marsina Veľkomoravské deperditá p. 26sq. n. 10sq. Idem Cod. dipl. Slovaciae I 15* [ad a. 869]. Ratkoš Kompletnosť p. 108 n. 13. 14. JE. –.

      cf. etiam Salzburg, Archiepisc., Narratio, Germ. Pont I 4.

      De institutione Methodii in archiepiscopum s. Andronici per Kocelum comitem facta refert etiam Povesť vremennych let (Nestorchronik). Ed. Dmitrij Sergeevič Lichačev, t. I (Moskva 1950) 21–23.

      De re cf. Novotný I 1, 330–332; Grivec Konstantin und Method p. 86–92; Marsina Štúdie I 38–45, imprimis 41sq.; Třeštík Počátky (1981) p. 278sq. De archiepiscopatu Methodii et situ eius cf. Kop Metropolitanprobleme (1971); Lubomir E. Havlík Das Pannonische Erzbistum im 9. Jahrhundert im Lichte der wechselseitigen Beziehungen zwischen Papsttum und den ost- und weströmischen Imperien, in: Methodiana (1976) p. 45–60 et Jaroslav Kadlec Die sieben Suffragane des hl. Methodius in der Legende des sogenannten Christian, ibid. p. 61–70.

De situ non solum archiepiscopatus Methodii, sed etiam Magnae Moraviae controversia magna orta est in operibus inter alia sequentibus editis: Boba Episcopacy of St. Methodius (1967) p. 85–93; idem Moravia's History Reconsidered (1971); Bowlus Geographische
Lage (1987); idem Franks (1995); Eggers Das ‹Großmährische Reich› (1995) et idem Erzbistum (1996), qui limites non solum Magnae Moraviae, sed etiam archiepiscopatus Methodii
non in Moraviae regionibus, sed imprimis in partes Hungariae, Bosniae, Sloveniae et Serbiae
fuisse opinantur, sedem episcopalem Methodii vero in civitate nomine ‚Morava‘ locant. In
multis aliis operibus et recensionibus illorum operum hae sententiae a maxima parte virorum doctorum prout ‚haereticae‘ reiectae sunt, cf. inter alia Löwe Cyrill und Methodius
(1983) p. 660 adn. 124.; Wolfram Salzburg (1995) p. 87sqq. et 311sqq.; Boshof Das ostfränkische Reich (1998) p. 75sq. et recensiones inter alia in: Jb. f. Geschichte Ostmitteleuropas 20
(1972) 280–282; Slavia Antiqua 21 (1974) 265–270; Bohemia 38 (1997) 112–119; Zs. für
Ostmitteleuropa-Forschung 46 (1997) 205–223; Archiv f. Kulturgeschichte 83 (2001) 243sq.
Novissime Jan Altmähren (2005) et Kalhous K významu (2008) p. 43-52 hac de quaestione
fusius egerunt.

*11　　　　　　　　　　　　　　　　　　　　　　　　　　(ante 869/870)

Sancti praedecessores Iohannis VIII (N i c o l a u s　I?　H a d r i a n u s　II?) parentes
(ignotos, verisimile praedecessores) Zvuentopu(lci) de Maravna (duci) docent, ut sic
teneant, sic credant, sicut sancta Romana ecclesia didicit.

    Laud. in n. 25. – Reg. JL. –.

    Tempus ante quem est labes Rastislai ducis a nepote suo Svatopulco a. 869/70 perpe-
trata, cf. LexMA VII 1044. – An haec epistola eadem sit, quae in n. †?8 aut alia epistola deperdita in aperto relinquimus.

*12　　　　　　　　　　　　　　　　　　　　　　　　(870 nov.– 873 ante mai.)

Methodius ad sedem apostolicam (H a d r i a n u m　II et I o h a n n e m　VIII) per trien-
nium plurimis missis et epistolis de incarceratione sua ab episcopis Bavariae facta
proclamat.

    Laud. in n. 19.. – Reg. Ratkoš Kompletnosť p. 108 n. 16 [ad a. 870-872].

    De incarceratione Methodii ab episcopis Bavariae facta cf. n. 18 adn. et 23 adn.

13　　　　　　　　　　　　　　　　　　　　　　　　　(873 ante mai. 14)

I o h a n n e s　VIII Hludoico regi: inter alia scribit de Pannonica dioecesi inde ab olim
apostolicae sedis privilegiis instituta *(n. †?8. *10)*, quae res quibusdam hostilium tur-
bationum simultatibus, quia illuc non diu sit ex more antistes ab apostolica sede institutus, apud ignaros venerit in dubium; addit de privilegiorum Romanae ecclesiae sta-
bilitate.

    v. Regnum et Imperium (Mon. Germ. Epist. VII 280 n. 15; Friedrich Cod. dipl. Bo-
hem. I 9 n. 13; Magnae Moraviae Font. III 159 n. 46; Marsina Cod. dipl. Slovaciae I 14 n. 17,
ubi de prioribus editionibus; Erben Regesta I 15 n. 37; JE. 2970).

    De re cf. Dümmler Geschichte d. Ostfränk. Reiches ²II 378–382; Lapôtre L'Europe
p. 121 (reimpr. p. 187); Dvorník Byzantine Missions (1970) p. 152 et 382 adn. 39; Jürgen Pe-
tersohn Das Präskriptionsrecht der Römischen Kirche und der Konstanzer Vertrag, in: Ex
ipsis rerum documentis. Beiträge zur Mediävistik. Festschrift für Harald Zimmermann zum

65. Geburtstag, hrsg. von Klaus Herbers, Hans-Henning Kortüm und Carlo Servatius (Sigmaringen 1991) p. 307–316, p. 312–315; Löwe Cyrill und Methodius (1983) p. 664; idem Ermenrich (1986) p. 231; idem Consensus (1990) p. 507; Peri La chiesa di Roma (1991) p. 627; Wolfram Salzburg (1995) p. 98; Wolfgang Kaiser Zur hundertjährigen Verjährung zugunsten der römischen Kirche, in: Zs. der Savigny-Stiftung für Rechtsgeschichte. Kanonistische Abteilung 85 (1999) 60–103, praecipue p. 90sq.; Arnold Johannes VIII. (2005) p. 168 adn. 211.

14   (873 ante mai. 14)

I o h a n n e s VIII Karolomanno Hludoici regis filio: inter alia scribit, ut Pannoniensium episcopatu Methodio, qui illic a sede apostolica ordinatus sit (n. *10), reddito ac restituto liceat eidem secundum priscam consuetudinem libere quae sunt episcopi gerere.

     v. Regnum et Imperium (Mon. Germ. Epist. VII 281 n. 16; Friedrich Cod. dipl. Bohem. I 10 n. 14; Magnae Moraviae Font. III 161 n. 47; Marsina Cod. dipl. Slovaciae I 15 n. 18 [ubi et de prioribus editionibus]; Erben Regesta I 16 n. 39; JE. 2971).

     De re cf. Dümmler Geschichte d. Ostfränk. Reiches ²II 378–382; Löwe Cyrill und Methodius (1983) p. 665sq.; idem Ermenrich (1986) p. 231; idem Consensus (1990) p. 507; Wolfram Salzburg (1995) p. 98.

15   (873 ante mai. 14)

I o h a n n e s VIII Gozili comiti (Pannoniae): scribit se eos, qui uxores suas dimiserunt vel ad alias illis viventibus migraverunt nuptias, tam diu cum consentaneis eorum excommunicare, quousque posterioribus remotis priores paenitendo receperint, praecipue cum haec pessima consuetudo ex paganorum more remanserit. – Porro eos qui.

     Fragm. exstat in C f. 123' n. 16 et in cod. ms. bibliothecae capituli Olomucensis CO 205 (saec. XII; Ivonis Carnotensis collectionem trium partium continente) f. 67. – Edd. Ivonis Decretum VIII c. 222, in: Migne PL 126, 942 n. 345 = Migne PL 161, 631 c. 222 = Boczek Cod. dipl. Morav. I 36 n. 53. Wattenbach Beiträge p. 49 = Ginzel Anhang I 57 n. 2. Kukuljević Cod. dipl. Croatiae I 56. Friedrich Cod. dipl. Bohem. I 11 n. 15. Boczek Cod. dipl. Morav. VII 703 n. 6. Mon. Germ. Epist. VII 282 n. 17 = Grivec-Tomšič Constantinus et Methodius p. 69 adn. 6. Herrmann Beziehungen p. 146 (fragm.). Magnae Moraviae Font. III 171 n. 53. Marsina Cod. dipl. Slovaciae I 16 n. 19. Lacko The Popes (1972) p. 115 n. 9. – Regg. Ewald Papstbriefe p. 301 n. 16. Erben Regesta I 15 n. 36. Kos Gradivo II 166 n. 219. Ratkoš Pramene p. 168 n. 52. J. 2592. JE. 2972.

     De re cf. Dümmler Geschichte d. Ostfränk. Reiches II² 378–382; Dvornik Byzantine Missions (1970) p. 154. – De littera cf. Fran Grivec O papeških pismih knezu Kocelju [Über die päpstlichen Briefe an den Fürsten Kocel], in: Zgodovinski časopis 8 (1954) 134–138. – De tempore cf. Ewald Papstbriefe p. 301. 317–319 et Marsina Cod. dipl. Slovaciae I 16 n. 22.

     De Kocelo et ducatu eius cf. Wolfram Salzburg (1995) p. 330–334 cum operibus laudatis et novissime Hans Dieter Tönsmeyer [...] in castro Chezilonis noviter Mosapurc vocato [...]. Die Beziehungen des pannonischen Fürsten Kozel zu Bayern und der Beginn der Ethnogenese der Slowaken, in: Zs. für bayerische Kirchengeschichte 76 (2007) 37–77.

16   (873 ante mai. 14)

I o h a n n e s VIII Montemero duci Sclavaniae: (1) scribit de quibusdam presbyteris vagis; (2) admonet eum, ut progenitorum suorum sequens morem ad Pannoniensium reverti studeat diocesim et ad eiusdem episcopi a sede b. Petri ordinati (scil. Methodii) *(n. *10)* pastoralem sollicitudinem recurrat. – (1) Presbyteri illic absoluti. (2) Quapropter ammonemus te.

Cop. cum utrisque fragmentis in Ms. Roma, Bibl. Vallicelliana C. 23 f. 167 (f. 175) (saec. XVII) et in ms. Vat. Lat. 4886 f. 102 (saec. XVII) asservatur. Primum fragm. (1) exstat etiam in C f. 124 n. 17. – Edd. Timon Imago p. 143 (e ms. Vat. Lat. 4886) = Salagius De statu ecclesiae Pannonicae IV (1780) 442 = Fejér Cod. dipl. Hungariae I 196. Kukuljević Cod. dipl. Croatiae I 56. Rački Documenta historiae Chroaticae periodum antiquam illustrantia [Zagrabiae 1877] p. 367 n. 183. Miklosić-Rački Novo nadjeni spomenici, in: Starine XII [1880] 212 n. 3. – Alterum fragm. (2) reperitur etiam in Deusdedit Coll. I 242 n. 194 (ed. Wolf von Glanvell I 141). – Edd. Rački Viek II 298. Bil'basov Kirill' i Mefodij I 129 n. 9. Friedrich Cod. dipl. Bohem. I 11 n. 16. Mon. Germ. Epist. VII 282 n. 18. Bonizo Liber de vita christiana, ed. Ernst Perels (Berlin 1930) p. 159 n. 93. Fontes historiae Bulgaricae VII 139. Grivec-Tomšič Constantinus et Methodius p. 71. Herrmann Beziehungen p. 146 (fragm.). Magnae Moraviae Font. III 173 n. 55. Marsina Cod. dipl. Slovaciae I 16 n. 20. Lacko The Popes (1972) p. 116 n. 11. – Regg. Bil'basov Kirill' i Mefodij I 15 n. 9. Ewald Papstbriefe p. 301 n. 17. Erben Regesta I 16 n. 40. Boczek Cod. dipl. Morav. VII 703 n. 5. Duthilleul L'évangelisation p. 6. Ratkoš Pramene p. 169 n. 53. J. 2259. JE. 2973.

　　v. etiam Dalmatia-Croatia Pont.

　　De re quoad ad nos spectante cf. Dümmler Geschichte d. Ostfränk. Reiches [2]II 378–382; idem Pannonische Legende p. 43; Dragomir Maritch (Marić) Papstbriefe an serbische Fürsten im Mittelalter. Kritische Studien. Diss. Freiburg i. d. Schweiz (Srem. Karlovci 1933) p. 1–4; Ivan Božić La formation de l'État serbe aux IXe–XIe siècles, in: L'Europe aux IXe–XIe siècles. Aux origines des états nationaux. Actes du Colloque internationale tenu à Varsovie et Poznań du 7 au 13 septembre 1965, edd. Tadeusz Manteuffel et Aleksander Gieysztor (Warszawa 1968) p. 133–147, praecipue p. 139sq.; Grivec Konstantin und Method (1960) p. 103–105; Dvorník Byzantine Missions (1970) p. 37sq. 156. 171; Löwe Cyrill und Methodius (1983) p. 662sq.; Lacko The Popes (1972) p. 60; Löwe Ermenrich (1986) p. 239 adn. 96; Wolfram Salzburg (1995) p. 98; Eggers Das ‹Großmährische Reich› p. 217sq. 233sq.; idem Das Erzbistum p. 50–52; Gerhard Podskalsky Theologische Literatur des Mittelalters in Bulgarien und Serbien 865–1459 (München 2000) p. 62sq.; Döpmann Kyrillos und Methodios (2005) p. 321.

　　De Montemero (Mutimiro) cf. etiam Duthilleul L'évangelisation p. 78sq.; Tadeusz Wasilewski Mutimir, in: Słownik Starożytności Słowiańskich III (Wrocław e.a. 1967) 331; Frank Kämpfer Mutimir, in: Mathias Bernath-Felix von Schroeder (Hrsg.) Biographisches Lexikon zur Geschichte Südosteuropas III (München 1979) 284; Božidar Ferjančić Mutimir, in: LexMA VI 975.

17　　　　　　　　　　　　　　　　　　　　　　　　　　　　*(873 ante mai. 14)*

I o h a n n e s VIII Tozili (!) comiti: monet eum, ut provideat, ut duo viri, qui uxores suas abiecerunt, eas repellere minime permittantur. – Prudentissime vir stude.

C f. 124 n. 18. – Edd. Ivonis Decretum VIII c. 223, Migne PL 126, 942 n. 345 = Migne PL 161, 631 c. 223. Mon. Germ. Epist. VII 283 n. 19. Magnae Moraviae Font. III 172 n. 54. Marsina Cod. dipl. Slovaciae I 17 n. 21. Lacko The Popes (1972) p. 116 n. 10. – Regg. Ewald Papstbriefe p. 301 n. 18. Kos Gradivo II 166 n. 220. Ratkoš Pramene p. 168 n. 51. J. 2592. JE. 2974.

　　De re, tempore et Kocelo cf. n. 15 adn.

18 (*873 ante mai. 14*)

I o h a n n e s VIII Aluino archiepiscopo (Salisburgensi): mandat, ut Methodius eo agente sedem suam recipiat, quia dignum sit, ut, qui fuerit eius auctor deiectionis, sit officii commissi causa receptionis.

> v. Salzburg, Archiepisc. n. 22, Germ. Pont. I 12 (Mon. Germ. Epist. VII 283 n. 20; Ma gnae Moraviae Font. III 161 n. 48; Marsina Cod. dipl. Slovaciae I 17 n. 22; Boshof Regesten d. Bischöfe v. Passau I 38 n. 147; JE. 2975).
>
> De Adalwino et re cf. Dümmler Geschichte d. Ostfränk. Reiches ²II 376–382; Lapôtre L'Europe p. 118 (reimpr. p. 184) adn. 1 et p. 121 (reimpr. p. 187); Ewald Papstbriefe p. 317; Dvorník Les Slaves (1926) p. 209sq.; Löwe Cyrill und Methodius (1983) p. 662–666; Maurus Schellhorn Erzbischof Adalwin von Salzburg und die Pannonische Mission, in: Mitteilungen der Gesellschaft für Salzburger Landeskunde 104 (1964) 103–122; Löwe Ermenrich (1986) p. 231–234; Dopsch-Hoffmann Geschichte der Stadt Salzburg p. 117; Boshof Das ostfränkische Reich (1998) p. 69; Arnold Johannes VIII. (2005) p. 168 adn. 211.

19 (*873 ante mai. 14*)

I o h a n n e s VIII Paulo episcopo (Anconitano) legatione in Germania et Pannonia fungenti: mandat, ut Ludovico regi exponat, quod Pannonica dioecesis apostolicae sedi sit subiecta, Aluino vero (archiepiscopo Salisburgensi) et Hermerico (episcopo Pataviensi) nuntiet se ad hoc missum esse, ut tanto eos tempore a divinis ministeriis separet, quanto Methodium episcopum (Moraviae) a ministerio sacro cessare coegerint; mandat praeterea, ne suscipiat occasionem excusationis prohibentem ipsum (i. e. Paulum) vel Methodium transire ad Pentepulcum (ducem Moraviae), sive Aluinus et Hermericus bella praetendant sive inimicitias congerant.

> v. Passau, Episc. n. 12, Germ. Pont. I 162 (Mon. Germ. Epist. VII 283 n. 21; Pastrnek Dějiny (1902) p. 249 n. 2; Magnae Moraviae Font. III 162 n. 49; Marsina Cod. dipl. Slovaciae I 17 n. 23; Ratkoš Pramene p. 162 n. 44; JE 2976). – Fragmentum huius litterae extat quoque in Deusdedit Coll. I 243 n. 195 (ed. Wolf von Glanvell p. 141).
>
> De re cf. Dümmler Geschichte d. Ostfränk. Reiches ²II 376–382; Lapôtre L'Europe p. 118 (reimpr. p. 184) et 120sq. (p. 186sq.); Kos Gradivo II 162 n. 217; Graciotti Missione cirillo-metodiana p. 106sq. 109; Horst Fuhrmann Einfluß und Verbreitung der pseudoisidorischen Fälschungen. Von ihrem Auftauchen bis in die neuere Zeit, Bd. I–III (Stuttgart 1972–1974), II 281; Löwe Cyrill und Methodius (1983) p. 662–666; idem Ermenrich (1986) p. 231–234; Schelesniker Kyrillomethodianische Mission p. 274 adn. 12 (p. 278); Peri La chiesa di Roma (1991) p. 626sq.; Wolfram Salzburg (1995) p. 79sq.; Eggers Das ‹Großmährische Reich› p. 235; Dopsch-Hoffmann Geschichte der Stadt Salzburg p. 117; Arnold Johannes VIII. (2005) p. 168.
>
> De Paulo episcopo Anconitano et legato cf. Engelmann Legaten p. 78–80 et Riesenberger Prosopographie p. 244.

20 (*873 ante mai. 14*)

I o h a n n e s VIII Hermerico episcopo (Pataviensi): intimat se deflere pravitatem eius, quod coepiscopum suum Methodium carceralibus poenis afficiens ab ecclesiae ei commissae regimine subtrahat et adeo in insaniam veniat, ut in episcoporum concilium tractum equino flagello percuteret, nisi prohiberetur ab aliis; statuit se apostolica auctoritate eam ob rem eum interim communione Christi mysteriorum et con-sacerdotum privare atque, nisi cum praesenti Paulo episcopo (Anconitano) vel cum eodem Methodio Romam audiendus occurrerit, ei damnationem iustam defuturam non esse.

v. Passau, Episc. n. 13, Germ. Pont. I 163 (Mon. Germ. Epist. VII 285 n. 22; Pastrnek Dějiny (1902) p. 251 n. 3. Magnae Moraviae Font. III 167 n. 50; Marsina Cod. dipl. Slovaciae I 19 n. 24 [ubi et aliis de editionibus anterioribus et regestis]; Lacko The Popes (1972) p. 111 n. 3; Boshof Regesten d. Bischöfe v. Passau I 38 n. 148; JE. 2977).

De re cf. Dümmler Geschichte d. Ostfränk. Reiches [2]II 376–382; Lapôtre L'Europe p. 118sq. (reimpr. p. 184sq.) et 121 (reimpr. p. 187); Dvorník Les Slaves (1926) p. 209sq.; Schellhorn Erzbischof Adalwin (1964) p. 116; Lacko The Popes (1972) p. 53–57; Löwe Cyrill und Methodius (1983) p. 662–666; Löwe Ermenrich (1986), impr. p. 231–237; Boshof Das ostfränkische Reich (1998) p. 68sq.; Arnold Johannes VIII. (2005) p. 168 adn. 211.

De Ermenrico episcopo Pataviensi cf. Löwe Ermenrich (1986). De Paulo episcopo Anconitano cf. adn. regesti praecedentis.

*21   (873 ante mai. 14)

I o h a n n e s VIII litteris per Paulum episcopum Anconitanum Methodio directis prohibet, ne in lingua Sclavina sacra missarum sollemnia celebret, sed vel in Latina vel in Graeca lingua.

Laud. in n. 26. – Regg. Boczek Cod. dipl. Morav. I 37 n. 54. Friedrich Cod. dipl. Bohem. I 15 n. 20. Ratkoš Pramene p. 168 n. 50. Magnae Moraviae Font. III 170 n. 52. Marsina Cod. dipl. Slovaciae I 20 n. 25. Marsina Veľkomoravské deperditá p. 29 n. 13. Ratkoš Kompletnosť p. 108 n. 18. JE. *2978.*

De re cf. Ginzel Geschichte p. 61sq. adn. 2; Dümmler Geschichte d. Ostfränk. Reiches [2]III 192sq.; Dvorník Les Slaves (1926) p. 211–214; Lacko The Popes (1972) p. 58–60.

De usu linguae slavonicae in divinis officiis, ab Hadriano II a. 869, ut perperam dici-tur, concesso (n. †?8) et demum usque ad Gregorium VII iterum atque iterum a sede aposto-lica prohibito (n. 26. 35. 36; Bohemia, Duces ac reges n. 36), cf. inter alia: Fr. Hýbl Slovanské liturgie na Moravě v IX. věku [Die slawische Liturgie in Mähren während des 9. Jhs.], in: ČČH 14 (1908) 1–18; Richard Marsina Povolenie slovanskej liturgie na Veľkej Morave [Die Bewilligung der slawischen Liturgie in Großmähren], in: Historický časopis 18 (1970) 4–16; Zagiba Geistesleben der Slaven (1971) p. 155–160 et sparsim; Peter Ratkoš Die slawische li-turgische Sprache im Lichte der päpstlichen Politik in den Jahren 869–880, in: Studia histo-rica Slovaca 7 (1974) 185–204 et novissime David Kalhous Slovanské písemnictví a liturgie 10. a 11. věku [Die slawische Literaturund die Liturgie im 10. und 11. Jahrhundert], in: ČČH 108 (2010) 279-293, ubi de prioribus operibus disputatur. Cf. etiam Kadlec Přehled I 21sq.

De Paulo episcopo Anconitano et legato cf. Engelmann Legaten p. 78–80 et Riesen-berger Prosopographie p. 244.

*22   Roma (870 post nov.- 873 ante sept.)

Anno episcopus Frisingensis Romae moratur, ubi a hominibus papae (H a d r i a n i II vel I o h a n n i s VIII) super Methodio Pannonico archiepiscopo et apostolicae sedis legato interrogatus, se illum nosse mentiendo negat.

Laud. in n. 23.

Regestum deest in Germ. Pont. I, Freising, Episc.

De re cf. Grivec Konstantin und Method p. 92–103, imprimis p. 98 et Josef Maß Das Bistum Freising in der späten Karolingerzeit. Die Bischöfe Anno (854–875), Arnold (875–883) und Waldo (884–906) (Studien zur altbayerischen Kirchengeschichte 2. München 1969) p. 129. De Annone Romae morante nihil certi habemus. Terminus post quem mansionis suae iudicium super Methodio a. 870 nov. Ratisbonae latum est, terminus ante quem epistola Iohannis VIII Annoni directa (v. n. 23), de tempore cf. etiam Maß op. cit. p. 127sq.

De Annone episcopo Frisingensi cf. Josef Maß Bischof Anno von Freising 854/5–875, in: Cyrillo-Methodiana p. 210–221; idem Das Bistum Freising p. 9–17. 58–65. 119–135. 183–203; idem Bischof Anno von Freising, Richter über Methodius in Regensburg, in: Methodiana (Annales Instituti Slavici 9. Wien-Köln-Graz 1976) p. 31–44.

23   *(873 ante sept.)*

I o h a n n e s VIII Annoni episcopo (Frisingensi): reprehendit eum, quia sibi vices apostolicae sedis usurpaverit et quasi patriarcha de Pannonico archiepiscopo Methodio legatione apostolicae sedis ad gentes fungente iudicium sibi vindicaverit, quin etiam petente illo ipsius sanctae sedis iudicium concedi minime permiserit, sed in illum cum sequacibus suis sententiam protulerit a divinisque celebrandis officiis illum sequestrans carceri mancipaverit, insuper quia illius vincula et insecutiones non solum minime nuntiaverit, sed Romae, cum super illo interrogaretur a papa, se illum nosse mentiendo negaverit *(n. *22)*; mandat, ut de his omnibus Romam rationem redditurus occurrat, alioquin post mensem septembrem tamdiu communicandi nullam habeat omnino licentiam.

v. Freising, Episc. n. 5, Germ. Pont. I 332 [ad a. 873 ante mai. 14] (Friedrich Cod. dipl. Bohem. I 16 n. 21; Mon. Germ. Epist. VII 286 n. 23; Magnae Moraviae Font. III 169 n. 51 [ad a. 873 ante april. 14 resp. ante sept.]; Marsina Cod. dipl. Slovaciae I 20 n. 26; Ratkoš Pramene p. 167 n. 49 [ad a. 873 ante mai. 14]; Lacko The Popes (1972) p. 115 n. 8 [ad a. 873]; JE. 2979).

De re cf. Dümmler Geschichte d. Ostfränk. Reiches II 381sq.; Lapôtre L' Europe p. 112 (reimpr. p. 178). 118 (p. 184 adn. 1). 120sq. (p. 186sq.); Ernst Perels Päpstliche Patrimonien in Deutschland zur Karolinger- und Sachsenzeit, in: Historische Aufsätze. Karl Zeumer zum 60. Geburtstag als Festgabe dargebracht von Freunden und Schülern (Weimar 1910) p. 483–492, p. 485; Dvorník Les Slaves (1926) p. 208–210; Löwe Cyrill und Methodius (1983) p. 662–666; Schellhorn Erzbischof Adalwin (1964) p. 116; Lacko The Popes (1972) p. 53–57; Löwe Ermenrich (1986) p. 232–238; Zettler Methodius (1988) p. 374; Wolfram Salzburg (1995) p. 98; Boris Bigott Ludwig der Deutsche und die Reichskirche im Ostfränkischen Reich (826–876) (Husum 2002) p. 176.

De Annone episcopo Frisingensi cf. n. *22 adn.

*24   *(879 ante iun.)*

Zvuentapu(lcus) de Maravna (dux) I o h a n n i VIII presbyterum suum Iohannem mittit.

Laud. in n. 25. – Reg. Marsina Vel'komoravské deperditá p. 30 n. 15.

De re cf. Dümmler Geschichte d. Ostfränk. Reiches ²II p. 192; Havlík Byzantská mise (1963) p. 122; idem The Relationship (1965) p. 107.

De Iohanne presbytero cf. Riesenberger Prosopographie (1967) p. 245sq. et Lubomir Havlík »Iohannes presbyter de Venetiis«, in: ČMM 87 (1968) 80–88.

25   *(879 iun. ex.–iul.)*

I o h a n n e s VIII Zvuentapu(lco) de Maravna (duci): quod ex Iohannis presbyteri illius, quem sibi miserat *(n. *24)*, relatione didicit eum in recta fide dubitare, monet eum, ut sic teneat, sic credat, sicut sancta Romana ecclesia didicit et sicut antecessores sui sancti sedis apostolicae praesules parentes eius ab inicio docuerunt *(n. *11)*; si quis autem ei vel episcopus eius vel sacerdos aliter praedicare praesumpserit, doctrinam falsam abiciat; adicit se valde mirari, quia audiverit Methodium archiepiscopum ab Adriano papa ordinatum eisque directum aliter docere, quam coram sede apostolica se credere professus sit *(n. *10. 26)*; addit propter hoc se illi direxisse, ut ad se venire procuraret *(n. 26)*. – Scire vos volumus. Data ut supra.

> *Registrum Iohannis VIII (Reg. Vat. 1) f. 77' n. 201. – Edd. (A. Carafa) Epist. Decretal. III 428 n. 194. Binius Conc. gener. III 2, 975 n. 194. Stredowsky Sacra Moraviae historia p. 315. Conc. coll. reg. XXIV 208 n. 194. Labbe-Cossart Sacrosancta concilia IX 126 n. 194. Hardouin Acta conc. VI 1, 60 n. 89. Dobner Annales III 186. Mansi Conc. coll. XVII 132 n. 194 = Migne PL 126, 849 n. 238. Salagius De statu ecclesiae Pannonicae IV (1780) 421 = Fejér Cod. dipl. Hungariae I 211. Boczek Cod. dipl. Morav. I 40 n. 58 = Ginzel Anhang I 59 n. 4 = Rački Viek II 322 = Pastrnek Dějiny (1902) p. 254 = Bil'basov Kirill' i Mefodij I 17 n. 10 = Teodorov- Balan Kiril i Metodi II 219. Friedrich Cod. dipl. Bohem. I 17 n. 22. Mon. Germ. Epist. VII 160 n. 200 = Grivec-Tomšič Constantinus et Methodius p. 71. Herrmann Beziehungen p. 152. Magnae Moraviae Font. III 189 n. 80 = Marsina Cod. dipl. Slovaciae I 22 n. 28. Lacko The Popes (1972) p. 116 n. 12. Cyryl i Metody II 92 (vers. polonica). – Regg. Erben Regesta I 16 n. 41. Bil'basov Kirill' i Mefodij I 129 n. 10. Kos Gradivo II 189 n. 253. Ratkoš Pramene p. 174 n. 59 versio slovaca p. 188 n. 52. J. 2486. JE. 3267. – Imago phototypica in: Vajs Epistolae (1924) et Húščava Listina (1933) p. 255–263, post p. 256.*

> Iam Friedrich l.c. et Erben in n. 18 et postremo editores operis ‚Magnae Moraviae Font.' datum in 18 kal. iul., ind. 12 (879 iun. 14) ex verba ‚Data ut supra' de epistola in registro Iohannis VIII antecedente interpretantur, sed incertum est, an epistola Zventopulco eodem die ac illa directa sit.

> De re cf. Dittrich Christianity (1962) p. 47sq.; Lohrmann Register Johannes' VIII. (1968) p. 110; Havlík Päpstlicher Schutz (1969) p. 13sq.; Dvorník Byzantine Missions (1970) p. 164sq.; Lacko The Popes (1972) p. 62sq.; Wolfram Salzburg (1995) p. 98; Eggers Das ‹Großmährische Reich› p. 200 et 225sq.; Třeštík Vznik Velké Moravy p. 121; Arnold Johannes VIII. (2005) p. 170 adn. 216.

26   *(879 iun. ex.–iul.)*

I o h a n n e s VIII Methodio archiepiscopo Pannoniensis ecclesiae: scribit se audivisse, quod ipse non ea, quae sancta Romana ecclesia ab ipso apostolorum principe didicerit et cottidie praedicat, doceat et populum in errorem mittat; iubet, ut ad se de praesenti venire procuret, ut papa ex ore ipsius audiat, utrum sic praedicet, ut verbis et litteris se sanctae Romanae ecclesiae credere promiserit *(n. *10. 25)*; addit se iam litteris suis per Paulum episcopum Anconitanum ei directis prohibuisse, ne in lingua Sclavina sacra missarum sollemnia celebraret, sed vel in Latina vel in Graeca lingua *(n. *21)*; praedicare vero in illa aut sermonem in populo facere ei permittit. – Praedicationis tuae doctrinis.

> *Registrum Iohannis VIII (Reg. Vat. 1) f. 77' n. 202 et in huius registri apographo (saec. XVII), Archivio Secreto Vaticano, Arm. XXXI 1 f. 143'. – Edd. (A. Carafa) Epist. Decretal. III (1591) 429 n. 195. Binius Conc. gener. III 2, 975 n. 195. Conc. coll. reg. XXIV 209 n. 195. Labbe-Cossart Sacrosancta concilia IX 127 n. 195. Balbinus Miscellanea I 6, 1 n. 1. Stredowsky Sacra Moraviae historia p. 317.*

Hardouin Acta conc. VI 1, 60 n. 90. Mansi Conc. coll. XVII 133 n. 195. Goldast Commentarii de regni Bohem. Appendix col. *245 n. 1. Timon Imago p. 143 = Salagius De statu ecclesiae Pannonicae IV 423 = Fejér Cod. dipl. Hungariae I 212. Dobner Annales III 184. Boczek Cod. dipl. Morav. I 39 n. 57 = Ginzel Anhang p. 58 n. 3. Migne PL 126, 850 n. 239. Rački Viek II 321. Pastrnek Dějiny (1902) p. 253 = Teodorov-Balan II 219. Bil'basov Kirill' i Mefodij I 130 n. 11. Friedrich Cod. dipl. Bohem. I 18 n. 23. Mon. Germ. Epist. VII 160 n. 201. Fontes historiae Bulgaricae VII 168sq. Tăutu Acta Romanorum Pontificum I 720 n. 348 [ad 879 aug. (16)]. Grivec-Tomšič Constantinus et Methodius p. 71. Herrmann Beziehungen p. 152. Magnae Moraviae Font. III 192 n. 81. Marsina Cod. dipl. Slovaciae I 22 n. 29. Lacko The Popes (1972) p. 117 n. 13. Cyryl i Metody II 93 (vers. polonica). – Regg. Georgisch Regesta col. 150 n. 4. Erben Regesta I 17 n. 42. Bil'basov Kirill' i Mefodij I 19 n. 11. Kos Gradivo II 188 n. 252 [ad 879 iun. 14]. Ratkoš Pramene p. 174 n. 58. J. 2487. JE. 3268. – Imago phototypica in: Vajs Epistolae (1924) et Húščava Listina (1933) post p. 256.

De re et tempore cf. Caspar Register Johanns p. 128 adn. 1; Lapôtre L'Europe p. 120 (reimpr. p. 186). 122sq. (reimpr. p. 188sq.); Bosl Großmährisches Reich p. 28 adn. 66; Lohrmann Register Johannes' VIII. (1968) p. 110; Havlík Päpstlicher Schutz p. 13sq.; Dvorník Byzantine Missions (1970) p. 162–165; Lacko The Popes (1972) p. 62sq.; Király Die Ungarn (1986) p. 134 adn. 8. 143; Waldmüller Synoden (1987) p. 33sq.; Peri La chiesa di Roma (1991) p. 637; Wolfram Salzburg (1995) p. 98; Eggers Das ‹Großmährische Reich› p. 200 et 225sq.; Arnold Johannes VIII. (2005) p. 170 adn. 216; Döpmann Kyrillos und Methodios (2005) p. 322.

De Paulo episcopo Anconitano et S.R.E. legato cf. Engelmann Legaten p. 78–80 et Riesenberger Prosopographie p. 244sq.

---

*27   *(880 ante iun.)*

Methodius archiepiscopus ecclesiae Marabensis una cum Semisisno fideli (Sfentopulchi comitis Moraviae) ad limina apostolorum (I o h a n n e m VIII) venit et de devotione ipsius comitis et totius populi eius renuntiat.

Laud. in n. 30 et partim in Grano cathalogi presulum Moravie (ed. Loserth) p. 64 [ad a. 901].
De Semisisno fideli Sventopulci nihil scimus.

---

*28   *(880 ante iun.)*

I o h a n n e s VIII Zuentiboldo duce impetrante Uuichinum consecrat in Nitrensem episcopum et eum in suffraganeum (Methodii) archiepiscopi ecclesiae Marabensis constituit.

Laud. in n. 30, in *†?41 et in Annalium Fuldensium continuationibus Altahensibus ad a. 899 (ed. F. Kurze in: Script. rer. Germ. 7 [1891] p. 133). – Reg. JE. –.

De re cf. nuper Eggers Das ‹Großmährische Reich› p. 161. – De Wichingo episcopo, qui forte ex capella regis proveniebat et cancellarius Arnulphi regis, dein imperatoris fuit, a. 899 in sedem Patavensem translatus est, cf. Herrmann Beziehungen (1965) p. 209–212; Josef Oswald Der Mährenbischof Wiching und das Bistum Passau, in: Geschichte der Ost- und Westkirche in ihren wechselseitigen Beziehungen. Acta Congressus historiae Slavicae Salisburgensis in memoriam SS. Cyrilli et Methodii anno 1963 celebrati (Annales Instituti Slavici I 3. Wiesbaden 1967) p. 11–14 et Joseph Schütz Methods Widersacher Wiching und dessen pannonisch-mährische Gefährten, in: Korrespondenzen. Festschrift für Dietrich Gerhardt, hrsg. von Annelore Engel-Braunschmidt und Alois Schmücker (Marburger Abhandlungen zur Geschichte und Kultur Osteuropas 14. Gießen 1977) p. 390–394; Richard Marsina Nitrianske biskupstvo a jeho biskupi [Das Bistum Neutra und seine Bischöfe], in:

Historicky časopis 41 (1993) 529–542, imprimis p. 531–534 et Boshof Regesten d. Bischöfe v. Passau I 44sq. et passim.

*29   *(880) iun.*

I o h a n n e s VIII Methodio archiepiscopo Marabensis ecclesiae auctoritate apostolica praecepto archiepiscopatus illius simul privilegio confirmat.

Laud. in n. 30. – Reg. JE. –.

30   *(880) iun.*

I o h a n n e s VIII Sfentopulcho comiti: laudat devotionem eius et totius populi eius, quam a Methodio archiepiscopo ecclesiae Marabensis una cum Semisisno fideli eius ad limina apostolorum suamque praesentiam veniente *(n. *27)* didicit; ipsum Sfentopulchum quasi unicum filium recipit; Methodium autem in omnibus ecclesiasticis doctrinis et utilitatibus orthodoxum et proficuum esse reperiens remittit et commendat, apostolicae auctoritatis praecepto archiepiscopatus illius simul privilegium confirmans *(n. *29)*; refert se Uuichinum presbyterum, quem Sfentopulchus sibi direxit, electum episcopum consecravisse ecclesiae Nitrensis *(n. *28)* et vult, ut alius presbyter utilis vel diaconus sibi mandetur, ut eum in episcopum ordinet, ita enim, ut ipse archiepiscopus cum his duobus episcopis per alia loca episcopos ordinare possit; praeterea de litteris Sclaviniscis a Constantino quondam philosopho repertis et de eadem lingua in missis aut officiis divinis utenda statuit, ut in omnibus ecclesiis terrae illius evangelium prius Latine et postmodum Sclavinica lingua legatur; quodsi ei et iudicibus eius placeat magis missas Latina lingua audire, praecipit, ut Latine missarum ei sollemnia celebrentur. – Industriae tuae notum. Dat. mense iunio, ind. 13.

*Registrum Iohannis VIII (Reg. Vat. 1) f. 99' n. 257. – Edd. (A. Carafa) Epist. Decretal. III (1591) 469 n. 247. Binius Conc. gener. III 2, 990 n. 247. Conc. coll. reg. XXIV 285 n. 247. Labbe-Cossart Sacrosancta concilia IX 175 n. 247. Hardouin. Acta conc. VI 1, 85 n. 107. Mansi Conc. coll. XVII 181 n. 247. Balbinus Miscellanea I 6, 2 n. 2. Pessina Mars Moravicus p. 213. Stredowsky Sacra Moraviae historia p. 320. Goldast Commentarii de regni Bohem. Appendix col. *245 n. 2. Salagius De statu ecclesiae Pannonicae IV 424. Dobner Annales III 190. Fejér Cod. dipl. Hungariae I 213. Boczek Cod. dipl. Morav. I 42 n. 59 = Ginzel Anhang I 59 n. 5. Migne PL 126, 904 n. 293. Rački Viek II 337. Bil'basov Kirill' i Mefodij I 131 n. 12. Kukuljević Cod. dipl. Croatiae I 64sq. = Pastrnek Dějiny (1902) p. 255 = Friedrich Cod. dipl. Bohem. I 18 n. 24. Vajs Epistolae p. 7–9 (cum phototyp.). Teodorov-Balan Kiril i Metodi II 220. Jireček Cod. iuris Bohemici I 11 n. 4. Mon. Germ. Epist. VII 222 n. 255. Tăutu Acta Romanorum pontificum I 730 n. 352. Fontes historiae Bulgaricae VII 173. Grivec-Tomšič Constantinus et Methodius p. 72. Herrmann Beziehungen p. 153. Ratkoš Pramene p. 431. Magnae Moraviae Font. III 197 n. 90. Marsina Cod. dipl. Slovaciae I 23 n. 30. Lacko The Popes (1972) p. 118 n. 14. – Regg. Georgisch Regesta col. 152 n. 11. Erben Regesta I 17 n. 43. Bil'basov Kirill' i Mefodij I 20 n. 12. Kos Gradivo II 195 n. 260. J. 2540. JE. 3319.*

De translationibus bohemicis, slovacicis russicisque cf. Magnae Moraviae Font. III 199. Translatio germ. in: Grossmähren und die christliche Mission bei den Slawen (Wien 1966) p. 159 n. 317. Translatio polonica in: Cyryl i Metody II 94.

De re et tempore cf. Ginzel p. 70–84; Dümmler Geschichte d. Ostfränk. Reiches III 193–196; Dudík Dějiny I 164–171; Bretholz Dějiny I 83–87. – De dubiis vel genuinitate, quae nunc generaliter accepta est, cf. Goetz Geschichte p. 58–71; Hýbl Slovanská liturgie (v n. *21 adn.) p. 289sq.; Lapôtre L' Europe p. 123–125 (reimpr. p. 189–191), qui iterum hanc epistolam authenticam esse declarat; cf. etiam Jagič Zur Entstehungsgeschichte p. 33–37 et imprimis Snopek Konstantinus-Cyrillus (1911) p. 134–142. 328–390; idem List papeže Hadriána II. v pannonských legendách a bulla Jana VIII. Industriae tuae. Historicko-kritický pokus, in: Sborník velehradský 6 (1896) 1–131 et idem Bulla „Industriae tuae" listinou nepodvrženou [Die Bulle „Industriae tuae" – eine echte Urkunde], in: ČMM 35 (1910) 1–60. De simili opinione cf. Lohrmann Register Johannes' VIII. (1968) p. 110.

De privilegio multi viri docti disseruerunt, inter alia: Ginzel p. 6. 8–11. 71–84. 111; Novotný I 1, 371–376; Dvorník Les Slaves (1926) p. 268–269; Innocenc L. Červinka Slované na Moravě a říše velkomoravská. Jejich rozsídlení, památky a dějiny [Die Slawen in Mähren und das großmährische Reich. Ihre Siedlungen, Denkmäler und Geschichte] (Brno 1928) p. 311sq.; Dvorník Les légendes (1933) p. 280; idem Metodova diecéza a boj o Illyricum [Die Diözese des Method und der Kampf um das Illyricum], in: Stanislav Říša veľkomoravská (1935) p. 219; Grivec Vitae Constantini et Methodii (1941) p. 43–47. 264; Ján Stanislav Slovanskí apoštoli Cyril a Metod a ich činnosť vo veľkomoravkej ríši [Die Slavenapostel Kyrill und Method und ihr Wirken im Großmährischen Reich] (Vlastivedná knižnica Slovenskej akadémie vied a umení 2. Bratislava 1945) p. 45–49; Ján Dekan Začiatky slovenských dějín a Říša veľkomoravská (Bratislava 1951) p. 152–154; Grivec Konstantin und Method (1960) p. 113–120; František Graus L'empire de Grande-Moravie, sa situation dans l'Europe de l'époque et sa structure intérieure (Praha 1963) p. 169 adn. 70; Vavřínek Die Christianisierung (1963) p. 25; Havlík Velká Morava a středoevropští Slované (1964) p. 246–249; idem The Relationship (1965) p. 100–122; Bosl Großmährisches Reich (1966) p. 28sq.; Boba Episcopacy of Methodius (1967) p. 89; Hynek Bulín Aux origines des formations étatiques des Slaves du moyen Danube au IXe siècle, in: L' Europe aux IXe–XIe siècles. Aux origines des Etats nationaux, edd. Tadeusz Manteuffel et Aleksander Gieysztor (Warszawa 1968) p. 149–204, imprimis p. 195 adn. 238; Michael Lacko Saints Cyril and Methodius (Roma 1969) p. 184–191; Dvorník Byzantine Missions (1970) p. 165–167; Marsina Štúdie I 30; Lacko The Popes (1972) p. 63sq.; Lubomir. E. Havlík The Roman privilege „Industriae tuae" for Moravia, in: Cyrillo-Methodianum 7 (1983) 23–37; Gerd Althoff Zur Bedeutung der Bündnisse Svatopluks von Mähren mit Franken, in: Symposium Methodianum (1983) S. 13–21, imprimis p. 13; Waldmüller Synoden (1987) p. 33; Peri La chiesa di Roma (1991) p. 626. 637; Wolfram Salzburg (1995) p. 99; Eggers Das ‹Großmährische Reich› p. 161. 200sq. 235; idem Erzbistum p. 60; Geneviève Bührer-Thierry Évêques et pouvoir dans le royaume de Germanie. Les Églises de Bavière et de Souabe 876–973 (Paris 1997) p. 184; Avenarius Die byzantinische Kultur (2000) p. 99; Döpmann Kyrillos und Methodios (2005) p. 322.

*†31   (880/881)

I o h a n n e s   VIII principi Sphentopulcho et (Wichingo Nitrensi) episcopo de propagatione fidei christianae in Moravia scribit.

Laud. in n. 33. - Regg. Boczek Cod. dipl. Morav. I 44. Ratkoš Pramene p. 178 n. 63. Magnae Moraviae Font. III 259 n. †123. Marsina Cod. dipl. Slovaciae I 25 n. 31+++. JE. †3332.*

Spuriis his litteris ab ipso forte ad exemplar praecedentium (n. 30) confectis usus est Wichingus, ut metropolitano suo Methodio archiepiscopo Pannoniensi obluctaretur. Sed Iohannes VIII tales litteras (n. 26) verbis se scripsisse negavit his: 'Nostrisque apostolicis litteris glorioso principi Sphentopulcho, quas ei asseris fuisse delatas, hoc ipsum significavimus, et neque alie littere nostre ad eum directe sunt, neque episcopo illi palam vel secreto aliud faciendum iniunximus et aliud a te peragendum decrevimus'.

De re et tempore cf. Lapôtre L'Europe p. 136sq. (reimpr. p. 202sq.); Snopek Konstantinus-Cyrillus und Methodius (1911) p. 204–218; Dvorník Les Slaves (1926) p. 286–297; Marsina Štúdie I 62–70 et idem Cod. dipl. Slovaciae I 25.

*32   *(881 ante mart. 23)*

I o h a n n i VIII Methodius archiepiscopus (Moraviae) litteras de variis casibus vel eventibus suis scribit et de litteris Sphentopulcho principi et episcopo (Wichingo Nitrensi) directis *(n. *†31)* queritur.

Laud. in n. 33. – Regg. Ratkoš Pramene p. 179 n. 64. Magnae Moraviae Font. III 210 n. 94. Marsina Cod. dipl. Slovaciae I 25 n. 32. Idem Vel'komoravské deperditá p. 32 n. 18. Ratkoš Kompletnosť p. 108 n. 20.*

33   *(881) mart. 23*

I o h a n n e s VIII Methodio archiepiscopo (Moraviae) pro fide (!): pastoralis sollicitudinis eius curam approbat et auditis per eius litteras *(n. *32)* variis casibus vel eventibus, quanta compassione ei condoluerit, ex hoc adverti potest, in quo eum coram se positum sanctae Romanae ecclesiae doctrinam sequi debere monuerit; intimat se apostolicis litteris principi Sphentopulcho delatis *(n. 25)*, de quibus Methodius audivit, hoc ipsum significavisse asseritque neque alias suas litteras eidem directas esse neque episcopo illi (Wichingo episcopo Nitrensi) palam vel secreto aliud faciendum se iniunxisse *(n. *†31)*; promittit se, cum (Methodius) Romam reversus fuerit, quicquid contra eum sit commissum, haec omnia coram se legitimo fini traditurum esse. – Pastoralis sollicitudinis tuae. Dat. 10 kal. april., ind. 14.

*Registrum Iohannis VIII (Reg. Vat. 1) f. 110 n. 278. – Edd. (A. Carafa) Epist. Decretal. (1591) III 488 n. 268. Binius Conc. gener. III 2, 979 n. 268. Conc. coll. reg. XXIV 314 n. 268. Labbe-Cossart Sacrosancta concilia IX 193 n. 268. Balbinus Miscellanea I 6, 4 n. 3 [ad a. 882] = Stredowsky Sacra Moraviae historia p. 327 = Goldast Commentarii de regni Bohem. Appendix col. *249 n. 3. Mansi Conc. coll. XVII 199 n. 268. Dobner Annales III 206. Salagius De statu ecclesiae Pannonicae IV (1780) 428 = Fejér Cod. dipl. Hungariae I 217. Boczek Cod. dipl. Morav. I 44 n. 60 = Ginzel Anhang p. 62 n. 6 = Pastrnek Dějiny (1902) p. 258 = Teodorov-Balan Kiril i Metodi II 223. Migne PL 126, 928 n. 319. Rački Viek II 344. Bil'basov Kirill' i Mefodij I 135 n. 13. Kukuljević Cod. dipl. Croatiae I 66. Friedrich Cod. dipl. Bohem. I 21 n. 25. Mon. Germ. Epist. VII 243 n. 276 = Tăutu Acta Romanorum pontificum I 735 n. 354 = Grivec-Tomšič Constantinus et Methodius p. 74. Herrmann Beziehungen p. 154. Magnae Moraviae Font. III 210 n. 95. Marsina Cod. dipl. Slovaciae I 26 n. 33. Lacko The Popes (1972) p. 120 n. 15. Cyryl i Metody II 997 (transl. polonica). – Regg. Georgisch Regesta col. 153 n. 4. Erben Regesta I 18 n. 44. Bil'basov Kirill' i Mefodij I 23 n. 13. Kos Gradivo II 198 n. 262. Ratkoš Pramene p. 179 n. 65. 193 n. 60 (vers. slovaca). J. 2566. JE. 3344.*

De re cf. Dümmler Geschichte d. Ostfränk. Reiches [2]III 197; Lohrmann Register Johannes' VIII. (1968) p. 110; Dvorník Byzantine Missions (1970) p. 166; Lacko The Popes (1972) p. 70–72; Peri La chiesa di Roma (1991) p. 637.

*34   *(ante 885 ex.–886 in.)*

Zuentopolcus rex Sclavorum S t e p h a n o V Wichingum episcopum (legatum) mittit.

Laud. in n. 35. – Reg. Marsina Vel'komoravské deperditá p. 35 n. 20.

Stephanus V in litteris suis de ‚remissione‘ Wichingi ad Sventopulcum scribit, qua de causa hic antea a rege Romam missus fuit.

35 *(885 ex.– 886 in.)*

S t e p h a n u s V Zuentopolco regi Sclavorum: zelum fidei eius erga apostolorum principem Petrum laudat et asserit eum se protectorem in omnibus inventurum esse; fusius agit de trinitate; Wichingum episcopum Nitriensem ecclesiastica doctrina eruditum remittit *(n. *34)* et commendat; scribit de ieiuniis; Methodii vero superstitionem, si ita est, penitus abdicat; interdicit, ne divina officia et sacra mysteria et missarum solemnia, quae idem Methodius Sclavorum lingua celebrare praesumpserit, eodem modo deinceps a quolibet praesumantur celebrari, excepto quod ad simplicis populi aedificationem attineat, si evangelii vel apostoli expositio ab eruditis eadem lingua annuntietur. – Quia te zelo.

H f. 5'. 78. – Edd. Wattenbach Beiträge (1849) p. 43 n. 1 = Ginzel Anhang I 63. Rački Viek II 341. Boczek Cod. dipl. Morav. VII (1858) 704 n. 9 (qui epistolam Stephano VI attribuit). Bil'basov Kirill' i Mefodij I 137 n. 15. Pastrnek Dějiny (1902) p. 260. Kos Gradivo II 205 n. 271 (fragm. ad a. 885 aestate ex.). Friedrich Cod. dipl. Bohem. I 22 n. 26. Mon. Germ. Epist. VII 354 n. 1. Teodorov-Balan Kiril i Metodi II 226. Tăutu Acta Romanorum pontificum I 742 n. 356 (fragm.). Grivec-Tomšič Constantinus et Methodius p. 75. Ratkoš Pramene p. 181 n. 68. p. 195 n. 63 (vers. slovaca). Herrmann Beziehungen p. 165 (fragm.; ad a. 885 ex.). Magnae Moraviae Font. III 215 n. 101. Marsina Cod. dipl. Slovaciae I 27 n. 35 [ad a. 885 ex.]. Lacko The Popes (1972) p. 122 n. 17. Havlík Svatopluk (1994) p. 96. – Regg. Erben Regesta I 20 n. 49 [ad a. cr. 890]. J. 2649. JL. 3407.

Epistola signis chronologicis caret, sed pontificatui Stephani V ineunti (a. 885 ex.– 886 in.) attribui solet (cf. Friedrich Cod. dipl. Bohem. I 22; Mon. Germ. Epist. VII 354; Grivec-Tomšič Constantinus et Methodius p. 77). Certe ante commonitorium (n. 36) scripta est, quia ibi designatio successoris archiepiscopi Methodii laudatur. De eius re et tempore cf. Bil'basov Kirill' i Mefodij I 26–32, qui vero epistolam perperam Stephano VI attribuit; Gerhard Laehr Das Schreiben Stephans V. an Sventopulk von Mähren, in: N. Archiv 47 (1928) 159–173, qui eam interpolatam vel adulteratam dicit, Ginzel Geschichte l.c. a Wichingo confectam esse censebat. Contradixerunt eis et Dvornik Les Slaves p. 286–297 et Grivec Vitae Constantini et Methodii p. 46–47. 266–267 et Havlík The Relationship (1965) p. 116–122 atque Marsina Štúdie I 50–62, quos nos quoque sequimur. Cf. etiam Lacko The Popes (1972) p. 73–87.

36 *(885 ex.– 886 in.)*

S t e p h a n i V commonitorium Dominico episcopo, Iohanni et Stephano (presbyteris) euntibus ad Sclavos: praescribit eis, quomodo agant, cum Sclavorum fines ingressi sint atque venerint ad ducem (Svatoplucum); mandat, ut primo die salutationes tantum proferant, deinde de spiritu sancto procedente a patre et filio dicant; missas et sacratissima illa ministeria, quae Sclavorum lingua Methodius celebrare praesumpsit, quamvis Iohannis papae temporibus iuraverit se ea ulterius non praesumere, penitus interdicit, verumtamen si quis Sclavorum lingua tam doctus inveniatur, ut post lectionem eius explicationem doctus sit dicere ad aedificationem eorum, qui non intelligunt, approbat; praecipit de ieiuniis tenendis, sicut in sua decreverit epistola *(n. 35)*; mandat, ut interdicant, ne successor (Gorazdus), quem Methodius sibi constituere praesumpserit, ministret, donec suam praesentiam apostolicae sedi exhibuerit et causam suam exposuerit. – Cum Deo propitio.

C f. 158' n. 31. – Edd. Ewald Papstbriefe p. 408 n. 31 = Miklosič-Rački in: Starine XII (1880) 220 n. 14 = Časopis musea království českého 55 (1881) 294 = Pastrnek Dějiny (1902) p. 259 = Teodo-

rov-Balan Kiril i Metodi II 225. Friedrich Cod. dipl. Bohem. I 26 n. 27. Mon. Germ. Epist. VII 352 n. 33 = Tăutu Acta Romanorum pontificum I 743 n. 357 (fragm.) = Grivec-Tomšič Constantinus et Methodius p. 74. Herr-mann Beziehungen p. 165 (fragm.). Ratkoš Pramene p. 439. Magnae Moraviae Font. III 226 n. 102. Marsina Cod. dipl. Slovaciae I 30 n. 36. Lacko The Popes (1972) p. 121 n. 16. – Regg. Erben Regesta IV 708 n. 1765. Kos Gradivo II 207 n. 272 [ad a. 885 sept.–886 ex.]. Ratkoš Pramene p. 185 n. 69 et 434 n. 10. JL. 3408.

De re et tempore cf. Haas Studien (1949) p. 68–70; Lacko The Popes (1972) p. 73–87 et praecipue Marsina Štúdie I 50–62.

De legatione atque legatis cf. G. Laehr Das Schreiben Stephans V. an Sventopulk von Mähren, in: N. Archiv 47 (1928) passim; Engelmann Legaten p. 89sq. et Riesenberger Prosopographie p. 163–165.

*37   (890 ante mart. 19)

S t e p h a n u s V Zuentibaldum ducem (Moraviae) rogat, qui (Arnulfum) regem interpellet, ut in urbe Roma domum s. Petri visitet et Italicum regnum a malis Christianis et imminentibus paganis ereptum ad suum opus restringendo tenere dignetur.

*Laud. in Annalibus Fuldensibus ad a. 890 (ed. F. Kurze in: Script. rer. Germ. VII 118). – Regg. Boczek Cod. dipl. Morav. I 50 n. 71. Erben Regesta I 20 n. 48. Friedrich Cod. dipl. Bohem. I 29 n. 29. Boczek Cod. dipl. Morav. VII 704 n. 8. Böhmer-Mühlbacher I 748 n. 1844b (1795b). Kos Gradivo II 221 n. 295 [ad a. 890 mart. 21-april. 14]. Magnae Moraviae Font. III 229 n. 103. Marsina Cod. dipl. Slovaciae I 31 n. *37A. Marsina Veľkomoravské deperditá p. 36 n. 21. Ratkoš Kompletnosť p. 109 n. 22. J. p. 296. JL. I p. 432.*

v. Imperium et regnum.

*38   (899)

(Moimirus II princeps Maravorum) magnam pecuniae summam sedi apostolicae (I o h a n n i s IX aut B e n e d i c t i IV) mittit et restitutionem constitutionis ecclesiasticae in Moravia exoptat.

Laud. in n. ?†41. – Reg. Marsina Cod. dipl. Slovaciae I 31 n. 38. Idem Veľkomoravské deperditá p. 36 n. 22.*

De re et tempore cf. Ratkoš Veľkomoravské deperditá p. 36.

*39   (899/900)

Iohannes archiepiscopus, Benedictus et Danihel episcopi, legati sedis apostolicae (I o - h a n n i s IX aut B e n e d i c t i IV) in terra Sclavorum, qui Maravi dicuntur, venientes in episcopatu (Pataviensi) unum archiepiscopum et tres episcopos eius suffraganeos ordinant; Bavaros vero propter violationem fidei catholicae et consociationem cum Ungaris accusant.

*Laud. in. n. †?41. – Regg. Engelmann Legaten p. 138. Magnae Moraviae Font. III 231 n. 108. Marsina Cod. dipl. Slovaciae I 32 n. *38A. Idem Veľkomoravské deperditá p. 36 n. 23. Ratkoš Kompletnosť p. 109 n. 23.*

Deest in Germ. Pont. I. – De re cf. Haas Studien (1949) p. 68–70; Lacko The popes (1972) p. 88–96; Marsina Veľkomoravské deperditá p. 109.

De legatis cf. Engelmann Legaten p. 91sq. et Riesenberger Prosopographie p. 286.

†?40   *(900 post febr. 4)*

(I o h a n n i IX) Romanae ecclesiae papae Hatho (I) praesul Moguntiensis ecclesiae
cum universis suffraganeis: inter alia intimat episcopos Bawarienses apud se conques-
tos esse de Maravensibus populis, qui, Francorum potestati rebelles, se ab illorum
consortio divisos iactent et seorsum metropolitano a papa esse sublimatos glorientur;
rogat ut papa episcopos Bawariorum defendat et Moravienses ad humilitatis viam
corrigendo perducat, ut tandem cognoscant, cui dominatui subici debeant.

  v. Mainz, Archiepisc. n. 54, Germ. Pont. IV 71 (Magnae Moraviae Font. III 261
n. †126; Marsina Cod. dipl. Slovaciae I 35 n. 40).

  De tempore et re cf. Harry Bresslau Der angebliche Brief des Erzbischofs Hatto von
Mainz an Papst Johannes IX., in: Festschrift für Karl Zeumer (Weimar 1910) p. 9–23; Marsina Štúdie I 80–88; Peter Ratkoš Pripomienky k I. zväzku slovenského diplomatára [Bemer-
kungen zum I. Teil des Slowakischen Urkundenbuchs], in: Historický časopis 23 (1975)
263sq.; Horst Fuhrmann Der angebliche Brief des Erzbischofs Hatto von Mainz an Papst Johannes IX., in: MIÖG 78 (1980) 51–62; Rudolf Hiestand Byzanz und das Regnum Italicum
im 10. Jahrhundert. Ein Beitrag zur ideologischen und machtpolitischen Auseinanderset-
zung zwischen Osten und Westen (Zürich 1964) p. 117; Ursula Penndorf Das Problem der
„Reichseinheit" nach der Teilung von Verdun (843). Untersuchungen zu den späten Karolingern (Münchener Beiträge zur Mediävistik und Renaissance-Forschung 20. München 1974)
p. 166–174; Helmut Beumann Die Einheit des ostfränkischen Reichs und der Kaisergedanke
bei der Königserhebung Ludwigs des Kindes, in: ADipl. 23 (1977) 142–163 et nuper Herbers
Päpstliche Autorität p. 24–27.

†?41   *(900 iul.)*

I o h a n n i IX Theotmarus Iuvavensis ecclesiae archiepiscopus una cum episcopis nec
non et universo clero populoque Bawariae: inter alia queruntur, quod de latere eius
venerint tres episcopi, videlicet Iohannes archiepiscopus, Benedictus et Danihel episcopi, in terram Slavorum qui Maravi dicuntur et in uno eodemque episcopatu (Pataviensi) contra ius canonicum unum alium insuper archiepiscopum et tres episcopos
eius suffraganeos absque scientia archiepiscopi (Salzburgensis) et consensu episcopi
(Pataviensis) ordinaverint ipsosque se in epistola tamquam ab apostolica sede missa
de violatione fidei catholicae et consociatione cum Ungaris accusaverint *(n. *39)*; re-
futant Sclavorum criminationes; precantur, ne ullomodo alicui falso de se aliquam
suspicionem referenti credulus sit nec sinat unitatem ecclesiae dividi scissura.

  v. Passau, Episc. n. 14, Germ. Pont. I 163 (Kos Gradivo II 243 n. 324; Magnae Moraviae Font. III 232 n. 109; Marsina Cod. dipl. Slovaciae I 32 n. 39; Lošek Die *Conversio Bagoariorum* p. 138–157).

  De littera, re et tempore cf. Marsina Štúdie I 80–88; Lacko The popes (1972) p. 88–96;
Egon Boshof Das Schreiben der bayerischen Bischöfe an einen Papst Johannes – eine Fäl-
schung Pilgrims? in: Papstgeschichte und Landesgeschichte. Festschrift für Hermann Jakobs,
hrsg. von Joachim Dahlhaus, Armin Kohnle e.a. (Beihefte zum Archiv für Kulturgeschichte
39. Köln-Weimar-Wien 1995) p. 37–67, qui litteram falsam esse censet. Econtra Fritz Lošek
Die *Conversio Bagoariorum et Carantanorum* und der Brief des Erzbischofs Theotmar von
Salzburg (Mon. Germ. Studien und Texte 15. Hannover 1997) cum operibus laudatis, item
Dušan Třeštík Großmähren, Passau und die Ungarn um das Jahr 900. Zu den neuen Zweifeln
an der Authentizität des Briefes der bayerischen Bischöfe an Papst Johannes IX. aus dem Jahr
900, in: Byzantinoslavica 59 (1998) 137–160 et idem Místo Velké Moravy (1999) p. 717. No-

vissime Klaus Herbers Päpstliche Autorität und päpstliche Entscheidungen an der Wende vom 9. zum 10. Jahrhundert in: Recht und Gericht in Kirche und Welt um 900. Hrsg. von Wilfried Hartmann (Schriften des Historischen Kollegs – Kolloquien 69. München 2007) p. 7–30, imprimis p. 24–27, qui p. 26sq. complectens censet: ‚Beide Briefe [scil. n. ?†40 et ?†41] bleiben nach wie vor umstritten, obwohl auch hier der Fälschungsnachweis sicherlich nicht völlig hieb- und stichfest zu führen ist, so daß echte Grundlagen zumindest nicht auszuschließen sind'. Simili mentione iam Marsina Štúdie I 87. – De archiepiscopatu et tribus episcopatibus in Moravia de novo (?) erectis cf. Steinhübel in: Bohemia 37 (1996) 2–22 et idem in: Early Christianity in Central and East Europe (1997) p. 87–93.

†42　　　　　　　　　　　　　　　　　　　　　　　*(Roma 948 ian. in.)*

A g a p i t u s II Gerhardo s. Lauriacensis ecclesiae archiepiscopo: disceptationes inter eum et Heroldum archiepiscopum (Salzburgensem) exortas decidens parrochias distribuit ita, ut divisis duabus Noricae regionis provinciis Heroldo archiepiscopo occidentalis Pannoniae cura committatur, Gerhardo autem successoribusque eius providentia orientalis Pannoniae regionisque Avarorum atque Marah(ar)orum, sed et Sclavorum circumquaque manentium; statuit, ut, si Heroldus diffinito limite non contentus sit, dignitate privetur atque superior Pannonia continuetur inferiori et ambae eius subiaceant ditioni.

　　　v. Passau, Episc. n. †17, Germ. Pont. I 165 (Magnae Moraviae Font. III 267 n. †129; Marsina Cod. dipl. Slovaciae I 39 n. 42+++; Zimmermann Papsturkunden p. 203 n. †116; Böhmer-Zimmermann p. 64 n. †217; Boshof Regesten d. Bischöfe v. Passau I 56 n. †204; JL. †3644).

　　　De re et tempore cf. Dümmler Piligrim p. 24sq.; Marsina Štúdie I 72sq. et 76sq.; Zimmermann Papsturkunden p. 203 et Boshof Regesten d. Bischöfe v. Passau I 56. Desuper cf. Boshof Das ostfränkische Reich (1998) p. 53.

†43　　　　　　　　　　　　　　　　　　　　　　　*(973 mai.–974 iun.)*

B e n e d i c t o VI Piligrimus s. Lauriacensis ecclesiae humilis servitor: inter alia nuntians conversionem Ungrorum a se inceptam rogat eum, ut illic iubeat aliquos ordinari episcopos, quia et quondam Romanorum Gepidarumque temporibus proprios septem antistites orientalis Pannonia habuit et Moesia suae s. Lauriacensi ecclesiae subiectos, quorum quatuor, usque dum Ungri regnum Bawariorum invaserunt, in Maravia manserunt.

　　　v. Passau, Episc. n. 18, Germ. Pont. I 165 (Magnae Moraviae Font. III 246 n. 113; Marsina Cod. dipl. Slovaciae I 41 n. 44; Böhmer-Zimmermann n. †513 cum multis operibus laudatis; Boshof Regesten d. Bischöfe v. Passau I 65 n. [†?]229).

　　　cf. etiam Olomouc, Episc. n. †1.

†44　　　　　　　　　　　　　　　　　　　　　　　*(973 mai.–974 iun.)*

B e n e d i c t u s VI (metropolitanis Germaniae) etc.: postulationibus archiepiscopi (Piligrimi) assensum praebens s. Lauriacensem ecclesiam eiusque rectores iam archiepiscopos ab omni Salzburgensis ecclesiae eiusque praesulum subiectione absolvit et honore metropolitano sublimat, et sicut sanctus martyr Agapitus papa terminos earundem parochiarum ab invicem distinxit *(n. †42)* et ipse diffinit, Piligrimo autem archiepiscopo pallium dat atque in provinciis Avariae et Maraviae, regionum quoque inferioris Pannoniae sive Moesiae et in contiguis eidem archiepiscopo Sclavorum nationibus apostolicam vicem committit.

> v. Salzburg, Archiepisc. n. †34 et Passau, Episc. n. †19, Germ. Pont. I 15. 166 nec non Mainz, Archiepisc. n. †76, Bremen-Hamburg, Archiepisc. n. †58, Köln, Archiepisc. n. †116 et Trier, Archiepisc. n. †72, ibid. IV 79; VI 49; VII 49 et X 47 (Magnae Moraviae Font. III 273 n. †131; Marsina Cod. dipl. Slovaciae I 44 n. †45; Zimmermann Papsturkunden I 436 n. †223; Böhmer-Zimmermann n. †514; Boshof Regesten d. Bischöfe v. Passau I 66 n. †230; JL. †3771).

> Spurium saec. X ex. confectum a Piligrimo episcopo Pataviensi; cf. Heinrich Fichtenau Das Urkundenwesen in Österreich (MIÖG. Erg.-Bd. XXIII. 1971) p. 125 et imprimis Böhmer-Zimmermann l.c. et Boshof l.c. et opera ibi laudata.

> cf. etiam Olomouc, Episc. n. †2.

BOHEMIA

De rerum Bohemicarum scriptoribus cf. Vincenc B r a n d l Glossarium illustrans bohemico-moravicae historiae fontes (Brünn 1876). – W a t t e n b a c h - H o l t z m a n n - S c h m a l e II 798–809; III 214*–225*. – N e c h u t o v á Latinská literatura. – Series ducum et regum Bohemiae in: D o b n e r Monumenta historica Boemie III 24–36.

cf. etiam Magna Moravia; Praha, Episc.; Moravia, Duces ac marchiones. – Rerum Bohemicarum antiqui scriptores aliquot insignes partim hactenus incogniti [...] (Hanau 1602). – Archiv český čili staré písemné památky české a moravské, sebrané z archivů domácích i cizích [Böhmisches Archiv oder alte schriftliche böhmische und mährische Denkmäler, aus heimischen und fremden Archiven gesammelt]. T. 1–38 (Praha 1840–1944). – Urkundliche Beiträge zur Geschichte Böhmens und seiner Nachbarländer im Zeitalter Georg's von Podiebrad (1450–1471) (Fontes rerum Austriacarum. 2. Abt.: Diplomataria et acta 20. Wien 1860). – Sněmy české od léta 1526 až po naši dobu [Die böhmischen Reichsversammlungen vom Jahre 1526 bis zu unserer Zeit]. Hrsg. v. königlich-böhmischen Landesarchiv. T. 1–15 (Prag 1877–1929). – Sbírka pramenů českého hnutí náboženského ve XIV. a XV. století [Quellensammlung zur böhmischen religiösen Bewegung im 14. und 15. Jh.] (Praha 1909–1920). – Miloslav S t i e b e r Böhmische Staatsverträge. Historischer Grundriß. Abt. I: Seit Přemysl Ottokar II. bis zur Gründung des habsburgischen Reiches (Innsbruck 1912). – Archiv koruny české. Katalogy, soupisy, regestáře a rozbory jeho fondů [Archiv der böhmischen Krone. Kataloge, Verzeichnisse, Register und Analysen seines Fonds]. T. 1–5 (Praha 1928–1947). – Archivum Coronae Regni Bohemiae [1086–1355]. T. 1–2. Opera Venceslai H r u b ý (Prag 1928–1935). – Starší letopisové čestí od roku 1378 do 1527 čili pokračování v kronikách Přibíka Pulkavy a Beneše z Hořovic z rukupisů starých vydané [Die älteren böhmischen Annalen vom Jahre 1378 bis 1527, also die Fortsetzer der Chronik des Přibík Pulkava und Beneš von Hořovice aus alten Handschriften herausgegeben]. Ed. František P a l a c k ý (Dílo Františka Palackého 2. [Praha 1941]). – Die böhmische Landtafel. Inventar, Register, Übersichten. Eingeleitet von Václav L e t o š n í k (Prag 1944). – Václav V a n ě č e k Prameny k dějinám státu a práva v Československu [Quellen zur Geschichte des Staates und des Rechts in der Tschechoslowakei] (Praha 1957). – Vita Caroli Quarti. Die Autobiographie Karls IV. Einführung, Übersetzung und Kommentar von Eugen H i l l e b r a n d (Stuttgart 1979). – Archiv české koruny. Edice faksimilií = Archivum coronae regni Bohemiae. Editio diplomatum phototypica. T. 1: 1158–1310. Red. Václav V a n ě č e k e.a. (Praha 1982). – Documenta Bohemica bellum tricennale illustrantia. T. 1–7. Red. Josef J a n á č e k e.a. (Praha 1971–1981). – Dějiny českého státu v dokumentech. Ed. Zdeněk V e s e l ý (Praha 1994).

Bartholomaeus P a p r o c k y Diadochos id est successio: Ginák Poslaupnost Knijžat a Králůw Cžeských Biskupůw y Arcybiskupůw Pražských a wsjech třech Stawůw Slawného Králowstwj Cžeského to gest Panského, Rytjřského a Městského [D. oder die Reihenfolge der Herzöge und Könige Böhmens, der Bischöfe und Erzbischöfe von Prag und aller drei Stände des berühmten Königreiches Böhmen, und zwar der Herren, Ritter und der Städte] I (Praha 1602). – Beheimische Landordnung sampt erneuerten, reformierten Articuln und Satzungen von der Wahl, Krönung, Digniteten und Befreyungen Königlicher Majestätt [...]. Übersetzt von Peter S t u r b a (Leipzig 1617). – Heinrich Julius, Herzog v o n S a c h s e n [-Lauenburg] - Hieronymus v o n E l v e r n De statu Bohemico. Das ist: Der Römischen Kayserlichen auch zu Hungarn und Böhaim Königlichen Majestät Ferdinandi Secundi Fundamental Deduction und gründliche Außführung der Erb-Gerechtigkeit und Erblichen Succession, welche die allerhöchstgemeldte Kayserliche Majestät [...] zu dem Königreich Böhmen gehabt unnd noch haben (Frankfurt 1620). – Acten-mässiger Unterricht, die Chur-Böhmische Wahl-Stimme und deren Ausübung betreffend (Wien 1741). – Ignaz M a a d e Die Stellung der Krone Böhmen in der Geschichte. Eine historisch-politische Entwicklung (Prag 1867). – Johann L o s e r t h Das angebliche Senioratsgesetz des Herzogs Bretislaw I. und die böhmische Sukcession in der Zeit des nationalen Herzogtums, in: Archiv für Kunde österreichischer Geschichts-Quellen 64 (1883) 1–78. – Ferdinand T a d r a Kanceláře a písaři v zemích českých za králů z rodu lucemburského, Jana, Karla IV. a Václava IV. (1310–1420). Příspěvek k diplomatice české [Die Kanzlei und die Schreiber in den böhmischen Ländern unter den Königen aus dem Luxemburger-Geschlecht Johann, Karl IV. und Wenzel IV. (1310–1420). Ein Beitrag zur böhmischen Diplomatik] (Rozpravy České Akademie Císaře Františka Josefa pro Vědy, Slovesnost a Umění v Praze 2. Praha 1892). – Hans S p a n g e n b e r g Die Königskrönung Wratislavs von Böhmen und die angebliche Mainzer Synode des Jahres 1086, in: MIÖG 20 (1899) 382–396. – Bertold B r e t h o l z Geschichte Böhmens und Mährens bis zum Aussterben der Přemysliden (München-Leipzig 1912). – Arnold K ö s t e r Die staatlichen Beziehungen der böhmischen Herzöge und Könige zu den deutschen Kaisern von Otto dem Grossen bis Ottokar II. (Untersuchungen zur deutschen Staats- und Rechtsgeschichte 114. Breslau 1912). – N a e g l e Kirchengeschichte Böhmens I. – H r u b ý Církevní zřízení. – Otto P e t e r k a Rechtsgeschichte der böhmischen Länder in ihren Grundzügen dargestellt. Bd. 1 (Reichenberg 1923). – Ernst P e r e l s Zur Geschichte der böhmischen Kur im 14. und 15. Jahrhundert, in: ZSRG GA 45 (1925) 83–143. – J u r i t s c h Beiträge. – Ulrich K ü h n e Geschichte der böhmischen Kur in den Jahrhunderten nach der Goldenen Bulle, in: Archiv für Urkundenforschung 10 (1928) 1–110. – K l o ß passim. – Pierre D a v i d Bohême, in: DHGE 9 (Paris 1937) 418–480. – Elli H a n k e - H a j e k - Martha W i e d e n Die völkische Zusammensetzung der böhmischen Hofkapelle bis 1306. I. Die Hofkapelle bis zum Tode Wenzels I., in: Zs. f. sudetendeutsche Geschichte 4 (1940) 26–81. – Wilhelm W o s t r y Die Ursprünge der Primisliden, in: Zs. f. Gesch d. Sudetenländer 7 (1944) 156–253. – Václav V a n ě č e k Stát Přemyslovců a středověka říše [Der Přemyslidenstaat und das mittelalterliche Reich] (Praha 1945). – D v o r n i k Making. – I d e m Sv. Vojtěch, II. biskup pražský [Der hl. Adalbert, zweiter Prager Bischof] (Chicago 1950). – Joachim P r o c h n o Terra Bohemiae, regnum Bohemiae, corona Bohemiae, in: Rudolf Schreiber (Hrsg.) Prager Festgabe für Theodor Mayer (Forschungen zur Geschichte und Landeskunde der Sudetenländer 1. Freilassing-Salzburg 1953) p. 91–111. – W e g e n e r Böhmen-Mähren. – Tadeusz G r u d z i ń s k i Polityka papieża Grzegorza VII wobec państw Europy środkowej i wschodniej (1073–1080) [Die Politik Papst Gregors VII. gegenüber den Staaten Mittel- und Osteuropas (1073–1080)] (Toruń 1959), praecipue p. 47–73. – Rudolf T u r e k Zur Diskussion über die frühmittelalterlichen Stämmegebiete Böhmens, in: Památky archeologické 51 (1960) 406–410. – Zdeněk F i a l a Počátky české účasti v kurfiřtském sboru [Die Anfänge der böhmischen Beteiligung im Kurfürstenkollegium], in: Sborník historický 8 (1961) 27–66. – Hans P a t z e Die Pegauer Annalen, die Königserhebung Wratislaws von Böhmen und die Anfänge der Stadt Pegau, in: Jb f. d. Gesch. Mittel- und Ostdeutschlands 12 (1963) 1–62. – Jindřich Š e b á n e k - Sáša D u š k o v á Česká listina v době přemyslovské (Nástin vývoje) [Böhmische Urkunden des Přemyslidenzeitalters. Abriß ihrer Entwicklung], in: SPFFBU. Řada historická (C) 11 (1964) 51–72. – Barbara K r z e m i e ń s k a - Dušan T ř e š t í k Přemyslovská hradiště a služebná organizace přemyslovského státu [Die Burgen der Přemysliden und die Dienstorganisation des Přemyslidenstaates], in: Archeologické rozhledy 18 (1965) 624–655. – Ferdinand S e i b t Hussitica. Zur Struktur einer Revolution (Köln-Graz 1965). – František G r a u s Adel, Land und Herrscher in Böhmen vom 10. bis 13. Jahrhundert, in: Nachrichten der Giessener Hochschulgesellschaft 35 (1966) 131–153. – Karl R i c h t e r Die böhmischen Länder im Früh- und Hochmittelalter, in: Handbuch der Geschichte der böhmischen Länder, hrsg. von Karl Bosl. Bd. I (München 1967) p. 165–347. – František G r a u s Kirchliche und heidnische (magische) Komponenten der Stellung der Přemysliden. Přemyslidensage und St. Wenzelsideologie, in: Siedlung und Verfassung Böhmens in der Frühzeit, hrsg. v. František Graus und Herbert Ludat (Wiesbaden 1967) p. 148–165. – I d e m Necrologium Bohemicum – Martyrologium Pragense a stopy nekosmovského pojetí českých dějin [Necrologium Bohemicum–Martyrologium Pragense und die Spuren eines böhmischen Geschichtskonzepts abseits von Cosmas], in: ČsČH 15 (1967) 789–810. – Rostislav N o v ý Die Anfänge des böhmischen Staates. 1. Teil (Prag 1968). – Percy Ernst S c h r a m m Böhmen und das Regnum. Die Verleihung der Königswürde an die Herzöge von Böhmen (1085/86, 1158, 1198/1203), in: Adel und Kirche. Festschrift für Gerd Tellenbach, hrsg. von Josef Fleckenstein und Karl Schmid (Freiburg e.a. 1968) p. 346–364. – Zdeněk F i a l a Předhusitské Čechy 1310–1419. Český stát pod vládou Lucemburků 1310–1419 [Das vorhussitische Böhmen. Der böhmische Staat unter der Herrschaft der Luxemburger 1310–1419] (Praha 1968). – Jindřich Š e b á n e k - Sáša D u š k o v á Das Urkundenwesen König Ottokars II. von Böhmen. 1. Teil (1247–1263); 2. Teil (1264–1278), in: ADipl. 14 (1968) 302–422; 15 (1969) 251–427. – Ivan B o r k o v s k ý Pražský hrad v době přemyslovských knížat [Die Prager Burg im Zeitalter der Přemyslidenherzöge] (Praha 1969). – Hartmut H o f f - m a n n Böhmen und das deutsche Reich im hohen Mittelalter, in: Jb. f. Gesch. Mittel- und Ostdeutschlands 18 (1969) 1–62. – Alexis Peter V l a s t o The Entry of the Slavs into Christendom. An introduction to the medieval history of the Slavs (Cambridge 1970), praecipue p. 86–113. – Ferdinand S e i b t Zur Entwicklung der böhmischen Staatlichkeit 1212 bis 1471, in: Hans Patze (Hrsg.) Der deutsche Territorialstaat im 14. Jahrhundert. Bd. 2 (Vorträge und Forschungen 14. Sigmaringen 1971) p. 463–483. – František G r a u s Přemysl Otakar II. – sein Ruhm und sein Nachleben. Ein Beitrag zur Geschichte politischer Propaganda und Chronistik, in: MIÖG 79 (1971) 57–110. – Ivan H l a v á č e k Die Itinerare der böhmischen Herrscher bis zum Jahre 1253 aus verwaltungsgeschichtlicher Sicht, in: Folia Diplomatica I, curavit Sáša Dušková (Opera Universitatis Purkynianae Brunensis. Facultas Philosophica 158. Brno 1971) p. 113–127. – Rostislav N o v ý Přemyslovský stát 11. a 12. století [Der Staat der Přemysliden im 11. und 12. Jh.] (Acta Univ. Carolinae. Phil. et hist. Monographia 43. Praha 1972). – Rudolf T u r e k Böhmen im Morgengrauen der Geschichte (Wiesbaden 1974). – Marie B l á h o v á Druhé pokračování Kosmovo [Die zweite Fortsetzung des Cosmas], in: Sborník historický 21 (1974) 5–39. – Karl B o s l Böhmen und seine Nachbarn. Gesellschaft, Politik und Kultur in Mitteleuropa (Veröffentlichungen des Collegium Carolinum 32. München-Wien 1976). – Oldřich K r á l í k Kosmova kronika a předchozí tradice [Die Chronik Kosmas' und die frühere Tradition] (Praha 1976). – Ferdinand S e i b t (Hrsg.) Lebensbilder zur Geschichte der böhmischen Länder. T. 1–3 (München-Wien 1974–1978). – I d e m (Hrsg.) Kaiser Karl IV. Staatsmann und Mäzen (München 1978). – František G r a u s Die Nationenbildung der Westslawen im Mittelalter (Nationes 3. Sigmaringen 1980). – Přehled dějin Československa. T. I, 1: do roku 1526 [Überblick der Geschichte der Tschechoslowakei. Bd. I, 1: bis zum Jahre 1526] (Praha 1980). – František G r a u s St. Adalbert und St. Wenzel. Zur Funktion der mittelalterlichen Heiligenverehrung in Böhmen, in: Europa Slavica – Europa Orientalis. Festschrift für Herbert Ludat, hrsg. v. Klaus-Detlev Grothusen und Klaus Zernack (Osteuropastudien der Hochschulen des Landes Hessen I – Giessener Abhandlungen zur Agrar- und Wirtschaftsforschung des europäischen Ostens 100. Berlin 1980) p. 205–231. – Rainer Christoph S c h w i n g e s „Primäre" und „sekundäre" Nation. Nationalbewußtsein und sozialer Wandel im mittelalterlichen Böhmen, ibid. p. 490–532. – Dušan T ř e š t í k Počátky Přemyslovců. Vstup Čechů do dějin (530–935) [Die Anfänge der Přemysliden. Der Eintritt Böhmens in die Geschichte (530–935)] (Praha 1981. ²1997). – Rudolf T u r e k Čechy v raném středověku [Böhmen im Frühmittelalter] (Praha 1982). – Wolfgang H. F r i t z e Corona regni Bohemiae. Die Entstehung des böhmischen Königtums im 12. Jahrhundert im Widerspiel von Kaiser, Fürst und Adel, in: idem Frühzeit zwischen Ostsee und Donau. Ausgewählte Beiträge zum geschichtlichen Werden im östlichen Mitteleuropa vom 6. bis zum 13. Jahrhundert, hrsg. v. Ludolf Kuchenbuch und Winfried Schich (Berliner Historische Studien 6 – Germania Slavica III. Berlin 1982) p. 209–296. – Barbara S a s s e Die Sozialstruktur Böhmens in der Frühzeit. Historisch-archäologische Untersuchungen zum 9.–12. Jahrhundert (Berliner Historische Studien 7 – Germania Slavica IV. Berlin 1982). – Heinz D o p s c h (Hrsg.) Geschichte Salzburgs. Stadt und Land. Bd. I, 1–3: Vorgeschichte, Altertum, Mittelalter (Salzburg 1981–1984). – František G r a u s Böhmen im 9. bis 11. Jahrhundert (Von der «Stammesgesellschaft» zum mittelalterlichen «Staat»), in: Gli Slavi occidentali e meridionali dell'alto medioevo. 15–21 aprile 1982. T. 1 (Settimane di studio del Centro italiano di studi sull'alto medioevo 30. Spoleto 1983) p. 169–199. – Michał K u l e c k i Ceremoniał intronizacyjny Przemyślidów w X–XIII wieku [Das Inthronisationszeremoniell der Přemysliden vom 10.–13. Jh.], in: Przegląd Historyczny 125 (1984) 441–451. – Friedrich P r i n z

Böhmen im mittelalterlichen Europa. Frühzeit, Hochmittelalter, Kolonisationsepoche (München 1984). – Gerhard L o s h e r Königtum und Kirche zur Zeit Karls IV. Ein Beitrag zur Kirchenpolitik im Spätmittelalter (Veröffentlichungen des Collegium Carolinum 56. München 1985). – Peter M o - r a w Grundzüge der Kanzleigeschichte Kaiser Karls IV. (1346–1378), in: Zeitschrift für historische Forschung 12 (1985) 11–42. – Jiří S p ě v á č e k Václav IV. 1361–1419. K předpokladům husitské revoluce [Wenzel IV. Zu den Vorbedingungen der Hussitischen Revolution] (Praha 1986). – Josef Ž e m l i č k a Století posledních Přemyslovců. Český stát a společnost ve 13. století [Das Jahrhundert der letzten Přemysliden. Der böhmische Staat und seine Gesellschaft im 13. Jh.] (Praha 1986). – Barbara K r z e m i e ń s k a Břetislav II. Pokus o charakteristiku osobnosti panovníka [Břetislav II. Versuch einer Charakteristik des Herrschers], in: ČsČH 35 (1987) 722–731. – Jörg K. H o e n s c h Přemysl Otakar II. von Böhmen. Der goldene König (Graz e.a. 1989). – Jan J a n á k - Zdeňka H l e - d í k o v á Dějiny správy v českých zemích do roku 1945 [Verwaltungsgeschichte in den böhmischen Ländern bis zum Jahre 1945] (Praha 1989. 2. erweit. Aufl. 2005). – Heinz S t o o b Kaiser Karl IV. und seine Zeit (Graz et al. 1990). – Josef Ž e m l i č k a Přemysl Otakar I. Panovník, stát a česká společnost na prahu vrcholného feudalismu [Přemysl Ottokar I. Herrscher, Staat und die böhmische Gesellschaft an der Wende zur Hochzeit des Feudalismus] (Praha 1990). – Jiří K e j ř Korunovace krále Vladislava II. [Die Krönung König Vladislavs II.], in: ČČH 88 (1990) 641–660. – H o e n s c h Geschichte. – Jiří K e j ř Böhmen und das Reich unter Friedrich I., in: Friedrich Barbarossa. Handlungsspielräume und Wirkungsweisen des staufischen Kaisers, hrsg. von Alfred Haverkamp (Vorträge und Forschungen 40. Sigmaringen 1992) p. 241–289. – Karel M a l ý - Florian S i v á k Dějiny státu a práva v českých zemích a na Slovensku do r. 1918 [Geschichte des Staates und des Rechts in den böhmischen Ländern und in der Slovakei bis zum Jahre 1918] (Praha 1992). – Marie B l á h o v á Die Beziehungen Böhmens zum Reich in der Zeit der Salier und frühen Staufer im Spiegel der zeitgenössischen böhmischen Geschichtsschreibung, in: Archiv für Kulturgeschichte 74 (1992) 23–48. – Jiří K u t h a n Přemysl Otakar II. Král železný a zlatý, král zakladatel a mecenáš (Vimperk 1993) [versio germanica: Přemysl Ottokar II. König, Bauherr und Mäzen. Höfische Kunst im 13. Jahrhundert (Wien e.a. 1996)]. – František G r a u s Die Ausformung mittelalterlicher Nationen im 13. Jahrhundert (Böhmen und Polen im Vergleich), in: Jb. f. Gesch. Mittel- u. Ostdeutschlands 41 (1993) 3–16. – Rostislav N o v ý Pečeť koruny království českého (Sfragistický příspěvek k dějinám české státnosti) [Das Kronsiegel des Königreiches Böhmen (Sphragistischer Beitrag zur Geschichte der böhmischen Staatlichkeit)], in: Sborník archivních prací 43 (1993) 339–346. – Josef Ž e m l i č k a „Omnes Bohemi". Od svatováclavské čeledi ke středověké šlechtě [„Omnes Bohemi". Von Dienstleuten des hl. Wenzel zum mittelalterlichen Adel], in: Mediaevalia historica Bohemica 3 (1993) 111–133. – I d e m „Duces Boemanorum" a vznik přemyslovské monarchie [Die „duces Boemanorum" und die Entstehung der přemyslidischen Monarchie], in: ČsČH 37 (1993) 697–721. – Jiří S p ě v á č e k Jan Lucemburský a jeho doba 1296–1346. K prvním vstupu českých zemí do svazku se západní evropou [Johann von Luxemburg und seine Zeit 1296–1346. Zum Eintritt der böhmischen Länder in den Bund mit Westeuropa] (Praha 1994). – Dušan T ř e š t í k Křest českých knížat roku 845 a christianizace Slovanů [Die Taufe der böhmischen Herzöge im Jahre 845 und die Christianisierung der Slawen], in: ČČH 92 (1994) 423–459. – Miloslav S o v a d i n a Dvůr Václava I. [Der Hof Wenzels I.], in: Sborník archivních prací 45 (1995) 3–40. – František Š m a h e l Husitská revoluce 1–4 (Praha [2]1995–1996); versio germanica: Die hussitische Revolution (Mon. Germ. Hist. Schriften 43, 1–3. Hannover 2002). – Jörg K. H o e n s c h Kaiser Sigismund. Herrscher an der Schwelle zur Neuzeit 1368–1437 (Darmstadt 1997). – Ž e m l i č k a Čechy. – Johann der Blinde, Graf von Luxemburg, König von Böhmen 1296–1346. Tagungsband der 9. Journées Lotharingiennes 22.–26. Oktober 1996. Hrsg. von Michel Pauly (Publications de la Section Historique de l'Institut Grand-Ducal de Luxembourg 115. Publications du CLUDEM 14. Luxembourg 1997). – Marie B l á h o v á Středověké katalogy českých knížat a králů a jejich pramenná hodnota [Mittelalterliche Kataloge der böhmischen Herzöge und Könige und ihr Quellenwert], in: Średniowiecze polskie i powszechne 1 (Katowice 1999) 33–63. – Boleslav II. Der tschechische Staat um das Jahr 1000. Internationales Symposium Praha 9.–10. Februar 1999, hrsg. von Petr Sommer (Colloquia mediaevalia Pragensia 2. Praha 2001). – Milena B r a v e r m a n o v á - Michal L u t o v s k ý Hroby, hrobky a pohřebiště českých knížat a králů [Grabstätten, Grabmäler und Begräbnisstätten böhmischer Herzöge und Könige] (Praha 2001). – Lisa Wolverton Hastening toward Prague. Power and society in the medieval Czech lands (Philadelphia 2001). – Marie Bláhová Die Anfänge des böhmischen Staates in der mittelalterlichen Geschichtsschreibung, in: Von Sacerdotium und Regnum. Geistliche und weltliche Gewalt im frühen und hohen Mittelalter. Festschrift für Egon Boshof, hrsg. v. Franz-Reiner Erkens und Hartmut Wolff (Passauer Historische Forschungen 12. Köln-Weimar-Wien 2002) p. 67–76. – Ivan Hlaváček Der schriftliche Verkehr der römischen Könige und Kaiser mit dem Herzogtum und Königtum Böhmen bis zum Ausgang des 12. Jahrhunderts, ibid. p. 705–720. – Demeter Malaťák Korunovace Vratislava II. [Die Krönung Vratislavs II.], in: ČMM 121 (2002) 267–286. – Andrzej Pleszczyński Sobiesław I – *Rex Ninivitarum*. Ksiażę czeski w walce z ordynariuszem praskim Meinhardem, biskupem Rzeszy [Soběslav I. – *Rex Ninivitarum*. Der Herzog von Böhmen im Kampf mit dem Prager Bischof und Reichsfürsten Meinhard], in: Monarchia w średniowieczu – władza nad ludźmi, władza nad terytorium. Studia ofiarowane Profesorowi Henrykowi Samsonowiczowi, hrsg. v. Jerzy Pysiak e.a. (Warszawa-Kraków 2002) p. 125–138. – Alexander Begert Böhmen, die böhmische Kur und das Reich vom Hochmittelalter bis zum Ende des Alten Reiches. Studien zur Kurwürde und zur staatsrechtlichen Stellung Böhmens (Historische Studien 475. Husum 2003). – Tschechische Mittelalterforschung 1990–2002, hrsg. von František Šmahel, Robert Novotný und Pavel Soukup (Praha 2003). – Wojciech Iwańczak Innocent III and Bohemia, in: Innocenzo III. Urbs et Orbis. Atti del congresso internazionale, Roma 9–15 settembre 1998. A cura di Andrea Sommerlechner. Vol. II (Istituto Storico Italiano per il Medio Evo – Nuovi Studi Storici 55. Roma 2003), p. 1200–1212. – Vratislav Vaníček Vratislav II. (I.). První český král. Čechy v době evropského kulturního obratu v 11. století [Vratislav II. (I.), erster böhmischer König. Böhmen zur Zeit der europäischen Kulturwende im 11. Jh.] (Praha 2004). – Karl IV. Kaiser von Gottes Gnaden. Kunst und Repräsentation des Hauses Luxemburg 1310–1437, hrsg. von Jiří Fajt (München-Berlin 2006). – Jan Frolík Pražský hrad v 9. a 10. století [Die Prager Burg im 9. und 10. Jh.], in: České země v raném středověku, ed. Petr Sommer (Praha 2006) p. 175–192. – Libor Jan Václav II. a struktury panovnické moci [Wenzel II. und die Herrschaftsstrukturen] (Knižnice Matice Moravské 18. Brno 2006). – Joanna Aleksandra Sobiesiak Bolesław II Przemyślida (†999). Dynastia i jego państwo [Boleslav II. der Přemyslide. Die Dynastie und sein Staat] (Kraków 2006). – Petr Charvát Zrod českého státu: 568–1055 [Die Geburt des böhmischen Staates: 568–1055] (Praha 2007). – Agnieszka Kuźmiuk-Ciekanowska Święty i historia. Dynastia Przemyślidów i jej bohaterowie w dziele mnicha Krystiana [Heiliger und Geschichte. Die Přemysliden-Dynastie und ihre Helden im Werk des Mönches Christian] (Kraków 2007). – Sommer-Třeštík-Žemlička Bohemia and Moravia. – Vratislav Vaníček Soběslav I. Přemyslovci v kontextu evropských dějin v letech 1092–1140 [Soběslav I. Die Přemysliden im Kontext europäischer Geschichte der Jahre 1092–1140] (Praha-Litomyšl 2007). – Manfred Alexander Kleine Geschichte der böhmischen Länder (Ditzingen 2008). – Marzena Matla-Kozłowska Pierwsi Przemyślidzi i ich państwo (od X do połowy XI wieku) [Die ersten Přemysliden und ihr Staat (vom 10. bis zur Mitte des 11. Jhs.)] (Poznań 2008). – Přemyslovci. Budování českého státu [Die Přemysliden. Der Aufbau des böhmischen Staates]. Ed. Petr Sommer, Dušan Třeštík et Josef Žemlička (Praha 2009).

Duces ac reges

Territorium Bohemiae inde a saec. VI gentes Sclavorum ex orientalibus regionibus invadentes coluerunt, ubi Samo quidam mercator Francus primum Slavorum regnum sibi creavisse dicitur. Saec. IX in. Karolus Magnus Bohemiam expugnare conatus est, sed bella frustra gessit (cf. Hoensch Geschichte p. 34). Saec. IX Bohemia est omnis divisa inter diversas gentes, quorum gravissimi Beheimarae cum 15 civitatibus et Fraganeo (rect. Prageneo) cum 40 civitatibus erant (cf. Geographi Bavari Descriptio civitatum, ed. Herrmann Slawisch-germanische Beziehungen [1965] p. 220sq.; de opere ibid. p. 212–220), alii vero Doudlebi et Charvati, alii Zlicani et Litomerici vocati fuisse dicuntur (cf. Hoensch Geschichte p. 41sq.). Fortasse isti licet ‚gentes‘ nominati re vera solum stirpes fuerunt, quae certas regiones administrabant (cf. Rudolf Turek Die frühmittelalterlichen Stämmegebiete in Böhmen [Praha 1957]; econtra J. Böhm in recensione in: Památky archeologické 51 [1960] 601–607). Principales inter eas fuerunt duae: Premislidi in media et Slavnicidi (de eis cf. Rudolf Turek Slavníkovci a jejich panství [Die Slavnikiden und ihr Herrschaftsbereich]. Hradec Králové 1982; Jiří Sláma Die Přemysliden und die Slavnikiden, in: Europas Mitte um 1000. Bd. 1 [Stuttgart 2000] 441–443; Michal Lutovský- Zdeněk Petráň Slavníkovci. Mýtus českého dějepisectví [Die Slavnikiden. Ein Mythos der böhmischen Geschichtsschreibung]. Praha 2004) in meridionali Bohemiae parte. Ut fontes docent, iam a. 845 quattuordecim duces baptizati sunt Ratisbonae (cf. Annales Fuldenses ad a. 845 [ed. Kurze in: Mon. Germ. Script. rer. Germ. 7, p. 35]; cf. etiam H. Preidel Die Taufe der 14 böhmischen Herzöge in Regensburg, in: Mitteilungen des Adalbert-Stifter-Vereins 3 [1955] Nr. 11/12) et fortasse inde ab hoc anno terra Bohemiae dioecesis Ratisbonensis erat pars (de missione Ratisbonensis ecclesiae in Bohemia facta cf. Regensburg und Böhmen [1972], praecipue p. 11–16 et 29–37 et novissime Karl Hausberger Mission und frühes Christentum. Die kirchlichen Beziehungen zwischen Regensburg und Böhmen bis zur Errichtung des Bistums Prag, in: Bayern und Böhmen. Kontakt, Konflikt, Kultur. Vorträge der Tagung des Hauses der Bayerischen Geschichte und des Collegium Carolinum in Zwiesel vom 2. bis 4. Mai 2005, hrsg. von Robert Luft und Ludwig Eiber [Veröffentlichungen des Collegium Carolinum 111. München ²2007] p. 1–12). Unus vero de ducibus Bohemorum Borivoj nominatus a. 869/70 a s. Methodio baptizatus esse dicitur (Cosmae Pragensis Chron. I 10 [ed. Bretholz p. 22]). A. 895 Spytigneus una cum aliis Bohemorum ducibus a iugo Magnae Moraviae, cui inde ab a. cr. 905 subiecti fuerant, se liberavit et in potestatem Arnulfi regis Francorum se dedidit eum Ratisbonae visitans. Quem moderni auctorem et fundatorem rei publicae Bohemicae conspiciunt.

A. 935 Venceslaus dux, nepos Spytignei, christianus a fratre suo Boleslao I trucidatus est; cuius apud populum veneratio celeriter eum ad sanctum patronum totius Bohemiae adlevavit (de Venceslao cf. Hoensch Geschichte p. 44–46; de fontibus cf. Herrmann Slawisch-germanische Beziehungen p. 193–205). Boleslaus I vero dux cultum sancti fratris sui concessit corpusque eius in ecclesiam Pragensem transferri iussit. Multas ecclesias quoque in ducatu suo aedificavit et ad finem vitae suae studuit in arce Pragensi episcopatum a pontificibus Romanis (Iohannes XIII aut Benedicto VI) imperatoreque Ottone I approbatum instituere (cf. n. *?1–*†3). Sed demum filius suus Boleslaus II (de eo cf. Boleslav II. [2001]) a. 972/73 finem attigit, ita ut Bohemia Diethmarum monachum Corbeiensem primum episcopum acciperet. Pariter in Moravia a patre eius subiecta episcopatus fundatus est (cf. infra p. 172). Erectio Pragensis et Moraviensis episcopatuum etiam prima vestigia aliquarum necessitudinum inter Bohemiam pontificesque Romanos sunt. Sub Adalberti (sive Vojtěch) e stirpe Slavnicidorum episcopi Pragensis pontificatu (982–997) non solum contentio inter Premislidos et Slavnicidos erupit, sed etiam inter episcopum et ducem Boleslaum, qua de causa Adalbertus saepius Romae moratus est (cf. n. *5–*6; Praha, Episc. n. *6–*8 et *12–*14). Postremo tota fere stirps eius a Boleslao trucidata est, cui hoc facinus vero dominationem totius Bohemiae peremptorie firmavit.

Inter commercia cum pontificibus Romanis saec. XI complures litterae Gregorii VII Vratislao duci eiusque fratribus directae maxime praedicandae sunt (de quo cf. vulgo Grudziński Polityka [1959] p. 47–73), per quas pontifex litem Vratislai et fratris eius Jaromiri-Gebehardi Pragensis episcopi compescere studuit (cf. n. *16–39). Altera ex parte ipse Gregorius totum studium contulit, ut Vratislaus sedem apostolicam contra Heinricum IV imperatorem adiuvaret. Qua de causa, sicut iam praedecessores sui (Nicolaus II et Alexander II; cf. n. *12 et *15), Vratislao inter alia mitram direxit (cf. n. 26). Nihilominus Vratislaus factionem imperatoris non reliquit, qua de re necessitudines eius cum Gregorio VII inde ab a. 1075 relaxerunt, usque dum a. 1080 Vratislaus studuit, ut secundum Sclavonicam linguam apud Bohemos divinum celebraretur officium, quod Gregorius omnino denegavit (cf. n. *40 et 41). Postremo Vratislaus a. 1085 ab imperatore Heinrico IV dignitatem regiam ad personam accepit, quam Clemens III (i. e. Wibertus) papa vero in litteris suis Vratislao directis minime recognovisse videtur (n. *45–46. *48).

Decenniis deinde sequentibus necessitudines ducum Bohemorum et pontificum Romanorum rarae fuerunt. Sed a. 1143 Guido diaconus cardinalis et legatus apostolicae sedis in Bohemia moratus est, ubi ecclesiam reformare studebat (n. 54). A. 1145/46 Vladislaus dux et Heinricus Moraviensis episcopus necessitudines cum Eugenio III papa secundi itineris quoque in Terram Sanctam causa resumpserunt (n. 56–62); quae vero papam minime impediverunt, ne sententiam excommunicationis a. 1146 in ducem prolatam confirmaret (n. 63). A. 1158 Fridericus I imperator Vladislao eiusque successoribus circulum in certis festivitatibus gestandum concessit et Bohemiam quasi in regnum sublimavit (Friedrich Cod. dipl. Bohem. I n. 180; Mon. Germ. Dipl. Friderici I n. 210; Böhmer-Opll n. 518). Attamen successores eius usque ad Premislaum Ottocarum I in litteris a sede apostolica missis nonnisi titulo ducis Bohemorum affecti sunt. In schismate Alexandrino Vladislaus rex factioni Friderici I imperatoris adhaesit, quamquam filius suus Adalbertus contra voluntatem imperatoris in archiepiscopum Salisburgensem electus et ab Alexandro III confirmatus est (n. 69–71).

Saec. XII ex. Heinricus-Bretislaus episcopus Pragensis a. 1193 ab imperatore Heinrico VI dux Bohemiae factus est, unde unus ex stirpe Premislidarum episcopatum Pragensem ducatumque Bohemiae in una manu coniunxit. Eo mortuo († 1197) Premislaus Ottocarus I (de eo cf. Žemlička Přemysl Otakar I [1990]) regimen suscepit et a. 1198 a rege Philippo Suevo Bohemiae rex constitutus est. Philippus ei insuper ius et auctoritatem investiendi episcopos regni sui concessisse videtur, quod et Fridericus II imperator electus a. 1212 ratum habuit (Friedrich Cod. dipl. Bohem. II n. 3 et n. 96; Böhmer-Ficker n. *20; Mon. Germ. Dipl. Friderici II n. 171). Ipse pariter firmavit regem Bohemiae unum ex principibus Germaniae in electione regis Romanorum non omittendum esse; annis posterioribus in gremio septem principum electorum

imperii acceptus est (cf. Zdeněk Fiala in: Sborník historický 8 [1961] 27–64 et novissime Begert Böhmen, die böhmische Kur [2003]; de commercio cum Innocentio III
cf. Iwańczak in: Innocenzo III. Urbs et Orbis [2003], p. 1200–1212). A. 1216 Fridericus II rex etiam filium Premislai Venceslaum iuniorem regem recognovit (Friedrich
Cod. dipl. Bohem. II n. 127; Mon. Germ. Dipl. Friderici II. n. 377), a. 1231 denique,
Premislao rege mortuo, Venceslao regnum Bohemiae cum omni honore, pertinentiis
ac iuribus confirmavit (Hrubý Archivum coronae regni Bohemiae I n. 7; Böhmer–Fi-
cker/Winkelmann n. 1883).

Premislao Ottocaro II regnante (1253–1278; de eo cf. Hoensch Přemysl Otakar II. [1989]) ad dominium eius etiam territoria Austriae, Stiriae, Carinthiae Carnio-
laeque pertinebant, usque dum a. 1276 Rudolfo Romanorum rege instigante omnia
feuda imperii regi Bohemiae abiudicarentur; postremo in proelio contra Rudolfum
apud Dürnkrut Primislaus a. 1278 morte occubuit. Rex Ottocarus etiam studuerat ordinem Theutonicorum contra Poloniam adiuvare, ita ut Clemens IV ei concederet, ut
in terra Lithuaniae de manibus inimicorum eripienda regni solium erigere valeret
(Hrubý Archivum coronae regni Bohemiae I n. 12; Potthast n. 20229). Successor eius
Venceslaus II (1278–1302) post clades patri suo in partibus meridionalibus illatas versus septemtrionalem dominium suum extendere studuit et inde ab a. 1289/92 partes
Silesiae (ducatus Bithomiensem, Oppoliensem et Teschinensem) et a. 1290 ducatum
Wratislaviensem Rudolfo Romanorum rege collaudante sibi subiecit (cf. Hrubý Archivum coronae regni Bohemiae I n. 32. 36. 38–39. 41). Rudolfus rex Venceslao eiusque heredibus in Romano imperio ius et officium pincernae competere eosdemque in
regis Romanorum electione ius et vocem habere recognovit (ibid. n. 40; Böhmer-Re-
dlich/Samanek n. 2376). A. 1291/92 Minore Polonia cum Cracovia metropoli occupata a. 1300 in regem Poloniae coronari pervenit. Insuper filius suus Venceslaus III
a. 1301 in regem Hungariae coronatus est, ita ut ultimi e stirpe Premislidarum regum
brevissimo tempore dominium ingens coadunarent. Romano imperio sub Alberto
rege resistente et regibus Venceslao II et III mortuis Bohemiae dominium praeter Si-
lesiam ubique rursum collapsum demum inde ab a. 1310 Johanne comite Lucembur-
gensi in regem Bohemiae sublimato ex parte re restitutum est (1310–1346; de eo cf.
Johann der Blinde, Graf von Luxemburg, König von Böhmen 1296–1346 [1997]). Sub
Iohanne et filio eius Karolo IV (1346–1378) Bohemia effloruit et usque ad revolutio-
nem Hussiticam artioribus etiam necessitudinibus cum sede apostolica habuit. Iam
a. 1346 Karolus a Clemente VI, olim educatore suo, dioecesim Pragensem in archiepi-
scopatum sublimari impetravit; papa adiuvante iam in regem Romanorum electus,
dein a. 1355 sub Innocentio VI a cardinali Romae in imperatorem coronatus est. Ei
etiam contigit, ut ducatum Swidnicensem et Javoriensem (*Schweidnitz und Jauer*) ac-
quireret, unde postea tota Silesia membrum Coronae regni Bohemiae usque ad
a. 1740 permanebat. Insuper Karolus IV Pragam caput imperii constituit, ubi et uni-
versitatem studii Carolinam fundavit.

Post mortem filii eius Venceslai IV († 1419), qui usque ad destitutionem a. 1400
factam simul rex Romanorum erat, seditio Hussitica exorta est, quae totas paene
structuras ecclesiae Bohemicae delevit atque etiam compages saeculares tetigit (cf.
Šmahel Husitská revoluce seu Hussitische Revolution [²1995–1996 seu 2002]). Ita Bo-

hemia usque ad a. 1526 diversis proeliis, pugnis rebellionibusque convulsa, a variis regibus recta, iterum atque iterum religionis causa turbata est. Cum Ferdinandus I ex
domo Habsburgica a. 1526 thronum Bohemiae ascendisset, Bohemia primum pacata
est, sed quia Habsburgenses ecclesiam catholicam privilegia nobilium neglegentes ri-
gide restaurare studuerunt, a. 1618 Bellum Tricennale exortum est, quo tota Bohemia
iterum crebro spoliata vastataque est. Pace Westphalica a. 1648 facta Habsburgenses
Bohemiam usque ad a. 1918 rexerunt, quo anno imperio Austro-Hungarico everso
Respublica Tzechoslovacica instituta est. A. 1938 usque ad a. 1945 a Teutonicis occupata, postmodum sub regimine communistico Unionique Sovieticae obnoxio nomine
Rei publicae Socialisticae Tzechoslovacae (Československá socialistická republika)
subsistens et demum 1989 liberata est. Hodie Res publica Bohemica (Česká republika), Slovacia a. 1993 separata, tribus ex terris historicis constat: Bohemia, Moravia
atque Silesia Bohemica (České Slezsko; olim Silesia Austriaca).

*?1   Roma (967?– ante 972 sept. 6)

Ab apostolico (I o h a n n e XIII) Mlada soror germana ducis Bolezlai (II), quae orationis causa Romam venit, suscipitur; papa <cardinalium consilio> consecrat eam in abbatissam mutato nomine Mariam dans ei exemplar s. Benedicti regulae et abbatialem
virgam.

> *Cosmae Chron. I 22 ad a. 967 (ed. Bretholz p. 42); Annalista Saxo ad a. 967 (ed. Nass in Mon.
> Germ. Script. XXXVII 208sq.); Canonici s. Blasii Brunsvicensis Cronica Boemorum (ed. Holder-Egger
> in Mon. Germ. Script. XXX 38); Neplachonis Chron. (ed. Emler in Font. rer. Bohem. III 463); Johannis
> de Marignola Chron. (ed. Emler in Font. rer. Bohem. III 532 et 595); Pulkavae Chron. ad a. 967 (ed.
> Emler in Font. rer. Bohem. V 24sq.); Heinrici Heimburgensis Annales (ed. Emler in Font. rer. Bohem.
> III 307sq.). – Regg. Böhmer-Zimmermann n. 426 [ad 967 post iul. 15]. JL. –.*
>
> cf. etiam Praha, Sv. Jiří n. *?1. – De re cf. Naegle Kirchengeschichte I 2, 367–369 et
> 386–404; Dvornik Making p. 75–77. De authenticitate cf. Zimmermann l.c.
>
> Verba uncis acutis inclusa certe tempore posteriore adiecta sunt.

†?2   Roma (967?–ante 972 sept. 6)

I o h a n n e s XIII Bolezlao (I aut II) duci catholicae fidei alumno: refert de relativa
eius (i.e. germana soror) nomine Mlada, quae et Maria, quae inter ceteras petitiones
extulerit ex parte eius preces, scilicet ut apostolico assensu in principatu eius liceret
fieri episcopatum; quod laeto animo suscipiens annuit statuens, ut ad ecclesiam s. Viti
et s. Wenceslai martyrum fiat sedes episcopalis, ad ecclesiam vero s. Georgii martyris
sub regula s. Benedicti et oboedientia abbatissae Mariae constituatur congregatio sanctimonialium; mandat ei, ut non secundum ritus aut sectam Bulgariae gentis vel Ruziae aut Sclavonicae linguae, sed magis sequens instituta et decreta apostolica unum
potiorem totius ecclesiae ad placitum eligat in hoc opus clericum, latinis adprime litteris eruditum.

> v. Praha, Episc. n. †?1.

*†3   *(ante 972 sept. 6)*

I o h a n n e s XIII Boleslao (I aut II duci Boemiae): mittit ad vota eius per Mladam so-
rorem eius delata episcopum (Dithmarum de Saxonia) et erigit ecclesiam Pragensem
in cathedralem mandans, ut non secundum ritum Graecorum, sed secundum ritum
Romanae ecclesiae divina officia celebrentur.

v. Praha, Episc. n. *†2.

*4   *(983 in.)*

B e n e d i c t u s VII Adalberto Pragensi episcopo: confirmat una cum Othone imperatore II Boleslai ducis Boemie consensu accedente unionem Moraviensis episcopatus
cum Pragensi episcopio.

v. Praha, Episc. n. *5. Cf. etiam Olomouc, Episc. n. *5.

*5   *(992)*

(I o h a n n i XV) Willigisus Moguntinus archiepiscopus: mittit legatos, inter quos
Christianum monachum fratrem ducis (Bolezlai II Bohemiae) et Radlam, cum litteris, per quos dominum papam de reditu Adalberti Pragensis episcopi interpellat.

v. Praha, Episc. n. *7.

*6   *(992)*

(I o h a n n e s XV) Willigisi Moguntini archiepiscopi petitione accepta *(n. *5)* in synodo iubet, ut Adalbertus episcopus Pragensis, cui virgam et anulum dat, domum
redeat; Boleslao II duci Boemorum et ipsi Adalberto praecipit, ut Brevnoviae monasterium construant.

v. Praha, Episc. n. *8; Břevnov n. *1 et regestum sequens (n. *7).

*7   *(992 ex.–993 in.)*

Ex praecepto domini I o h a n n i s XV *(n. *6)* Bolezlaus II dux Boemorum et Adalbertus Pragensis episcopus Brevnowense monasterium construunt.

v. Břevnov n. *2 et Praha, Episc. n. *9.

†8   *Rieti 993 mai. 31*

I o h a n n e s XV Anastasio abbati et conventui monasterii ss. Christi Benedicti, Boni-
facii et Alexii in Brevnov sito: inter alia praecipit, ut dux ipsum monasterium patremque monasterii manuteneat.

v. Břevnov n. †4.

*9   *(1039 aestate ex.)*

Apostolico (B e n e d i c t o IX) delator inprobus quidam refert (Bretislaum) ducem Boemiae et (Severum) episcopum (Pragensem) divinas sanctiones et sanctorum patrum
traditiones translatione corporis s. Adalberti violasse.

v. Praha, Episc. n. *16.

*10   *(1039 aestate ex.)*

B e n e d i c t u s IX consilio cum cardinalibus habito tam ducem (Bretislaum) quam
Severum, Pragensem episcopum, ad respondendum de asportatione Adalberti, Gaudentii aliorumque quinque beatorum corpora Polonia in Boemiam missis citationum
litteris ad papae praesentiam evocat.

v. Praha, Episc. n. *17.

*11   *(cr. 1039 ex.–1040)*

(B e n e d i c t u s IX) legatis (Bretislai) ducis et (Severi) episcopi Boemorum, qui propter inculpationem a delatore quodam contra eos Romanae sedi factam *(n. *9)* ad se
venerunt, respondet, nimis id esse abhominabile, quod eos perpetrasse in Polonia sibi
relatum sit per veridica nuntia; praecepit, ut pro illa tam temeraria praesumptione
dux eorum et episcopus coenobium in competenti loco construant.

v. Praha, Episc. n. *18.

*12   *(1059–1061)*

N i c o l a u s II Speciocneo duci Boemiae, qui promittit se daturum omni anno 100 li-
bras argenti de terra sua sub nomine census, dat licentiam portandi mitram.

*Deusdedit Coll. can. lib. III c. 279 (Die Kanonessammlung des Kardinals Deusdedit, hrsg. von
Victor Wolf von Glanvell [Paderborn 1905] p. 385) et in Libro Censuum ecclesiae Romanae (ed. Duchesne I 357 n. 73). – Regg. Friedrich Cod. dipl. Bohem. I 60 n. 57. JL. 4452.*

cf. etiam n. *15 et n. 26. De mitra cf. Gelasius Dobner Kritischer Beweis, daß die
Mütze (Mitra), welche der römische Pabst Alexander der II. dem böhmischen Herzog Wra-
tislaw verliehen …, nichts anderes als eine Chormütze oder sogenannte bischöfliche Chor-
kappe gewesen sei, in: Abhandlungen einer Privatgesellschaft in Böhmen III (Prag 1777) et
Krofta Kurie p. 31sq. cum adn. 1. De usu mitrae cf. Schramm Herrschaftszeichen I 52–97;
idem Böhmen und das Regnum p. 347–349; Josef Žemlička Mitra českých knížat, in: Sborník
společnosti přátel starožitností 3 (1992) 17–22 et novissime idem Čechy p. 84–88.

De Spytigneo (Spytihněv II) duce Boemorum 1055–1061, cf. J. Loserth Kritische Studien zur älteren Geschichte Böhmens: Der Herzog Spitihniew und die angebliche Vertrei-
bung der Deutschen aus Böhmen, in: MIÖG 4 (1883) 177–191; Novotný I 2, 81–114 et Josef
Žemlička in: LexMA VII 2149.

*†13   *(ante 1070 mai. 9)*

Wratizlaus Boemorum dux per nuntios ‚quotidie‘ limina apostolorum Petri et Pauli
(A l e x a n d r u m II) visitat et auxilium protectionemque papae pro ecclesia Wissegradensi a se fundanda cupit. Qui (papa) consilio sanctorum patrum numero septuaginta duorum communi collaudat et ad haec perficienda Iohannem episcopum Tusculanensem fundamentum ecclesiae Wissegradensis dare mittit.

Laud. in n. †14.

cf. etiam Vyšehrad n. †1.

†14   *Laterano (1070) mai. 9*

A l e x a n d e r II suis successoribus necnon catholicis episcopis sanctaeque Romanae
ecclesiae subiectis cunctis inter alia: refert de fundatione ecclesiae (Vissegradensis) in
honore Salvatoris a Wratizlao Boemorum duce facta.

       v. Vyšehrad n. †3.

*15   *(1061–1072)*

A l e x a n d e r II Wratizlao duci Boemiae mitram, quam postulavit, ad instar Nicolai
II *(n. *12)* dirigit, licet laicae personae tribui non consueverit.

       Laud. in n. 26. – Reg. JL. –.
       De mitra et usu eius v. supra n. *12.

*16   *(1072–1073 in.)*

(A l e x a n d r o II) Wratizlaus dux legatos suos, inter quos clericum in capella Iohannis episcopi (Moraviensis) Hagnonem, virum Teutonicum, mittit, ut multa super a
fratre suo Gebehardo illata iniuria sibi et Iohanni episcopo, multa super statu ecclesiastico scriptis pariter et dictis apostolico et censum b. Petro debitum deferat.

       Cosmae Chron. II 28 (ed. Bretholz 123).
          cf. etiam Praha, Episc. n. *25; Olomouc, Episc. n. *8.
          Cosmas his verbis iter Hagnonis describit: ‚Qui [Hagno] cum iter ageret, transiens per
Ratisponam sinistro omine hospitatus est apud quendam civem nomine Komboldum, qui
fuit miles Gebehardi episcopi [Pragensis] habens annuatim ab eo beneficium XXX marcas
argenti. Hic post cenam inter pocula, ut solet hospes ab hospite, inquirens, quis aut unde esset vel que causa sit vie, callida ab eo mente investigat et, ut cognovit, quod adversus presulem Gebehardum ageret legationem, non tulit hanc deferri contra dominum suum delatio-
nem, et mittit post illum altera die latrunculos, ut aliqua molestia impedirent vie eius
intentionem. Qui comprehendentes eum in via spoliant censu, detruncat naso et, nisi rever-
tatur, adactis iugulo gladiis mortem minantur. Qui timens quamvis turpem amittere vitam
reversus est ad presulem suum in Moraviam'.
          Qua de causa Vratislaus secundam legationem Alexandro II mittere debuit, cf. rege-
stum sequens. – De Hagnone clerico nihil nisi quae a Cosma adiecta sunt, eum ‚philosophie
domesticum Tulliane eloquentie alumnum' fuisse scimus.
          De re cf. Hein Geschichte (1913; s. v. Olomouc, Episc.) p. 6; Hilsch Familiensinn
(1991) p. 218; Kalhous Jaromír-Gebhard (2003) p. 31.

*17   *(1072–1073 in.)*

(A l e x a n d r o II) iterum dux Wratizlaus legatos suos Petrum sc. praepositum s. Georgii cum comite nomine Preda Romam dirigit, ut deferant ad apostolici aures litterali
compendio inclusas iniurias a fratre suo (Gebhardo episcopo Pragensi) sibi et episcopo Iohanni (Moraviensi) illatas.

       Laud. in n. 19 et 21. – Cf. etiam Cosmae Chron. II 28–29 (ed. Bretholz p. 123sq.).
          cf. etiam Praha, Episc. n. *26; Praha, Sv. Jiří n. *3; Olomouc, Episc. n. *9.
          Cosmas his verbis legationem describit: ‚Mox ex magna maior crevit indignatio ducis
et iterum decernitur Romam legatio, sed cauciori consilio et tuciori vie subsidio. Erat enim

ducis in capella quidam Petrus presbiter, patre genitus Podiwa, pollens sancti Georgii praepositura et ceteros precellens scientie literatura atque utramque linguam sciens eque Teuto-
nicam simul et Romanam. Hunc dux cum comite nomine Predam, filio Bys, non sine grandi
pecunia Romam dirigit primas et novissimas a fratre suo sibi et episcopo Iohanni illatas iniurias literali compendio inclusas insinuans eis, quo eas ad apostolici aures deferant'.

De lite inter Pragensem et Olomucensem (seu Moraviensem) episcopos et de tempore
eius cf. Cosmae Chron. II 27–33 (ed. Bretholz p. 120–130) multaque alia opera ad historiam
Bohemiae spectantia (v. Conspectus operum), imprimis Krofta Kurie p. 31–35; Novotný I 2,
147–171; Hilsch Familiensinn (1991) p. 217–228 et Kalhous Jaromír-Gebhard (2003)
p. 30–35. Cf. etiam p. 68sq. huius operis.

De Petro praeposito s. Georgii et capellano ducis Vratislai cf. Hanke-Hajek Zusammensetzung (1940) p. 30sq. De Preda nihil.

*18   *(1072–1073 in.)*

Tam Iaromirus (Gebehardus) episcopus Pragensis quam W(ratislaus) Boemiorum
dux propter litem inter se A l e x a n d r o II querimonias et deprecarias litteras scribunt.

Laud. in n. 21.

v. etiam Praha, Episc. n. *27.

Cum Alexander II 1073 in. afferret saepe se accepisse litteras Wratizlai praeter illas
praecedentes (n. *17) dux alia vice adminus domino papae scripserat.

*19   *(1072–1073 in.)*

A l e x a n d e r II (Iaromiro seu Gebehardo) episcopo (Pragensi) et W(ratislao) Boemiorum duci, fratri eius, querimoniis et deprecatoriis eorum litteris *(n. *18)* incitatus
aliquotiens scribit pro lite compescenda, quae inter eos protracta est.

Laud. in n. 21. – Reg. JL. –.

cf. etiam Praha, Episc. n. *28. – Cum Alexander II in litteris suis a. 1073 in. Vratislao
directis (n. 21) se aliquotiens iam eis scripsisse affert, binae adminus litterae eis antecesse-
runt.

*20   *(1072–1073 in.)*

A l e x a n d r o II legati ducis Boemorum Wratizlai una cum litteris ducentas marcas
offerunt; litteris a notario coram omnibus recitatis et legatis interrogatis, si verbis probant, quod litterae sonant, (Hildebrandum) qui post papam secundus est sessione,
consulens omnibus, qui adsunt in contione, iudicat tale scandalum apostolica ius-
sione exstirpandum esse.

Cosmae Chron. II 29 (ed. Bretholz p. 124).

21   *(1072 ex.–1073 in.)*

A l e x a n d e r II W(ratislao) Boemiorum inclyto duci: refert se aliquotiens pro lite,
quae inter eum et fratrem eius (Iaromirum seu Gebhardum) episcopum (Pragensem)
protracta est, compescenda utrique scripsisse *(n. *19)*, cum de extinguenda ea depre-

catorias meminisset saepe se accepisse utriusque litteras *(n. *18)*; unde, sicut per nuntios eius *(n. *17)* eum desiderare intellexerat, in partes illas ad haec et cetera negotia pertractanda idoneos mittere legatos decrevit *(n. *22)*; admonet eum et hortatur, ut ecclesias et monasteria in potestate eius posita ab iniuriis protegat et castitati religiosorum, quantum possit, studeat. – Nobilitatis tuae cor.

Edd. Pez Thesaurus VI 1, 246 n. 60 (e cod. membr. bibl. s. Emmerami Ratisbonensis manu coaeva scripto, qui nunc deest) = Dobner Annales V 411 = Boczek Cod. dipl. Morav. I 141 n. 163 = Migne PL 146, 1366 n. 84 (omnes ad a. 1071) = Friedrich Cod. dipl. Bohem. I 62 n. 60 [ad a. 1073]. – Regg. Erben Regesta I 58 n. 139. J. 3466. JL. 4696 [omnes ad a. 1071].

cf. etiam Praha, Episc. n. 29.

De re et tempore cf. Meyer von Knonau Jbb. Heinrich IV. t. 2, 192; Krofta Kurie p. 31–35; Novotný I 2, 145–147; Hilsch Familiensinn (1991) p. 218. – Franz-Josef Schmale Synoden Papst Alexanders II. (1061–1073). Anzahl, Termine, Entscheidungen, in: Annuarium Historiae Conciliorum 11 (1979) 307–338, p. 331, et Gresser Synoden p. 99 synodum, in qua lis in Bohemia orta petractata est, perperam ad a. 1070 (Schmale) aut 1071 (Gresser) ponunt, ipse Gresser p. 112–114 autem recte ad a. 1073. De legatis annuntiatis cf. infra n. *22.

*22   *(1072 ex.–1073 in.)*

A l e x a n d e r II Bernardum et Gregorium (diaconos sanctae Romanae ecclesiae et) legatos *[Gregorius VII]*, alias Rudolfum apocrisiarium *[Cosmas]* in Boemiam dirigit, ut vice sua errata corrigant, inoboedientes arguant, infideles increpant, negligentes anathemate feriant et si qua sint, quae modum excedant correctionis, ea differant et ad maiorem audientiam apostolicae sedis compellant.

Laud. in n. 25 et in Cosmae Chron. II 29 (ed. Bretholz p. 124sq.). – Reg. JL. –.

cf. etiam Praha, Episc. n. *30; Olomouc, Episc. n. *10.

Alexander II iam in n. 21 et Cosmas Chron. II 29 (ed. Bretholz p. 124) legationem ad Bohemos indicit, qua de causa certe videtur, Bernardum et Gregorium diaconos ante mortem Alexandri II († 1073 april. 21) itineri se commisisse, sicut ex litteris Gregorii VII (n. 25) clare elucet. Caspar l.c. p. 27 adn. et Bretholz Geschichte Böhmens (1912) p. 149sqq., Gregorium VII legatos ad Bohemos direxisse censent. Econtra Meyer von Knonau Jbb. Heinrich IV. t. 2, 193 adn. 9 et Friedrich Cod. dipl. Bohem. I 63 adn. 2, duos legationes, unam ab Alexandro II, aliam vero a Gregorio VII directos, differunt. Rationes autem temporis minime admittunt, legationem ab Alexandro directam fuisse, cf. propediem Hiestand de initiis pontificatus Gregorii. Iam Krofta Kurie (1904) p. 32–34 demonstravit, Rudolfi apocrisiarii (solum e Cosmae Chron. noti; cf. regesta subsequentia) et Bernardi ac Gregorii legationes easdem fuisse, cf. etiam Novotný I 2, 151–157. –. Tempus ex eo evincitur, quod Alexander II 1073 april. 21 mortem occubuit.

De legatis cf. Krofta Kurie p. 32–34; Novotný I 2, 152–157; Schumann Legaten p. 17–22; Hüls Kardinäle p. 245sq. 249; Hilsch Familiensinn (1991) p. 219; Kalhous Jaromír-Gebhard (2003) p. 31sq., qui iterum legatos 1073 april. demum in Bohemiam missos esse dicit.

*23   *(Praha 1072 ex.–1073 in.)*

Rudolfus ‚apocrisiarius et missus apostolici‘ (rectius Bernhardus et Gregorius diaconi cardinales et legati A l e x a n d r i II, dein G r e g o r i i VII) Pragam veniens Wratizlao duci offert apostolicam benedictionem et universalis patris (i.e. domini papae) adoptivam filiationem; iubet, ut dux omnes principes terrae simul et abbates ac praepositos ecclesiarum nec non et Iohannem episcopum Moraviensem ad sacram convocet synodum.

> Cosmae Chron. II 30 (ed. Bretholz p. 125).
>
> cf. etiam Praha, Episc. n. *31; Praha, Eccl. cath. n. *3; Olomouc, Episc. n. *11.
>
> Cosmas II 29 (ed. Bretholz p. 124) Rudolfum consiliarium Gregorii VII appellat. – De hac legatione cf. Krofta Kurie p. 32–34, qui demonstrat Rudolfi apocrisiarii et Bernardi ac Gregorii legationem (in subsequente regesto collaudatam) easdem fuisse, cf. etiam Novotný I 2, 151–157. His operibus ignorantibus Schumann Legaten p. 17–22 et Gresser Synoden p. 112sq. legationem ‚possibilem‘, causam eius vero ‚obscuram‘ significant.
>
> Synodus (verisimile Bernhardo et Gregorio legatis praesidentibus) Pragae convocata etiam in litteris Sigefridi archiepiscopi Moguntini ad Gregorium VII directis memoratur, cf. Praha, Episc. n. 41, ubi vero papa Alexander ipse suspensionem et depositionem imponit.

*24   (Praha 1072 ex.–1073 in.)

Ad synodum a legato (Rudolfo Cosmas; Bernhardo et Gregorio Gregorius VII, nominibus propriis non expressis Sigefridus Maguntinus) convocatam Iaromirus episcopus Pragensis venire renuit, nisi affuerit Maguntinus metropolita aliique episcopi, unde suspenditus a legatis et ab omni officio sacerdotali et dignitate episcopali privatur.

> v. Praha, Episc. n. *33.

25   Laurentum 1073 iul. 8

G r e g o r i u s VII Wratizlao Boemiae duci et fratribus eius (Conrado et Ottoni principibus Moraviae): gratias agit, quia Bernardum et Gregorium legatos apostolicae sedis (diaconos sanctae Romanae ecclesiae) ad partes eorum directos (n. *22) debita caritatis benevolentia susceperint et honorifice tractaverint; queritur de quibusdam, qui legatos contemptui habeant, quoniam antecessorum suorum Romanorum pontificum negligentia et patrum eorum (i.e. Boemorum) agente incuria apostolicae sedis nuntii ad partes eorum raro missi fuerint ideoque hoc quasi novum aliquid existimetur ab illis; inter quos Iaromirum Bragensem episcopum, fratrem eorum, olim amicum suum esse dicit; rogat, ut et legatos et ipsum conveniant et ad oboedientiam eundem hortentur, adversus quem, si non oboedierit, suspensionis sententiam a legatis promulgatam se firmaturum esse asserit. – Quia ob devotionem. Dat. Laurenti 8 id. iul., ind. 11.

> Registr. Gregorii VII (Reg. Vat. 2) f. 11, lib. I n. 17. – Edd. (A. Carafa) Epist. Decretal. III 562 n. 17. Binius Conc. gener. III 2, 1159 n. 17. Conc. coll. reg. XXVI 29 n. 17. Hardouin Acta conc. VI 1, 1208 n. 17. Mansi Conc. coll. XX 73 n. 17. Dobner Annales V 422 = Boczek Cod. dipl. Morav. I 143 n. 166. Jaffé Bibl. II 29 n. 17. Migne PL 148, 299 n. 17. Friedrich Cod. dipl. Bohem. I 63 n. 62. Caspar in Mon. Germ. Epist. sel. II 1, 27. – Regg. Erben Regesta I 59 n. 141. J. 3552. JL. 4788.
>
> cf. etiam Praha, Episc. n. 34; Moravia, Duces ac marchiones n. 1; Olomouc, Episc. n. 13. – De re cf. Krofta Kurie p. 34; Meyer von Knonau Jbb. Heinrich IV. t. 2, 273sq.; Hilsch Familiensinn (1991) p. 219; Cowdrey Pope Gregory VII p. 448. – De litteris cf. Blaul Studien p. 133sq.
>
> De legatis cf. Schumann Legaten p. 17–22; Hüls Kardinäle p. 245sq. 249. Ambo deinde a. 1076 april. iuriiurando Roberti episcopi Carnotensis de episcopatu suo dimittendo

(Registr. Gregorii VII, III 17a) et iuriiurando Heinrici IV Canusino interfuerunt (Registr. Gregorii VII, IV 12a).

26   *Roma 1073 dec. 17*

G r e g o r i u s VII Wratizlao duci Boemiae: laudat eius per longa iam temporis intervalla erga beatum Petrum probatum devotionis animum et studium et meminit singularis ei in apostolica sede prae multis astrictam caritatem, ad cuius indicium Alexander papa petitionibus eius condescendens, quod laicae personae tribui non consuevit, mitram direxit *(n. *15)*, quam dilectionis gratiam labefactari non vult; monet, ut ipsius erga apostolicum reverentia in votis constans, in promissis perseverans sit; nuntiat se causas et negotia, quae in partibus illis ad audientiam discussionemque legatorum suorum *(n. *22–*24)* perlata congrua determinatione diffiniri non potuerint, ad finem perducturum esse; praecipit, ut interim, quae ipsi inde statuerint, immota maneant, donec ad se negotia perferantur. – Longa iam temporis. Dat. Romae 16 kal. ian., ind. 12.

Registr. Gregorii VII (Reg. Vat. 2) f. 24, lib. I n. 38. – Edd. (A. Carafa) Epist. Decretal. III 580 n. 38. Binius Conc. gener. III 2, 1166 n. 38. Conc. coll. reg. XXVI 58 n. 38. Hardouin Acta conc. VI 1, 1226 n. 38. Goldast Commentarii de regni Bohem. Appendix col. *251 n. 6. Lünig Cod. Germaniae dipl. I 954. Mansi Conc. coll. XX 91 n. 38. Dobner Annales V 422 = Boczek Cod. dipl. Morav. I 143 n. 166. Jaffé Bibl. II 56 n. 38. Migne PL 148, 319 n. 38. Jireček Cod. iur. Bohem. I 19 n. 11. Friedrich Cod. dipl. Bohem. I 63 n. 62. Caspar in Mon. Germ. Epist. sel. II 1, 60. – Regg. Georgisch Regesta col. 419 n. 21. Erben Regesta I 59 n. 142. Santifaller Quellen I 37 n. 57. J. 3579. JL. 4812.

cf. etiam Praha, Episc. n. 37; Olomouc, Episc. n. 14. – De re cf. Meyer von Knonau Jbb. Heinrich IV. t. 2, 304; Grudziński Polityka (1959) p. 52sq.; Cowdrey Pope Gregory VII p. 449. – De litteris cf. Blaul Studien p. 137sq.

27   *Roma 1074 ian. 31*

G r e g o r i u s VII Ieromiro Bragensi episcopo: significat se fratri eius Wratizlao duci notificavisse *(n. 28)*, quod ei restitueret omnia ea, quae a legatis suis, Bernardo videlicet et Gregorio, ei interdicta sint *(n. *24)*, praeter episcopale officium.

v. Praha, Episc. n. 39.

28   *Roma 1074 ian. 31*

G r e g o r i u s VII Wratizlao duci Boemiorum: praecipit, ut in integrum Ieromiro Bragensi episcopo fratri eius restituantur, quaecumque a legatis Bernardo et Gregorio praeter episcopale officium interdicta sunt, et praeter ea, pro quibus Iohannes Moravensis super eum clamat episcopus, ne longius ipse Iohannes praetendere possit se exspoliatum ecclesiae suae rebus inopia rerum necessariarum pro reddenda ratione eorum, quae sibi intenduntur, ad apostolicam sedem venire non posse; qua in re admonet eum, ut de decimis vel redditibus ecclesiae nihil praedicto fratri suo denegari patiatur nec ullam eidem contrarietatem faciat; commonet eum insuper, quod si eodem tempore cum illo apostolicam sedem adire prohibeatur, episcopum Moravensem ad praesentiam suam papae exhibere commoneat et praeterea fideles nuntios suos ad sententiam determinandam dirigat. – Frater tuus Ieromirus. Dat. Romae 2 kal. febr., ind. 12.

> Registr. Gregorii VII (Reg. Vat. 2) f. 27', lib. I n. 45. – Edd. (A. Carafa) Epist. Decretal. III 585 n. 45. Binius Conc. gener. III 2, 1168 n. 45. Conc. coll. reg. XXVI 66 n. 45. Hardouin Acta conc. VI 1, 1231 n. 45. Mansi Conc. coll. XX 96 n. 45. Dobner Annales V 429 = Boczek Cod. dipl. Morav. I 147 n. 169. Jaffé Bibl. II 63 n. 45. Migne PL 148, 325 n. 45. Friedrich Cod. dipl. Bohem. I 69 n. 66. Caspar in Mon. Germ. Epist. sel. II 1, 68. – Regg. Erben Regesta I 61 n. 144. J. 3583. JL. 4822.
>
> cf. etiam Praha, Episc. n. 40; Olomouc, Episc. n. 17.
>
> De re cf. Meyer von Knonau Jbb. Heinrich IV. t. 2, 357; Grudziński Polityka (1959) p. 54; Cowdrey Pope Gregory VII p. 449.

29   *Roma 1074 mart. 18*

G r e g o r i u s VII Wratizlao duci Boemiae: devotionem eius erga apostolicam sedem laudans scribit se de reliquiis et privilegio, unde rogavit, cum nuntiis eius finita et perfecta ecclesia quadam (Vissegradensi) consecrationis consilium a se quaesierit, voluntati eius procuraturum; nuntiat se Sigifredum (I) archiepiscopum Mogontinum de praesumptione, quam in causa Ieromiri Bragensis episcopi habuit, per epistolam suam *(Praha, Episc. n. 42)* duriter increpavisse et ei interdixisse, ne ulterius huiusmodi inertia et fatuitate se (i.e. Sigifredum) occupare incipiat; attamen si quid adversus eum (i.e. Wratizlaum) Sigifredus fecerit, praeventu apostolicae auctoritatis tutum atque defensum eum esse confirmat, donec iterum ad eum apostolica legatio perferatur. – Quoniam afflatus igne. Dat. Romae 15 kal. april., ind. 12.

> Registr. Gregorii VII (Reg. Vat. 2) f. 35', lib. I n. 61. – Edd. (A. Carafa) Epist. Decretal. III 597 n. 61. Binius Conc. gener. III 2, 1172 n. 61. Conc. coll. reg. XXVI, 85 n. 61. Balbinus Miscellanea I 6, 10 n. 8. Hardouin Acta conc. VI 1, 1242 n. 61. Goldast Commentarii de regni Bohem. appendix col. *251 n. 5. Mansi Conc. coll. XX 107 n. 61. Dobner Annales V 436 = Boczek Cod. dipl. Morav. I 151 n. 173. Jaffé Bibl. II 80 n. 61. Migne PL 148, 337 n. 61. Friedrich Cod. dipl. Bohem. I 72 n. 69. Caspar in Mon. Germ. Epist. sel. II 1, 89. – Regg. Georgisch Regesta col. 420 n. 2. Erben Regesta I 63 n. 148. Böhmer-Will Reg. Erzb. Mainz p. 200 n. 96. Stimming Mainzer UB. I 233 n. 338. J. 3600. JL. 4838.
>
> v. etiam Praha, Episc. n. 43; Vyšehrad n. 4; Olomouc, Episc. n. 22.
>
> De re cf. Meyer von Knonau Jbb. Heinrich IV. t. 2, 360sq.; Novotný I 2, 161; Grudziński Polityka (1959) p. 56; Cowdrey Pope Gregory VII p. 449; Kalhous Jaromír-Gebhard (2003) p. 32.

30   Roma (1074 mart./april.)

G r e g o r i u s VII Mathilda comitissa Romae praesente et multis precibus fatigante pro Iaromiro suo affine pacem inter episcopos Pragensem et Moraviensem statuit eodem modo, ut Iaromiro in pristinum gradum restituto ambo propriis episcopatibus contenti vivant, sin autem post 10 annos ad apostolicam sedem iudicium accepturi redeant.

> cf. Praha, Episc. n. *45. – De aliqua affinitate inter Mathildam et Iaromirum (et Vratislaum) cf. Hilsch Familiensinn (1991) p. 220–225.

31 Roma 1074 april. 16

G r e g o r i u s VII Wratizlao Boemiorum duci: cum litteris suis et apostolico sigillo remittit atque commendat fratrem eius Iarmirum Bragensem episcopum, qui ad apostolorum limina veniens de obiectis sibi congruam satisfactionem obtulit, alia vero se
purgando denegavit *(Praha, Episc. n. *46)*, unde eidem episcopale officium restituit
(Praha, Episc. n.*47); statuit de causa inter eum et Marovensem episcopum tamdiu
protracta propter illius absentiam, ut in futura synodo ambo episcopi aut ipsi ad se veniant aut idoneos nuntios ad contentionem decidendam mittant, ubi etiam legatos
ducis interesse multum cupit; terram, unde inter episcopos lis sit, Moravensem episcopum interim tenere decernit; praeter haec admonet eum, ut praeposituram et castrum sancti Wenczelai fratri suo episcopo dimittat, si se iniurias in hac re ei irrogasse
cognoscat. – Frater tuus Iarmirus. Dat. Romae 16 kal. mai., ind. 12.

Registr. Gregorii VII (Reg. Vat. 2) f. 43', lib. I n. 78. – Edd. (A. Carafa) Epist. Decretal. III 609
n. 78. Binius Conc. gener. III 2, 1176 n. 78. Conc. coll. reg. XXVI, 105 n. 78. Hardouin Acta conc. VI 1,
1254 n. 78. Mansi Conc. coll. XX 119 n. 78. Dobner Annales V 432 = Boczek Cod. dipl. Morav. I 152
n. 174. Jaffé Bibl. II 98 n. 78. Migne PL 148, 351 n. 78. Friedrich Cod. dipl. Bohem. I 73 n. 70. Caspar
in Mon. Germ. Epist. sel. II 1, 111. – Regg. Erben Regesta I 63 n. 149. J. 3621. JL. 4859.

cf. etiam Praha, Episc. n. 47; Olomouc, Episc. n. 26.

De re cf. Meyer von Knonau Jbb. Heinrich IV. t. 2, 362; Novotný I 2, 163sq.; Grudziński
Polityka (1959) p. 58–61; Cowdrey Pope Gregory VII p. 449.

*?32 1074 aug.

G r e g o r i u s VII legatis Boemorum tradit apices litterarum, in quibus mandat et
praecipit duci, ut fratrem suum (Iaromirum) honorifice suscipiat et ei quasi patri suo
et pastori per omnia oboediat.

Laud. in Cosmae Chron. II 31 (ed. Bretholz p. 127).

cf. etiam Praha, Episc. n. *?48.

Cosmas litteras duci missas ad a. 1174 ,sole intrante XV partem virginis' affert. Nullae
litterae certe huic notitiae assignari possunt. Novotný I 2, 173 ad n. 28 refert, Bretholz vero
l.c. p. 127 adn. 2 atque Hlaváček Diplomatisches Material p. 82sq. litterae apud Cosmam laudatae cum n. 31 aequant.

*33 (ante 1074 sept. 22)

Wratizalus dux Boemiorum nuntium ad G r e g o r i u m VII dirigit, qui inter alia 100
marchas argenti ad mensuram Bohemici ponderis beato Petro sub nomine census
praesentat et de novis querelis super Geboardo Bragensi episcopo refert.

Laud. in. n. 34 et 35.

34 Roma 1074 sept. 22

G r e g o r i u s VII Geboardum Bragensem episcopum reprehendit, quod novas querelas super Wratizlao duce fraudulenter attulerit videlicet de castro sancti Venzlai, quod
fraudulenter fecisse non cognoscitur, ut dux in epistola apostolica moneatur; admonet eum, ut si quid litis inter eum et homines fratris Wratizlai emerserit, cum fratre

prius amicabiliter agat, et si aequitatem ipse ei denegaverit, apostolico id indicare eum non pigeat.

> v. Praha, Episc. n. 50. – Exemplar litterarum etiam Vratislao duci transmissum est, cf. n. 35.

35   *Roma 1074 sept. 22*

Gregorius VII Wratizlao duci Boemiorum: scribit se gratanter nuntium eius accepisse praesentantem beato Petro sub nomine census 100 marchas argenti ad mensuram Bohemici ponderis *(n. *33)*; grates habet, quod oboediens monitis apostolicis cum fratre Geromiro Bragensi episcopo pacem fecerit; referens de lite eius cum Iohanne Marovensi episcopo de castro (s. Venzlai) adhuc non cessante transmittit ei exemplum litterarum, quas Geromiro Bragensi episcopo direxit *(n. 34)*; monet, ut fratrem Geromirum eiciat, nisi castrum (sancti Venzlai) et alia, quae in lite sint, Marovensi episcopo sine mora reddat, et restitutis omnibus Marovensi episcopo ipsum et bona ecclesiae ipsius defendat. – Pervenit ad nos. Dat. Romae 10 kal. oct., ind. 13.

> *Registr. Gregorii VII (Reg. Vat. 2) f. 54', lib. II n. 7. – Edd. (A. Carafa) Epist. Decretal. III 623 n. 7. Binius Conc. gener. III 2, 1182 n. 7. Conc. coll. reg. XXVI 128 n. 7. Hardouin Acta conc. VI 1, 1268 n. 7. Mansi Conc. coll. XX 133 n. 7. Dobner Annales V 439 = Boczek Cod. dipl. Morav. I 154 n. 175. Jaffé Bibl. II 119 n. 7. Migne PL 148, 367 n. 7. Friedrich Cod. dipl. Bohem. I 76 n. 72. Caspar in Mon. Germ. Epist. sel. II 1, 135. – Regg. Erben Regesta I 65 n. 151. Santifaller Quellen I 66 n. 81. J. 3639. JL. 4880.*

> cf. etiam Praha, Episc. n. 51; Olomouc, Episc. n. 30. – De re cf. Meyer von Knonau Jbb. Heinrich IV. t. 2, 428; Novotný I 2, 165sq.; Grudziński Polityka (1959) p. 62; Cowdrey Pope Gregory VII p. 449. – De litteris cf. Blaul Studien p. 149.

36   *Roma 1074 sept. 22*

Gregorius VII Iohanni Marovensi episcopo: grates agendo de caritate eius notificat de fraude cognita Bragensis episcopi non solum ad Iohannis sed etiam mentiendo de quadam concessione *(Praha, Episc. n. *†49)* ad domini papae iniurias, de qua et papae commotione responsoque nuntius Iohannis viva voce ei indicabit *(Olomouc, Episc. n. *28)* et ipse ex exemplo litterarum duci (Wratizlao) *(n. 35)* et (Geboardo) episcopo Bragensi *(n. 34)* missarum cognoscet; eum vero item reprehendit se contra decreta apostolica surrexisse et sententiam apostolicam de rebus in lite mutare putavisse; attamen res dictas Iohanni usque ad futuram synodum reddi iubet et ad praesens consolatur eum.

> v. Olomouc, Episc. n. 31.

*37   *(Roma ante 1075 april. 17)*

Fredericus nepos Wratizlai Boemiorum ducis ad ,refugium apostolicae miserationis' (Gregorii VII) confugit et papam precibus flagitat, ut ipso mediante beneficium ei a patre (Spytigneo duce) relictum reddatur.

> *Laud. in n. 38.*

38 *Roma 1075 april. 17*

G r e g o r i u s VII Wratizlao Boemiorum duci: rogat eum, ut Frederico nepoti eius et
s. Romanae ecclesiae fideli aut beneficium, quod ei (Spitigneus dux) pater eius reliquit, reddat aut concambium acceptabile tribuat *(n. *37)*; quod si iustitiam non videtur habere, rogat, ut pro caritate et reverentia beati Petri aliquod ei beneficium, quo
possit honeste vivere, tribuat; praeterea monet, ut nullius litis scandalum in ipsius regimine versari permittat, praecipue inter ipsum et fratres eius et Bragensem et Holomucensem episcopos. – Fredericus nepos vester. Dat. Romae 15 (corr. ex 18) kal. mai.,
ind. 13.

Registr. Gregorii VII (Reg. Vat. 2) f. 89', lib II n. 71. – Edd. (A. Carafa) Epist. Decretal. III 671
n. 71. Balbinus Miscellanea I 8, 3. Conc. coll. reg. XXVI 208 n. 71. Hardouin Acta conc. VI 1, 1316
n. 71. Mansi Conc. coll. XX 180 n. 71. Dobner Annales V 450 = Boczek Cod. dipl. Morav. I 159 n. 179.
Jaffé Bibl. II 193 n. 71. Migne PL 148, 422 n. 71. Friedrich Cod. dipl. Bohem. I 80 n. 76. Caspar in Mon.
Germ. Epist. sel. II 1, 231. – Regg. Erben Regesta I 68 n. 156. J. 3711. JL. 4953.

cf. etiam Praha, Episc. n. 56; Moravia, Duces ac marchiones n. 4; Olomouc, Episc.
n. 35.

Fredericus qui et Svatobor idem nepos Vratislai (et filius Spytignei) esse videtur, de
quo in n. 26 mentio fit (de eo cf. etiam Novotný I 2, 111–113. 171–173). A. 1078 praepositus
Brunensis, a. 1085 patriarcha Aquilegiensis factus, iam a. 1086 febr. 23 moritur, de eo cf. Novotný I 2, 111sq. cum adn. 171–173. 244.

De re cf. Meyer von Knonau Jbb. Heinrich IV. t. 2, 458; Novotný I 2, 171sq.; Grudziński
Polityka (1959) p. 65sq. De litteris cf. Blaul Studien p. 162sq. – De tempore cf. Caspar in Mon.
Germ. Epist. sel. II 1, 231 adn. Omnes editiones et regesta ante Friedrich ad april. 14. Cf.
etiam Wilhelm M. Peitz Das Register Gregors I. Beiträge zur Kenntnis des päpstlichen Kan-
zlei- und Registerwesens bis auf Gregor VII. (Ergänzungshefte zu den Stimmen der Zeit. 2.
Reihe: Forschungen 2. Freiburg im Breisgau 1917) p. 163.

39 *Roma 1075 april. 17*

G r e g o r i u s VII universis in Boemia constitutis maioribus atque minoribus: relatione episcoporum patriae eorum limina apostolorum visitantium i.e. Geboardi Pragensis et Iohannis Moravensis accepta *(Praha, Episc. n. *53; Olomouc, Episc. n. *32)*
eos commonet, ut pacem inter se constituant, non solum clerici, sed et laici castitatem
servent, decimas Deo fideliter dent, ecclesiis debitum honorem impendant, elemosinis atque hospitalitati devote insistant. – Ex consideratione sedis. Dat. Romae 15 kal.
mai., ind. 13.

Registrum Gregorii VII (Reg. Vat. 2) f. 90, lib. II n. 72. – Edd. (A. Carafa) Epist. Decretal. III
672 n. 72. Balbinus Miscellanea I 8, 2. Conc. coll. reg. XXVI 209 n. 72. Hardouin Acta conc. VI 1, 1317
n. 72. Mansi Conc. coll. XX 181 n. 72. Boczek Cod. dipl. Morav. I 160 n. 180. Jaffé Bibl. II 194 n. 72.
Migne PL 148, 422 n. 72. Friedrich Cod. dipl. Bohem. I 80 n. 77. Caspar in Mon. Germ. Epist. sel. II 1,
232. – Regg. Erben Regesta I 68 n. 157. J. 3712. JL. 4954.

cf. etiam Praha, Episc. n. 57; Olomouc, Episc. n. 36.

Relatio amborum episcoporum de statu dioeceseos verisimiliter occasione morae eo-
rum circa a. 1075 febr. 24–28 Romae factae delata est. – De litteris cf. etiam Novotný I 2, 173;
Meyer von Knonau Jbb. Heinrich IV. t. 2, 458sq.; Grudziński Polityka (1959) p. 66sq.;
Cowdrey Pope Gregory VII p. 449.

*40   *(1079 ex.)*

Wratizlaus dux Boemiorum G r e g o r i o VII legatos (Fridericum et Felicem) mittit et postulat, quod papa secundum Sclavonicam linguam apud ipsum divinum officium celebrari annuat et legatum mittat.

> *Laud. in n. 41.*
>
> De re cf. Novotný I 2, 211–213; Grudziński Polityka (1959) p. 71sq.

41   *Roma 1080 ian. 2*

G r e g o r i u s VII Wratizlao Boemiorum duci: reprehendit eum, quod videatur excommunicatis communicare; renuit postulationem eius, ut secundum Sclavonicam linguam apud eos divinum celebretur officium; declarat se non potuisse ad praesens legatum ad eum mittere; postulat, ut Fredericum (filium Spytignei ducis) et Felicem iterum *(n. *40)* ad se mittere studeat, quatinus ita legati, quos destinare vult in hoc anno, secure venire possint. – Huiusmodi salutationis nostrae. Dat. Romae 4 non. ian., ind. 3.

> *Registr. Gregorii VII (Reg. Vat. 2) f. 178, lib. VII n. 11. Reg. Vat. lat. 6420 f. 144. – Edd. (A. Carafa) Epist. Decretal. III 802 n. 11. Binius Conc. gener. III 2, 1247 n. 11. Conc. coll. reg. XXVI, 396 n. 11. Hardouin Acta conc. VI 1, 1434 n. 11. Goldast Commentarii de regni Bohem. II. collectio col. 171 n. 3 (transl. germ.). Mansi Conc. coll. XX 296 n. 11. Dobner Annales V 481 = Boczek Cod. dipl. Morav. I 166 n. 187. Ginzel Anhang I 90. Jaffé Bibl. II 392 n. 11. Jireček Cod. iuris Bohemici I 20 n. 12. Migne PL 148, 554 n. 11. Bil'basov Kirill' i Mefodij I 157 n. 24 (fragm.). Friedrich Cod. dipl. Bohem. I 87 n. 81. Caspar in Mon. Germ. Epist. sel. II 1, 473. – Regg. Erben Regesta I 70 n. 162. Bil'basov Kirill' i Mefodij I 47 n. 24. Santifaller Quellen I 207 n. 178. Magnae Moraviae Font. III 251 n. 116. J. 3878. JL. 5151.*
>
> De re cf. Meyer von Knonau Jbb. Heinrich IV. t. 3, 324sq.; Krofta Kurie p. 35; Novotný I 2, 211–215 et Grudziński Polityka (1959) p. 71sq. – De codice Vat. lat. 6420 cf. Paul Kehr Papsturkunden in Rom. Die römischen Bibliotheken I, in: Nachrichten von der Königlichen Gesellschaft der Wissenschaften zu Göttingen, Phil.-hist. Klasse 1903, p. 1–49, p. 17; Blaul Studien (1912) p. 195.
>
> De slovenica lingua in divino officio tempore Gregorii VII adhibita cf. imprimis M. Procházka Papež Řehoř VII. a zánik slovanské liturgie v Čechách [Papst Gregor VII. und der Niedergang der slawischen Liturgie in Böhmen], in: Sborník velehradský 4 (1885) 4–44; Novotný l.c. p. 211–215, praecipue p. 212 adn.; Bosl Handbuch I 229; Vlasto The Entry (1970) p. 107; Cowdrey Pope Gregory VII p. 451.
>
> De Frederico v. n. 38 adn. Felicem Friedrich Cod. dipl. Bohem. I 89 cum Misnensi postea episcopo idem esse ducit; cf. etiam Caspar l.c.

*42   *Mainz, St. Alban 1085 mai. 4–10 (?)*

(C l e m e n t i s III i.e. Wiberti) legatis – Iohanne episc. Portuensi et aliis duobus cardinalibus (Hugone Albo presb. tit. s. Clementis et Petro quondam cancellario, presb. tit. s. Chrysogoni) – et multis aliis archiepiscopis episcopisque praesentibus Heinricus IV imperator Wratizlaum ducem Boemorum tam Boemiae quam Poloniae praeficit et capiti eius manu sua regalem circulum imponit.

> *Laud. in Cosmae Chron. II 37 (ed. Bretholz p. 135), apud Annalistam Saxonem ad a. 1086 (ed. Nass in Mon. Germ. Script. XXXVII 478) et in Canonici s. Blasii Brunsvicensis Cron. Boemorum ad a. 1086 (ed. Holder-Egger in Mon. Germ. Script. XXX 1, 39).*

De legatis praesentibus cf. inter alia Librum de unitate ecclesiae conservanda II 19
(Mon. Germ. Lib. de lite II 235sq. ed. Schmale-Ott [AQ 12b. Darmstadt 1984] cum versione
germanica p. 448) et fontes in Mainz, Archiepisc. n. *181, Germ. Pont. IV 112 notatas.

De synodo et re cf. Meyer von Knonau Jbb. Heinrich IV. t. 4, 547–550; Novotný I 2,
245–253; Patze Pegauer Annalen (1963) 7–28; Schramm Böhmen und das Regnum (1968),
p. 346–364; Ziese Wibert (1982) p. 114–117; Franz-Reiner Erkens Die Trierer Kirchenprovinz im Investiturstreit (Passauer Historische Forschungen 4. Köln e.a. 1987) p. 99; Gresser
Synoden p. 246–252, p. 250sq.; Bláhová-Frolík-Profantová Dějiny I 454–457; Žemlička
Čechy p. 104–117; Martin Wihoda Polská koruna českých králů [Die polnische Krone der
böhmischen Könige], in: ČČH 102 (2004) 721–744 et Josef Žemlička „Polská koruna" Vratislava II. aneb čím ho (ne)mohl obdařit Jindřich IV. Glosy ke středověké korunovační symbo-
lice [Die „polnische Krone" Vratislavs II. oder womit vermochte (oder auch nicht) Heinrich IV. ihn zu beschenken. Glossen zur mittelalterlichen Krönungssymbolik], in: ČČH 106
(2006) 1–46.

*43   (Mainz 1085 mai.–1086 april. 29)
(Clementis III i.e. Wiberti) legatis praesentibus Gebhardus Pragensis episcopus
conqueritur de episcopatu suo diviso ac imminuto; a Wezelino Moguntino archiepiscopo aliisque archiepiscopis et episcopis assensu ducis Boemorum Wratizlai, fratris
eius Cunradi aliorumque laicorum primitiva illa parochia cum omni terminorum
ambitu Pragensi ecclesiae adiudicatur.

v. Praha, Episc. n. *60.

44   (cr. 1086)
Clementi III (i.e. Wiberto) Wezilo (archiepiscopus Moguntinus): porrigit pro
(Vratislao Boemico) rege Boloniorum dignam satisfactionis excusationem, quia quicquid in hac re (i.e. in exaltatione ducis Boemiae in regem peracta) factum sit, ex praecepto (Heinrici IV) imperatoris et totius regni consensu et astipulatione definitum
sit.

v. Mainz, Archiepisc. n. 185, Germ. Pont. IV 113 (Friedrich Cod. dipl. Bohem. I 90
n. 84 [ad a. 1085]; Erdmann-Fickermann in Mon. Germ. Briefe der dt. Kaiserzeit V 389 n. 2);
Polonia, Duces et reges.

De collectione epistolarum, qua ‚decem litterae ad Vratislaum' traduntur, cf. Heinrich
Koller Zur Echtheitsfrage des Codex Udalrici, in: Anzeiger der phil.-hist. Klasse der Österr.
Akad. d. Wiss. 1952/53 (1953) 402–419.

De re et tempore cf. Novotný I 2, 263sq.; Patze Pegauer Annalen (1963) p. 17 adn. 48
de fide, p. 26sq. de nomine regis Polonorum, qua de re Cosmae librum II 37 [l.c. p. 135] con-
feras); cf. etiam Schramm Böhmen und das Regnum (1968) p. 347–356 et n. *39 adn.

*45   (ante 1090 ex.–1091 in.)
Clemens III (i.e. Wibertus) per litteras et per nuntium multum a Wratizlao principe Boemiorum postulat, ut in re cuiusdam filii eius sibi fidelissimi et noti voluntati
suae assensum praebeat.

Laud. in n. 46. – Reg. JL. –.

46   *(1090 ex.–1091 in.)*

C l e m e n s III (i.e. Wibertus) W(ratislao) glorioso principi Boemiorum: reprehendit eum, quod debitam beati Petri oblationem neglexerit; praeterea rogat, quod iam antea per litteras et per nuntium *(n. *45)* multum ab eo postulavit, super quodam filio eius sibi fidelissimo et noto ecclesiastico regimini perutili; addit se hac de re cum imperatore (Heinrico IV) nondum quicquam egisse; monet, ut evidentissimum concessionis eius signum in novo episcopo eligendo et constituendo mittat. – Tuam dilectissime fili.

> *Edd. Pez Thesaurus VI 1, 286 n. 72 e cod. ms. quondam bibl. s. Emmerami Ratisbonensis hodie dep. = Dobner Annales V 524 = Boczek Cod. dipl. Morav. I 174 n. 193 = Cod. dipl. Saxoniae regiae II. Hauptt. I (Leipzig 1864) 39 n. 35 = I. Hauptt. I (Leipzig 1882) 346 n. 157. Friedrich Cod. dipl. Bohem. I 101 n. 94 = Erdmann-Fickermann in Mon. Germ. Briefe der dt. Kaiserzeit V 387 n. 1. – Regg. Erben Regesta I 75 n. 171 = Migne PL 148, 831 n. 4. J. 4000. JL. 5324.*

> Haec admonitio laud. etiam in Pfaff Liber Censuum p. 221 n. 368, sed sine fontibus. De re et tempore cf. Otto Langer Bischof Benno von Meissen. Sein Leben und seine Kanonisation. Exkurs über den Brief des Gegenpapstes Klemens an Wratislav von Böhmen, in: Mitteilungen des Vereins für Geschichte der Stadt Meissen 1, 5 (1886) 31–38; Novotný I 2, 292–294 et novissime Žemlička Čechy p. 111. Tempus ex eo evincitur, quod electio novi episcopi (post mortem Iaromiri-Gebehardi a. 1090 iun. 26) in hac epistola commemoratur, cf. Langer Bischof l.c. p. 32–38.

*47   *(1093)*

Ad C l e m e n t e m III (i.e. Wibertum) dux Bracizlaus et Cosmas episcopus Pragensis mittunt, qui eius consulant auctoritatem de Rotperto pseudoepiscopo.

> v. Praha, Episc. n. *62.

*48   *(1093)*

C l e m e n s III (i.e. Wibertus) respondet Bracizlao duci Boemorum et Cosmae episcopo Pragensi de Rotperto pseudoepiscopo.

> v. Praha, Episc. n. *63.

*49   *Bamberg 1138 (mai. 22–23)*

T(heodewino) s. Romanae ecclesiae cardinali (episcopo s. Rufinae) praesente Vdalricus (i.e. filius Sobeslai) ducis Boemie magno conventui interest Conradi III regis.

> v. Regnum et Imperium (Epist. Bamberg. n. 33, ed. Jaffé Bibl. V 529; Mon. Germ. Dipl. Conradi III n. 10; Böhmer-Niederkorn/Hruza n. 102).

> Quod cardinalem attinet, v. epistolam, quam principes in Babinberg congregati Conrado archiepiscopo Salzburgensi direxerunt, cf. l.c., ubi post Theodewinum cardinalem, Alberonem archiepiscopum Trevirensem et Ottonem episcopum Bambergensem ‚cum omnibus principibus Babinberg congregatis‘ legitur. Vdalricus (scil. Sobeslaus) nominatim inter testes adnotatur in praecepto Conradi III regis pro ecclesia s. Blasii; quod ad eum (i.e. Sobeslaum) pertinet, v. Novotný I 2, 651 et Vaníček Soběslav I. p. 287sq. Conventu Bambergensi perfecto Conradus III filium primogenitum Sobeslai Vladislaum vexillum tradens in regimen ducatus Bohemiae induxit (Canonici Vissegradensis continuatio Cosmae ad a. 1138

(Emler Font. rer. Bohem. II 229); cf. etiam Kejř Böhmen (1992) p. 245; Žemlička Čechy p. 229; Bláhová-Frolík-Profantová Dějiny I 552sq.

De conventu Bambergensi cf. Bernhardi Jbb. Konrad III. p. 38–40. 46sq.; Böhmer-Niederkorn/Hruza p. 41; Ziegler Konrad III. sparsim; de legatione Bachmann Legaten p. 52–57; Weiß Urkunden p. 126–132; de cardinali cf. Friedrich Schirrmacher in: ADB V 208sq.; Brixius Mitglieder p. 47. 96; Bachmann Legaten p. 59–67; Friedrich Hausmann in: NDB III 704; Zenker Mitglieder p. 26–28; Weiß Urkunden p. 126–132.

*50   Hersfeld 1139 iul./aug.

Alberone Trevirensi archiepiscopo et apostolicae sedis (I n n o c e n t i i II) legato praesente Othelricus (i.e. Udalricus, Sobeslai ducis filius) dux Boemie cum aliis episcopis et principibus conventui interest Conradi III regis et inter testes subnotatur.

v. Regnum et Imperium (Mon. Germ. Dipl. Conradi III n. 34; Böhmer-Niederkorn/Hruza n. 153).

De Alberone cf. novissime Jörg R. Müller Vir religiosus ac strenuus. Albero von Montreuil, Erzbischof von Trier (1132–1152) (Trierer Historische Forschungen 56. Trier 2006) passim et Ziegler Konrad III. (2008) p. 40–49. – De conventu Hersfeldensi cf. Bernhardi Jbb. Konrad III. t. 1, 110sq.; Novotný I 2, 657sq.; Vaníček Soběslav I. (2007) p. 290.

*51   Nürnberg 1142 (mai.)

Theodewino s. Rufinae episcopo (cardinali), apostolicae sedis (I n n o c e n t i i II) legato, multisque clericis et laicis, inter quos Lanzlao (Vladislao II) duce Boemiae, praesentibus Conradus III rex Hugoni (de Kranichberg) annuale forum in villa s. Petronellae concedit.

v. Regnum et Imperium (Mon. Germ. Dipl. Conradi III n. 79; Friedrich Cod. dipl. Bohem. I 134 n. 129; Böhmer-Niederkorn/Hruza n. 244).

De legatione et cardinali cf. Friedrich Schirrmacher in: ADB V 208sq.; Brixius Mitglieder p. 47. 96; Bachmann Legaten p. 59–67; Friedrich Hausmann in: NDB III 704; Zenker Mitglieder p. 26–28; Weiß Urkunden p. 126–132.

*†52   Nürnberg 1142 (mai.)

Teodebico s. Rufinae episcopo (cardinali), apostolicae sedis (I n n o c e n t i i II) legato, multisque clericis et laicis, inter quos Latizlao (Vladislao II) duce Bohemiae, praesentibus Cunradus III rex Hugoni de Chranichperch annuale forum in villa s. Petronellae (Petronell) cum omnibus utilitatibus ,scilicet libertatibus iudicio vinculo patibulo' concedit.

v. Regnum et Imperium (Mon. Germ. Dipl. Conradi III n. †288; Böhmer-Niederkorn/Hruza n. †245).

*53   (Praha 1143 ante sept. 24-oct. 27)

Guidonis cardinalis sanctae Romanae ecclesiae et apostolicae sedis (I n n o c e n t i i II) legati atque Ottonis (Pragensis), Henrici (Olomucensis) episcoporum abbatumque (ignotorum) interventu Wladizlaus dux Boemiae digna satisfactione in pacis foedus cum Wratizlao, Cunrado et Ottone (principibus) Moraviensibus convenit.

> *Laud. in Monachi Sazavensis Continuatione Cosmae ad a. 1142 (Font. rer. Bohem. II 261) et in n. 54. – Reg. Bachmann Legaten p. 224 [ad a. 1143 dec.].*
>
> cf. etiam Praha, Episc. n. *75; Moravia, Duces et marchiones n. *6; Olomouc, Episc. n. *59.
>
> De re cf. Novotný I 2, 785sq.; Bachmann Legaten p. 67–70.

54   *(1143 sept. 24-oct. 27)*

Guido cardinalis s. Romanae ecclesiae et apostolicae sedis (I n n o c e n t i i II) legatus in Boemiam destinatus: inter alia narrat de Moraviensibus sub duce Boemico (Vladislao II) degentibus propter quandam culpam ab episcopo eorum excommunicatis, de reconciliatione Wratizlai, Cunradi et Ottonis Moraviensium (principum) cum duce Boemiae *(n. *53).*

> v. Praha, Episc. n. 76. Cf. etiam Praha, Eccl. cath. n. 4; Vyšehrad n. 6; Olomouc, Episc. 60; Olomouc, Eccl. cath. n. 5.

*55   *(1140 febr. 14–1145 febr. 15)*

W(ladislaus) dux Boemorum (et Gertrudis uxor eius?) praedecessores E u g e n i i III (I n n o c e n t i u m II vel C e l e s t i n u m II vel L u c i u m II) frequenter visitant.

> *Laud. in n. 62.*
>
> De visitatione Vladislai et Gertrudis praedecessoribus Eugenii III exhibita nihil scimus. Terminus post quem est evocatio eius ad ducatum Bohemiae, de qua cf. Novotný I 2, 753–756; Bosl Handbuch I 265sq.; Žemlička Čechy p. 230sq.

56   *Viterbo (1145) iun. 5*

E u g e n i u s III O(ttoni) Pragensi episcopo et W(ladislao) illustri Boemorum duci: scribit de excommunicatione quorundam parrochianorum Heinrici Moraviensis episcopi; mandat W(ladislao), ut malefactores coerceat, donec Heinrico episcopo satisfaciant.

> v. Olomouc, Episc. n. 71.

*57   *(ante 1146 mai. 25)*

E u g e n i o III Henricus Moraviensis episcopus litteras mittit rogans, ut papa Teobaldum fratrem W(ladislai) Boemorum ducis ad satisfactionem faciendam apud sedem apostolicam recipiat et ut Wratizlaum (principem Brunensem) paralysi percussum ad eandem rem sibi committat.

> v. Olomouc, Episc. n. *77.

*58   *(ante 1146 mai. 25)*

E u g e n i u s III Teobaldum fratrem W(ladislai) Boemorum ducis cum quibusdam sociis recipit et satisfactione iuramento promissa (de excommunicatione) absolvit atque ad Heinricum episcopum remittit, qui ei post satisfactionem factam indulgentiam praebeat.

> Laud. in n. 82. – Reg. JL. –.
>> cf. etiam Olomouc, Episc. n. *78.

*59   *(1145 febr. 15–1146 iun. 2)*

W(ladislaus) dux Boemorum (et uxor eius Gertrudis) E u g e n i u m III visitant.

> Laud. in n. 62.
>> De visitatione Vladislai Eugenio III exhibita nihil scimus. – Gertrudis, filia Leopoldi III marchionis Austriae prima uxor Vladislai fuit († 1150 april. 8).

*60   *ante (1146) iun. 2*

G(uido) diaconus cardinalis, Heinricus Moraviensis episcopus et Daniel praepositus Pragensis E u g e n i o III de W(ladislao) Boemorum duce ecclesias et ecclesiasticas personas honorante atque religionem in terra sua propagare nitente referunt.

> Laud. in n. 61.
>> cf. etiam Praha, Episc. n. *78; Praha, Eccl. cath. n. *7; Olomouc, Episc. n. *86.

61   *Viterbo (1146) iun. 2*

E u g e n i u s III H(einrico) Moraviensi, O(ttoni) Pragensi episcopis, W(ladislao) duci et universo clero et populo per Boemiam et Moraviam constitutis: scribit de Gwidone diacono cardinali ab Innocentio II ad partes eorum directo; de fidelitate eorum erga b. Petrum et seipsum a Gwidone comperito *(n. *60)* grates refert.

> v. Olomouc, Episc. n. 87.

62   *Viterbo (1146) iun. 2*

E u g e n i u s III W(ladislao) illustri Boemorum duci: laudat eum, quia, sicut G(uidone) diacono cardinali, Heinrico Moraviensi episcopo et Daniele Pragensi praeposito referentibus *(n. *60)* acceperit, ecclesias et ecclesiasticas personas honoret atque religionem in terra sua nisus sit propagare, enormitates vero illius populi et praecipue clericorum incontinentias non solum de capella sua, verum etiam de tota terra illa extirpare elaboret; collaudat insuper, quia, cum gens illa prava et antiqua consuetudine nimiae potationi et ebrietati dedita sit, ipse sobrietatem vitio illi contrariam diligat atque tam istis quam aliis eorum enormitatibus contradicat; iniungit, quatenus in bono proposito firmiter perseveret; salutat G(ertrudam) ducissam, uxorem eius; commendat ei (Heinricum) Moraviensem episcopum et D(anielem) praepositum et de visitatione eius praedecessoribus suis *(n. *55)* et sibi frequenter exhibita *(n. *59)* grates refert. – Si iuxta sacrae. Dat. Viterbi 4 non. iun.

> Apogr. saec. XII in cod. ms. bibl. Vindobonensis 2178 f. 175. Apogr. saec. XV in cod. ms. bibl. capituli Olomucensis CO 464 f. 213'. – Edd. Boczek Cod. dipl. Morav. I 249 n. 269. Theiner Disquisitiones criticae p. 209 n. 18 = Migne PL 180, 1143 n. 119. Friedrich Cod. dipl. Bohem. I 149 n. 147. Zak

De b. Henrico II Zdik p. 116 (fragm.). Bistřický Studien p. 244 n. 17 = idem Listy p. 33 n. 15. – Regg. Erben Regesta I 116 n. 262. Gleber Eugen III. p. 192 n. 68. Hrbáčová Jindřich Zdík p. 143 n. 69, 15. J. 6249. JL. 8931.

      cf. etiam Praha, Eccl. cath. n. 9; Olomouc, Episc. n. 88.

      De re cf. Novotný I 2, 804sq. De legatione Guidonis in Bohemia cf. n. 54.

63   *Viterbo (1146) iul. 2*

E u g e n i u s III H(einrico) Moraviensi episcopo: scribit inter alia se confirmavisse excommunicationis sententiam C(onradi) Salzburgensis archiepiscopi et H(einrici) Ratisponensis episcopi prolatam in ducem Boemicum (Vladislaum) et alios incendiarios et malefactores Ratisponensis ecclesiae; mandat, ut ducem commoneat, ut omnes captivos liberos abire permittat, de tantis sacrilegiis satisfaciat et ab eiusdem ecclesiae perturbatione desistat.

      v. Olomouc, Episc. n. 89.

64   *Viterbo (1146) iul. 25*

E u g e n i u s III H(einrico) Moraviensi episcopo: inter alia mandat, quatinus latorem praesentium apud ducem (Vladislaum) iuvare studeat.

      v. Olomouc, Episc. n. 90.

*65   *Praha 1160 iun. 16*

Wladizlaus rex Boemorum una cum Daniele episcopo (Pragensi) ,ex canonica et apostolica auctoritate' (V i c t o r i s IV) possessiones monasterii s. Stephani (Gradicensis) confirmat et contradictores banno apponit.

      v. Hradisko, n. *5.

*66   *Lodi 1161 iun. 19–22*

V i c t o r e IV et Friderico I imperatore praesentibus (Dipoldus) frater (Vladislai) regis Boemiorum cum multis aliis synodo interest, qua concilii Papiensis decreta de Victore IV et Rolando (Alexandro III) confirmantur.

      v. Regnum et Imperium (Böhmer-Opll n. 962; JL. II p. 422). Cf. etiam Verden, Episc. n. *43, Germ. Pont. V 1, 217; Köln, Archiepisc. n. *327, ibid. VII 108; Utrecht, Episc. n. *56; Münster, Episc. n. *38; Minden, Episc. n. *56, ibid. IX, 26. 77. 164; Trier, Archiepisc. n. *301, ibid. X 131; Vienne, Archiepisc. n. *301, Gallia Pont. III 1, 185.

      De re cf. Hefele-Leclercq V 2, 950sq.; Novotný I 2, 927; Laudage Alexander III. p. 128–149. – De Dipoldo I duce († 1167), qui et Theobaldus nominatur, filio Vladislai I, et familia eius cf. H. Kohn Die böhmischen Theobalde, in: MVGDB 6 (1868) 185–195. 212–222 (de Theobaldo I imprimis p. 185–193); Kazimierz Jasiński Działalność czeskich Dypoldowiców na Śląsku w pierwszej połowie XIII w. [Die Tätigkeit der böhmischen Theobalde in Schlesien während der ersten Hälfte des 13. Jhs.], in: Społeczeństwo Polski średniowiecznej IV (Warszawa 1990) 171–203 et Miloš Šolle Po stopách přemyslovských Děpolticů. Příspěvek ke genezi města Kouřimě [Auf den Spuren der přemyslidischen Theobalde. Ein Beitrag zur Entstehung der Stadt Kouřim] (Praha 2000).

*67   *Lodi 1161 iun. 19–22*

Victore IV et Friderico imperatore praesentibus inter alia litterae excusatoriae
(Vladislai) regis Boemiae recitantur, in quibus continetur, ipsum regem cum universa
eius provincia velle se tenere domnum Victorem pro papa et domino et se velle ratum
habere hoc totum, quod domnus Victor statuerit in ipso synodo cum aliis ibi praesentibus.

> v. Regnum et Imperium (Acerbi Morenae Historia [ed. Güterbock in Mon. Germ.
> Script. rer. Germ. VII 139]; Böhmer-Opll n. 962).

*68   *St. Jean-de-Losne 1162 sept. 7–8*

Synodo generali a Victore IV congregata Dipoldus dux Boemiae interest.

> *Chronica regia Coloniensis (Mon. Germ. Script. XVII 777; ed. Waitz p. 112) una cum Mon.*
> *Germ. Dipl. Friderici I n. 388. – Regg. Friedrich Cod. dipl. Bohem. I 201 n. 221. Böhmer-Opll n. 1150.*
> *JL. II p. 424.*

> v. Regnum et Imperium. Cf. etiam cf. etiam Praha, Episc. n. *94.

> cf. etiam Mainz, Archiepisc. n. *356, Germ. Pont. IV 158; Verden, Episc. n. *44, Germ.
> Pont. V 1, 218 atque opera ibid. laudata et novissime Uebach Ratgeber p. 183. – De Dipoldo
> (seu Theobaldo) cf. n. *66.

69   *Tuscolo (1171) ian. 28*

Alexander III W(ladislao) regi Bohemiae: rogat, quatinus ecclesiae Salzburgensi,
cui A(dalbertus) filius eius praeest, in angustiis praesidii solatium impendat.

> v. Salzburg, Archiepisc. n. 103, Germ. Pont. I 32 (Friedrich Cod. dipl. Bohem. I 228
> n. 258; Hödl-Classen in Mon. Germ. Briefe der dt. Kaiserzeit VI 153 n. 2; JL. 11875).

> De re cf. Novotný I 2, 987sq.; Ohnsorge Päpstliche und gegenpäpstliche Legaten p. 48;
> Hilsch Bischöfe p. 149 et Dopsch Geschichte Salzburgs I 1 (1983) 291.

> De Adalberto Salzburgensi archiepiscopo (1168/1183–1200) et filio Vladislai regis
> Bohemiae cf. Andreas Bigelmair in: Neue Deutsche Biographie I (Berlin 1953) p. 46sq. et
> opera ibi laudata; Dopsch Geschichte Salzburgs I 1 (1983) 288–308 et passim.

70   *(1172 post febr. 21)*

A(lexandro) III H(einricus) Gurcensis ecclesiae humilis minister, S(iboto) maioris ecclesiae (Salisburgensis) praepositus, A. (=Meingotus) decanus cum universo capitulo, praelati omnes, ministeriales universi: inter alia referunt de curia in dominica
Exsurge *(febr. 20)* Salisburgi celebrata, in qua dominus imperator (Fredericus) expo-
suit eis conventionem inter ipsum et regem Bohemorum (Vladislaum) in causa archiepiscopi (Adalberti), filii regis, factam; rescriptum chartae regis Bohemorum de
a. 1172 in. *(Böhmer-Opll n. 1962)* apostolico mittunt.

> v. Salzburg, Archiepisc. n. 109, Germ. Pont. I 34 (Friedrich Cod. dipl. Bohem. I 231
> n. 262; Günther Hödl-Peter Classen Die Admonter Briefsammlung nebst ergänzenden Brie-
> fen [Mon. Germ. Briefe der dt. Kaiserzeit VI. München 1983] 154 n. 3).

> cf. etiam Salzburg, Archiepisc. n. 104, Germ. Pont. I 32. – Litterae post curiam 1172
> febr. 20 a Friderico I imperatore Salisburgi habitam, de qua cf. Böhmer-Opll n. 1966, scriptae

sunt. – De tempore et re cf. Ohnsorge Legaten p. 41–48 et Dopsch Geschichte Salzburgs I 1 (1983) 291–293.

71 *(Tuscolo 1172) iun. 12*

A l e x a n d e r III (Sibotoni) Salzpurgensi et (Romano) Gurcensi praepositis: inter alia nuntiat se utique gravatum esse, quod per Boemiam et alias regiones publice fecissent praedicari se depositionem et eiectionem A(dalberti) Salzpurgensis archiepiscopi omnino intendere; addit nuntios archiepiscopi se certificavisse de animo litterarum, quas pater Adalberti (Vladislaus sc. rex Bohemorum) ab imperatore (Frederico) impetraverat *(Böhmer-Opll n. 1966).*

  v. Salzburg, Archiepisc. n. 110, Germ. Pont. I 34 (Friedrich Cod. dipl. Bohem. I 234 n. 263; Günther Hödl-Peter Classen Die Admonter Briefsammlung nebst ergänzenden Briefen [Mon. Germ. Briefe d. dt. Kaiserzeit VI. München 1983] 205 n. 4; JL. 12153).
  De re cf. Novotný I 2, 993; Dopsch Geschichte Salzburgs I 1 (1983) 292.

*72 *(1176–1177)*

A l e x a n d e r III excommunicat Z(obezlaum) ducem Bohemiae propter devastationem Austriae.

  Gerlaci abbatis Milovicensis Annales ad a. 1176 (Mon. Germ. Script. XVII 689; Font. rer. Bohem. II 471). – Reg. JL. –.
  Praeter Gerlaci Annales de Sobezlao Austriam devastante etiam in Annalibus Pragensibus sub a. 1176 (Mon. Germ. Sript. III 121; Font. rer. Bohem. II 379) atque in Canonici Pragensis Continuatione Cosmae (Mon. Germ. Script. IX 166; Font. rer. Bohem. II 279) similibus fere verbis enarratur: ‚1176. Sobezlaus dux vastavit incendio Austriam'. In Benedicti Minoritae Chronica (ed. Dušek in: Franciszkanie w Polsce średniowiecznej pars 2 et 3 p. 348) legimus: ‚Anno MCLXXVI Sobieslaus dux vastavit Austriam incendiis et rapinis'. De devastatione Austriae etiam in multis Austriacis annalibus mentio facta est, quae Novotný I 2, 1036 adn. 2 enumerat; ibi etiam de re. Cf. insuper Hilsch Bischöfe p. 159.

73 *Tuscolo (1178) oct. 21*

A l e x a n d e r III M(artino) Bragensi praeposito et G(ervasio) quondam ibidem dicto praeposito (scil. Wissegradensi): inter alia personas eorum cum omnibus commendat duci Boemiae et uxori eius.

  v. Praha, Eccl. cath. n. 13, ubi et de tempore. Cf. etiam Praha, Vyšehrad n. 8.

*74 *Mainz (1188 mart. 27)*

Heinrico episcopo cardinali (Albanensi), apostolicae sedis (C l e m e n t i s III) legato, praesente in curia generali Fridericus I imperator cum multis episcopis et principibus, inter quos dux Boemiae (Fridericus) est, crucis signum suscipit.

  Gerlaci abbatis Milovicensis Annales ad a. 1188 (Mon. Germ. Script. XVII 706; Font. rer. Bohem. II 508), (Ansberti) Historia de expeditione Friderici imperatoris ad a. 1188 (ed. Chroust in Mon. Germ. Script. N. S. V 23) et Alberti Annales Stadenses ad a. 1188 (Mon. Germ. Script. XVI 351).

cf. etiam Praha, Epic. n. *97; Strahov n. *3 et Moravia, Duces ac marchiones n. *16 et Mainz, Archiepisc. n.*467, Germ. Pont. IV 190.

De curia generali in Moguntia celebrata cf. F. W. Wentzlaff-Eggebert Der Hoftag Jesu Christi 1188 in Mainz (Institut für europäische Geschichte Mainz-Vorträge 32. Wiesbaden 1962); Novotný I 2, 1096sq. et Hilsch Bischöfe p. 189.

Fridericus dux Bohemiae iam a. 1189 mart. 25 mortem obiit.

*75   *Roma 1191 apr. 15*

C e l e s t i n u s III Heinricum VI regem et (Constantiam) reginam augustali dignitate sublimat praesentibus pluribus episcopis et principibus, inter quos Otto qui et Conradus dux Boemorum est.

v. Regnum et Imperium ([Ansberti] Historia de expeditione Friderici imperatoris ad a. 1190, ed. Chroust p. 94sq.; Continuatio Gerlaci abbatis Milovicensis Annalium, ed. Mon. Germ. Script. XVII 706; ed. Font. rer. Bohem. II 509; JL. II p. 578).

Otto qui et Conradus cum imperatore Heinrico signum peregrinationis assumpsit, 1191 aug. 9 vero mortem occubuit, cf. Novotný I 2, 1119–1123.

*76   *(1197 in.)*

C e l e s t i n u s III Petrum Capuanum diaconum cardinalem tit. s. Mariae in Via Lata apostolicae sedis legatum in Boemiam designat.

v. Praha, Episc. n. *104.

*77   *Teplá 1197 (ante iun. 15)*

In praesentia Petri (Capuani, sanctae Romanae ecclesiae diaconi) cardinalis (tit. s. Mariae in Via Lata) et apostolicae sedis (C e l e s t i n i III) legati nec non multis aliis clericis laicisque Heinricus dux et episcopus Boemorum monasterium Teplense a comite Groznata fundatum cum appenditiis confirmat et bona iuraque auget.

v. Teplá n. *1.

PRAHA (PRAG)

Praga

De rerum Bohemicarum imprimis Pragensium scriptoribus v. Wattenbach-Holtzmann-Schmale II 798–809; III 214–225. – Nehutová Literatura passim. – Vitae sanctorum et aliorum quorundam pietate insignium. Ed. Josef Emler, in: Font. rer. Bohem. I (1873). – Series episcoporum Pragensium, in: Dobner Monumenta historica Boemie III 37–42. – Annales Pragenses, in: Mon. Germ. Script. III 119–121; in. Font. rer. Bohem. II 376–380.

De s. Adalberto imprimis cf. Mathilde Uhlirz Die älteste Lebensbeschreibung des heiligen Adalbert (Forschungen und Vorarbeiten zu den Jahrbüchern und Regesten Kaiser Ottos III. 3. Teil) (Schriftenreihe der Historischen Kommission bei der Bayerischen Akademie der Wissenschaften 1. Göttingen 1957). – Vita s. Adalberti episcopi Pragensis auctore Iohanne Canapario, in: Mon. Germ. Script. IV 581–595. – S. Adalberti Pragensis episcopi et martyris vita prior. Ed. Jadwiga Karwasińska (Mon. Poloniae Historica. Series nova IV 1. Warszawa 1962). – S. Adalberti Pragensis episcopi et martyris Vita altera auctore Brunone Querfurtensi. Ed. Jadwiga Karwasińska (Mon. Pol. Hist. Series nova IV 2. Warszawa 1969). – Vita s. Adalberti auctore anonymo (s. XIV/XV), in: Mon. Germ. Script. XV 2, 1178–1184. – Cf. etiam Jadwiga Karwasińka Studia krytyczne nad Żywotami św. Wojciecha biskupa praskiego [Kritische Studien zu den Viten des hl. Adalbert, Bischofs von Prag], in: Studia Źródłoznawcze 2 (1958) 41–79; 4 (1959) 9–32; 9 (1964) 15–45; 11 (1966) 67–78; 18 (1973) 37–44. – Jürgen Hoffmann Vita Adalberti. Früheste Textüberlieferungen der Lebensgeschichte Adalberts von Prag (Europäische Schriften der Adalbert-Stiftung-Krefeld 2. Essen 2005). – Opera reliqua vitam cultumque s. Adalberti spectantia et usque ad a. 1999 edita invenies in: Aleksandra Witkowska-Joanna Nastalska Święty Wojciech. Życie i kult. Bibliografia do roku 1999 [St. Adalbert – Sein Leben und seine Verehrung. Bibliographie bis zum Jahre 1999] (Towarzystwo Naukowe Katolickiego Uniwersytetu Lubelskiego – Prace Wydziału Historyczno-Filologicznego 89. Lublin 2002). – Dušan Třeštík Anfänge der böhmischen Geschichtsschreibung. Die ältesten Prager Annalen, in: Studia Źródłoznawcze 23 (1978) 1–37.

Boczek Cod. dipl. Moraviae. T. I–IV, passim. – Wácslaw Wladiwoj Tomek Dějepis města Prahy. T. 1–12 (Praha 1855–1901). – Concilia Pragensia 1353–1413. Prager Synodalbeschlüsse. Hrsg. v. Constantin Höfler (Abhandlungen der königlichen Gesellschaft der Wissenschaften V. Folge. 12. Bd. Prag 1862). – Das Homiliar des Bischofs von Prag. Saec. XII. Ed. Ferdinand Hecht, in: Beiträge zur Geschichte Böhmens, Abt. I: Quellensammlung. 1. Band (Prag 1863). – Registra decimarum papalium čili: Registra desátků papežských z dioecezí pražské. Ed. Wacslaw Wladiwoj Tomek (Praha 1873). – Font. rer. Bohem. T. I–VI, passim. – Libri erectionum archidioecesis Pragensis saeculo XIV. et XV. lib. I–VI. Edd. Clemens Borový et Antonius Podlaha (Pragae 1875–1889. 1927). – Libri confirmationum ad beneficia ecclesiastica Pragensem per archidioecesim lib. I–VII. Edd. Franz Anton Tingl et Josef Emler (Pragae 1865–1889). – Soudní akta konsistoře pražské – Acta iudiciaria consistorii Pragensis T. I–VII. Ed. Ferdinand Tadra (Pragae 1893–1900). – Monumenta Vaticana res gestas Bohemicas illustrantia. T. I–VII, passim. – Friedrich Cod. dipl. Bohem. T. I–VI (Pragae 1904–2005) passim. – Liber ordinationum cleri 1395–1416. Fasc. 1: 1395–1399. Fasc. 2: 1399–1412. Fasc. 3: 1412–1416. Ed. Antonius Podlaha (Editiones Archivii et Bibliothecae S. F. Metropolitani Capituli Pragensis 9. Pragae 1910. 1920. 1922). – Ferenc

Albin G o m b o s Catalogus fontium historiae Hungaricae aevo ducum et regum ex stirpe Arpad descendentium ab anno Christi DCCC usque ad annum MCCCI. T. 1–4 (Budapest 1937–1943). – Protocollum visitationis archidiaconatus Pragensis annis 1379–1382 per Paulum de Janowicz, archidiaconum Pragensem factae. Edd. Ivan H l a v á č e k et Zdeňka H l e d í k o v á (Pragae 1973). – Mojmír Š v á b e n s k ý Několik neznámých synodálních statut pražského arcibiskupství [Einige unbekannte Synodalstatuten des Prager Erzbistums], in: Studie o rukopisech 13 (1974) 67–83. – Pražské synody a koncily předhusitské doby [Die Prager Synoden und Konzilien der vorhussitischen Zeit]. Edd. Jaroslav V. P o l c et Zdeňka H l e d í k o v á (Praha 2002). – Helena K r m í č k o v á Petri Clarificatoris Vita domini Iohannis, Pragensis archiepiscopi tercii, in: Querite primum regnum Dei. Sborník příspěvků k poctě Jany Nechutové, ed. Helena K r m í č k o v á, Anna P u m p r o v á e.a. (Brno 2006) p. 441–461.

Joannes Florianus H a m m e r s c h m i d t Prodromus gloriae Pragenae continens urbium Pragenarum fundationes (Vetero-Pragae 1723). – Joannes Thomas Adalbertus B e r g h a u e r Protomartyr poenitentiae … Joannes Nepomucenus. T. I–II (Augustae Vindel. et Graecii 1736–1761). – Friedrich W. E b e l i n g Die deutschen Bischöfe bis zum Ende des sechszehnten Jahrhunderts. Bd. II (Leipzig 1858) 371–386. – Anton F r i n d Die Geschichte der Bischöfe und Erzbischöfe von Prag, zur neunhundertjährigen Jubelfeier der Errichtung des Prager Bisthums verfasst und dem Liebesfonde zur Unterstützung bedürftiger Priester gewidmet (Prag 1873). – Klement B o r o v ý Dějiny diecése pražské (Praha 1874). – M. P r o c h á z k a Papež Řehoř VII. a zánik slovanské liturgie v Čechách [Papst Gregor VII. und der Niedergang der slawischen Liturgie in Böhmen], in: Sborník velehradský 4 (1885) 4–44. – N e u w i r t h passim. – Zikmund W i n t e r Život církevní v Čechach. Kulturně-historický obraz z XV. a XVI. století [Das kirchliche Leben in Böhmen. Ein kulturgeschichtliches Bild aus dem 15. und 16. Jahrhundert] (Praha 1895–1896). – Josef K a l o u s e k Kontroversy souvislé se založením biskupství pražského [Zu den mit der Gründung des Prager Bistums zusammenhängenden Kontroversen], in: ČČH 1 (1895) 75–86. – František K r a s l - Jan J e ž e k Sv. Vojtěch, druhý biskup pražský, jeho klašter i úcta u lidu [Der hl. Adalbert, zweiter Prager Bischof, sein Kloster und seine Verehrung beim Volk] (Praha 1898). – Heinrich Gisbert V o i g t Adalbert von Prag. Ein Beitrag zur Geschichte der Kirche und des Mönchtums im zehnten Jahrhundert (Westend-Berlin 1898). – Hans S p a n g e n b e r g Die Gründung des Bistums Prag, in: HJb 21 (1900) 758–775. – Wilhelm S c h u l t e Die Gründung des Bistums Prag, ibid. 22 (1901) 285–297. – Karl U h l i r z Die Errichtung des Prager Bisthums, in: MVGDB 39 (1901) 1–10. – Josef K a l o u s e k O listině císaře Jindřicha z roku 1086, kterouž Morava byla opět přivtělena k diecesi pražské [Über die Urkunde Kaiser Heinrichs aus dem Jahre 1086, mit der Mähren der Diözese Prag einverleibt wurde], in: ČČH 8 (1902) 257–269. – Anton B r e i t e n b a c h Ueber die Quellen und die Glaubwürdigkeit des „Granum catalogi praesulum Moraviae", in: ZVGMS 6 (1902) 274–300. – I d e m Die Besetzung der Bistümer Prag und Olmütz bis zur Anerkennung des ausschliesslichen Wahlrechts der beiden Domkapitel, ibid. 8 (1904) 1–46. – H a u c k II–V sparsim. – Heinrich Gisbert V o i g t Der Verfasser der römischen Vita des heiligen Adalbert. Untersuchung mit Anmerkungen über die anderen ältesten Schriften über Adalbert sowie einige strittige Punkte seiner Geschichte (Prag 1904). – Josef P e k a ř K sporu o zakládací listinu biskupství pražského [Zum Streit um die Gründungsurkunde des Prager Bistums], in: ČČH 10 (1904) 45–58. – Karl B e e r Zur Gründung des Prager Bistums, in: MVGDB 49 (1911) 205–216. – H r u b ý Církevní zřízení passim. – Robert H o l t z m a n n Die Urkunde Heinrichs IV. für Prag vom Jahre 1086. Ein Beitrag zur Geschichte der Gründung des Bistums Prag und seines Verhältnisses zum Bistum Mähren, in: AUF 6 (1918) 177–193. – Václav H r u b ý Původní hranice biskupství pražského a hranice říše české v 10. století [Die ursprünglichen Grenzen des Bistums Prag und die Grenzen des böhmischen Reiches im 10. Jahrhundert], in: ČMM 50 (1926) 85–154. – Johannes S c h l e n z Dietmar [erster Bischof von Prag], in: Sudetendeutsche Lebensbilder 1, hrsg. v. Erich Gierach (Reichenberg 1926) p. 63sq. – I d e m Das Kirchenpatronat in Böhmen. Beiträge zu seiner Geschichte und Rechtsentwicklung (Prag 1928). – Wilhelm W o s t r y Deutsche Bischöfe vor 1200. Bischöfe von Prag: Thieddag, Ekkehard, Izzo, Hermann, Meinhard, Friedrich von Putelendorf, in: Sudetendeutsche Lebensbilder 2, hrsg. v. Erich Gierach (Reichenberg 1930) p. 1–25. – Rudolf H o l i n k a Církevní politika arcibiskupa Jana z Jenštejna za pontifikátu Urbana VI. Studie z dějin velikého schismatu západního [Die Kirchenpolitik des Erzbischofs Johann von Jenstein zur Zeit des Pontifikats Urbans VI. Studien zur Geschichte des Großen Abendländischen Schismas] (Spisy Filosofické Fakulty University Komenského v Bratislavě 14. Bratislava 1933). – Bernhard S t a s i e w s k i Untersuchungen über drei Quellen zur ältesten Geschichte und Kirchengeschichte Polens (Breslauer Studien zur historischen Theologie 24. Breslau 1933). – Otakar B a u e r O nejstarší listině archivu Česke koruny [Über die älteste Urkunde des Archivs der böhmischen Krone], in: Miscellanea historico-iuridica. Festschrift für Jan Kapras (Prag 1940) p. 5–15. – Václav C h a l o u p e c k ý Arnošt z Pardubic první arcibiskup pražský [Ernst von Pardubitz, der erste Prager Erzbischof] (Stopami věku 14–15. Praha ²1946). – Jan Kapistran V y s k o č i l Arnošt z Pardubic a jeho doba [Ernst von Pardubitz und seine Zeit] (Praha 1947). – Święty Wojciech 997–1947 [Der hl. Adalbert 997–1947] (Gniezno 1947). – Bruno B r a b a t t i Der heilige Adalbert von Prag und der Glaube an den Weltuntergang im Jahre 1000, in: Archiv für Kulturgeschichte 35 (1953) 123–141. – Ludmil H a u p t m a n n Das Regensburger Privileg von 1086 für das Bistum Prag, in: MIÖG 62 (1954) 146–154. – Helmut B e u m a n n - Walter S c h l e s i n g e r Urkundenstudien zur deutschen Ostpolitik unter Otto III., in: ADipl. 1 (1955) 132–256; reimpr. in: Walter S c h l e s i n g e r Mitteldeutsche Beiträge zur deutschen Verfassungsgeschichte des Mittelalters (Göttingen 1961) p. 306–407. – Zdeněk F i a l a Správa a postavení církve v Čechách od počátku 13. do poloviny 14. století [Die Verwaltung und Stellung der Kirche in Böhmen vom Anfang des 13. bis zur Mitte des 14. Jhs.], in: Historický sborník 3 (1955) 64–88. – Helmut P r e i d e l Die Taufe der 14 böhmischen Herzöge in Regensburg, in: Mitteilungsblatt des Adalbert-Stifter-Vereins 11/12. Heft III (1955) 2–4. – D. P r o k o p Adalbert von Prag. Bischof, Apostel und Märtyrer, in: Benediktinische Monatsschrift 32 (1956) 357–366. – Dušan T ř e š t í k O otázce vzniku kroniky t.zv. kanovníka vyšehradského [Zur Frage nach der Entstehung der Chronik des sog. Vyšehrader Kanonikers], in: Zápisky 1956, pars 1, p. 16–20. – Ivan B o r k o v s k ý K otázce nejstarších kostelů na Pražském hradě [Zur Frage nach der ältesten Kirche auf der Prager Burg], in: Památky archeologické 51 (1960) 332–387. – Rostislav N o v ý Listiny pražských biskupů XI.–XIV. století (Diplomaticko-správní rozbor) [Urkunden der Prager Bischöfe des 11.–14. Jh. (Eine diplomatisch-verwaltungsrechtliche Studie)] (Acta Universitatis Carolinae. Philosophica et historica 5. Praha 1960). – Zdeněk F i a l a Dva kritické příspěvky ke starým dějinám českým [Zwei kritische Beiträge zur ältesten Geschichte Böhmens], in: Sborník historický 9 (1962) 5–65 (de fundatione episcopatus Pragensis: p. 56–63). – Heinrich B ü t t n e r Erzbischof Willigis von Mainz und das Papsttum bei der Bistumserrichtung in Böhmen und Mähren im 10. Jahrhundert, in: Rheinische Vierteljahrsblätter 30 (1965) 1–22. – Sáša D u š k o v á Formulář Tobiáše z Bechyně ve světle listin pražských biskupů [Das Formelbuch des Bischofs Tobias von Bechine im Spiegel der Urkunden der Prager Bischöfe], in: SPFFBU. Řada historická (C) 12 (1965) 53–71. – František G r a u s Slovanská liturgie a písemnictví v přemyslovských Čechach [Slawische Liturgie und Schrifttum im Böhmen der Přemysliden], in: ČsČH 14 (1966) 473–495. – Die Diözesanorganisation von Böhmen-Mähren-Schlesien, in: AKBMS 1 (1967) 9–40, impr. 10–17. – Miroslav B o h á č e k Das römische Recht in der Praxis der Kirchengerichte der böhmischen Länder im XIII. Jahrhundert, in: Studia Gratiana 11 (1967) 273–304. – Zdeněk F i a l a Die Organisation der Kirche im Přemyslidenstaat des 10.–13. Jahrhunderts, in: Siedlung und Verfassung Böhmens in der Frühzeit, hrsg. von František Graus und Herbert Ludat (Wiesbaden 1967) p. 133–143. – Josef K a d l e c Auf dem Wege zum Prager Bistum, in: Geschichte der Ost- und Westkirche in ihren wechselseitigen Beziehungen. Acta Congressus historiae slavicae Salisburgensis in memoriam SS. Cyrilli et Methodii anno 1963 celebrati (Annales Instituti Slavici I 3. Wiesbaden 1967) p. 29–45. – Ruben Ernest W e l t s c h Archbishop John of Jenstein (1348–1400). Papalism, humanism and reform in pre-hussite Prague (Studies in European history 8. Den Haage-Paris 1968). – H i l s c h Bischöfe. – Karl M. S w o b o d a (Hrsg.) Gotik in Böhmen. Geschichte, Gesellschaftsgeschichte, Architektur, Plastik und Malerei (München 1969). – František G r a u s Böhmen zwischen Bayern und Sachsen. Zur böhmischen Kirchengeschichte des 10. Jhs., in: Historica 17 (1969) 5–42. – Zdeněk B o h á č Patrocinia kostelů při nejstarších klášterech a kapitulách v českých zemích [Die Kirchenpatrozinien der ältesten Klöster und Stifte in den böhmischen Ländern], in: Historická geografie 4 (1970) 51–77. – Zdeňka H l e d í k o v á Synody v pražské diecési v létech 1349–1419 [Die

Synoden in der Diözese Prag in den Jahren 1349-1419], in: ČsČH 18 (1970) 117-146. – Oldřich K r á l í k Kosmova chronologie počátků pražského biskupství [Die Kosmassche Chronologie der Anfänge des Prager Bistusm], in: Strahovská knihovna 5/6 (1970/71) 51-57. – Zdeňka H l e-d í k o v á Úřad generálnich vikařů pražského arcibiskupa v době předhusitské. Ze spravních dějin pražské arcidiecéze [Das Amt des Generalvikars des Prager Erzbischofs in vorhussitischer Zeit. Aus der Verwaltungsgeschichte der Prager Erzdiözese] (Acta Universitatis Carolinae. Philosophica et historica 41. Praha 1971). – Zdeňka K r u m p h a n z l o v á Počátky křesťanství v Čechách ve světle archeologických pramenů [Die Anfänge des Christentums in Böhmen im Lichte archäologischer Quellen], in: Památky archeologické 62 (1971) 406-456. – M e r h a u t o v á Raně středověká architektura passim. – Peter H i l s c h Der Bischof. – Zdeňka H l e d í k o v á Die Prager Erzbischöfe als ständige päpstliche Legaten. Ein Beitrag zur Kirchenpolitik Karls IV., in: Regensburg und Böhmen (1972) p. 221-256. – R. Z e l e n ý Councils and synods of Prague and their statutes (1343-1361), in: Apollinaris 45 (1972) 471-532. 698-740. – Gerd Z i m m e r m a n n Wolfgang von Regensburg und die Gründung des Bistums Prag, in: Tausend Jahre p. 70-92. – Karel S c h w a r z e n b e r g Die Prager Erzbischöfe in den letzten hundert Jahren, in: Tausend Jahre p. 344-356. – Franz M a y e r Die Errichtung des Bistums Prag, in: Millenium Ecclesiae Pragensis 973-1973 (Schriftenreihe des Regensburger Osteuropa-Instituts 1. Regensburg 1973) p. 23-42. – Anežka M e r h a u t o v á Katedrála pražských biskupů [Die Kathedralkirche der Prager Bischöfe], in: Umění 21 (1973) 81-92. – Vlado Alc. K a i s e r Die Gründung des Bistums Prag, in: Sacrum Pragense Millenium p. 9-23. – Augustin Kurt H u b e r Die Metropole Mainz und die böhmischen Länder, ibid. p. 24-57. – I d e m Das Verhältnis der Bischöfe von Prag und Olmütz zueinander, ibid. p. 58-76. – Wilhelm P f e i f f e r Die Bistümer Prag und Meißen. Eine tausendjährige Nachbarschaft, ibid. p. 77-109. – Peter H i l s c h Die Stellung des Bischofs von Prag im Mittelalter – Ein Gradmesser böhmischer „Souveränität"?, in: ZfO 23 (1974) 431-439. – I d e m Der Kampf um die Libertas ecclesiae im Bistum Prag, in: Bohemia sacra p. 13-26. – Mojmír Š v á b e n s k ý Několik neznámých synodálních statut pražského arcibiskupství [Einige unbekannte Synodalstatuten des Prager Erzbistums], in: Studie o rukopisech 13 (1974) 67-83. – Ferdinand S e i b t Tausend Jahre Bistum Prag. Besinnliches zu einem Millenium, in: Erbe und Auftrag. Benediktinische Monatsschrift 51 (1975) 253-269. – Rudolf T u r e k Listina Jindřicha IV z 29. dubna 1086 (DH IV. 390) a její teritoria [Die Urkunde Heinrichs IV. vom 29. April 1086 und ihre Territorien], in: Slavia Antiqua 22 (1975) 69-122. – František G r a u s Tausend Jahre Prager Bistum (Ein Literaturbericht), in: Jbb. f. Gesch. Osteuropas 23 (1975) 525-535. – Vlado Alc. K a i s e r Das Millenium des Prager Bistums im Spiegel der historischen Literatur, in: AKBMS 4 (1976) 194-204. – Karl R i c h t e r Adalbert, Bischof von Prag, in: Lebensbilder zur Geschichte der böhmischen Länder, hrsg. von Karl Bosl (München 1976) p. 9-26. – Emanuel P o c h e Umělecké památky Čech [Kunstdenkmäler Böhmens]. T. 1-4 (Praha 1977-1982). – Peter H i l s c h Herzog, Bischof und Kaiser bei Cosmas von Prag, in: Geschichtsschreibung und geistiges Leben im Mittelalter. Festschrift für Heinz Löwe. Hrsg. von Karl Hauck und Hubert Mordek (Köln-Wien-Graz 1978) p. 356-372. – Zdeňka H l e d í k o v á Kapituly s biskupskou kolací v Čechách do doby husitské a jejich místo v církevní správě [Kapitel mit bischöflicher Kollation in Böhmen bis zur Hussitenzeit und ihr Platz innerhalb der Kirchenverwaltung], in: In memoriam Zdeňka Fialy. Z pomocných věd historických (Praha 1978) p. 41-61. – Zdeněk B o h á č Pozemkova držba pražského arcibiskupství v době předhusitské [Der Grundbesitz des Prager Erzbistums in der vorhussitischen Zeit], in: Historická geografie 18 (1979) 165-203. – Ivan H l a v á č e k Diplomatisches Material in den narrativen Quellen des böhmischen Mittelalters bis zum Anfang des 13. Jahrhunderts in: Palaeographica, diplomatica et archivistica. Studi in onore di Giulio Battelli. T. II (Storia e letteratura. Raccolta di studi e testi 140. Roma 1979) p. 73-96. – František G r a u s St. Adalbert und St. Wenzel. Zur Funktion der mittelalterlichen Heiligenverehrung in Böhmen, in: Europa Slavica – Europa Orientalis. Festschrift für Herbert Ludat (Berlin 1980) p. 205-231. – Josef Ž e m l i č k a Spor Přemysla Otakara I. s pražským biskupem Ondřejem [Der Streit König Přemysl Ottokars I. mit dem Prager Bischof Andreas], in: ČsČH 29 (1981) 704-730. – Jaroslav L á n í k Vývoj pozemkové držby pražského arcibiskupství od 10. do 14. století [Die Entwicklung des Grundbesitzes des Prager Erzbistums vom 10. bis zum 14. Jh.], in: Historická geografie 20 (1982) 113-125. – Emanuel P o c h e e.a. Praha středověká

[Mittelalterliches Prag] (Praha 1983). – Tomáš D u r d í k - Petr C h o t ě b o r - Jan M u k Kláster kostela pražského na Pražském hradě [Das Kloster der Prager Kirche auf der Prager Burg], in: Archaeologica Pragensia 5 (1984) 113–123. – K a d l e c Přehled I–II. – Castrum Pragense I (Praha 1988). – Jan F r o l í k - Jan K l á p š t ě Praha a pražsky hrad v 11. a 12. století [Prag und die Prager Burg im 11. und 12. Jh.], in: Miasto zachodniosłowiańskie w XI–XII wieku. Społeczeństwo-kultura (Wrocław-Warszawa-Kraków 1991) p. 103–118. – Knut G ö r i c h Ein Erzbistum in Prag oder Gnesen?, in: ZfO 40 (1991) 10–27. – Peter H i l s c h Familiensinn. – Ivan H l a v á č e k Ľ exploitation du matériel diplomatique dans les chroniques de la Bohême médiévale, in: Ľhistoriographie médiévale en Europe. Actes du colloque organisé par la Fondation Européenne de la Science au Centre de Recherches Historiques et Juridiques de ľUniversité Paris I du 29 mars au 1er avril 1989, édités par Jean-Philippe Genet (Paris 1991) p. 77–88. – I d e m Pražští a olomoučtí biskupové ve svědečných řadách přemyslovských a císařských listin [Die Prager und Olmützer Bischöfe in den Zeugenreihen der Přemysliden- und Kaiserurkunden], in: Acta Universitatis Carolinae. Historia Universitatis Carolinae 31 (1991) 11–21. – Zdeňka H l e d í k o v á (Arci)biskupský dvůr v Praze do doby husitské [Der (erz)bischöfliche Hof in Prag in der Hussitenzeit], in: Documenta Pragensia 9 (1991) 341–360. – E a d e m Jan IV z Dražic (1301–1343) (Studie a texty 6. Praha 1991). – E a d e m Millenium pražského biskupství [Millenium des Prager Bistums], in: ČČH 89 (1991) 421–429. – Jiří K e j ř O říšském knížectví pražského biskupa [Über den Reichsfürstenstand des Prager Bischofs], ibid. p. 481–492. – Ursula S w i n a r s k i Herrschen mit den Heiligen. Kirchenbesuche, Pilgerfahrten und Heiligenverehrung früh- und hochmittelalterlicher Herrscher (ca. 500–1200) (Geist und Werk der Zeit 78. Bern-Berlin-Frankfurt a.M. e.a. 1991) p. 175–184 [de fundatione episcopatus Pragensis]. – Jiří B u r i a n Prager Kirchen – Prague's Churches (Prag 1992). – Rostislav N o v ý K zakládací listině pražského biskupství [Zur Gründungsurkunde des Prager Bistums], in: Traditio et cultus. Miscellanea historica bohemica Miloslao Vlk, archiepiscopo Pragensi, ab eius collegis amicisque ad annum sexagesimum dedicata. Ed. Zdeňka Hledíková et Karel Beránek (Praha 1993) p. 13–21. – Rudolf T u r e k St. Adalberts geistiger Kampf in den politischen Wirren des 10. Jahrhunderts, in: AKBMS 12 (1993) 7–18. – Zdeňka H l e d í k o v á Biskupské a arcibiskupské centrum ve středověké Praze [Das bischöfliche und erzbischöfliche Zentrum im mittelalterlichen Prag], in: Pražský sborník historický 27 (1994) 5–23. – Zdeněk D r a g o u n Konflikt knížete Soběslava s biskupem Menhartem a jeho líčení tzv. Kanovníkem vyšehradským [Der Streit des Herzogs Sobeslav mit dem Bischof Meinhard und seine Beschreibung durch den sog. Vyšehrader Kanoniker], in: Mediaevalia historica Bohemica 4 (1995) 71–78. – Anna P e t i t o v a - B é n o l i e l Ľ église à Prague sous la dynastie des Luxembourg (1310–1419) (Middeleeuwse studies en bronnen 52. Hilversum 1996). – Oldřich P a - k o s t a Typologické srovnání pečetí arcibiskupů pražských, biskupů olomouckých, litomyšlských a vratislavských z let 1344–1421 s důrazem na ikonografii [Typologischer Vergleich der Siegel der Erzbischöfe von Prag sowie der Bischöfe von Olmütz, Leitomischl und Breslau aus den Jahren 1344–1421 mit besonderer Berücksichtigung ihrer Ikonographie], in: Východočeský sborník historický 6 (1997) 139–164. – Handbuch der historischen Stätten p. 470–491. – Egon B o s h o f Mainz, Böhmen und das Reich im Früh- und Hochmittelalter, in: Archiv f. mittelrhein. Kirchengesch. 50 (1998) 11–40. – Johannes F r i e d Der hl. Adalbert und Gnesen, ibid. p. 41–70. – Zdeňka H l e d í k o v á Prag zwischen Mainz und Rom. Beziehungen des Bistums zu seiner Metropole und zum Papsttum, ibid. p. 71–88. – E a d e m Die Einflüsse päpstlicher Urkunden und Kanzleibräuche auf das Urkunden- und Kanzleiwesen der Bischöfe und Erzbischöfe von Prag (Prolegomena), in: Papsturkunden und europäisches Urkundenwesen. Studien zu ihrer formalen und rechtlichen Kohärenz vom 11.–15. Jahrhundert, hrsg. von Peter Herde und Hermann Jakobs (ADipl. – Beiheft 7. Köln-Weimar-Wien 1999) p. 97–121. – Jan F r o l í k Dům pražského biskupa na Pražském hradě do konce 13. století na základě archeologického výzkumu v roce 1984 [Das Haus des Prager Bischofs auf der Prager Burg bis zum Ende des 13. Jhs. auf Grundlage archäologischer Forschungen des Jahres 1984], in: Castrum Pragense 2 (1999) 169–202. – Milan M. B u b e n Encyklopedie biskupů. – Pavel K r a f l K dochování statut pražských arcibiskupů v Moravském zemském archivu [Zu den erhaltenen Statuten der Prager Erzbischöfe im Mährischen Landesarchiv], in: Archivní časopis 50 (2000) 213–222. – Dušan T ř e š t í k Die Gründung des Prager und des mährischen Bistums, in: Europas Mitte um 1000. Bd. 1 (Stuttgart 2000) p. 407–410. – G a t z Bischöfe (I) p. 575–598. (II). (III) passim. – James R. P a l m i t e s s a The Archbishops of Prague in Urban Struggles of the Confessional Age, 1561–1612, in: The Bohemian Reformation and Religious Practice. Vol. 4. Papers from the IV. International Symposium on the Bohemian Reformation and Religious Practice under the auspices of the Philosophical Institute of the Academy of Sciences of the Czech Republic held at Vila Lanna, Prague 26–28 June 2000. Ed. Zdeněk V. David and David R. Holeton (Praha 2002) p. 261–273. – Andrzej P l e s z c z y ń s k i Sobiesław I – *Rex Ninivitarum*. Ksiażę czeski w walce z ordynariuszem praskim Meinhardem, biskupem Rzeszy [Sobeslaus I – *Rex Ninivitarum*. Der böhmische Herzog im Kampf mit dem Prager Ordinarius und Reichsbischof Meinhard], in: Monarchia w średniowieczu – władza nad ludźmi, władza nad terytorium. Festschrift für Henryk Samsonowicz. Hrsg. v. Jerzy Pysiak e.a. (Warszawa-Kraków 2002) p. 125–138. – G a t z Bistümer p. 574–589. – David K a l h o u s Jaromír-Gebhard, pražský biskup a říšský kancléř (1038–1090). Několik poznámek k jeho životu [Jaromir-Gebhard, Bischof von Prag und Reichskanzler (1038–1090). Einige Bemerkungen zu seinem Leben], in: Mediaevalia Historica Bohemica 9 (2003) 27–45. – Michal S k o p a l Series ducum et regum Bohemiae, necnon episcoporum et archiepiscoporum Pragensium (K otázce stáří pramene Dobnerovy datace založení řádové komendy johanitů na Malé Straně) [(Zur Frage der alten Quellen der Dobnerschen Datierung der Gründung der Ordenskommende auf der Kleinseite)], in: Sborník prací východočeských archivů 9 (2004) 13–75. – Dušan T ř e š t í k K založení pražského biskupství v letech 968–976: pražská a řezenská tradice [Zur Gründung des Prager Bistums in den Jahren 968–976: die Prager und die Regensburger Tradition], in: Vlast a rodný kraj v díle historika. Sborník prací žaků a přátel věnovaný profesoru Josefu Petráňovi. Red. Jaroslav Pánek (Praha 2004) p. 179–196. – Pavel K r a f l Provincial and legatine statutes of the archbishops of Prague, in: Quaestiones medii aevi novae 8 (2003) 289–300. – David K a l h o u s Záhadné počátky pražského biskupství [Rätselhafte Anfänge des Prager Bistums], in: Evropa a Čechy na konci středověku. Sborník příspěvků věnovaných Františku Šmahelovi (Praha 2004) p. 195–208. – Arnošt z Pardubic (1297–1364). Osobnost – okruh – dědictví [Ernst von Pardubitz. Persönlichkeit – Umfeld – Erbe]. Ed. Lenka Bobková e.a. (Wrocław-Praha-Pardubice 2005). – Dušan T ř e š t í k Slawische Liturgie und Schrifttum im Böhmen des 10. Jahrhundert. Vorstellungen und Wirklichkeit, in: Der heilige Prokop, Böhmen und Mitteleuropa (Praha 2005) p. 205–236. – G a t z Wappen p. 463–474. – Klaus v a n E i c k e l s Bistumgründungen um das Jahr 1000, in: Das Bistum Bamberg in der Welt des Mittelalters. Vorträge der Ringvorlesung des Zentrums für Mittelalterstudien der Otto-Friedrich-Universität Bamberg im Sommersemester 2007. Hrsg. von Christine und Klaus van Eickels (Bamberger interdisziplinäre Mittelalterstudien. Vorträge und Vorlesungen 1. Bamberg 2007) p. 33–64. – Peter L a n d a u Kanonistische Ergänzungen zur Germania und Bohemia Pontificia. Päpstliche Dekretalen an Empfänger im Reich zwischen 1140 bis 1198, in: Sacri canones p. 241–257. – Zdeňka H l e d í k o v á Arnošt z Pardubic. Arcibiskup, zakladatel, rádce [Ernst von Pardubitz. Erzbischof, Stifter, Ratgeber] (Velké postavy českých dějin 10. Praha 2008). – Marzena M a t l a - K o z ł o w s k a Pierwsi Przemyślidzi i ich państwo (od X do połowy XI wieku) [Die ersten Přemysliden und ihr Staat (vom 10. bis zur Mitte des 11. Jhs.)] (Poznań 2008). – G a t z Atlas p. 118sq. 169–172. 240–242. 257. – Zdeňka H l e d í k o v á Svět české středověké církve [Die Welt der böhmischen mittelalterlichen Kirche] (Praha 2010).

Episcopatus Pragensis

De primordiis christianae fidei in Bohemia, quae antea pars Magnae Moraviae erat, cf. supra sub Magna Moravia, ubi invenies, a. 845 XIV duces Boemorum Ratisbonae baptizatos fuisse (cf. Dušan Třeštík The baptism of the Czech princes in 845 and the

christianization of the Slavs, in: Historica s. n. 2 [1995] 7–59 cum operibus laudatis).
Termini episcopatus e privilegio Heinrici IV imperatoris a. 1086 dato elucent
(v. n. 60).

Origines episcopatus Pragensis nondum penitus sunt explanatae, quod partim
ad vitiosum disparatumque fontium traditionem, partim ad opiniones virorum doctorum nationalibus controversiis infectas reducendum est. Omnia argumenta pro et
contra singulares opiniones adhuc prolata disserendi nostri non est. E fontibus usque
ad nostra tempora restantibus fundatio episcopatus Pragensis ita peracta esse videtur:
a. 966/67 Mlada, filia Boleslai I ducis Bohemorum, Romam peregrinavit, ubi a Johanne XIII inter alia (de fundatione monasterii monialium ad s. Georgium in arce
Pragensi facta cf. Praha, Sv. Jiří n. *?1) licentiam fundandi episcopatus in Praga, ubi
iam ecclesia parrochialis existebat, sine dubio patre iubente, petivit, cui petitioni papa
privilegio suo (n. †?1) consensit. Hac licentia data actus fundationis coepit diu se pro-
trahens, quoniam complures partes in regno Theutonico respiciendae erant. Dux Bohemiae (Boleslaus I aut II; obiit ille iam a. 967) ab Ottone I imperatore, fortasse etiam
ab eius ,fidelissimo socio' Heinrico duce Bavariae, petivit, ut apud Michaelem episcopum Ratisponensem, quondam archipresbyterum Pragensem, Bohemiam ex dioecesi
eius, cui eatenus subiecta fuerat, eximeretur. Cum idem autem parrochiam suam nequaquam diminui vellet, totum coeptum obstruebatur. Michaele vero defuncto († 972)
novoque episcopo Wolfgango nomine consecrato (a. 972 ex.) fundationi episcopatus
Pragensis iterum opera data est. Verisimiliter in conventu paschali Quedlinburgi
a. 973 facto beneplacitum Wolfgangi ad fundationem episcopatus Pragensis ,acceptis
pro parrochia praediis' (Othloni Vita s. Wolfkangi ep. c. 29, Mon. Germ. Script. IV
538) impetratum est. Obitus vero Ottonis I imperatoris nec non rebellio Heinrici Bavariae et Boleslai Boemiae ducum contra novum imperatorem Ottonem II a. 974 in.
(Annales Altahenses maiores ad a. 974, ed. Oefele, Mon. Germ Script. rer. Germ.
IV 12) prohibuerunt, ne fundatio episcopatus succederet. Omnibus impedimentis superatis a. 975 ex. aut 976 in. demum primus episcopus Pragensis Diethmarus, olim
monachus monasterii Corbeiensis, a Willigiso archiepiscopo Maguntino in Bruchma-
god (*Brumath*) consecratus est (Catalogi episcoporum Argentinensium, ed. O. Holder-Egger, Mon. Germ. Script. XIII 323), cuius etiam suffraganeus novus episcopus ex
illo tempore erat (de causis cf. Beumann-Schlesinger Urkundenstudien p. 236–250).
Eodem anno una cum quatuor aliis suffraganeis Maguntinensis ecclesiae quandam
sententiam metropolitani sui confirmavit (v. n. *3).

Diethmaro mortuo Vojtěch seu Adalbertus ex stirpe Slavnicidorum in conventu magno procerum Bohemiae 983 febr. 19 in episcopum Pragensem secundum
electus, deinde Veronae ab Ottone II investitus (tempore fortasse illo unio episcopatuum Pragensis et Moraviensis facta est; v. n. *4sq.) et paucis septimanis post a Willigiso archiepiscopo Maguntino consecratus est (de eo eiusque rebus gestis cf. vitas suas
una cum copiosissimis operibus in bibliographia a. 2000 edita collectis, v. supra p. 61).
Novo quidem episcopo Pragensi solum quinque anni in dioecesi sua remanserunt; ob
controversias enim cum duce et populo ortas a. 988 ex. Pragam reliquit et se Romam
contulit, ubi in monasterio ss. Bonifatii et Alexii in monte Aventino sito a Johanne XV
papa collocatus est (v. n. *6). Metropolitano suo Willigiso urgente a. 992 Pragam rediit

et monasterium Brevnovense prope Pragam situm fundavit, quod Iohannes XV sub tuitione suscepit varia ei largiendo privilegia (v. n. *9–* †11). Litibus cum duce Bohemorum denuo accensis Pragam iterum reliquit, a. 994/95 in Hungaria moratus est, postremo in monasterium suum Romae se recepit. A. 996 Willigisus Romam profectus est desiderans, Adalbertum Pragam rediturum, quemadmodum et synodus tempore illo congregata ei imposuit. Eodem tempore Gregorius V papa licentiam dedit, ut si in commissis sibi animabus dignos fructus agere nequivisset, ad paganos praedicandi causa iret (v. n. *14). Tota paene stirpe eius interfecta regrediendique Pragam facultate sublata praedicandi causa se per Poloniam in Prussiam direxit, ubi 997 april. 23 martyrizatus est. Corpore eius a Boleslao duce Polonorum redempto et in ecclesia Gneznensi (qua ecclesia tribus annis post in sedem metropolitanam promota est, cf. propediem Polonia Pont. Gniezno, Archiepisc.) condito, iam a. 999 a Silvestro II canonizatus est.

De Adalberti in episcopatu successoribus Thieddago (998–1017), Ekkehardo (1017–1023), Hizzone (1023–1030; n. 14) cf. Wilhelm Wostry in: Sudetendeutsche Lebensbilder 2 (Reichenberg 1930) 1–27 et Hilsch in: DA. 28 (1972) 31–37. Severus episcopus (1030–1067) a. 1039 una cum Bretislao duce (de quo cf. Barbara Krzemieńská Břetislav I. [Praha 1986]) armata manu Poloniam invasit, reliquias s. Adalberti Pragam secum transferens (cf. Cosmae Chron. II 6), ubi usque ad dies nostros iacent. Inter alia propter reliquias raptas Severus et Bretislaus apud sedem apostolicam accusati sunt (n. *16), sed nuntii eorum orationibus sollertibus et pecuniis iudicium favorabile assecuti sunt (n. *18); insuper a Benedicto IX pallium petivit (*19). Severus cum Leone IX bis convenit (n. 20 et *21) et Alexandero II litteras misit (n. 24). Pontificatu Severi exeunte Vratislaus dux Bohemiam iterum in duos episcopatus, Pragensem et Moraviensem, divisit, quam ob rem episcopi Pragenses possessionibus redditibusque in Moravia recompensati sunt.

Severo mortuo ducis Bretislai I († 1055) filius Iaromirus seu Gebehardus ei successit (de persona et tempore cf. Novotný I 2, passim; Hilsch Familiensinn [1991] et Kalhous Jaromír-Gebhard [2003]). Sub eius pontificatu magna contentio de episcopatu nuper restituto Moraviensi exorta est, quae et Alexandri II et Gregorii VII nec non legatorum eorum curam occupavit et arbitriorum inter sese contradicentium causa fuit. Iterum atque iterum lites cum Vratislao duce Bohemorum, fratre suo, exortae (n. *25–57) ambitionem suam accenderunt, qua de causa una cum duobus fratribus iunioribus, Conrado et Ottone Moraviensibus ducibus, contra Vratislaum coniuraret. Inde ab a. 1077 officia rei publicae suscepit ab Heinrico IV rege in cancellarium nominatus. Hoc officio fungens coronationi imperiali Heinrici IV a Clemente (III) a. 1084 factae interfuit (n. 58) et una cum multis imperii episcopis Gregorium VII assectatoresque eius in conventu magno Maguntino a. 1085 celebrato excommunicavit (n. *59). Grato erga Gebehardum animo Heinricus novae unioni episcopatuum Pragensis et Moraviensis consensit et in conventu supra memorato sive paulo post cancellario suo in Bohemiam recedenti quoddam privilegium concessit, de quo inter viros doctos diu controversia vertebatur (v. n. 60 adn.). Mox a Clemente (III) haec unio confirmata fuisse dicitur (n. *61). Maguntiae quoque Vratislaus ab imperatore regali ad personam honore decoratus est. Sed Vratislaus novam dignitatem adeptus unioni

episcopatuum obstitit et a. 1088/89 capellanum suum Wezilonem in novum episcopum Moraviensem postulavit. His factis spe destitutus Gebehardus Bohemiam reliquit et in Hungariam cessit, ubi iam 1090 iun. 26 obiit (cf. Bertold Bretholz Studien zu
Cosmas III. Das Todesjahr des Prager Bischofs Gebhard, in: NA 35 [1910] 679–684;
Hilsch Familiensinn [1991] p. 229; Kalhous Jaromír-Gebhard [2003] p. 43).

Cosma novo episcopo Pragensi sedente (1091–1098) a. 1093 pseudoepiscopus
quidam Rotpertus Pragam venit et multa sacramenta sacra fraudulenter administra-
vit; Clementem III (Wibertum), postquam Bohemi Rotpertum nequaquam esse episcopum innotuissent, rogaverunt, quidnam fieri deberent (n. *62 et *63). Successor
Cosmae Herimannus (1099–1122) a. 1100 a Röperto, episcopo Faventino [*Faenza*] et
legato apostolico, consecratus est (n. *64), de quo cf. ibid. In schismate Anacletiano
Meginhardus episcopus Innocentem II adiuvavit et synodo Remensi interfuit (n. *66).
Tres annos post episcopus Pragensis a legato apostolicae sedis accusatus et ad audientiam apostolici accedere iussus est, qua de re vero nescimus (n. *67). Etiam successor
eius Iohannes a. cr. 1135 coram legato apostolico Theodewino causam dicere debuit
(n. *72). A. 1143 Guido diaconus cardinalis ab Innocentio II in Bohemiam destinatus
reformationem ecclesiae in orientali Europa promovere studuit, ut multa vitia clericorum Bohemiae exstirparet (n. 76). Heinrico Sdík Moraviensi episcopo (1126–1150)
sedente, qui nonnulla monasteria ordinum novorum (sc. Cisterciensium et Praemonstratensium inter alia in locis q. d. Plasy et Strahov) fundaverat, etiam in dioecesi Pragensi postulationes de vita ecclesiastica reformanda ad effectum perductae sunt.
A. 1148 Daniel I (1148–1167) in episcopum Pragensem ordinatus est (de eo cf. Hilsch
Bischöfe p. 58–138 et novissime Uebach Ratgeber [2008] p. 178–184), qui inter prae-
clarissimos Bohemiae episcopos enumeratur et praecipue in schismate a. 1159 exorto
saepius legatione imperiali atque Vladislai I ducis Bohemiae fungebatur. Eum quidem
et Heinricum episcopum Verdensem Friderico I imperatori et Victori IV munera prae-
stantes (n. *84–*94) videmus. Daniel vero legatus eorum in Hungariam et Bohemiam missus est, ut has terras oboedientiae Victoris adtraheret (n. *91 et *92). Daniele mortuo Vladislaus rex minus idoneos episcopos designabat usque ad
Heinricum-Bretislaum ex stirpe Premislidorum, qui a. 1182 sedem Pragensem ascen-
dit (1182–1197). Imperatore adiuvante, qui in eo exoptatum auxilium ad ecclesiam
Bohemicam a dominatione regum Bohemiae emancipandam conspexit, episcopos a
munere prout capellanos ducum Bohemiae fungendi solvi consecutus est. A. 1187
Heinricus-Bretislaus statum principis imperii per bullam auream Friderici I imperatoris est adeptus (bulla deperdita commemoratur in Gerlaci abbatis Milovicensis Annalibus ad a. 1187 [Mon. Germ. Script. XVII, 693 (14); Font. rer. Bohem. II 480; cf.
etiam Hilsch Bischöfe p. 181–187]). In ea continetur, ,quod Pragensis episcopus more
Teutonicorum episcoporum ab omni subiectione ducis debeat esse liberrimus, soli
tantum imperatori subiectus vel obnoxius, cuius imperii est princeps, cuius visitat cu-
rias, a quo suscipit sceptrum et investituram'. Amplior porro auctoritas Heinrico episcopo a. 1193 obvenit, cum ducatum Bohemorum, duos post annos etiam marchionatum Moraviae a Heinrico VI imperatore in feudum acciperet. Sed status iste rerum
non longe perduravit. Episcopo Heinrico mortuo successor eius in ducatu Bohemiae
Vladislaus Heinricus Danielem Milík in episcopum Pragensem designavit atque

a. 1197 primum vice regis Romanorum investivit. Deinde episcopi Pragenses ducibus Bohemorum, dein regibus Bohemiae etiam homagium facere debebant. Suppletum et confirmatum est hoc ius investiendi in privilegio (deperdito) Philippi regis a. 1198 (Böhmer-Ficker n. 20) et in bulla aurea Friderici II regis a. 1212 datis (cf. Friedrich Cod. dipl. Bohem. II 92 n. 96; Mon. Germ. Dipl. Friderici II n. 171 et novissime Martin Wihoda Zlatá bula sicilská. Podivuhodný příběh ve vrstvách paměti [Die sizilische Goldbulle. Eine staunenswerte Geschichte innerhalb der Erinnerungsschichten] [Edice Historické myšlení 26. Praha 2005]).

Saec. XII ex. Premislaus Ottocarus I rex ius eligendi episcopum capitulo Pragensis ecclesiae concessit, sed inde ab a. 1206 semper rex ipse investituram episcopi perficere consueverat. Eo regnante etiam controversia magna de libertatibus ecclesiae orta est cum Andrea episcopo, quae a. 1221 denique concordia facta finita est (Friedrich Cod. dipl. Bohem. II 200 n. 216; cf. etiam Josef Žemlička in: ČsČH 29 [1981] 704–730), qua rex immunitates pro bonis ecclesiasticis et exemtiones iurium cleri agnosceret (Friedrich Cod. dipl. Bohem. II 203 n. 217. 210 n. 227). Auctoritas episcopi hoc modo restituta res dioeceseos reformare adiuvit: ex nonnullis magnis parrochiis capitula collegiata fundata et novae parrochiae erectae sunt. Praeterea decanatus rurales instituti sunt, ita ut postremo dioecesis Pragensis 57 decanatus et 2087 parrochias contineret, quae episcopis subiectae erant. Nihilominus episcopis Pragensibus numquam contigit proprium dominium terrae adipisci.

Andrea mortuo Innocentius IV bis in creationem episcoporum Pragensium invasit, rege vero desiderante electio capituli de novo confirmata est. Unus de praeclaris episcopis Tobias de Bechyně (1278–1296) huius temporis erat, qui pro Venceslao I rege adhuc minorenni inde ab a. 1283 regnum gubernavit (de eo cf. J. Kadlec in: Regenburg und Böhmen [1972] p. 119–172). Ex pontificatu eius prima statuta dioecesana (de synodis Pragensibus cf. novissime Jaroslav V. Polc-Zdeňka Hledíková Pražské synody a koncily předhusitské doby [Praha 2002]) et primordia decanatuum tradita sunt. Saec. XIV in. Iohannes de Dražice (1301–1343) praedecessoris exemplum in regimine regni gerendo aemulatus est, sed oppositio firma baronum eum coegit in exsilium Avinionense ire, ubi undecim annos moratus est.

A. 1341 Benedictus XII dioecesim Pragensem e provincia Maguntinensi exemit et episcopo Pragensi ius regem Bohemiae coronandi detulit (Mon. Vat. Bohem. tomus prodromus n. 1363 et 1368). Regimine Caroli IV ineunte (1344) postremo archiepiscopatus Pragensis sub primo metropolitano Arnesto de Pardubitz (de eo cf. novissime Zdeňka Hledíková in: Gatz Bischöfe [I] 587–589 et eadem Arnošt z Pardubic. Arcibiskup, zakladatel, rádce [Ernst von Pardubitz. Erzbischof, Stifter, Ratgeber] [Velké postavy českých dějin 10. Praha 2008]) erectus est cum suffraganeis Olomucensi et Lithomericensi. Ipso anno etiam fundamenta novae cathedralis ecclesiae in stilo gothico aedificandae posita sunt (cf. p. 108). Karolus IV insuper adeptus est, ut Innocentius VI archiepiscopo Pragensi a. 1365 titulum legati nati cum speciali potestate intra suam provinciam atque in dioecesibus circumiacentibus (Misnensi, Bambergensi Ratisbonensique; usque ad a. 1396) indulgeret (de archiepiscopo legato nato cf. Z. Hledíková in: Regensburg und Böhmen [1972] p. 221–256).

Saec. XV in. ille Iohannes Hus ecclesiam reformare studuit, sed ipso Constan-
tiae a. 1415 concremato bella Hussitica exorta sunt, quibus ordo traditus ecclesiae Bohemicae penitus est eversus (de motu Hussitico cf. novissime F. Šmahel Die hussitische Revolution t. 1–3 [Hannover 2002]). Archiepiscopo ipso ad Utraquistas se
converso loco eius episcopus Olomucensis ex sedis apostolicae mandato administratione ecclesiae Pragensis fungebatur. Itaque evenit, ut usque ad a. 1561 nullus archiepiscopus Pragae residens a sede apostolica approbaretur. Demum Antonius Brus de
Müglitz (1561–1580) una cum regibus e stirpe Habsburgica coepit ecclesiam catholicam ratione concilii Tridentini restaurare. Sub pontificatu Harrach cardinalis (1623–
1667) dioecesis Pragensis in 23 vicariatus divisa est et novi episcopatus suffraganei
sunt formati: a. 1655 Lithomericensis *(Litoměřice-Leitmeritz)* et a. 1664 Reginohrade-
censis *(Hradec Králové-Königgrätz)*. Josepho II regnante administratio ecclesiastica
rei publicae subiecta est; eodem tempore multa monasteria Bohemiae suppressa sunt.
A. 1948 bona ecclesiastica et episcopalia a novo regimine communistico detracta
sunt; controversiae de restitutione bonorum usque ad dies nostros perdurant. Hodie
archiepiscopatus Pragensis 14 decanatus et 247 parrochias amplectitur; archiepiscopatus autem suffraganei sunt quattuor: Budovicensis *(České Budějovice-Budweis)*, Re-
ginae Gradecensis, Litomericensis et Pilznensis *(Plzeň-Pilsen)*.

De t a b u l a r i o archiepiscopatus, quod hodie in Archivo nationali Pragensi asservatur, cf. imprimis Antonín Podlaha Povšechný katalog arcibiskupského archivu v
Praze [Allgemeiner Katalog des Erzbischöflichen Archivs zu Prag] (Praha 1925) et
novissime Průvodce I 3, 15–69 (cum operibus laudatis).

De b i b l i o t h e c a episcoporum ac archiepiscoporum Pragensium nihil.

P   = Apogr.: ms. epistolarum Ivonis Carnotensis a. 1416 conscriptum, olim in bibliotheca ca-
         pituli metropolitani s. Viti Pragensis, nunc in Praha Archiv Pražského hradu, Knihovna
         metropolitní kapituly u sv. Vita, sign. G XXXI; microforma: č. 1024, kopie: P, inv. č. 814.
O   = Apogr. in ms. CO 464 (saec. XV) Bibliotheca capituli Olomucensis, nunc Opava Zemský
         Archiv, Pobočka Olomouc (de ms. cf. p. 175).
V   = Apogr.: Wien Österreichische Nationalbibliothek, ms. n. 2178 (saec. XII ex.).

†?1   *Roma (967?–ante 972 sept. 6)*

I o h a n n e s XIII Bolezlao (I aut II) duci catholicae fidei alumno: refert de relativa
eius (i.e. germana soror) nomine Mlada, quae et Maria, quae inter ceteras petitiones
extulerit ex parte eius preces, scilicet ut apostolico assensu in principatu eius liceret
fieri episcopatum; quod laeto animo suscipiens annuit statuens, ut ad ecclesiam s. Viti
et s. Wenczelai martyrum fiat sedes episcopalis, ad ecclesiam vero s. Georgii martyris
sub regula s. Benedicti et oboedientia abbatissae Mariae constituatur congregatio
sanctimonialium; mandat ei, ut non secundum ritus aut sectam Bulgariae gentis vel
Ruziae aut Sclavonicae linguae, sed magis sequens instituta et decreta apostolica
unum potiorem totius ecclesiae ad placitum eligat in hoc opus clericum, latinis adprime litteris eruditum. – Iustum est benivolas.

Insert. in Cosmae Chron. I 22 ad a. 967 (ed. Bretholz p. 43; ed. Emler in Font. rer. Bohem. II 36);
apud Annalistam Saxonem (ed. Waitz in Mon. Germ. Script. VI 619, ed. Nass ibid. XXXVII 208), in

Pulkavae Chron. (Font. rer. Bohem. V 24) et in Johannis de Marignola Chron. (ed. Emler in Font. rer. Bohem. III 532). – Laud. etiam in Auctario Altahense ad a. 967 (ed. A. Hofmeister in Mon. Germ. Script. rer. Germ. XLV 482), in Annalibus Osterhovensibus (ed. W. Wattenbach in Mon. Germ. Script. XVII 539), in Canonici s. Blasii Brunsvicensis Chron. Boemorum ad a. 967 (ed. O. Holder-Egger in Mon. Germ. Script. XXX 38), in Johannis Neplachonis Chron. ad a. 967 (ed. J. Emler in Font. rer. Bohem. III 463), in Johannis de Marignola Chron. (ed. Emler in Font. rer. Bohem. III 595). – Edd. Joannes Mabillon Acta Sanctorum ordinis S. Benedicti saec. V (Lutetiae Parisiorum 1672) 833. Goldast Commentarii de regni Bohem. juribus. Appendix col. *249 n. 4 (transl. germ. ibid. t. II: Beylagen p. 170 n. 2). Lünig Cod. Germ. dipl. I 953. Bullarium Romanum ed. Cocquelines (Romae 1739) I 267 = Migne PL 135, 997 n. 32 = Bullarium Romanum Taurinense ed. Tomassetti (Augustae Taurinorum 1857) I 425. Balbinus Miscellanea I 6, 8 n. 5. Lünig Cod. Germaniae dipl. I 954. Dobner Annales IV 164. Boczek Cod. dipl. Morav. I 86 n. 108. Ginzel Anhang p. 79. Jireček Cod. juris Bohemici I 13. Bil'basov Kirill' i Mefodij I 155 n. 21 = Teodorov-Balan Kiril i Metodi II 232 n. 5. Friedrich Cod. dipl. Bohem. I 342 n. 371. Dvornik Making p. 75 adn. 92. Magnae Moraviae Font. III 272 n. 130. Kaiser Gründung p. 12. Magnae Moraviae Font. III 272 n. 130 (fragm.). Zimmermann Papsturkunden 355 n. †181. Třeštík Slawische Liturgie p. 232 adn. 149. – Regg. Lünig Cod. Germ. dipl. I 954. Georgisch Regesta p. 249 n. 28. Erben Regesta I 29 n. 67. Bil'basov Kirill' i Mefodij I 40 n. 25. Gombos Catalogus II 1334 n. 3199. Swinarski Herrschen p. 417 n. 130. Böhmer-Zimmermann n. †427. J. CCCLXX. JL. †3720.

Privilegium – verisimile spurium – Iohannis XIII, quod solum in Cosmae opere reperimus, recentiores auctores vero e Cosma exscripsisse videntur, cf. Max Dvořák O listině papeže Jana XIII. v kronice Kosmově, in: Sitzungsberichte der königl. böhm. Gesellschaften d. Wissenschaften. Philos.-histor.-philolog. Klasse Jg. 1899 (Prag 1900) č. XII (p. 1–5); Naegle Kirchengeschichte I 2, 390–403 et Stasiewski Untersuchungen p. 122–126 (cum operibus laud.) et nuper Rostislav Nový K zakládaci listině (1993); Jiří Veselský K pravosti listu Jana XIII. v Kosmově kronice [Zur Echtheit der Urkunde Johannesʼ XIII. in der Chronik von Kosmas], in: Listy filologické 111 (1988) 76–82 et Böhmer-Zimmermann l.c.

De fundatione episcopatus Pragensis cf. Naegle Die Gründung des Bistums Prag, in: Deutsche Arbeit 9 (1910) 395–427; idem Kirchengeschichte I 2, 385–517; Zdeněk Fiala Dva kritické příspěvky (1962) p. 56–63 et novissime Třeštík Gründung (2000) p. 407–410; idem K založení (2004); Kalhous Záhadné počátky (2004) atque van Eickels Bistumsgründungen p. 51–53. Třeštík Gründung (2000) p. 407 fundationem episcopatus Pragensis Ottoni I vel II imperatori attribuendam esse denuo negavit eamque omnino Boleslao I soli adiudicavit (Žemlička Čechy p. 23 eam Boleslao II adscribit). Van Eickels l.c. vero traditae opinioni de artius cooperantibus imperatore/imperatoribus et duce Bohemorum in episcopatum in Bohemia promovendum adhaeret. Ista opinio cum rationibus illius temporis melius congruere videtur, cum sola incursio Boleslai Wolfgangum episcopum Ratisponensem vix ad cessionem partis territorii dioeceseos suae admovisset. Etiam papa solus facultatem ad territorium episcopatus Ratisbonensis dividendum non possidebat. At imperatori fundationi novi episcopatus in sede Pragensi benevolo Wolfgangus nuper investitus hoc vix denegare potuit. Qua de causa sententiae Třeštikianae de parva auctoritate imperatorum in rebus Bohemicis, quae in permultis locis operum suorum de historia Bohemiae tractantium sustinet (novissime in: Europas Mitte um 1000. Bd. 1 [Stuttgart 2000] p. 407–410), reiciendae sunt. Etiam Hledíková in: Bistümer p. 575 Boleslaum II Bohemorum ducis, Ottonem I imperatorem et Iohannem XIII in episcopatu Pragensi condendo pari opera egisse minime negat.

cf. etiam Bohemia, Duces ac reges n. †?2; Praha, Eccl. cath. n. †?1; Praha, Sv. Jiří n. †?2.

*†2   *(ante 972 sept. 6)*

I o h a n n e s XIII Boleslao (I aut II duci Boemiae): mittit ad vota eius episcopum (Dithmarum de Saxonia) et erigit ecclesiam Pragensem in cathedralem, mandans, ut non secundum ritum Graecorum, sed secundum ritum Romanae ecclesiae divina officia celebrentur.

Exc. in Hilarii Litomericensis s. ecclesiae Pragensis decani Disputatione cum Ioanne Rokyczana coram Georgio rege Bohemiae per quinque dies habita anno MCCCCLXV (ed. Bened. W. Strahl [Pragae 1775] p. 3sq.). – Reg. JL. –.

De re et tempore cf. Kadlec Auf dem Wege p. 43 et Kaiser Gründung p. 15sq. – Ambo clerici disputantes litteras Iohannis XIII a Cosma traditas (n. †?1) recitavisse atque ex approbatione episcopatus fundandi destitutionem aliter ignoti primi episcopi eo tempore factam deducisse videntur.

De Dithmaro, qui et Thietmarus (973–982), cf. Novotný I 1, 591sq. et sparsim; Johannes Schlenz Dietmar, in: Sudetendeutsche Lebensbilder 1, hrsg. v. Erich Gierach (Reichenberg 1926) p. 63sq.; Kadlec Přehled I 61sq.; Buben Encyklopedie biskupů p. 60sq.

*3   *Mainz 976 april. 28*

(B e n e d i c t i VII) auctoritate, astipulantibus assessoribus suis episcopis, inter quos (Dithmaro) Pragensi, Willigisus archiepiscopus Moguntiacensis statuit de depositione cantoris (Aschaffenburgensis).

v. Olomouc, Episc. n. *3; Mainz, Archiepisc. n. 79, Germ. Pont. IV 80 (Stimming Mainzer UB. I 134 n. 219; Marsina Cod. dipl. Slovaciae I 46 n. 47; Thiel UB. Aschaffenburg I 27 n. 8; Böhmer-Will Reg. Ebf. Mainz n. 13); Aschaffenburg n. 1sq., ibid. IV 218; Speyer, Episc. n. *5, Worms, Episc. n. *4, Würzburg, Neustadt n. *1, ibid. III 93. 147. 240.

cf. etiam Böhmer-Zimmermann n. 548 adn. – Pragensis et Moraviensis episcoporum hoc in charta prima mentio occurrit.

*4   *(973 ante mai.–983 in.)*

B e n e d i c t u s VI (aut VII) et Otto I (aut II) imperator Adalberto Pragensi episcopo petente confirmant Pragensem episcopatum, ‚qui ab inicio per totum Boemię ac Moravię ducatum unus et integer constitutus … est‘.

Laud. in privilegio Heinrici IV a. 1086 dato (Mon. Germ. Dipl. Heinrici IV n. 390), etiam inserto in Cosmae Chron. II 37 (ed. Bretholz p. 136sq.); in Pulkavae Chron. (Font. rer. Bohem. V 55). – Edd. Boczek Cod. dipl. Morav. I 172 n. 192. Friedrich Cod. dipl. Bohem. I 92 n. 86. Mon. Germ. Dipl. Heinrici IV n. 390. Ed. trium redactionum huius privilegii apud Turek in: Slavia Antiqua 22 (1975) 114–118. – Regg. Zofja Kozłowska-Budkowa Repertorjum polskich dokumentów doby piastowskiej (Kraków 1937; reimpr. Kraków 2006) 1 n. 1 (reimpr. p. 51 n. 1). Böhmer-Zimmermann n. 512. JL. 3778.

cf. etiam Mainz, Archiepisc. n. *78, Germ. Pont. IV 79; Olomouc, Episc. n. *4.

De privilegio et re cf. Wilhelm Schulte Die Gründung des Bistums Prag, in: Historisches Jb. 22 (1901) 285–297; Josef Pekař K sporu o zakládací listinu biskupství pražského, in: ČČH 10 (1904) 45–58; Holtzmann Urkunde; Stasiewski Untersuchungen p. 118–171; Dvornik Making p. 77–79; Ludmil Hauptmann Das Regensburger Privileg von 1086 für das Bistum Prag, in: MIÖG 62 (1954) 146–154, prasertim p. 150; Helmut Beumann Das D H. IV 390 für Prag von 1086 April 29, in: Schlesinger Mitteldeutsche Beiträge (1961) p. 395–401; Wegener Böhmen-Mähren p. 204sq.; Friedrich Baethgen Die Kurie und der Osten im Mittelalter, in: Mediaevalia. Aufsätze, Nachrufe, Besprechungen I (Schriften der Monumenta Germaniae Historica 17, 1–2. Stuttgart 1960) 51–70, p. 58; Büttner Willigis (1965) p. 2sqq.; Turek op. cit. p. 69–122 et postremo Zimmermann l.c. et opera ibi notata. – De episcopis Moraviensibus temporibus illis viventibus cf. Peter Ratkoš La conquête de la Slovaquie par les Magyars, in: Studia historica Slovaca 3 (1965) 7–57, praecipue p. 20, 23 et 29.

Potest, ut ,littere apostolice in privilegio Pragensis ecclesie' apud Annalistam Saxonem ad a. 1000 laudatae (ed. Nass in Mon. Germ. Script. XXXVII 277) eaedem ac hoc privilegium essent. Ex eo elucere videtur, quod dux Boleslaus II ,ducatus terminos (ali)quantum ampliaverit'.

*5 (983 in.)

B e n e d i c t u s VII Adalberto Pragensi episcopo: confirmat una cum Othone imperatore II Boleslai ducis Boemie consensu accedente unionem Moraviensis episcopatus cum Pragensi episcopatu.

Laud. in Grano catalogi praesulum Moraviae ad a. 971 (ed. Loserth in: Archiv f. österr. Geschichte 78 [1892] 66). Cf. etiam Cosmae Chron. II 37 (ed. Bretholz p. 135) et Pulkavae Chron. ad a. 1086 (p. 55), qui in simili modo unionem episcopatuum Pragensis et Moraviensis describunt, sed a. 973 factam esse censent. – Regg. Böhmer-Zimmermann n. 609 [ad a. 983 vere]. JL. –.

De tempore et re cf. Breitenbach Ueber die Quellen (1902) p. 276sq.; Büttner Willigis (1965) p. 16–19 et novissime Kalhous Záhadné počátky (2004) p. 206sq. cum operibus laudatis. – Cum notitia saeculo XV conscripta quoad tempus et personas ibi memoratas nequaquam congruit, adhuc nullius momenti esse censebatur. Demum Büttner Willigis (1965) coniecit unionem episcopatus Moraviensis a. 976 in. fundati cum Pragensi ecclesia factam, aliquo modo cum electione et investitione Adalberti in episcopum Pragensem a. 983 in. coniunctam esse, cui concessa fuisset confirmatio unionis utriusque episcopatus a Benedicto VI. Hanc opinionem opera nuper edita licet cunctanter suscipiunt, cf. Böhmer-Zimmermann n. 609 et Kalhous op. cit.

De Adalberto (982–997) et vita eius cf. Aleksandra Witkowska-Joanna Nastalska Święty Wojciech. Życie i kult. Bibliografia do roku 1999 [St. Adalbert – Sein Leben und seine Verehrung. Bibliographie bis zum Jahre 1999] (Towarzystwo Naukowe Katolickiego Uniwersytetu Lubelskiego – Prace Wydziału Historyczno-Filologicznego 89. Lublin 2002), ubi omnia opera usque ad a. 1999 edita invenies.

*6 (Roma 988 ex.–989 in.)

(I o h a n n e s XV) Adalberto Pragensi episcopo, quem grex sibi commendatus audire non vult, episcopatum suum derelinquere cupienti, ut Ierosolymam proficisceretur, consilium dat, ut otia contemplationis sibi arripiat et inter monachos sedeat.

Laud. in Vita priore s. Adalberti c. 13 (Mon. Germ. Script. IV 586; Mon. Poloniae Hist. N.S. IV 1 [1962] 19; Hoffmann Vita p. 139), in Versibus de passione Adalberti v. 426sq. (Uhlirz Lebensbeschreibung p. 24sq.), in Passione Adalberti (Mon. Germ. Script. XV 706) et in Pulkavae Chron. (Font. rer. Bohem. V 30). – Regg. Böhmer-Zimmermann n. 668. JL. –.

De tempore cf. Voigt Adalbert (1898) p. 338. – De re cf. ibid. p. 62; Uhlirz Jbb. Otto III. p. 212–215; Dvornik Making p. 102; idem Sv. Vojtěch (1950) p. 25; Uhlirz Lebensbeschreibung (1957) p. 24sq.; Tüchle Romfahrten (1973) p. 101sq.; Hlaváček Diplomatisches Material (1979) p. 80.

*7   (992)

(I o h a n n i XV) Willigisus Moguntinus archiepiscopus: mittit legatos, inter quos
Christianum monachum fratrem ducis (Bolezlai II Bohemiae) et Radlam, cum litteris, per quos dominum papam de reditu Adalberti Pragensis episcopi interpellat.

    v. Mainz, Archiepisc. n.*82, Germ. Pont. IV 81 (Vita prior s. Adalberti episc. [auctore
    Canapario] c. 18 in Mon. Germ. Script. IV 589; Mon. Poloniae Hist. N.S. IV 1 [1962] 26sq.;
    Hoffmann Vita [2005] p. 145; Vita s. Adalberti episc. auctore Brunone in Mon. Germ. Script.
    IV 602; Mon. Poloniae Hist. N.S. IV 2 [1969] 17sq. 54sq.; Böhmer-Zimmermann n. 707).

    cf. etiam Bohemia, Duces ac reges n. *5.

    De Christiano, fratre Boleslai II ducis Bohemorum, et in successorem s. Adalberti de-
    siderato cf. nuper Dušan Třeštík Der Mönch Christian, Bruder Boleslavs II., in: Europas
    Mitte um 1000. Bd. 1 (Stuttgart 2000) 424sq. et Kuźmiuk-Ciekanowska Święty (2007) (v. Bo-
    hemia, Duces ac reges), ubi et alia opera eum tractantia invenies. De Radla, s. Adalberti edu-
    catore, cf. ibid. p. 54sq.

*8   (992)

(I o h a n n e s XV) Willigisi Moguntini archiepiscopi petitione accepta *(n. *7)* in synodo iubet, ut Adalbertus episcopus Pragensis, cui virgam et anulum dat, domum
redeat; Boleslao II duci Boemorum et ipsi Adalberto praecipit, ut Brevnoviae monasterium construant.

    Laud. in Vita priore s. Adalberti [auctore Canapario]c. 18 (Mon. Germ. Script. IV 589; Mon.
    Poloniae Hist. N.S. IV 1, 27; Hoffmann Vita p. 145) et in Vita s. Adalberti auctore Brunone c. 15 (Mon.
    Germ. Script. IV 602; Mon. Poloniae Hist. N.S. IV 2, 18). – Regg. Böhmer-Zimmermann n. 707. JL. I
    p. 498.

    v. etiam Bohemia, Duces ac reges n. *6; Břevnov n. *1 et regestum sequens (n. *9).

*9   (992 ex.–993 in.)

Ex praecepto domini I o h a n n i s XV *(n. *8)* Bolezlaus II dux Boemorum et Adalbertus Pragensis episcopus Brevnowense monasterium construunt.

    v. Břevnov n. *2 et Bohemia, Duces ac reges n. *7.

*?10   (993 ian.–mai.)

I o h a n n i XV Adalbertus Pragensis episcopus refert de fundatione monasterii in
Brevnov ex eius praecepto facto *(n. *9).*

    v. Břevnov n. *?3.

*†11   Rieti 993 mai. 31

I o h a n n e s XV Adalberti Pragensis episcopi precibus *(n. *?10)* inclinatus, monasterium Brevnovense tuendum suscipit et varia ei largitur privilegia.

    v. Břevnov n. †4.

*12   (Roma 996 mai. 25)

Gregorium V Uuilgisus Magontinus archiepiscopus, veterem querimoniam in
synodo repetens, de Adalberti Pragensis episcopi reditu denuo interpellat et in apostolica synodo queritur Pragam suo pastori viduatam esse.

    v. Mainz, Archiepisc. n. *85, Germ. Pont. IV 81sq. (Vita prior s. Adalberti episc. [auc-
tore Canapario] c. 22 in Mon. Germ. Script. IV 591; Mon. Poloniae Hist. N.S. IV 1 [1962]
33sq.; Hoffmann Vita [2005] p. 150; Vita s. Adalberti episc. auctore Brunone c. 18 in Mon.
Germ. Script. IV 604; Mon. Poloniae Hist. N.S. IV 2 [1969] 23. 57; Böhmer-Zimmermann
n. 756; JL. I p. 490).

    De re cf. Tüchle Romfahrten 105sq.; Hilsch in: DA. 28 (1972) 24. 27sq. – De synodo
cf. Wolter Synoden p. 144–151 et Mon. Germ. Conc. VI 2, ed. Ernst-Dieter Hehl e.a., Hannover 1987–2007, p. 527–533.

    Re vera Adalbertus a. 992/993 Bohemiam redierat (cf. n. *9), sed mox ex novo Ro-
mam profectus est, cf. Vita s. Adalberti c. 20 (Hoffmann Vita [2005] p. 148).

*13   (996 mai.–iun. in.)

Gregorium V Uuilgisus Magontinus archiepiscopus ‚ex itinere, quo versus est ad
patriam, continuis litteris‘, ut Adalbertum episcopum Pragam remittat, precatur.

    v. Mainz, Archiepisc. n. *86, Germ. Pont. IV 82 (Vita prior s. Adalberti episc. [auctore
Canapario] c. 22 in Mon. Germ. Script. IV 591; Mon. Poloniae Hist. N.S. IV 1 [1962] 33sq.;
Hoffmann Vita [2005] p. 150; Böhmer-Zimmermann n. 762).

*14   (Roma 996 iun. in.)

Gregorius V Adalbertum episcopum Pragam remittit; dat ei licentiam, si in commissis sibi animabus dignos fructus agere nequierit, ut vadat ad extraneas et non bap-
tizatas gentes praedicandi causa.

    *Laud. in Vita priore s. Adalberti [auctore Canapario] c. 22 (Mon. Germ. Script. IV 591; Mon.
Poloniae Hist N. S. IV 1, 24; Hoffmann Vita [2005] p. 150), in Vita s. Adalberti auctore Brunone c. 18
(Mon. Germ. Script. IV 604; Mon. Poloniae Hist. N. S. IV 2, 23. 57), in Vita Adalberti c. 8sq. (Mon.
Germ. Script. XV 1180), in Versibus de passione Adalberti v. 808–812 (Uhlirz Lebensbeschreibung
p. 45), in Annalibus Silesiacis compilatis (Mon. Germ Script. XIX 537), in Johannis de Marignola
Chron. (Font. rer. Bohem. III 533), in Pulkavae Chron. (Font. rer. Bohem. V 30), in Iohannis Dlugossii
Catalogo archiep. Gnesnensium (ed. in Opera I [Cracoviae 1887] 344) et in eiusdem Annalibus ad
a. 993 (ed. Dąbrowski [Varsaviae 1964] p. 209). – Regg. Böhmer-Zimmermann n. 762. JL. –.*

15   (1024 in. aut post mai. 13)

(Benedicto VIII) apostolicae sedis capiti suffraganei episcopi metropolis Moguntinae, inter quos ultimus Hizzo Pragensis: a domino papa discere cupiunt, utrum
Aribo metropolitanus propter anathematizatam (Irmingardam de Hammerstein) dig-
nitatis aliquantulum perdiderit an non; rogant, ut Ariboni denuo dilectionis suae munus impendat.

    v. Mainz, Archiepisc. n. 104, Germ. Pont. IV 87 (Friedrich Cod. dipl. Bohem. I 49
n. 45; Stimming Mainzer UB. I 169 n. 270; Böhmer-Zimmermann n. 1275; MG Concilia
VIII, 57).

    cf. etiam Eichstätt, Episc. n. 4; Konstanz, Episc. n. 7, Germ. Pont. II 1, 4. 125; Straß-
burg, Episc. n. 13; Speyer, Episc. n. 7; Worms, Episc. n. 5, Würzburg, Episc. n. 8; Bamberg,

Episc. n. 8, ibid. III 10. 93. 147. 178. 251; Verden, Episc. n. 13, ibid. V 1, 208; Hildesheim, Episc. n. 41; Halberstadt, Episc. n. 26, ibid. V 2, 32. 217.

Rem commemorat Novotný I 1, 714. De litteris et de synodo in Höchst habita cf. insuper Wolter Synoden p. 309–312 et novissime Mon. Germ. Concilia VIII 51–58, ubi etiam de tempore.

De Hizzone episcopo Pragensi (1023–1030) cf. Frind Geschichte p. 19sq.; Novotný I 1, 714; Buben Encyklopedie biskupů p. 110.

*16 (1039 aestate ex.)

Apostolico (B e n e d i c t o IX) delator inprobus quidam (Stephanus archiepiscopus Gneznensis?) refert (Bretislaum) ducem Boemiae et (Severum) episcopum (Pragensem) translatione corporis s. Adalberti e Gnezna Pragam divinas sanctiones et sanctorum patrum traditiones violasse; addit quod si inultum domnus papa praetermitteret, iura apostolicae sedis per totum mundum observanda imminueret.

Cosmae Chron. II 6 (ed. Bretholz p. 91; Font. rer. Bohem. II 78); Pulkavae Chron. Boemorum ad a. 1039 (Font. rer. Bohem. V 42) et Ioannis Dlugossii Annales lib. III (ed. Turkowska II 17). – Reg. Böhmer-Frech 154 n. 215.

Aestate 1039 Bretislaus dux Boemorum cum suis, inter quos etiam Severo Pragensi episcopo (1030–1067), Poloniam invaserit et totam fere terram una cum sede metropolitana Gnezna expugnavit, corpora s. Adalberti, fratris sui Gaudentii, beatorum quinque fratrum aliosque thesauros ingentes Bohemiam deportantes (cf. Cosmae Chron. II 2–6, qui translationem Adalberti (et sociorum) ‚anno dominice incarnationis MXXXIX. kal. Septembris‘ factam nuntiat). Qua de causa delatores (ignoti) Benedicto IX de his rebus rettulerunt. Paulo post ‚sacer conventus celebratur‘, in quo et dux et episcopus punitus est. Demum Dlugossius l.c. metropolitanum Gneznensem <Stephanum> et nuntios eius relatores de spolationibus in Polonia factis nuncupat. Econtra Cinzio Violante Aspetti della politica italiana di Enrico III, in: Rivista storica Italiana 64 (1952) 173 et Klaus-Jürgen Herrmann Das Tuskulanerpapsttum (1012–1046). Benedikt VIII., Johannes XIX., Benedikt IX. (Päpste und Papsttum 4. Stuttgart 1973) p. 42sq. legatum Bardonis archiepiscopi Moguntini vel Heinrici III regis delatorem improbum esse censet. Apud Böhmer-Frech l.c. priorem sententiam de archiepiscopo Gneznensi delatore praefertur, translatio vero corporum beatorum contra Cosmae relationem ad 1039 aug. 22 ponitur. – De re cf. insuper Krofta Kurie p. 30; Novotný I 2, 15–28. 1156–1158; Lübke Regesten IV 193 n. 638; Hoensch Geschichte (²1992) p. 53; Žemlička Čechy p. 55–62 et novissime Matla-Kozłowska Pierwsi Przemyślidzi (2008) p. 452–475 (p. 455–464 de tempore expeditionis).

De synodo Romae habita cf. etiam novissime Mon. Germ. Concilia VIII 153–158.

cf. etiam Bohemia, Duces ac reges n. *9.

*17 (1039 aestate ex.)

B e n e d i c t u s IX consilio cum cardinalibus habito tam ducem (Bohemiae Bretislaum) quam Severum, Pragensem episcopum, ad respondendum de asportatione Adalberti, Gaudentii aliorumque quinque beatorum corpora *(n. *16)* de Polonia in Boemiam missis citationum litteris ad apostolicam praesentiam evocat.

Laud. in Cosmae Chron. II 6 (ed. Bretholz p. 91; Font. rer. Bohem. II 78), in Pulkavae Chron. Boemorum ad a. 1039 (Font. rer. Bohem. V 42) et in Iohannis Dlugossii Annalibus ad a. 1039 (Turkowska II 17sq.). – Regg. Böhmer-Frech n. 216. JL. –.

cf. etiam Bohemia, Duces ac reges n. *10.

De Severo episcopo Pragensi (1030–1067) cf. Frind Geschichte p. 20–24; Novotný I 2, sparsim; Kadlec Přehled I 77sq; LexMA VII 1807; Biographisches Lexikon IV 50; Buben Encyklopedie biskupů p. 337–339.

*18   (cr. 1039 ex.–1040)

(B e n e d i c t u s IX) legatis (Bretislai) ducis et (Severi) episcopi Boemorum, qui propter inculpationem a delatore quodam contra eos Romanae sedi factam (n. *16) ad se venerunt, respondet, nimis esse abhominabile, quod eos perpetrasse in Polonia sibi relatum sit per veridica nuntia; nulli licere sine permissione sedis apostolicae de loco ad locum sacrum transferre corpus; praecepit, ut pro illa tam temeri praesumptione dux eorum et episcopus coenobium in competenti loco construant.

Laud. in Cosmae Chron. II 7 (ed Bretholz p. 92sq.; Font. rer. Bohem. II 79), in Pulkavae Chron. Boemorum ad a. 1039 (Font. rer. Bohem. V 42) et in Iohannis Dlugossii Annalibus ad a. 1039 (ed. Turkowska II 17sq.). – Regg. Erben Regesta I 42 n. 103. Louis de Mas Latrie Trésor de chronologie d'histoire et de géographie pour l'étude et l'emploi des documents du Moyen Âge (Paris 1889) p. 1280. Swinarski Herrschen p. 455 n. 201. Böhmer-Frech n. 219sq. J. p. 360. JL. I p. 521.

cf. etiam Bohemia, Duces ac reges n. *11.

De re cf. Novotný I 2, 28sq. cum adn.; Stephan Kuttner La réserve papale du droit de canonisation, in: Revue historique de droit français et étranger 4ᵉ série 17 (1938) 172–228 (reimpr. idem The History of Ideas and Doctrines of Canon Law in the Middle Ages [Variorum Collected Studies Series 113. London 1980] n. VI 172–228, p. 188sq.; Hoensch Geschichte (²1992) p. 53sq.

*19   (cr. 1039 ex.–1040)

Severus Pragensis episcopus a (B e n e d i c t o IX) papa pallium petit.

Laud. apud Annalistam Saxonem ad a. 1042 (Mon. Germ. Script. VI 685; ed. Nass in Mon. Germ. Script. XXXVI 385). – Reg. Böhmer-Frech n. 218 [ad 1039 aestate ex.].

Annalista Saxo occasione descriptionis expeditionis Heinrici III contra Bohemos a. 1042 factae refert: ,Interim Seuerus Pragensis episcopus conperit, Bardonem Mogontinum metropolitanum sinodali iure eum velle inquietare, eo quod destructor esset ecclesiarum Polonie et reliquias sancti Adalberti et aliorum sanctorum ibi quiescentium raptu transtulisset in Boemiam, pallium autem aput apostolicum contra ius et fas sibi usurpare vellet'.

De re cf. Ernst Steindorff Jahrbücher des Deutschen Reiches unter Heinrich III. t. 1 (Jbb. der Deutschen Geschichte. Leipzig 1874) 67sq.; Stanisław Kętrzyński O palliuszu biskupów polskich XI wieku [Über das Pallium der polnischen Bischöfe im 11. Jh.], in: Rozprawy Akademii Umiejętności, Wydział historyczno-filozoficzny seria II. 18 (1902) 200–251; Köster Die staatlichen Beziehungen (1912; cf. s. v. Bohemia, Duces ac reges) p. 220; Cinzio Violante Aspetti della politica italiana di Enrico III prima della sua discesa in Italia, in: Rivista storica italiana 64 (1952) 157–176. 239–314, p. 173; Stanisław Kętrzyński Polska w X–XI wieku [Polen im 10.–11. Jh.] (Warszawa 1961) p. 422sq.; Dušan Třeštík Miscellanea zu den St. Wenzelslegenden II. Laurentius aus Monte Cassino und Laurentius aus Amalfi, in: Mediaevalia Bohemica 1 (1969) 73–92, p. 78–80; Egon Boshof Das Reich und Ungarn in der Zeit der Salier, in: Ostbairische Grenzmarken 28 (1986) 178–194, p. 180sq.; Swinarski Herrschen (1991) p. 184; Boshof Mainz, Böhmen und das Reich (1998) p. 27sq.; Matla-Kozłowska Pierwsi Przemyślidzi (2008) p. 473sq. et novissime Mon. Germ. Concilia VIII 154.

*20 (*Mainz 1049 oct. 19*)

L e o n e IX et Heinrico III imperatore praesentibus in synodo Albertus (rectius Seve-rus) Pragensis episcopus permultis cum aliis episcopis synodicae papae de causa Hu-gonis archiepiscopi Vesonticensis *(Besançon)* contra Bertaldum hanc sedem requiren-tem subscribit.

       v. Regnum et Imperium (Mon. Germ. Concilia VIII 261–265; Lübke Regesten IV 250 n. 696; JL. 4188); Mainz, Archiepisc. n. 112 cum adn., Germ. Pont. IV 89; Paderborn, Episc. n. 24, ibid. V 1, 27; Hildesheim, Episc. n. 44 cum adn., ibid. V 2, 33; Bremen-Hamburg, Archiepisc. n. 79 cum adn., ibid. VI 56; Köln, Archiepisc. n. 142 cum adn., ibid. VII 56; Trier, Archiepisc. n. 110 cum adn., ibid. X 62; Besançon, Archevêché n. 27 cum adn., Gall. Pont. I 46.

       In decreto Severus episcopus Pragensis perperam Albertus nominari videtur. Aliam interpretationem proponit Tomasz Jurek Ryczyn biskupi. Studium z dziejów Kościoła pol-skiego w XI wieku [Bischöfliches Ritschen. Studien zur Geschichte der polnischen Kirche im 11. Jh.], in: Roczniki Historyczne 60 (1994) 21–66, p. 51 adn. 178 et idem Losy arcybiskup-stwa gnieźnieńskiego w XI wieku [Schicksale des Erzbistums Gnesen im 11. Jh.], in: 1000 lat Archidiecezji Gnieźnieńskiej. Red. Jerzy Strzelczyk et Janusz Górny (Gniezno 2000) p. 49–72, p. 52sq., qui in subscriptione ‚Albertus Spragensis episcopus‘ lapsum scriptoris posteri suspi-catur et emendat in ‚s. A(da)lberti episcopus S(everus) Pragensis‘. Hic titulus Severi rursus cohaeret cum intentionibus suis Bretislaique ducis Pragae archiepiscopatum erigendi (v. n. *19), qua de causa corpora s. Adalberti et aliorum beatorum a. 1039 de Gnezna ad Pra-gam translata sunt (v. n. *16). Huic interpretationi deinde Matla-Kozłowska Pierwsi Przemyślidzi p. 473sq. adhaesit.

       De synodo Moguntiae celebrata cf. novissime Mon. Germ. Concilia VIII 251–266.

*21 (*Regensburg 1052 oct. 7*)

L e o IX s. Wolfgangum (episcopum Ratisbonensem) de priore tumulo levat et in cryptam occidentalem transfert, praesentibus pluribus Germaniae et Italiae episcopis, inter quos Severo Pragensi ecclesiae episcopo.

       v. Regensburg, Episc. n. *7, Germ. Pont. I 270 (Friedrich Cod. dipl. Bohem. I 52 n. 51; JL. I p. 543).

*22 (*1061–1067 dec. 9?*)

Severus episcopus Pragensis clericum quendam paenitentem, qui presbyterii iam consecratus ordine grave commisit peccatum, Romam apostolico (A l e x a n d r o II) sanandi causa dirigit.

       Laud. in n. 24.

*23 (*1061–1067 dec. 9?*)

Apostolicus (A l e x a n d e r II) verbis clerici cuiusdam a Severo episcopo Pragensi ad eum directi non credit (et eum Pragam remittit).

       Laud. in n. 24. – Reg. JL. –.

24   *(1061–1067 dec. 9?)*

Domno apostolico (A l e x a n d r o II) Severus episcopus Pragensis ecclesiae: scribit
de clerico quodam, qui presbyterii iam consecratus ordine grave commisit peccatum
quemque paenitentem Romam apostolico sanandum direxit *(n. *22)*; sed quia apostolicus eius verbis fuit incredulus *(n. *23)*, iterum eum cum testimonio litterali transmittit, ut iudicio apostolici sanetur et paenitentia illi iniuncta confirmetur.

> *Apogr. saec. XI in cod. ms. München clm. 4605 (quondam Benedictoburano) f. 18. – Edd. Pez*
> *Thesaurus anecdotorum VI 1, 245 n. 59 [ad a. cr. 1067]. Josef Truhlář in: Časopis musea království*
> *českého 59 (1885) 266. Friedrich Cod. dipl. Bohem. I 61 n. 59. – Reg. Erben Regesta I 55 n. 132.*
>
> De tempore et re cf. Josef Truhlář l.c. p. 265–267; cf. insuper Krofta Kurie p. 30sq., qui
> ambo litteras ‚cr. 1065' ponunt, sed nescimus ex qua ratione. Respicias Severum episcopum
> a. 1067 dec. 9 obiisse.

*25   *(1072–1073 in.)*

(A l e x a n d r o II) Wratizlaus dux legatos suos, inter quos clericum in capella Iohannis episcopi (Moraviensis) Hagnonem, virum Teutonicum, mittit, ut multa super a
fratre suo Gebehardo illata iniuria sibi et Iohanni episcopo, multa super statu ecclesiastico scriptis pariter et dictis apostolico et censum b. Petro debitum deferat.

> v. Bohemia, Duces ac reges n. *16; Olomouc, Episc. n. *8.

*26   *(1072–1073 in.)*

(A l e x a n d r o II) iterum dux Wratizlaus legatos suos Petrum sc. praepositum s. Georgii cum comite nomine Preda Romam dirigit, ut deferant ad apostolici aures litterali
compendio inclusas iniurias a fratre suo (Gebhardo episcopo Pragensi) sibi et episcopo Iohanni (Moraviensi) illatas.

> v. Bohemia, Duces ac reges n. *17; Praha, Sv. Jiří n. *3; Olomouc, Episc. n. *9.

*27   *(1072–1073 in.)*

Tam Iaromirus (Gebehardus) episcopus Pragensis quam Wratizlaus Boemiorum dux
propter litem inter se A l e x a n d r o II querimonias et deprecarias litteras scribunt.

> *Laud. in *28.*
>
> v. etiam Bohemia, Duces ac reges n. *18.
>
> De Iaromiro-Gebehardo filio Bretislai I ducis Bohemiae, episcopo Pragensi (1068–
> 1090) et cancellario Heinrici regis (1077–1084) cf. imprimis Hilsch Familiensinn (1991);
> LexMA V 305; Kalhous Jaromír-Gebhard (2003) cum operibus laudatis atque Buben Ency-
> klopedie biskupů p. 144–146.

*28   *(1072–1073 in.)*

A l e x a n d e r II Iaromiro (Gebehardo) episcopo Pragensi et Wratizlao Boemiorum
duci fratri eius aliquotiens scribit pro lite compescenda, quae inter eos protracta est,
querimoniis et deprecatoriis eorum litteris incitatus *(n. *27)*.

> *Laud. in n. 29. – Reg. JL. –.*
>
> v. Bohemia, Duces ac reges n. *19.

29   *(1072 ex.–1073 in.)*

A l e x a n d e r II W(ratislao) Boemiorum inclyto duci: refert se aliquotiens pro lite, quae inter eum et fratrem eius (Iaromirum seu Gebhardum) episcopum (Pragensem) protracta est, compescenda utrique scripsisse *(n. *28)*, cum de extinguenda ea depre-catorias meminerit saepe se accepisse utriusque litteras *(n. *27)*; unde in partes illas ad haec pertractanda idoneos legatos destinat *(n. *30)*.

    v. Bohemia, Duces ac reges n. 21.

*30   *(1072 ex.–1073 in.)*

A l e x a n d e r II Bernardum et Gregorium (diaconos sanctae Romanae ecclesiae et) legatos in Boemiam dirigit, ut vice sua errata corrigant, inoboedientes arguant, infi-deles increpant, negligentes anathemate feriant et si qua sint, quae modum excedant correctionis, ea differant et ad maiorem audientiam apostolicae sedis compellant.

    v. Bohemia, Duces ac reges n. *22.

*31   *(Praha 1072 ex.–1073 in.)*

Rudolfus ‚apocrisiarius et missus apostolici‘ (rectius Bernhardus et Gregorius diaconi cardinales et legati A l e x a n d r i II, dein G r e g o r i i VII) Pragam veniens Wratizlaum ducem iubet, ut omnes principes terrae simul et abbates ac praepositos ecclesiarum nec non et Iohannem episcopum Moraviensem ad synodum convocet sacram.

    v. Bohemia, Duces ac reges n. *23.

*32   *(Praha 1072 ex.–1073 in)*

Rudolfus ‚apocrisiarius et missus apostolici‘ (rect. Bernhardus et Gregorius diaconi cardinales et legati A l e x a n d r i II, dein G r e g o r i i VII) Gebhardum episcopum Pragensem semel et bis ex nomine ad synodum venire vocat.

    Cosmae Chron. II 30 (ed. Bretholz p. 125sq.).

*33   *(Praha 1072 ex.–1073 in.)*

Ad synodum a legato (Rudolfo *Cosmas*; Bernhardo et Gregorio *Gregorius VII*, nomi-nibus propriis non expressis *Sigefridus Maguntinus*) convocatam Iaromirus episcopus Pragensis venire renuit, nisi affuerit Maguntinus metropolita aliique episcopi.

    *Laud. in Cosmae Chron. II 30 (ed. Bretholz p. 125), in n. *34 et 36.*
    cf. etiam Bohemia, Duces ac reges n. *24.

*34   *(Praha 1072 ex.–1073 in.)*

Rudolfus ‚apocrisiarius et missus apostolici‘ (rect. Bernhardus et Gregorius diaconi cardinales et legati A l e x a n d r i II, dein G r e g o r i i VII) videns se esse despectum et dehonestatum a Gebhardo episcopo Pragensi, qui semel et bis ex nomine vocatus renuit ad synodum venire *(n. *33)*, ira motus suspendit eum ab omni officio sacerdotali et dignitate privat episcopali.

> Cosmae Chron. II 30 *(ed. Bretholz p. 125sq.)*.
>
> De quibusdam legatos contemptui habentibus scribit etiam Gregorius VII in litteris Vratislao duci Bohemiae 1073 iul. 8 datis, cf. n. 36.
>
> Synodus legatis praesidentibus Pragae convocata etiam in litteris Sigefridi archiepiscopi Moguntini ad Gregorium VII directis memoratur, cf. n. 41, ubi vero papa Alexander ipse suspensionem et depositionem imponit.

*35   *(Praha 1072 ex.–1073 in.)*

Rudolfus ,apocrisiarius et missus apostolici' (rect. Bernhardus et Gregorius diaconi cardinales et legati A l e x a n d r i II, dein G r e g o r i i VII) videns magis (!) tumultum in populo fieri, necessitate compulsus reddit (Gebhardo) episcopo tantummodo sacerdotale officium, ,et nisi uterque episcopus (scilicet Pragensis et Moraviensis) eodem anno de inductis causis reddat rationem pontifici Romano, ambos constringit banno'.

> Laud. in Cosmae Chron. II 30 *(ed. Bretholz p. 125sq.)* et apud Annalistam Saxonem ad a. 1074 *(ed. Nass in Mon. Germ. Script. XXXVII 427)*.
>
> cf. etiam Olomouc, Episc. n. *11.
>
> De tumultu Cosmas narrat: ,Quod (id est suspensionem Gebehardi episcopi) audientes non solum canonici, verum etiam per capellas clerici omnes sciderunt sua oraria et denudaverunt ut in parasceue altaria', cf. etiam regesta antecedentia. – Suspensio Iaromiri etiam in litteris Sigefridi archiepiscopi Maguntini memoratur, cf. n. 38.

36   *Laurentum 1073 iul. 8*

G r e g o r i u s VII Wratizlao Boemiae duci et fratribus eius (Conrado et Ottoni principibus Moraviae): grates agitur de legatorum apostolicae sedis Bernardi sc. et Gregorii *(n. *30)* benivolentia susceptione; queritur de quibusdam, qui legatos contemptui habuerint *(n. *34)*, quoniam antecessorum suorum Romanorum pontificum negligentia et patrum eorum agente incuria apostolicae sedis nuntii ad partes eorum raro missi sint, ideoque hoc quasi novum aliquid existimetur ab illis; inter quos Iarmirum Bragensem episcopum, fratrem eorum, olim amicum suum esse dicit; rogat, ut et legatos et ipsum conveniant et ad oboedientiam eundem hortentur, adversus quem, si non oboedierit, suspensionis sententiam a legatis promulgatam se firmaturum esse asserit.

> v. Bohemia, Duces ac reges n. 25. – De necessitudinibus inter Iaromirum et Gregorium/Hildebrandum, unde papa eum ,olim amicum suum' appellet, nihil scimus, cf. Hilsch Familiensinn (1991) p. 219. 224.
>
> De legatis cf. Schumann Legaten p. 17–22; Hüls Kardinäle p. 245 n. 6 et p. 249 n. 15.

37   *Roma 1073 dec. 17*

G r e g o r i u s VII Wratizlao duci Boemiae: inter alia nuntiat se causas et negotia, quae in partibus illis ad audientiam discussionemque legatorum suorum *(n. *30sqq.)* per-

lata, i.e. praecipue inoboedientia Iaromiri episcopi Pragensis contra monita legatorum apostolicae sedis, congrua determinatione diffiniri non poterant, ad finem perducturum esse, praecipiens, ut interim, quae ipsi inde statuerint, immota maneant,
donec ad se negotia perferantur.

> v. Bohemia, Duces ac reges n. 26. – De legatis cf. regestum antecedentem et Bohemia,
> Duces ac reges n. *22 adn.

*38   (ante 1074 ian. 31)

G r e g o r i o VII Ieromirus episcopus Pragensis epistolam scribit, qua absentationis
suae moram vel occasionem ex apostolica districtione (i.e. suspensionis sententia legatorum) defendit conquerens se exspoliatum rebus ecclesiae suae inopia rerum necessariarum oboedientiam debitae satisfactionis in causa adversus Iohannem Moravensem episcopum agitata non posse exsequi.

> *Laud. in n. 39.*
>
> cf. etiam Olomouc, Episc. n. *15.
>
> De Iaromiri litteris deperditis ad Gregorium VII missis iam Kalhous Jaromír-Gebhard
> (2003) p. 32 adn. 25.

39   Roma 1074 ian. 31

G r e g o r i u s VII Ieromiro Bragensi episcopo: necessitatem, qua eum urgeri in epistola eius *(n. *38)* conquestus sit, et impedimentum ad se veniendi removere decernens
ei restituit, quae a legatis suis, Bernardo videlicet et Gregorio, praeter episcopale officium ei interdicta sint quoad decimas sc. et redditus ecclesiae suae; notificat se hoc
idem fratri eius Wratizlao duci notificavisse *(n. 40)* admonens, ut ipse nihil ei in
potestate sua denegari patiatur aut subtrahi; praecipit, ut in ramis palmarum *(april. 13)*
apostolica adire limina non praetermittat, cognoscens fratrem eius a se esse commonitum, ut Iohannem Moravensem episcopum itidem Romam venire commoneat et ex
parte sua ad sedem apostolicam nuntios dirigat, quibus in sua possint examinatione
diffiniri dissensionum causae; interim de possessionibus Moravensis episcopatus
nihil eum tangere praecipit, ne et ipse (sc. Moravensis episcopus) aliqua molestiarum
excusatione praesentiam suam conspectui apostolico subtrahat; praecipit, quatenus
terminum adventus sui ita mature fratri suo duci indicare curet, ut Moravensem episcopum et suos proprios legatos una cum eo ad apostolicam sedem dirigere possit. –
Quamquam inobedientia tua. Dat. Romae 2 kal. febr., ind. 12.

> *Registrum Gregorii VII (Reg. Vat. 2) f. 27, lib. I n. 44. – Edd. (A. Carafa) Epist. Decretal. III 584*
> *n. 44. Binius Conc. gener. III 2, 1167 n. 44. Conc. coll. reg. XXVI 65 n. 44. Hardouin Acta conc. VI 1,*
> *1230 n. 94. Mansi Conc. coll. XX 96 n. 44. Dobner Annales V 429 = Boczek Cod. dipl. Morav. I 148*
> *n. 17. Jaffé Bibl. II 62 n. 44. Migne PL 148, 324 n. 44. Friedrich Cod. dipl. Bohem. I 68 n. 65. Caspar in*
> *Mon. Germ. Epist. sel. II 1, 67. – Regg. Erben Regesta I 61 n. 145. Santifaller Quellen I 42 n. 62. J. 3582.*
> *JL. 4821.*
>
> cf. etiam Bohemia, Duces ac reges n. 27; Olomouc, Episc. n. 16.
>
> De re cf. Meyer von Knonau Jbb. Heinrich IV. t. 2, 356sq.; Novotný I 2, 159sq.; Hilsch
> Familiensinn (1991) p. 219 et Kalhous Jaromír-Gebhard (2003) p. 32.

40   *Roma 1074 ian. 31*

Gregorius VII Wratizlao duci Boemiorum: praecipit, ut in integrum Ieromiro Bragensi episcopo omnia restituantur, quaecumque a legatis apostolicae sedis praeter officium episcopale interdictae sunt et praeter ea, pro quibus Iohannes Moravensis super illum clamat episcopus; ammonet maxime, ut de decimis et redditibus ecclesiae nihil ei in ducali potestate deneget; eo tempore, quo Iaromirus apostolicam sedem adire debuerit, ducem etiam praesentem fore maxime cupit; alioquin de fidelibus suis nuntios dirigat; commonet insuper, ut episcopum Moravensem ad sententiam determinandam Romam ire commoneat.

> v. Bohemia, Duces ac reges n. 28.

41   *(1073 mai. ex.–1074 febr.)*

Gregorio VII Sigefridus (I) Moguntinae dispensator ecclesiae: inter alia refert de (Iaromiro) Pragensi episcopo, suffraganeo suo, quem Alexander II nec canonice inter fratres prius auditum nec ad papam vocatum ab officio suspenderit *(n. *34)*, cum iuxta decreta canonum ad metropolitanum causa eius primum deferri debuerit; dolet, quod episcopus ille, qui expulsionis et perturbationis auctor sit (Iohannes sc. Moraviensis), eius sibi usurpet officium.

> v. Mainz, Archiepisc. n. 150, Germ. Pont. IV 99 (Friedrich Cod. dipl. Bohem. I 64 n. 63; Stimming Mainzer UB. I 230 n. 335 [ad 1073 sept.]); ibi etiam de tempore.
>
> De re cf. Meyer von Knonau Jbb. Heinrich IV. t. 2, 302sq.; Hilsch Familiensinn (1991) p. 219 et novissime Matthias Schrör Metropolitangewalt und papstgeschichtliche Wende (Historische Studien 494. Husum 2009) p. 154sq.
>
> Suspensio re vera, si Cosmae confidimus, a Rudolfo apocrisiario indicta est.

42   *Roma 1074 mart. 18*

Gregorius VII Sigifredo Maguntino archiepiscopo: intellexit ex relatione de eo indigna et ex litteris eius *(n. 41)* eum causam Ieromiri Bragensis et Iohannis Moravensis episcoporum, iam totiens ad apostolicam delatam audientiam, ad examen proprii arbitrii transferri voluisse; invitat eum, ut hac in re secum canonicas traditiones et decreta patrum percurrat; addit postquam enim apostolica sedes, accepta Moravensis episcopi querimonia, saepe per epistolas *(n. *27)*, aliquotiens etiam per legatos *(n. *29)* causam iusto fine determinare et litem compescere desudaverit, tunc demum ipsum archiepiscopum, qui ante nulla in discutienda causa fatigatione desudaverit, negotium ad se retrahere voluisse; admonet, ne ulterius tam inordinata praesumat neve contra sanctae Romanae ecclesiae iura sibi quicquam attribuere vel moliri cogitet; se ipsum litem inter praefatos episcopos exortam iuste decidere et Olomucensi ecclesiae, quae proprii iuris sint, decernere et corroborare procuraturum esse.

> v. Mainz, Archiepisc. n. 151, Germ. Pont. IV 100 (Registrum Gregorii VII lib. I n. 60, ed. Caspar in Mon. Germ. Epist. sel. II 1, 87; Friedrich Cod. dipl. Bohem. I 70 n. 68; Stimming Mainzer UB. I 232 n. 337; Santifaller Quellen I 45 n. 67; JL. 4837).
>
> cf. etiam Olomouc, Episc. n. 20.
>
> De re cf. Meyer von Knonau Jbb. Heinrich IV. t. 2, 303sq. 360sq.; Bretholz Geschichte Böhmens und Mährens p. 157sq.; Novotný I 2, 160sq.; Gustav Schmidt Erzbischof Sieg-

fried I. von Mainz. Ein Beitrag zur Geschichte der Mainzer Politik im 11. Jahrhundert (Berlin 1917) p. 44sq.; Heinz Thomas Erzbischof Siegfried I. von Mainz und die Tradition seiner Kirche. Ein Beitrag zur Wahl Rudolfs von Rheinfelden, in: DA. 26 (1970) 368–399, imprimis p. 396 adn. 112a; Hilsch Familiensinn (1991) p. 219; Kalhous Jaromír-Gebhard (2003) p. 32sq.; Cowdrey Pope Gregory VII p. 111–113; Gresser Synoden p. 113; Schrör Metropolitangewalt p. 152–156.

---

43 ·   *Roma 1074 mart. 18*

G r e g o r i u s VII Wratizlao duci Boemiae innotescit se Sigifredum I archiepiscopum Mogontinum de praesumptione, quam in causa Ieromiri Bragensis episcopi habuerit, per epistolam suam *(n. 42)* duriter increpavisse.

      v. Bohemia, Duces ac reges n. 29.

---

*44   *(1074 mart./april.)*

Ad limina apostolorum (G r e g o r i u m VII) Geboardus Bragensis episcopus accedit de causa sua contra Iohannem, episcopum Moravensem, agitaturus et se satisfacturus de obiectis sibi adit.

      *Laud. in n. *47. 49, in Cosmae Chron. II 30 (ed. Bretholz p. 126), apud Annalistam Saxonem ad a. 1074 (ed. Nass in Mon. Germ. Script. XXXVII 427), in Annalibus Pragensibus ad a. 1074 (Mon. Germ. Script. III 120; Font. rer. Bohem. II 377), in Annalibus Gradicensibus et Opatowicensibus ad a. 1074 (Font. rer. Bohem. II 390; Mon. Germ. Script. XVII 648) et in Iohannis de Marignola Chron. ad a. 1074 (Font. rer. Bohem. III p. 543).*

      cf. etiam Olomouc, Episc. n. *23. – De re cf. Novotný I 2, 161–164; Hilsch Familiensinn (1991) p. 220sq.; Kalhous Jaromír-Gebhard (2003) p. 32sq.

---

*45   *Roma (1074 mart./april.)*

G r e g o r i u s VII Mathilda comitissa Romae praesente et multis precibus fatigante pro Iaromiro suo affine pacem inter episcopos Pragensem et Moraviensem statuit eodem modo, ut Iaromiro in pristinum gradum restituto ambo propriis episcopatibus contenti vivant, sin autem post 10 annos ad apostolicam sedem iudicium accepturi redeant.

      Laud. in Cosmae Chron. II 31 (ed. Bretholz p. 127), apud Annalistam Saxonem ad a. 1074 (ed. Nass in Mon. Germ. Script. XXXVII 427) et in Iohannis de Marignola Chron. (Font. rer. Bohem. III p. 543). – Reg. JL. –.

      cf. etiam Bohemia, Duces ac reges n. *30; Olomouc, Episc. n. *24. – De aliqua affinitate inter Mathildam et Iaromirum cf. Hilsch Familiensinn (1991) p. 220–225.

---

*46   *(Roma 1074 ante april. 16)*

Geboardus Bragensis episcopus in manum papae (G r e g o r i i VII) promittit, se decretum de bonis et rebus, unde inter eum et Iohannem episcopum Marovensem lis sit, usque ad futuram synodum (in quadragesima a. 1075?) cum omni pace et quiete tenere debiturum esse.

      Laud. in n. 50.

      cf. etiam Olomouc, Episc. n. *25.

47 Roma 1074 april. 16

Gregorius VII Wratizlao Boemiorum duci: cum litteris suis et apostolico cum sigillo reconciliatum et restituto sibi omni episcopali officio remittit atque commendat fratrem eius Iarmirum Bragensem episcopum, qui ad apostolorum limina veniens *(n. *44)* de obiectis sibi satisfactionem obtulit quaedam confitens congruam, quaedam vero denegavit et se purgando removit, videlicet quod ipse Iohannem Marovensem episcopum non percusserit neque servientes eiusdem episcopi decapillari aut barbas eorum abradi praeceperit aut occasione subterfugiendi synodum indutias per legatum suum petierit; statuit de causa vero inter eum et Marovensem episcopum tamdiu protracta propter illius absentiam, ut in futura synodo ambo episcopi aut ipsi ad se veniant aut idoneos nuntios ad contentionem decidendam mittant; cui synodo etiam nuntios Wratizlai interesse cupit, quatenus vice eius ad indagationem veritatis adiuvent et testes diffinitionis apostolicae existent; terram vero, unde inter episcopos lis sit, Moravensem episcopum interim tenere decernit; praeter haec admonet eum, ut de praepositura et castro sancti Wenczelai fratri suo episcopo, quae eius sunt, dimittat, si se iniurias ei irrogasse cognoscat.

> v. Bohemia, Duces ac reges n. 31.

*?48 1074 aug.

Gregorius VII legatis Boemorum tradit apices litterarum, in quibus mandat et praecipit duci, ut fratrem suum (Iaromirum) honorifice suscipiat et ei quasi patri suo et pastori per omnia oboediat.

> v. Bohemia, Duces ac reges n. *?32.

*†49 (ante 1074 sept. 22)

Gregorius VII Geboardo Pragensi episcopo iura quaedam – res inter eum et Iohannem Moravensem episcopum in lite – concedit.

> Laud. in n. 52. – Reg. JL. –.
>
> cf. etiam Olomouc, Episc. n. *†27.
>
> Talem concessionem numquam factam mentiendo Geboardum attulisse Gregorius VII in litteris suis (cf. infra n. 49) refert. – De re cf. Hilsch Familiensinn (1991) p. 226; Kalhous Jaromír-Gebhard (2003) p. 33.

50 Roma 1074 sept. 22

Gregorius VII Geboardo Bragensi episcopo, quod non meretur: graviter reprehendit eum, quod contra interdictum apostolicum, nuper eo Romam veniente *(n. *44)* et a se benigne suscepto impositum, de bonis et rebus, unde inter eum et Iohannem episcopum Marovensem lis sit, contra promissionem in manum papae factam *(n. *46)* se intromittere ausus et apostolica concessione se id fecisse mentitus sit *(n. *†49)*; de decretis tunc a se iniunctis referens reprehendit eum praeterea, quod novas querelas super Wratizlao duce, sicut nunc cognovit *(Bohemia, Duces ac reges n. *33)*, fraudulenter attulerit, unde ipse Wratizlaum monuerit, quatenus, quod aequum esset, faceret; praecipit ei, ut castrum sancti Venzlai et alia omnia, quae in lite sunt, Marovensi episcopo reddat et ad diffiniendam causam aut ipse Romam veniat aut idoneos legatos mittat atque hoc Marovensi episcopo tempestive notificet, quatenus et ipse pariter se vel legatos suos ad iter praeparare valeat; ammonet eum, ut si quid litis inter eum et homines fratris Wratizlai emerserit, non subito eos excommunicet, sed cum fratre prius amicabiliter agat, et si aequitatem ipse ei denegaverit, apostolico id indicare non eum pigeat. – Venientem te hoc. Dat. Romae 10 kal. oct., ind. 13.

> *Registrum Gregorii VII (Reg. Vat. 2) f. 53', lib. II n. 6. – Edd. (A. Carafa) Epist. Decretal. III 622 n. 6. Binius Conc. gener. III 2, 1182 n. 6. Conc. coll. reg. XXVI 126 n. 6. Hardouin Acta conc. VI 1, 1266 n. 6. Mansi Conc. coll. XX 131 n. 6. Dobner Annales V 440 = Boczek Cod. dipl. Morav. I 155 n. 176. Jaffé Bibl. II 118 n. 6. Migne PL 148, 365 n. 6. Friedberg Cod. dipl. Bohem. I 74 n. 71. Caspar in Mon. Germ. Epist. sel. II 1, 133. – Regg. Erben Regesta I 64 n. 150. J. 3638. JL. 4879.*
>
> cf. Bohemia, Duces ac reges n. 34; Olomouc, Episc. n. 29.
>
> De re cf. Meyer von Knonau Jbb. Heinrich IV. t. 2, 428; Novotný I 2, 161–164; Grudziński Polityka (1959) p. 62; Hilsch Familiensinn (1991) p. 226; Cowdrey Pope Gregory VII p. 449sq.; Kalhous Jaromír-Gebhard (2003) p. 33sq.; Gresser Synoden p. 127.

51   Roma 1074 sept. 22

Gregorius VII Wratizlao duci Boemiorum inter alia: grates habet, quod oboediens monitis apostolicis cum fratre Geromiro Bragensi episcopo pacem fecerit; transmittit exempla litterarum *(n. 50)*, quas Geromiro episcopo direxerit de lite illius cum Iohanne Marovensi episcopo adhuc non cessante, et monet eum, ut fratrem Geromirum, nisi castrum (sancti Venzlai) et alia, quae in lite sint, Marovensi episcopo sine mora reddat, eiciat et restitutis omnibus Marovensi episcopo ipsum et bona ecclesiae ipsius defendat.

> v. Bohemia, Duces ac reges n. 35.

52   Roma 1074 sept. 22

Gregorius VII Iohanni Marovensi episcopo: grates agendo de caritate eius notificat de fraude cognita Bragensis episcopi non solum ad Iohannis sed etiam mentiedo de quadam concessione *(n. *†49)* ad domini papae iniurias, de qua et papae commotione responsoque nuntius Iohannis viva voce ei indicabit et ipse ex exemplo litterarum duci (Wratizlao) *(n. 51)* et (Geboardo) episcopo Bragensi *(n. 50)* missarum cognoscet; eum vero item reprehendit se contra decreta apostolica surrexisse et sententiam apostolicam de rebus in lite mutare putavisse; attamen res dictas Iohanni usque ad futuram synodum reddi iubet et ad praesens consolatur eum.

> v. Olomouc, Episc. n. 31.

*53   (Roma 1075 ante febr. 24)

Gebhardus episcopus Pragensis et Iohannes episcopus Moraviensis Romam profecti apostolico (Gregorio VII) suarum litterarum formam offerunt; quibus recitatis nec admissa nec repulsa nec discussa causa iubentur ire ad hospicia sua, quoad usque revocarentur ad generalem synodum die constituta.

> *Cosmae Chron. II 30 erronee ad a. 1073 (ed. Bretholz p. 126) et Annalista Saxo erronee ad a. 1074 (ed. Nass in Mon. Germ. Script. XXXVII 427). – Reg. JL. –.*
>
> cf. etiam Olomouc, Episc. n. 32.

Re vera ambo episcopi demum a. 1075 in Roma commorati sunt, ubi in synodo lis
eorum determinata est, cf. n. *54. A. 1074 solum Iaromirus-Gebhardus Romam venit, cf.
supra n. *44-*46.

*54   *Roma 1075 febr. 24–28*

Synodo in basilica sancti Salvatoris congregata lis de quibusdam decimis et curtibus
inter Iohannem Moravensem et Geboardum Bragensem episcopos ibidem praesentes
determinata est.

Laud. in n. 55.

De synodo cf. Meyer von Knonau Jbb. Heinrich IV. t. 2, 451–459, de lite ibid. p. 458sq.;
Hilsch Familiensinn (1991) p. 226 et novissime Gresser Synoden p. 139.

55   *Roma 1075 mart. 2*

G r e g o r i u s VII: notum facit, qualiter lis inter Iohannem Moravensem et Geboardum Bragensem episcopos de quibusdam decimis et curtibus per pactionis convenientiam in apostolica sede determinata sit in secundo sui pontificatus anno in basilica Salvatoris multis fratribus et supradictis episcopis praesentibus *(n. *54)*; refert de
diffinitione causae cum consilio fratrum suorum facta, ita ut omnia, de quibus inter
eos contentio foret, per medium dividerentur, termino etiam decem annorum prae-
fixo, ut proclamandi et consequendi ius habeant; hoc ab omnibus inviolatum fore
praecipit. – Quoniam ad memoriam. Dat. Romae 6 non. mart., ind. 13.

Registrum Gregorii VII (Reg. Vat. 2) f. 78', lib. II n. 53. – Laud. verisimile in Cosmae Chron II
31 (ed. Bretholz p. 127; Font. rer. Bohem. II 108). – Edd. (A. Carafa) Epist. Decretal. III 658 n. 53. Bi-
nius Conc. gener. III 2, 1195 n. 53. Conc. coll. reg. XXVI 184 n. 53. Balbinus Miscellanea I 6, 8 n. 6.
Labbe Conc. Coll. X 108. Lünig Reichsarchiv (XXI) Spicilegium ecclesiasticum Cont. III 128 n. 122.
Dumont Corps universel I 1, 51. Lünig Cod. Germaniae dipl. I 955 n. 4. Dobner Annales V 447. Mansi
Conc. coll. XX 166 n. 53. Boczek Cod. dipl. Morav. I 158 n. 178. Jaffé Bibl. II 171 n. 53. Migne PL 148,
405 n. 53. Friedrich Cod. dipl. Bohem. I 78 n. 75. Caspar in Mon. Germ. Epist. sel. II 1, 197. – Regg.
Georgisch Regesta col. 420 n. 1 et col. 421 n. 2. Erben Regesta I 67 n. 155. J. 3691. JL. 4934.

cf. etiam Olomouc, Episc. n. 33. – De re cf. Meyer von Knonau Jbb. Heinrich IV. t. 2,
458sq.; Novotný I 2, 167–170; Grudziński Polityka (1959) p. 63–65; Hilsch Familiensinn
(1991) p. 226; Cowdrey Pope Gregory VII p. 450; Gresser Synoden p. 139.

56   *Roma 1075 april. 17*

G r e g o r i u s VII Wratizlao Boemiorum duci inter alia: monet, ut nullius litis scandalum in suo regimine versari permittat, praecipue inter ipsum et fratres eius et Bragensem et Holomucensem episcopos.

v. Bohemia, Duces ac reges n. 38.

57   *Roma 1075 april. 17*

G r e g o r i u s VII universis in Boemia constitutis maioribus atque minoribus: relatione episcoporum patriae eorum limina apostolorum visitantium i.e. Geboardi Pra-

gensis et Iohannis Moravensis accepta *(n. *52)* eos commonet, ut pacem inter se constituant, non solum clerici, sed et laici castitatem servent, decimas Deo fideliter dent, ecclesiis debitum honorem impendant, elemosinis atque hospitalitati devote insistant.

     v. Bohemia, Duces ac reges n. 39.

58   *Roma 1084 mart. 31*

Heinricus IV a C l e m e n t e III (i.e. Wiberto) in imperatorem coronatur, praesente inter alia Gebehardo episcopo Pragensi et regis cancellario.

     v. Regnum et Imperium (Mon. Germ. Dipl. Heinrici IV n. 356; JL. I 651).

     Cum Gebehardus diploma supra laudatum ‚episcopus et cancellarius‘ recognovisset, non dubitamus, quin et coronationi Heinrici IV interfuerit; cf. etiam Stoller Councils p. 282; Gresser Synoden p. 226. – De re cf. Meyer von Knonau Jbb. Heinrich IV. t. 3, 534 cum adn. 13 (ubi de fontibus).

***59**   *Mainz, St. Alban 1085 mai. 4–10 (?)*

(C l e m e n t i s III i.e. Wiberti) legatis – Iohanne episcopo Portuensi et aliis duobus cardinalibus (Hugone Albo presbytero tit. s. Clementis et Petro quondam cancellario, nunc presbytero tit. s. Chrysogoni) – atque Heinrico IV imperatore nec non inter multos episcopos Gebehardo episcopo Behemensi de Praga praesentibus, post albas secunda ebdomada Wezelinus Moguntinae ecclesiae archiepiscopus una cum Eilberto Trevirensi et Sigevino Coloniensi praesidet synodo, quae inter alia Gregorii VII depositionem et Clementis III ordinationem approbat episcoposque Gregorii partibus faventes damnat; pacem Dei constituit.

     v. Regnum et Imperium (laud. inter alia in Libro de unitate ecclesiae conservanda II 19, Mon. Germ. Lib. de lite II 235sq. ed. Schmale-Ott [AQ 12b. Darmstadt 1984] cum versione germanica p. 448); Mainz Archiepisc. n. *181, Germ. Pont. IV 112; ibid. etiam de aliis fontibus, editionibus, operibus et de tempore; Paderborn, Episc. n. *35; Verden, Episc. n. *20, ibid. V 1, 30. 210; Hildesheim, Episc. n. *57 et Halberstadt, Episc. n. *53, ibid. V 2, 38. 227; Bremen-Hamburg, Archiepisc. n. *104, ibid. VI 66; Köln, Archiepisc. n. *204 et Essen n. ?*5, ibid. VII 73. 228; Trier, Archiepisc. n. *151, ibid. X 78.

     De re et fontibus Meyer von Knonau Jbb. Heinrich IV. t. 4, 21–25. 547–550; Hauck III 844–846; de tempore et de legatis cf. Schumann Legaten p. 60–63; Hüls Kardinäle p. 119. 159. De synodo cf. nuper Ziese Wibert p. 107–117; Gresser Synoden p. 246–252 et opera ibi laudata.

***60**   *(Mainz 1085 mai.–1086 april. 29)*

(C l e m e n t i s III i.e. Wiberti) legatis (Iohanne episcopo Portuensi, Hugone Albo presbytero tit. s. Clementis et Petro quondam cancellario, nunc presbytero tit. s. Chrysogoni) atque Heinrico IV imperatore praesentibus Gebehardus episcopus Pragensis conqueritur, quod Pragensis episcopatus, qui ab initio per totum Boemiae ac Moraviae ducatum unus et integer constitutus et tam a papa Benedicto *(n. *3)* quam a primo Ottone imperatore sic confirmatus est, postea sine antecessorum suorum suoque consensu sola dominantium potestate subintronizato intra terminos eius novo episcopo (scil. Moravensi) divisus est et imminutus; nunc a Wezelino Moguntino archiepiscopo aliisque archiepiscopis et episcopis assensu ducis Boemorum Wratizlai, fratris eius Cunradi, aliorumque laicorum primitiva illa parochia cum omni terminorum ambitu Pragensi ecclesiae iterum adiudicatur.

*Laud. in Cosmae Chron. Bohem. II c. 37 (ed. Bretholz p. 136sq.) et in privilegio Heinrici IV ibidem inserto (Mon. Germ. Dipl. Heinrici IV n. †390). Imitatio graphica huius privilegii (saec. XI ex.) in archivo publico Monacensi asservatur. Praeterea diversae redactiones privilegii in apographis Cosmae Pragensis Chronicae in bibliotheca Gersdorfiana Budissinensi (Bautzen) et in bibliotheca Universitatis Lipsiensis (saec. XII/XIII) nec non in Libro primo registri eccl. Moguntinae in tabulario publico Herbipolensi (saec. XIII/XIV) f. 24 (12') = Liber secundus (saec. XIV) f. 23 (10) occurrunt. Privilegium etiam laud. apud Annalistam Saxonem ad a. 1086 (ed. Nass in Mon. Germ. Script. XXXVII 478) et ad a. 1092 (ibid. p. 485sq.). – Edd. (privilegii Heinrici IV) Rer. Bohem. Script. p. 13 = Melchior Goldast De Bohemiae regni ... commentarii (Francofordiae 1627), appendix p. 18. Idem Commentarii de regni Bohem., appendix col. *21. Stumpf-Brentano Acta Imperii inedita p. 79 n. 76. Friedrich Cod. dipl. Bohem. I 92 n. 86. Stasiewski Untersuchungen p. 127 adn. 47. Hrubý Archivum coronae regni Bohemiae I 1 n. 1. Maleczyński Cod. dipl. nec non epistolaris Silesiae I 20 n. 8. Cosmae Chron. II 37 (ed. Bretholz p. 136sq.). Mon. Germ. Dipl. Heinrici IV n. †390. Schlesisches UB. I 4 n. 5 (fragm.). Turek Listina, in: Slavia Antiqua 22 (1975) 114–118 (ed. trium redactionum privilegii). Györffy Diplomata Hungariae antiquissima I 243 n. 83. – Regg. (seu verborum apud Cosmam seu privilegii Heinrici IV) Erben Regesta I n. 167. Regesten zur schlesischen Geschichte. 1. Theil: bis zum Jahre 1250, hrsg. von Colmar Grünhagen (Breslau 1876. ²1884) p. 16 n. 15. Böhmer-Will Reg. archiepisc. Magunt. I 222 n. 15. May Reg. Erzb. Bremen I sub n. 377. Stimming Mainz. UB I 269 n. 369. Kozłowska-Budkowa Repertorjum p. 13 n. 11 (reimpr. p. 65). Oediger Reg. Erzb. Köln I n. 1168. Marsina Cod. dipl. Slovaciae I 59 n. 61.*

cf. etiam Bohemia, Duces ac reges n. *43; Moravia, Duces ac marchiones n. *5; Olomouc, Episc. n. *37.

De tempore et re atque traditione nec non fide privilegii Heinrici IV permulti auctores permultas sententias perhibuerunt, qua de causa totum conspectum operum privilegium tractantium hic subministrare nequaquam possumus; cf. propediem Böhmer-Struve Reg. Imp. Heinrich IV. De gravissimis ex eis cf. Novotný I 2, 254–258; Ludmil Hauptmann Das Regensburger Privileg von 1086 für das Bistum Prag, in: MIÖG 62 (1954) 146–154; Helmut Beumann-Walter Schlesinger Das D H. IV. 390 für Prag von 1086 April 29, in: ADipl. 1 (1955) 236–250; Barbara Krzemieńska-Dušan Třeštík O dokumencie praskim z 1086, in: Studia Źródłoznawcze 5 (1960) 79–87; Fiala Dva kritické příspěvky p. 56–64; Graus in: Historica 17 (1969) 16 adn. 53; Marsina Štúdie I 89–104; Hilsch in: DA. 28 (1972) 7. 26 adn. 7 et Turek Listina p. 69–122, praesertim p. 70–72 cum adn. 3, ubi etiam antiquiores editiones operaque laudantur. Cf. etiam interpretationem Walteri Schlesinger in: Beumann-Schlesinger Urkundenstudien p. 236–250; reimpr. p. 395–407, secundum quos privilegium diplomatica arte sincerum, sed verisimile numquam sigillatum et iuridicialiter perpetratum fuit; similiter Hilsch Familiensinn (1991) p. 228. Von Gladiss in Mon. Germ. Dipl. Heinrich IV p. 515sq. hoc privilegium ‚verunechtet' duxit; Györffy in: Diplomata Hungariae antiquissima I n. 83 iterum falsum putat. Nuper et Matla-Kozłowska Pierwsi Przemyślidzi p. 170–219 discussionem omnino refert et hoc privilegium iterum authenticum declarat.

De legatis Moguntiae a. 1085 praesentibus enarratur etiam in Cosmae Chron. II 49 (ed. Bretholz p. 156). De decretis Bohemiam spectantibus cf. Gresser Synoden p. 250sq.

*61   *(1085 post mai.–1086)*

C l e m e n s III (i.e. Wibertus) Heinrico IV imperatore demandante et Wezelone Magontino archiepiscopo per legatos, qui concilio Maguntiae celebrato interfuerunt, interveniente *(n. *60)* Pragensem episcopatum suo privilegio in terminis eius primitivis corroborat, petente quoque et suggerente id ipsum Gebehardo episcopo Pragensi per cappellanum nomine Albinum, quem unacum legatis apostolicis hac de causa Magontia Romam misit.

> *Laud. in Cosmae Chron. II 38 (ed. Bretholz p. 140). – Regg. Erben Regesta I 74 n. 168. Friedrich Cod. dipl. Bohem. I 95 n. 87 [ad a. 1086]. Marsina Cod. dipl. Slovaciae I 59 n. 61* [ad a. 1086]. J. *3999. JL. *5325.*
>
> cf. etiam Olomouc, Episc. n. *38.
>
> Beumann-Schlesinger Urkundenstudien D H. IV. 390 für Prag p. 250 et cum eo Ziese Wibert p. 115 corroborationem a Clemente factam et a Cosma traditam fide minime digna censent.

*62 (1093)

Ad C l e m e n t e m III (i.e. Wibertum) Bracizlaus dux Boemorum et Cosmas episcopus Pragensis mittunt, qui eius auctoritatem de Rotperto pseudoepiscopo divina officia celebrante et sacramenta exhibente consulant.

> *Cosmae Chron. II 51 (ed. Bretholz p. 158).*
>
> cf. Bohemia, Duces ac reges n. *47.
>
> De re cf. Otto Köhncke Wibert von Ravenna (Papst Clemens III.) (Leipzig 1888) p. 118; Krofta Kurie p. 36; Novotný I 2, 358sq.; Ziese Wibert p. 202 et Gresser Synoden p. 291. – Rotpertus se episcopum Cavallicensem *(Cavaillon)* in Gasconia esse exhibebat, sed ‚cum innotuisset, quod pseudoepiscopus fuisset, mittunt (scil. dux et electus episcopus Pragensis) unum … in Vasconiam, per quem Kavellonae ecclesiae nomine Desiderius praesul demandat litteris, quod illa ecclesia numquam habuisset episcopum nomine Routpertum‘ (Bretholz l.c.).
>
> De ecclesia Cavallicensi cf. DHGE XII 25.

*63 (1093)

C l e m e n s III (i.e. Wibertus) Bracizlao duci Boemorum et Cosmae episcopo Pragensi de Rotperto pseudoepiscopo respondens iubet ecclesias ex integro reconsecrari, crismate pseudoepiscopi baptizatos non rebaptizari, sed tantum confirmari, similiter ordinatos non reordinari, sed solummodo inter ordinandos stare ad ordinationem et per solam manus inpositionem recipere benedictionem.

> *Cosmae Chron. II 51 (ed. Bretholz p. 159). – Reg. JL. –.*
>
> cf. Bohemia, Duces ac reges n. *48.

*64 Mainz 1100 april. 8

C l e m e n t i s III (i.e. Wiberti) apocrisiarius Rŏpertus (episcopus Faventinus) iubente (Heinrico IV) imperatore et collaudantibus suffraganeis Magontinae ecclesiae Hermannum episcopum Pragensem ordinat, quoniam Routhardus archipraesul, relicta Magoncia et parte Heinrici IV, in Saxonia moratur.

> *Laud. in Cosmae Chron. III 10 (ed. Bretholz p. 170sq.), apud Annalistam Saxonem ad a. 1100 (ed. Nass, Mon. Germ. Script. XXXVII 499) et in Pulkavae Chron. (Font. rer. Bohem. V 64), ubi Rupertus cardinalis ‚pape Clementis legatus‘ nominatur. – Reg. Böhmer-Will I 229 n. 28.*
>
> cf. etiam Mainz, Archiepisc. n. 200, Germ. Pont. IV 117.

De re cf. Meyer von Knonau Jbb. Heinrich IV. t. 5, 100; Novotný I 2, 396sq.; Heinrich
Schrohe Mainz in seinen Beziehungen zu den deutschen Königen und den Erzbischöfen der
Stadt bis zum Untergang der Stadtfreiheit (1462) (Beiträge zur Geschichte der Stadt Mainz 4.
Mainz 1915) p. 24. – De legato cf. Schumann Legaten p. 65, olim presbytero cardinale s.
Marci, qui inter familiares Clementis III a. 1092 aug. 9 in privilegio eius (JL. 5334) vice can-
cellarii Petri datam apponit, cf. Hüls Kardinäle p. 173. 185.

De Hermanno episcopo (1099–1122) cf. Frind Geschichte p. 31sq.; Wilhelm Wostry
in: Sudetendeutsche Lebensbilder 2 (1930) p. 8–18; Kadlec Přehled I 85; Biographisches Lexikon I 605; Buben Encyklopedie biskupů p. 106sq.

*65   *(1118 post mai. 22)*

(Cuno) Praenestinus episcopus (cardinalis), sanctae Romanae ecclesiae (G e l a s i i II)
legatus, per Adalbertum archiepiscopum Maguntinum et Ottonem Babenbergensem
episcopum (Hermannum) Pragensem et (Iohannem) Moraviensem episcopos ad
concilium 5 kal. aug. (iul. 28) Fridislariae *(Fritzlar)* celebrandum invitat.

> *Epist. Adalberti Mogontini archiepisc. Ottoni Babenbergensi episc. directa (Friedrich Cod. dipl.
> Bohem. I 107 n. 105; Stimming Mainzer UB I 379 n. 473). – Reg. JL. –.*

> cf. Mainz, Archiepisc. n.*235, Germ. Pont. IV 126; Bamberg, Episc. n. *48, ibid. III
> 265; Olomouc, Episc. n. *39.

> De re cf. Meyer von Knonau Jbb. Heinrich V. t. 7, 78–81; Novotný I 2, 528sq. – Neque
> Otto Babenbergensis episcopus neque Pragensis et Moraviensis episcopi concilio Fridislariae
> interfuerunt. Econtra Gresser Synoden p. 441 sine argumento et fontibus asserit, ut et Pra-
> gensis et Moraviensis episcopi synodo interfuerint.

> De legato cf. Gustav Schöne Kardinallegat Kuno, Bischof von Präneste. Ein Beitrag
> zur Geschichte der Zeit Kaiser Heinrichs V. (Weimar 1857); Ernst Bernheim in: ADB XVII
> (1883) 386–388; Hüls Kardinäle p. 113–116; Peter Segl in: NDB XIII (1982) 300sq. De lega-
> tione eius a. 1118 facta cf. Schumann Legaten p. 100–106 et Weiß Urkunden p. 62–65.

*66   *(Reims 1131 oct. 18–29)*

I n n o c e n t i u s II et complures episcopi in synodo congregati, inter quos Meynhar-
dus (Pragensis), Anacletum antipapam et Conradum regem excommunicant.

> *Laud. in Canonici Wissegradensis continuatione Cosmae ad a. 1131 (Mon. Germ. Script. IX
> 137; Font. rer. Bohem. II 214). – Regg. Böhmer-Petke n. 288. JL. I p. 850sq.*

> De re cf. Krofta Kurie p. 36; Novotný I 2, 619sq. 735. – De synodo cf. Pier Fausto Pa-
> lumbo Lo Scisma del MCXXX. I precedenti, la vicenda Romana e le ripercussioni europee
> della lotta tra Anacleto e Innocenzo II (Roma 1942) p. 407–413 et Odette Pontal Les conciles
> de la France capétienne jusqu'en 1215 (Paris 1995; reimpr. 2007) p. 311–314. – De schismate
> cf. etiam Franz Josef Schmale Studien zum Schisma des Jahres 1130 (Forschungen zur kirch-
> lichen Rechtsgeschichte und zum Kirchenrecht 3. Köln e.a. 1961).

> De Meginhardo episcopo Pragensi (1122–1134) cf. Frind Geschichte p. 33sq.; No-
> votný I 2, 540–542. 607–612; Wilhelm Wostry in: Sudetendeutsche Lebensbilder 2 (1930)
> 18–23; Buben Encyklopedie biskupů p. 225sq.

*67   *(1133 ante oct. 18)*

(Iohannes episcopus Ostiensis?) apostolicae sedis (I n n o c e n t i i II) legatus veniens
(in Bohemiam) Meynhardum episcopum (Pragensem) de multis detestandis crimini-
bus accusat et accusatum ad audientiam apostolici (I n n o c e n t i i I I) venire iubet, ut
de imposito sibi crimine ordinatione sc. simoniaca se expiet.

> *Laud. in Canonici Wissegradensis continuatione Cosmae ad a. 1133 (Mon. Germ. Script. IX
> 138; Font. rer. Bohem. II 216sq.).*
>
> Iohannes cardinalis laud. etiam in litteris Ottonis episcopi Bambergensis ad Meinhar-
> dum a. 1129? directis (Cod. Udalrici n. 239 p. 416 ad a. 1129; Friedrich Cod. dipl. Bohem. I
> 125 n. 117). De Iohanne cardinali et legatione eius cf. Zenker Mitglieder p. 12; Hüls Kar-
> dinäle p. 108 n. 10; Bachmann Legaten p. 20sq. ad ante a. 1130.
>
> De re cf. etiam Krofta Kurie p. 36; Novotný I 2, 625sq.; Wegener Böhmen-Mähren
> p. 214 et Wenskus Zu einigen Legationen p. 143–146, ubi etiam de tempore; cf. etiam
> n. *65.

*68   *Mainz 1133 oct. 18–21*

Ex I n n o c e n t i i II mandato, Gerhardo presbytero cardinali s. Crucis in Iherusalem
et Adalberto archiepiscopo Moguntino, apostolicae sedis legatis, praesidentibus et
Nortberhto Magdeburgensi archiepiscopo aliisque episcopis praesentibus, inter quos
et Meginhardo Pragensi episcopo, in concilio in festo b. Lucae convocato controversia
inter Halberstadensem et Hersfeldensem ecclesias de decimis aliquibus terminatur.

> v. Mainz, Hersfeld n. 17, Germ. Pont. IV 283; cf. etiam Mainz, Archiepisc. n. 283 cum
> adn., ibid. p. 141; Halberstadt, Episc. n. 108, ibid. V 2, 245 (Böhmer-Petke n. 367).
>
> Legimus in Canonici Wissegradensis continuatione Cosmae ad a. 1133 (Mon. Germ.
> Script. IX 139; Font. rer. Bohem. II 217), qua ex re Meginhardus episcopus eo tempore Ma-
> guntiam venerit, cf. n. *65 adn.

*69   *(Mainz) 1133 (oct. 18–21)*

(I n n o c e n t i i II l e g a t o) Gerhardo presbytero cardinali s. Crucis in Iherusalem
pluribusque episcopis in concilio Moguntiae celebrato praesentibus Meginhardus
episcopus Pragensis in audientia se de imposito crimine inordinatae sc. electionis ex-
purgat.

> *Laud. in Canonici Wissegradensis continuatione Cosmae ad a. 1133 (Mon. Germ. Script. IX
> 139; Font. rer. Bohem. II 217). – Reg. Böhmer-Petke n. 367.*
>
> Canonicus Wissegradensis l.c. talem explicationem offert: ‚coniuraverunt enim qui-
> dam ex eius monasterio (i.e. capitulo Pragensi) perversi fratres contra eum (scil. Meinhar-
> dum), quatenus privatum sua dignitate turpiter pellerent a sede‘. Meinhardus ad audientiam
> Innocentii II non venit, sed ‚Maguntiam causa excusationis ad archiepiscopum suum profec-
> tus est, ubi etiam plures episcopi convenerant, in quorum audientia de imposito sibi crimine
> se decenter expurgavit, et accusatoribus suis omne facinus, quo in se insurgere praesumpse-
> rant, misericorditer condonavit‘ (Canonici Wissegradensis continuatio Cosmae ad a. 1133
> [l.c.]).

*70   *Mainz 1133 oct. 23*
Gerhardo cardinali presbytero s. Crucis in Iherusalem et (I n n o c e n t i i II) legato,
Adalberto archiepiscopo Moguntino aliisque episcopis praesentibus, inter quos (Meginhardo) Bragensi episcopo, Lotharius III imperator abbatiam q. d. Suega (*Münchs-*
münster) Babenbergensi ecclesiae delegat.

> *Dipl. Lotharii III (Mon. Germ. Dipl. Lotharii III n. 54, ubi perperam in sede Babenbergensi da-*
> *tum esse asseritur). – Reg. Böhmer-Petke n. 369.*
>
>   De re cf. Regensburg, Münchsmünster, Germ. Pont. I 310–314; Mainz, Archiepisc.
>   n. 284, ibid. IV 141. In Germ. Pont. III, Bamberg, Episc. deest.

71   *Pisa 1134 nov. 1*
I n n o c e n t i u s II Henrico Hersfeldensi abbati: decimas ad ius Hersfeldensis
monasterii pertinentes, ab Adelberto Moguntino archiepiscopo, apostolicae sedis legato, consilio et deliberatione Gerardi s. Crucis presbyteri cardinalis, Norberti Magdeburgensis archiepiscopi et aliorum episcoporum, inter quos Meinhardo Pragensi
episcopo, monasterio adiudicatas *(n. *68)*, confirmat.

>   v. Hersfeld n. 18, Germ. Pont. IV 283 et Mainz, Archiepisc. n. 285, ibid. p. 141 necnon
>   Bamberg, Episc. n. 59, ibid. III 269; Halberstadt, Episc. n. 110, ibid. V 2, 245 (Schmidt UB.
>   Hochstift Halberstadt I 144 n. 173 [ad a. 1133. 34]; JL. 7659).
>
>   Tempore vero huius confirmationis Meginhardus iam defunctus erat († 1134 iul. 3).

*72   *(1135 febr. 17–mai. med.)*
Dediwinus sanctae Romanae ecclesiae cardinalis (episcopus s. Rufinae et legatus I n -
n o c e n t i i II), (Adalbertus) Maguntinensis archiepiscopus et Lotharius III imperator
cogunt Iohannem Pragensem episcopum, ut omnia, quae a Meginhardo praedeces-
sore eius (defuncto) monachis Zwifaltensis monasterii donata, sed ab eo ablata sunt,
reddat.

> *Bertholdi Zwifaltensis Chron. c. 15 (Mon. Germ. Script. X 104; ed. Schwäbische Chroniken 2*
> *[Sigmaringen 1978] 178). – Regg. Bielowski Mon. Poloniae hist. II 7. Böhmer-Petke n. 426 [ad a. 1135*
> *ante febr. 17].*
>
>   v. Konstanz, Zwiefalten n. *6, Germ. Pont. II 1, 221 [ad a. 1135]; Mainz. Archiepisc.
>   n. *289, ibid. IV 142 [ad a. cr. 1135]. – In Bertholdi Chron. l.c. narratur, Meginhardum epi-
>   scopum monasterio Zwifaltensi cappam nigram a Constantinopolitano imperatore sibi in
>   itinere Hierosolymitano traditam cum aliis donis dedisse. Meginhardus 1134 iul. 3 defun-
>   ctus, successor suus Iohannes a. 1135 febr. 17 ab archiepiscopo Maguntino Adalberto ordina-
>   tus est (Canonici Wissegradensis continuatio Cosmae, Mon. Germ. Script. IX 141; Font. rer.
>   Bohem. II 222). Eo tempore etiam Dediwinus cardinalis in Germaniae partibus moratus est
>   (Bamberg, 1135 mart. 17; Böhmer-Petke n. 428; Mainz, Archiepisc. n. 286, Germ. Pont. IV
>   141), sed iam 1135 iun. 8 vero Pisae privilegium Innocentii II subscribit (JL. 7704), qua de
>   causa ante m. mai. med. sententia ponenda est. Dona supra nominata a Bertholdo et Ottone
>   monachis Zwifaltensibus in terra aliena (scil. Bohemia) sunt recepta (l.c.).
>
>   Necessitudines optimatum Bohemicorum cum Zwifaltensi monasterio partim ad
>   coniunctiones familiares stirpis monasterii fundatorum cum Premislidis (Richinza enim ex
>   comitibus de Berg coniunx Vladislai I Boemorum ducis dein regis erat), partim ad institutio-
>   nem et reformationem monasterii Kladrubensis a Suebico monasterio peragitatas attingunt.
>   Consuetudinibus Hirsaugiensibus in monasterio illo inductis Zwiefalten multas donas et a

stirpe ducali et ab aliis proceribus Bohemiae, inter quos etiam Meginhardo episcopo, recepit (cf. enumerationem donorum apud Bertholdum c. 13sq.); cf. etiam Rainer Joos Zwiefalten und Kloster Kladrau (Kladruby) in Böhmen, in: 900 Jahre Benediktinerabtei Zwiefalten. Hrsg. v. Hermann Josef Pretsch (Ulm ²1990) p. 49–60, praesertim p. 50sq.

De Iohanne I episcopo Pragensi (1134–1139) cf. Frind Geschichte p. 34sq.; Novotný I 2, 632–634. 658sq.; Buben Encyklopedie biskupů p. 128sq.

*73   (1142 post aug. 21)

Innocentius II G(uidonem) diaconum cardinalem (incerti tituli) legatum sanctae Romanae ecclesiae ad partes (Bohemiae et Moraviae) destinat.

>   v. Olomouc, Episc. n. *54.

*74   (1143 ante sept. 24–oct. 27)

Guido cardinalis diaconus S. R. E. et apostolicae sedis (Innocentii II) legatus (Heinrico) Olomucensi episcopo deducente Pragam venit.

>   *Laud. in n. 76.*
>   v. Olomouc, Episc. n. *58.

*75   *Praha (1143 ante sept. 24–oct. 27)*

Guidonis cardinalis S. R. E. et apostolicae sedis (Innocentii II) legati atque Ottonis (Pragensis), Henrici (Olomucensis) episcoporum abbatumque (ignotorum) interventu Wladizlaus dux Boemiae digna satisfactione in pacis foedus cum Wratizlao, Cunrado et Ottone (principibus) Moraviensibus convenit.

>   v. Bohemia, Duces ac reges n. *53. Cf. etiam Moravia, Duces et marchiones n. *6; Olomouc, Episc. n. *59.

76   (1143 sept. 24–oct. 27)

Guido cardinalis diaconus sanctae Romanae ecclesiae et apostolicae sedis (Innocentii II) legatus in Boemiam destinatus *(n. *73)*: narrat de itinere suo primo ad Moravienses, deinde Pataviam *(Passau)*, ubi Olomucensem episcopum ad se vocavit, unde Pragam ivit *(n. *74)*; de Moraviensibus sub duce Boemico (Vladislao II) degentibus propter quandam culpam ab episcopo eorum excommunicatis, qui licet inviti satisfactionis sacramentum perfecerunt *(Olomouc, Episc. n. 56)* de reconciliatione Wratizlai, Cunradi et Ottonis Moraviensium (principum) cum duce Boemiae Pragae adquisita *(n. *75)*, de exstirpatione vitiorum clericorum, praesertim quomodo ab officiis et praebendis deposuerit Pragensis ecclesiae praepositum Iuratam, decanum Petrum et quendam Sebastianum *(Praha, Eccl. cath. n. 5)*, Wissegradensis ecclesiae praepositum Hugonem, magistrum eiusdem ecclesiae Heinricum *(Vyšehrad n. 6)*, in Moravia etiam Olomucensis ecclesiae decanum Thomam et magistrum Milgost *(Olomouc, Eccl. cath. n. 5)*, quomodo in tota etiam Boemia et Moravia bigamos et viduarum ac repudiatarum maritos deposuerit, concubinarios publicos atque reliquos incontinentes in clero inventos beneficiis et officiis privaverit; episcopis se praecepisse addit, ut in parrochiis suis plebales ecclesias distinguerent; praeterea quia multos in-

venerit illic presbyteros ad nullos certos titulos ordinatos, eis se praecepisse nuntiat, ut
sicut in canonibus mandatur, nullus altaris minister absque certo titulo deinceps ordi-
naretur. – Iuxta Boemiam in.

*P f. 114 n. 196. O f. 213. – Edd. Josef Dobrovsky De sacerdotum in Bohemia caelibatu narratio
historica (Pragae 1787) p. 27. Boczek Cod. dipl. Morav. I 223 n. 246. Friedrich Cod. dipl. Bohem. I 136
n. 135. Zak De b. Henrico II Zdik p. 76. Bistřický Studien p. 236 n. 9 = idem Listy p. 25 n. 7. – Regg.
Erben Regesta I 105 n. 238. Bachmann Legaten p. 234. Weiß Urkunden p. 147 (XII, 15 n. 1). Hrbáčová
Jindřich Zdík p. 146 n. 71, 7.*

cf. etiam Bohemia, Duces ac reges n. 54; Praha, Eccl. cath. n. 5; Praha, Vyšehrad n. 6;
Olomouc, Episc. 45; Olomouc, Eccl. cath. n. 5, ubi et de singulis rebus.

De legatione Guidonis diaconi cardinalis enarratur etiam in Annalibus Pragensibus
(Mon. Germ. Script. III 120; Font. rer. Bohem. II 378): ,1143. Legatus apostolicus destruxit
convivia sacerdotum', in Annalibus Bohemiae (Font. rer. Bohem. II 383): ,MCXLIII Guido
cardinalis fuit in Boemia' et in Benedicti Minoritae chronica (ed. Dušek in: Franciszkanie 2/3
p. 346): ,Anno M[C]XLIII ecclesia sancti Viti incensa fuit et Quido cardinalis fuit in Bohemia'; cf. etiam Novotný I 2, 782–789; idem K pobytu kardinála Guida v zemích českých r.
1143 [Zum Aufenthalt Kardinal Guidos in Böhmen im Jahre 1143], in: ČČH 25 (1919) 198–
212; Zak De b. Henrico II Zdik p. 76–78; Bachmann Legaten p. 67–70; Spätling Kardinal
Guido (1958), qui vero perperam tres legationes Guidonis a. 1142–1146 factas discernit, cf.
Hlaváček Anfänge p. 287 adn. 12; cf. etiam Weiß Urkunden 147sq. – De legato cf. Zenker
Mitglieder p. 188–190 et Brixius Mitglieder p. 43.

Litteras istas 1143 inter sept. 24 et oct. 27 exhibitas esse ex eo colligitur, quod sept. 24
Innocentius II, qui Guidonem in Bohemiam destinavit, obiit et legatus Romam revertens iam
oct. 27 in monasterio Schützing (deinde in Raitenhaslach) commoratus est, cf. Raitenhaslach
n. 1, Germ. Pont. I 85).

Aliter ac olim censebatur littera non relatio legati ad papam, sed potius ad Heinricum
Olomucensem directa esse videtur, cui opera ecclesiasticas res reformandi imponeretur.

---

77   *Viterbo (1145) iun. 5*

E u g e n i u s   III O(ttoni) Pragensi episcopo et W(ladislao) illustri Boemorum duci:
scribit de excommunicatione quorundam parrochianorum Heinrici Moraviensis
episcopi; mandat O(ttoni), ut eandem excommunicationem publice denuntiet et faciat observari.

v. Olomouc, Episc. n. 71. – De Ottone episcopo Pragensi (1140–1148) cf. Frind Geschichte p. 35–38; Novotný I 2, 757. 830sq.; Buben Encyklopedie biskupů p. 241sq.

---

*78   *(ante 1146 iun. 2)*

Gwido diaconus cardinalis (incerti tituli) E u g e n i o III de devotione H(einrici) Moraviensis, O(ttonis) Pragensis episcoporum et W(ladislai) ducis (Boemiae) refert.

Laud. in n. 79.

Terminus post quem est electio Eugenii III 1145 febr. 15 facta.

---

79   *Viterbo (1146) iun. 2*

E u g e n i u s   III H(einrico) Morauensi, O(ttoni) Pragensi episcopis, W(ladislao) duci
et universo clero et populo per Boemiam et Morauiam constitutis: scribit de Gwidone

diacono cardinali ab Innocentio II ad partes eorum directo *(n. *73)*; de fidelitate eorum erga b. Petrum et seipsum a Gwidone comperta *(n. *78)* grates refert.

    v. Olomouc, Episc. n. 87.

*80   *Altenburg 1151 sept. 13*

Octaviano legato sanctae Romanae ecclesiae (E u g e n i i III) cardinali presbytero (tit. s. Caeciliae) multisque aliis, inter quos Daniele episcopo de Praga, praesentibus Conradus III rex monasterium q. v. Gratia dei *(Gottesgnaden)* tuendum suscipit eiusque bona confirmat.

    v. Regnum et Imperium; Magdeburg, Gottesgnaden (Mon. Germ. Dipl. Conradi III n. 265; Böhmer–Niederkorn/Hruza n. 765). Cf. etiam Paderborn, Episc. n. 53, Germ. Pont. V 1, 37; Halberstadt, Episc. n. 131; Saxonia n. 58, Germ. Pont. V 2, 251. 501; Minden, Episc. n. 48, Germ. Pont. IX 161.

    De re cf. etiam Bernhardi Jbb. Konrad III p. 902 adn. 41; Ficker, Beiträge zur Urkundenlehre II 326. 518; Posse in Cod. Dipl. Saxon. Reg. I. Hauptth. t. II 153 [ad a. 1150 nov. 12]. – De cardinali Octaviano ac legatione eius cf. Zenker Mitglieder p. 66–70; Bachmann Legaten p. 91–99; Weiß Urkunden p. 163sq.

    De Daniele I episcopo Pragensi (1148–1167) cf. Frind Geschichte p. 38–41; Hans Prutz in: ADB IV 729sq; Novotný I 2, sparsim; Friedrich Hausmann in: NDB III 508; Hilsch Bischöfe p. 58–138; Buben Encyklopedie biskupů p. 55–57.

*81   *(1152 ante iul.)*

Undecim regni episcopi, inter quos Daniel Pragensis, E u g e n i u m III rogant, ut Wichmannum episcopum Cicensem *(Zeitz)* de Friderici I regis voluntate in Magdeburgensem ecclesiam transplantandum confirmet.

    v. Regnum et Imperium; Magdeburg, Archiepisc.; Bremen-Hamburg, Archiepisc. n. *137, Germ. Pont. VI 78. – Reg. Böhmer-Opll n. 103 [ad 1152 ante aug. 17, fortasse iun. ex./ iul. in.].

    cf. etiam n. 82. – De re et tempore cf. Henry Simonsfeld Jbb. Friedrich I. t. 1, 104–108; Dietrich Claude Geschichte des Erzbistums Magdeburg bis in das 12. Jahrhundert II (Mitteldeutsche Forschungen 67, 2. Köln-Wien 1975) 72–79 et Böhmer-Opll n. 103.

82   *Segni (1152) aug. 17*

E u g e n i u s III undecim regni episcopis, inter quos D(anieli) Pragensi: litteris eorum susceptis *(n. *81)* reprehendit eos mandatque, ne causae Guicmanni Cicensis episcopi solo favore principis in Magdeburgensem ecclesiam transplantandi ulterius faveant; hortentur F(ridericum I regem), ut ecclesiae Magdeburgensi liberam facultatem eligendi relinquat; adicit contra Deum et canonum sanctiones se nulli petitioni posse praebere assensum.

    v. Regnum et Imperium; Bamberg, Episc. n. 78, Germ. Pont. III 274; Bremen-Hamburg, Archiepisc. n. 138, ibid. VI 78 (epist. n. 402 Codicis Wibaldiani, ed. Jaffé Bibl. I 535; Ottonis Frisingensis Gesta Friderici II 8, ed. Waitz-Simson p. 108; ed. Schmale p. 294 [cum versione germanica]; Friedrich Cod. dipl. Bohem. I 173 n. 172; JL. 9605).

    De re cf. Claude l.c. (sub n. *81), praecipue p. 77sq.

*83   (1145–1153)

E u g e n i u s III ecclesiae Pragensi privilegium concedit.

> *Laud. in Thomae Joannis Pessinae de Czechorod Gloria Libani Pragensis (Pragae 1673) p. 72:*
> *‚privilegia ... data postmodum ab Eugenio III, Alexandro III, Innocentio III ... et horum successoribus,*
> *pleraque etiam nunc in originalibus supersunt'. – Reg. JL. –.*

> Privilegium aut litterae Eugenii III hodie non exstant; sed quia Pessina etiam in aliis
> libris suis permultorum diplomatum mentionem facit, quae adhuc supersunt, litteras tales
> exstitisse non omnino excludimus.

*84   (Crema 1159 cr. oct. 23)

Fridericus I Romanorum imperator Rolando cancellario (A l e x a n d r o III) ceteris-
que cardinalibus, qui eum elegerunt in Romanum pontificem: eum ad generalem curiam et conventum in octava epiphaniae (1160 ian. 13) Papiae celebrandam evocat;
intimat, quod principes sui et ecclesiae katholicae Herimannus Ferdensis, Daniel Bragensis episcopi, quos de palatio suo ad eum transmiserit, una cum comite palatino
(Ottone) consanguineo suo aliisque legatis *(n. 85)* securum ei conductum praestent.

> v. Regnum et Imperium (Rahewini Gesta Friderici IV 65, ed. Waitz p. 309sq.; ed.
> Schmale p. 644/46; Mon. Germ. Const. I 255 n. 184 et ibid. Dipl. Friderici I n. 285; Böhmer-
> Opll n. 765; Verden, Episc. n. 34, Germ. Pont. V 1, 215).

> De tempore et loco cf. Verden, Episc. n. 34, Germ. Pont V 1, 215. – De re cf. Tourtual
> Böhmens Anteil II (1866) 226–232; Hilsch Bischöfe p. 103–106; Otto Wurst Bischof Her-
> mann von Verden 1148–1167. Eine Persönlichkeit aus dem Kreise um Kaiser Friedrich I.
> Barbarossa (Quellen u. Darstellungen zur Gesch. Niedersachsens 79. Hildesheim 1972)
> p. 97. 193 n. 55; Böhmer-Opll n. 765 et novissime Christian Uebach Die Ratgeber Friedrich
> Barbarossas (1152–1167) (Marburg 2008) p. 182.

85   Anagni (1159 ante nov. 13)

Legati Friderici I imperatoris Hermanno Verdensi et Daniele Pragensi episcopis ducibus Rolandum cancellarium (A l e x a n d r u m III) et partem eius trinis edictis ad
praesentiam ecclesiae Papiae congregandae vocant.

> v. Regnum et Imperium (laud. in Encyclica concilii Papiensis a. 1160 congregati, c. 4
> [Mon. Germ. Const. I 267 n. 190]; cf. etiam Vitam Alexandri III auct. Bosone, ed. Watterich
> Pontificum Romanorum Vitae II 382 sq.; ed. Duchesne Liber pontificalis II 400; Wurst Bi-
> schof Hermann p. 193 n. 56; Böhmer-Opll n. 775).

> v. etiam Verden, Episc. n. 35, Germ. Pont. V 1, 215, ubi de re. Insuper cf. Tourtual
> Böhmens Anteil II (1866) 233–240; Hilsch Bischöfe, impr. p. 103–106 et Uebach Ratgeber
> p. 182.

*86   Anagni (1159 post nov. 13)

A l e x a n d e r III coram Friderici I imperatoris legatis Daniele Pragensi et Hermanno
Verdensi episcopis ac multitudine clericorum et laicorum responsum ad imperatorem
transmittendum legit.

> v. Regnum et Imperium (epistola legitur in Vita Alexandri III auct. Bosone, ed. Wat-
> terich Pontificum Romanorum Vitae II 383sq.; ed. Duchesne Liber pontificalis II 401 sq. =

Mon. Germ. Const. I 256 n. 185; Wurst Bischof Hermann von Verden p. 194 n. 57; Böhmer-Opll n. 780; JL. 10597).

cf. etiam Verden, Episc. n. 36, Germ. Pont. V 1, 216, ubi et de re. Insuper cf. Tourtual Böhmens Anteil II (1866) 240–242; Hilsch Bischöfe p. 103–106; Wurst l.c. p. 85sq. et Uebach Ratgeber p. 182; de tempore Wurst l.c. p. 87sq.; cf. insuper Peter Rassow Honor Imperii. Die neue Politik Friedrich Barbarossas 1152–1159 (München-Berlin 1940) p. 87 et Laudage Alexander III. p. 120.

*87   *Segni (1159 nov. ex.)*

Ad Octaviani (V i c t o r i s IV) praesentiam episcopi Daniel Pragensis et Hermannus Verdensis legati Friderici I imperatoris accedunt.

v. Regnum et Imperium (Vita Alexandri III auct. Bosone, ed. Watterich Pontificum Romanorum Vitae II 384; ed. Duchesne Liber pontificalis II 402; Wurst Bischof Hermann p. 194 n. 58).

cf. etiam Verden, Episc. n.. 37, Germ. Pont. V 1, 216.

,Praesentatis itaque sibi imperialibus litteris, prostraverunt se ad pedes eius (sc. Octaviani) et adoraverunt eum' (ita Boso pergit narrando). – De re cf. Wurst Bischof Hermann p. 86sq., ubi et de tempore.

*88   *Vetralla (1159) dec. 5*

V i c t o r IV Heinrico abbati Laurisheimensi inter alia: Hermannum Verdensem et Danielem Pragensem episcopos eum de statu et proposito suo certificaturos esse scribit.

v. Mainz, Lorsch n. 21, Germ. Pont. IV 234 (Codex Laureshamensis, ed. Karl Glöckner [Darmstadt 1929] I 439 n. 155; JL. 14428); Verden, Episc. n. 38, ibid. V 1, 216.

De re insuper cf. Tourtual Böhmens Anteil II (1866) 246sq.; Hilsch Bischöfe p. 106.

89   *Pavia (1160 febr. 5–11)*

In conspectu concilii Hermannus Verdensis, Daniel Pragensis episcopi, Otto palatinus comes, magister Herbertus praepositus, legati imperatoris, testimonium perhibent, ,quod Rollandum cancellarium (A l e x a n d r u m III) et partem eius trinis edictis per intervalla [temporum] peremptorie et sollempniter ad praesentiam aecclesiae Papiae [tunc] congregandae, remoto omni seculari iudicio, vocaverunt, et quod Rollandus cancellarius et sui cardinales viva voce et ore proprio iudicium vel examen aliquod aecclesiae se nolle recipere manifeste dixerunt'; V i c t o r e m IV universalem pontificem esse episcopi cum ceteris diiudicant; actis synodi subscribunt.

v. Regnum et Imperium (Mon. Germ. Const. I 265 n. 190); cf. etiam Mainz, Archiepisc. n. 351, Germ. Pont. IV 157; Verden, Episc. n. 39, ibid. V 1, 216sq.; Utrecht, Episc. n. *55, ibid. IX 26.

De re insuper cf. Tourtual Böhmens Anteil II (1866) 256–267; Novotný I 2, 913sq.; Hilsch Bischöfe p. 107sq.

90   *Pavia (1160 febr. 13)*

V i c t o r IV cum episcopis in concilio congregatis, inter quos Daniele episcopo Pragensi, Rolandum cancellarium (A l e x a n d r u m III) et principales eius fautores anathematizat.

> v. Regnum et Imperium (Mon. Germ. Const. I 269 n. 190; Böhmer-Opll n. 829; JL. II p. 419sq.); cf. insuper Mainz, Archiepisc. n. 352, Germ. Pont. IV 157; Verden, Episc. n. 40, ibid. V 1, 217.
>
> De re cf. Tourtual Böhmens Anteil II (1866) 269; Novotný I 2, 914.; Wurst Bischof Hermann p. 91sq. 194 n. 62.

*91   *(1160 ante mart. 27)*

A V i c t o r e IV et Friderico I imperatore Daniel Pragensis episcopus, excellentia functus legationis apostolicae, ad regem Ungariae mittitur, ut inthronisationem Victoris papae annuntiet.

> *Monachi Sazavensis Continuatio Cosmae (Mon. Germ. Script. IX 161; Font. rer. Bohem. II 267); Vincentii Pragensis Annales (Mon. Germ. Script. XVII 679; Font. rer. Bohem. II 451) et Rahewini Gesta Friderici I imperatoris IV 82 (ed. Waitz in Mon. Germ. Script rer. Germ. p. 339; ed. Schmale p. 702). – Reg. Böhmer-Opll n. 840.*
>
> cf. etiam Hungaria Pont., Regnum.
>
> De re et tempore cf. Ohnsorge Päpstliche und gegenpäpstliche Legaten p. 7; Hilsch Bischöfe p. 109sq. et novissime Uebach Ratgeber p. 182sq. Legimus praeterea in Vincentii Pragensis Annalibus (l.c.): ‚In festo pasche *(mart. 27)* praedictus episcopus Pragensis a Luca archiepiscopo et ab aliis Ungariae episcopis sicut nuntius papae et imperatoris papalibus ornamentis insignitus cum processione suscipitur, deinde ad regem eum cruce precedente adducitur'; cf. Böhmer-Opll n. 862.

*92   *(Praha 1160 ante iun. 16)*

Legatione Friderici I imperatoris et V i c t o r i s IV papae in Hungaria perfecta Daniel Pragensis episcopus ad propriam pontificatus sedem (Pragam) proficiscitur (et ibi eadem legatione fungitur).

> *Monachi Sazavensis Continuatio Cosmae (Mon. Germ. Script. IX 161; Font. rer. Bohem. II 267) et Vincentii Pragensis Annales (Mon. Germ. Script. XVII 679; Font. rer. Bohem. II 451).*
>
> De re cf. Novotný I 2, 917sq.; Ohnsorge Päpstliche und gegenpäpstliche Legaten p. 7; Hilsch Bischöfe p. 109sq. et novissime Uebach Ratgeber p. 183. Legimus in Vincentii Pragensis Annalibus (l.c.): ‚Tandem Pragam uenit eum cruce precedente papalibus ornatus insigniis (!), qui honestissime a presbiteris, canonicis et omni clero cum solempni processione suscipitur et ibi legatione imperatoris domino regi relata in gratiam domni sui regis recipitur'.
>
> Tempus legationis ex privilegio Vladislai I regis Boemorum in favorem Gradicensis monasterii a. 1160 iun. 16 dato elucet (cf. regestum subsequens), in quo rex una cum Daniele episcopo ‚ex canonica et apostolica auctoritate' possessiones monasterii confirmat et contradictores banno apponit (cf. Friedrich Cod. dipl. Bohem. I 196 n. 208).

*93   *Praha 1160 iun. 16*

Wladizlaus rex Boemorum una cum Daniele episcopo (Pragensi) ‚ex canonica et apostolica auctoritate' (V i c t o r i s IV) possessiones monasterii s. Stephani (Gradicensis)
confirmat et contradictores banno apponit.

> v. Hradisko n. *5.

*94   *St. Jean-de-Losne 1162 sept. 7–8*

V i c t o r IV generalem synodum celebrat, cui Daniel Pragensis episcopus interest.

> *Chronica regia Coloniensis (Mon. Germ. Script. XVII 777; ed. Waitz p. 112) una cum Mon.*
> *Germ. Dipl. Friderici I n. 388. – Regg. Friedrich Cod. dipl. Bohem. I 201 n. 221. Böhmer-Opll n. 1150.*
> *JL. II p. 424.*

> v. Regnum et Imperium.

> cf. Mainz, Archiepisc. n. *356, Germ. Pont. IV 158 et Verden, Episc. n. *44, Germ.
> Pont. V 1, 218 atque opera ibid. laudata et novissime Uebach Ratgeber p. 183.

*95   *(1159–1181)*

A l e x a n d e r III ecclesiae Pragensi privilegium concedit.

> *Laud. in Thomae Joannis Pessinae de Czechorod Gloria Libani Pragensis (Pragae 1673) p. 72:*
> *‚privilegia … data postmodum ab Eugenio III, Alexandro III, Innocentio III … et horum successoribus,*
> *pleraque etiam nunc in originalibus supersunt'. – Reg. JL. –.*

> Privilegium aut litterae Alexandri III hodie non exstant; sed quia Pessina etiam in aliis
> libris suis permultorum diplomatum mentionem facit, quae adhuc supersunt, litteras tales
> exstitisse non omnino excludimus.

96   *(1181–1185)*

L u c i u s III (Valentino aut Heinrico) Pragensi episcopo mandat, ut M. mulieri, quae
filiam suam letali vulnere iugulaverit, poenitentiam imponat, sed eam viro restituat.

> *Litterae decretales variis in collectionibus inclusis (1 Abr. 2.9.2; App. 50.25; Cass. 28.5; Pet. 4.*
> *42; 1 Comp. 5. 9. 2); Gregorii IX Liber extra V 10, 2. – Edd. WH 581. Friedberg Corpus iuris canonici*
> *II (Lipsiae 1881) col. 792. – Regg. Böhmer-Baaken/Schmidt n. 2131. J. 9672. JL. 15188.*

> Omnes editores episcopo Parisiensi has litteras decretales adscribunt, quamquam
> nonnullae collectiones eas ad episcopum Pragensem directas collaudant. Novissime Peter
> Landau Kanonistische Ergänzungen zur Germania und Bohemia Pontificia. Päpstliche De-
> kretalen an Empfänger im Reich zwischen 1140 bis 1198, in: Sacri canones p. 241–257,
> p. 248, eas ad episcopum Pragensem destinatas esse censet, qua de causa has litteras nostro
> tomo includimus. – Tempus ex pontificatus Lucii III terminis evincitur.

> De Valentino episcopo Pragensi (1180–1182) cf. Frind Geschichte p. 43sq.; Novotný I
> 2, 1058–1061; Hilsch Bischöfe p. 165–168; Buben Encyklopedie biskupů p. 361. De Heinrico-
> Bretislao cf. regestum subsequens.

*97   *Mainz (1188 mart. 27)*

Heinrico episcopo cardinali (Albanensi), apostolicae sedis (C l e m e n t i s III) legato,
praesente in curia generali Fridericus I imperator cum multis episcopis et principibus

crucis signum suscipit; ad quam curiam, cum Heinricus episcopus (Pragensis) venire non possit, mittit Ricolfum de Stragov.

> *Gerlaci abbatis Milovicensis Annales ad a. 1188 (Mon. Germ. Script. XVII 706; Font. rer. Bohem. II 508).*

> v. Regnum et Imperium. Cf. etiam Mainz, Archiepisc. n. *467, Germ. Pont. IV 190; Bohemia, Duces ac reges n. *74; Strahov n. 3; Moravia, Duces ac marchines n. *16.

> De re cf. F. W. Wentzlaff-Eggebert Der Hoftag Jesu Christi 1188 in Mainz (Institut für Europäische Geschichte Mainz, Vorträge 32. Wiesbaden 1962); cf. etiam Novotný I 3, 1096sq.; Hilsch Bischöfe p. 189.

> De Heinrico-Bretislao episcopo Pragensi (1182–1197) et duce Bohemiae (1193–1197) cf. Frind Geschichte p. 44–49; Novotný I 2, passim; Hilsch Bischöfe p. 168–216; Kadlec Přehled I 112sq.; Buben Encyklopedie biskupů p. 153–155.

*98   *(ante 1191 mart. 20)*

C l e m e n s III H(einrico) Pragensi episcopo ad petitionem fratrum Sepulcrariorum controversiam inter eosdem et fratres hospitalis Ierosolimitani agitatam super villa q.d. Manetim terminandam committit.

> v. Praha, P. Maria na Malé Straně n. *4.

99   *Laterano 1192 april. 12*

C e l e s t i n u s III (Heinrico) Pragensi episcopo: mandat, ut matrem Millogostae et filium eius compellat, ut fratribus Ierosolimitani hospitalis coram se iustitiam plenam exhibeant; Cisterciensis et Praemonstratensis ordinum fratribus ex parte apostolica praecipiat, ut illis contra sententiam suam, donec satisfecerint, communicare nulla occasione praesumant.

> v. Praha, P. Maria na Malé Straně n. 7.

*100   *(1194 med.)*

C e l e s t i n u s III magistri Arnoldi, qui Heinrici ducis (Bohemiae) et episcopi (Pragensis) legatione fungebatur, relatu audito praecipit clericos a Kain Olomucensi episcopo ordinatos non reordinari, sed solummodo inter ordinandos stare ad ordinem et solam manus impositionem recipere, quam minus accepissent.

> *Gerlaci abbatis Milovicensis Annales ad a. 1193 (Mon. Germ. Script. XVII 707; Font. rer. Bohem. II 510). – Reg. JL. –.*

> cf. etiam Olomouc, Episc. n. *104. – Ordinatio clericorum a Kain Olomucensi episcopo ‚in choro Pragensi sabbatho quatuor temporum' (1193 dec. 18) facta est, qui brevi post (1194 ian. 12) defunctus est. Qua de causa Arnoldus a. 1194 legatione functus esse debet.

> De Kain Olomucensi episcopo (1186–1194) cf. Novotný I 2, 1072sq. et passim; Pohl Beiträge (1940) p. 24sq.; Matzke Bistum Olmütz (1969) p. 32sq.; Medek Osudy (1971) p. 69sq.; Buben Encyklopedie biskupů p. 161.

*101 *(1194 med.)*

Ex praecepto C e l e s t i n i III *(n. *100)* Engelbertus episcopus Olomucensis clericos a Kain Olomucensi episcopo ordinatos solummodo per manus impositionem recipit.

Gerlaci abbatis Milovicensis Annales ad a.1193 (Mon. Germ. Script. XVII 707; Font. rer. Bohem. II 510sq.). – Reg. JL. –.

Cum Arnoldus ‚retulit hec ex ore domni apostolici et quamuis auctenticum super his non haberet, creditum est ei‘, unde novus episcopus Olomucensis Engelbertus clericos secundum verbum papae per manus impositionem recepit. ‚Deinde post annos tres et semis‘ Petrus diaconus cardinalis et legatus ‚hoc factum vehementer corripuit‘ et clericos hoc modo ordinatos reordinari fecit (v. n. *102). De re cf. etiam Friedländer Legaten (1928) p. 102sq.

De Engelberto episcopo Olomucensi (1194–1199) cf. Pohl Beiträge (1940) p. 25; Matzke Bistum Olmütz (1969) p. 33sq.; Medek Osudy (1971) p. 70sq.; Buben Encyklopedie biskupů p. 79 et novissime Gatz (I) p. 504sq.

cf. etiam Olomouc, Episc. n. *105.

*102 *(post 1194)*

C e l e s t i n u s III Heinrico episcopo (Pragensi) et duci (Bohemorum) epistolas mittit.

Gerlaci abbatis Milovicensis Annales ad a.1193 (Mon. Germ. Script. XVII 707; Font. rer. Bohem. II 511). – Reg. JL. –.

Gerlacus epistolas his cum verbis describit: ‚Ceterum epistolas summi pontificis predicto episcopo et duci missas hoc loco insererem, sed ad manus non habeo‘. Utrum epistolas hic laudatas de ordinatione clericorum egerint, an aliis de negotiis nescimus.

*103 *Worms 1195 dec. 6*

Petro cardinali (presbytero tit. s. Caeciliae) legato C e l e s t i n i III praedicante multi principes et proceres crucem sibi assumunt, inter quos etiam (Heinricus) episcopus Bragensis qui et dux Boemiorum.

Laud. in Annalibus Marbacensibus ad a. 1195 (Mon. Germ. Script. XVII 166; ed. Bloch p. 66), in Continuatione Admuntensi ad a. 1195 (Mon. Germ. Script. IX 587) atque in Gerlaci abbatis Milovicensis Annalibus ad a. 1195 (Mon. Germ. Script. XVII 707; Font. rer. Bohem. II 511); cf. etiam Historia de expeditione Friderici (ed. Chroust, Mon. Germ. Script. rer. Germ. N. S. V 112).

De re cf. Hilsch Bischöfe p. 208; Friedländer Legaten p. 92; de Petro Diano Placentino cardinali presb. tit. s. Caeciliae cf. Pfaff Die Kardinäle unter Papst Coelestin III in: ZRK KA 41 (1955) 59 et Maleczek Papst und Kardinalskolleg p. 85sq.

Heinricus episcopus Pragensis de expeditione postea absolutus fuisse videtur (cf. Reinhold Röhricht Die Deutschen im Heiligen Land. Chronologisches Verzeichnis derjenigen Deutschen, welche als Jerusalempilger und Kreuzfahrer sicher nachzuweisen oder wahrscheinlich anzusehen sind (c. 650–1291) (Innsbruck 1894) p. 82; Palacky Geschichte t. I 490; Novotný I 2, 1147). De expeditione Heinrici VI imperatoris cf. Claudia Naumann Der Kreuzzug Kaiser Heinrichs VI. (Frankfurt a. Main-Berlin et al. 1994), ubi de Heinrico episcopo p. 257. – Una cum Heinrico Hroznata comes, fundator monasterii Teplensis, crucem assumpsit, cf. Teplá, n. *1sq.

*104   (1197 in.)

Celestinus III Petrum (Capuanum) diaconum cardinalem tit. s. Mariae in Via
Lata legatum sanctae Romanae ecclesiae in partes Bawariae, Boemiae et Poloniae destinat.

> *Gerlaci abbatis Milovicensis Annales (Mon. Germ. Script. XVII 708; Font. rer. Bohem. II
> 511). – Reg. JL. –.*
>> De cardinale cf. Maleczek Petrus Capuanus, de legatione eius in Bohemia p. 86–92.
>> Cf. etiam Novotný I 2, 1147–1150; Friedländer Legaten p. 102sq.; Zieliński Legacja p. 576–
>> 597; Weiß Urkunden p. 318–320.
>>> cf. etiam Polonia Pont.

*105   Praha 1197 mart. 12

Petrus (Capuanus) diaconus cardinalis tit. s. Mariae in Via Lata, legatione functus
apostolica (Celestini III) in Bawariam, Boemiam et Poloniam, ab episcopo et duce
(Heinrico) iam infirmante et a canonicis Pragensis ecclesiae suscipitur.

> *Gerlaci abbatis Milovicensis Annales (Mon. Germ. Script. XVII 707; Font. rer. Bohem. II
> 511). – Reg. Friedländer Legaten p. 153 n. 129.*
>> cf. etiam Praha, Eccl. cath. n. *14.
>> Octo fere septimanis in Bohemia transactis Petrus in Poloniam profectus est (cf. Po-
>> lonia Pont., Duces ac reges; Wrocław, Episc.; Wrocław, St. Vincentius).

*106   Praha 1197 (cr. mart. 22)

Petrus (Capuanus) diaconus cardinalis tit. s. Mariae in Via Lata ordinationem clericorum per (Kain et) Engelbertum Olomucenses episcopos factam vehementer corripit
et tam ordinatores gravat quam ordinatos suspendit et reordinari facit. In quibus ipse
cardinalis a sacerdotibus plebanis, ob votum castitatis quod ab ordinandis exigebatur,
versis in seditionem, fere fuerat occisus, et licet pro huiusmodi ausibus condigna sint
poena coerciti.

> *Gerlaci abbatis Milovicensis Annales (Mon. Germ. Script. XVII 707; Font. rer. Bohem. II
> 510sq.).*
>> De re et legato cf. Maleczek Petrus Capuanus p. 89sq.; Hilsch Bischöfe p. 214sq.; No-
>> votný I 2, 1148sq.; Friedländer Legaten p. 102sq.; Žemlička Čechy p. 373.
>>> cf. etiam Olomouc, Episc. n. *104.

*107   Praha 1197 (cr. mart. 22)

Petrus (Capuanus) diaconus cardinalis tit. s. Mariae in Via Lata (et legatus Celestini III) Pragae synodum celebrat; elegantissimos sermones edit.

> *Gerlaci abbatis Milovicensis Annales (Mon. Germ. Script. XVII 708; Font. rer. Bohem. II
> 512). – Reg. Friedländer Legaten p. 153 n. 129.*
>> cf. etiam Olomouc, Episc. n. *107; Břevnov n. *6; Sázava n. *3.
>> De re et legato cf. Maleczek Petrus Capuanus p. 89sq.; Hilsch Bischöfe p. 214sq.; No-
>> votný I 2, 1148sq.; Friedländer Legaten p. 102sq.; Žemlička Čechy p. 373.

*108   *Teplá 1197 (ante iun. 15)*

In praesentia Petri (Capuani, sanctae Romanae ecclesiae diaconi) cardinalis (tit. s. Mariae in Via Lata) et apostolicae sedis (C e l e s t i n i   III) legati nec non aliorum clericorum laicorumque Heinricus dux et episcopus Boemorum monasterium Teplense a comite Groznata fundatum cum appenditiis confirmat et bona iuraque eius auget.

     v. Teplá n. *1. Cf. etiam Bohemia, Duces ac reges n. 77; Praha, Eccl. cath. n. *15; Olomouc, Episc. n. 108. – De legato v. Maleczek Petrus Capuanus.

     Heinricus Pragensis episcopus 1197 iun. 15 in Cheb (Eger) defunctus est, qua de causa privilegium eius antea est exhibitum.

Ecclesia cathedralis s. Viti (et s. Wenceslai martyrum)

v. etiam Episc. – Privilegia semper fideli metropolitano capitulo Pragensi a Sancta Sede concessa (Editiones Archivii et Bibliothecae S.F. Metropolitani Capituli Pragensis 4. Pragae 1905). – Statuta metropolitanae ecclesiae Pragensis anno 1350 conscripta. Ed. Antonius P o d l a h a (ibid. 5. Pragae 1905). – Liber informationum de altaribus, fundationibus, et aliis divinis officiis in metropolitam ecclesiam Pragensi peragi solitis, nec non de ministris eiusdem atque de sepulturis et funebribus, per Casparum Arsenium a Radbusa conscriptus a. D. 1642 cum additamentis successorum ipsius. Ed. Antonius P o d l a h a (ibid. 12. Pragae 1915). – Tumbarius s. metropolitanae ecclesiae Pragensis. Ed. Antonius P o d l a h a (ibid. 14. Pragae 1916). – Jaroslav E r š i l - Jiří P r a ž á k Archiv Pražské metropolitní kapituly. T. 1: Katalog listin a listů z dobe předhusitské (-1419). T. 2: Katalog listin a listů z let 1420–1561 [Das Archiv des Prager Metropolitankapitels [T. 1: Verzeichnis der Urkunden und Briefe der vorhussitischen Zeit (-1419). T. 2: Verzeichnis der Urkunden und Briefe der Jahre 1420–1561] (Praha 1956. 1986). – Regesta Bohemiae et Moraviae aetatis Venceslai IV. (1378 dec.– 1419 aug. 16). T. I: Fontes archivi capituli metropolitani ecclesiae Pragensis fasc. 1–7 (a. 1378–1400 complectens). Ed. Vera J e n š o v s k á (Pragae 1967. 1971. 1974. 1976. 1978. 1982. 1981). – Martina M a ř í k o v á Registrum acceptorum et divisionum capituli metropolitani Pragensis 1396–1418 a hospodářství pražské metropolitní kapituly na přelomu 14. a 15. století [Registrum ... Pragensis 1396–1418 und die Wirtschaftsführung des Prager Metropolitankapitels an der Wende des 14. und 15. Jhs.], in: Sborník archivních prací 57 (2007) 237–445.

     Thomas Joannes P e s s i n a de Czechorod Phosphorus septicornis (Pragae 1673) passim. – Jaroslaus S c h a l l e r Beschreibung der königl. Haupt und Residenzstadt Prag sammt allen darinn befindlichen sehenswürdigen Merkwürdigkeiten. T. 1–4 (Prag 1794. 1795. 1796. 1797). – Václav Michal P e š i n a Pražská kapitula sv. Víta až do prvého arcibiskupa pražského [Das Prager Domkapitel St. Veit bis zum ersten Prager Erzbischof] (Praha 1839). – T o m e k I 371–401. – František K r á s l Pořad kanovníků při katedrálním a napotom metropolitním chrámě sv. Víta na hradě Pražském [Die Reihenfolge der Kanoniker an der Dom-, später Metropolitankirche St. Veit auf der Prager Burg], in: Sborník historického kroužku 8 (1899) 3–64. 49–60. – Topographie der historischen und Kunst-Denkmale im Königreiche Böhmen. Die königliche Hauptstadt Prag 2: Der Domschatz und die Bibliothek des Metropolitancapitels. Abt. 1, verf. v. Anton P o d l a h a und Eduard S i t t l e r (Prag 1903). – Antonin P o d l a h a Die Bibliothek des Metropolitankapitels (Prag 1904). – František V a c e k Sociální dějiny české doby starší [Sozialgeschichte Böhmens der älteren Zeit] (Praha 1905) p. 401–417. – Antonius P o d l a h a Series praepositorum, decanorum, archidiaconorum aliorumque praelatorum et canonicorum S. Metropolitanae Ecclesiae Pragensis a primordio usque ad praesentia tempora. Supplementa I–IV (Editiones Archivii et Bibliothecae S.F. Metropolitani Capituli Pragensis 10–14. Pragae 1912–1931). – August N a e g l e Die erste Prager Veitskirche, in: MittVGDBöhm 57 (1919) 1–34. – Wilhelm W o s t r y Deutsche Weltgeistliche vor 1200. Deutsche Geistliche in den Kollegiatkapiteln und im Prager Domstift: Propst Williko, Propst Markus, in: Su-

detendeutsche Lebensbilder 3, hrsg. von Erich Gierach (Reichenberg 1934) p. 35–40. – Pavel S p u -
n a r Das Troparium des Prager Dekans Vít, in: Scriptorium 11 (1957) 50–62. – Zdeňka H l e -
d í k o v á Pražská metropolitní kapitula, její samospráva a postavení do doby husitské [Das Prager
Metropolitankapitel, seine Selbstverwaltung und Stellung bis zur Hussitenzeit], in: Sborník historický 19 (1972) 5–48. – Rostislav N o v ý Přemyslovský stát 11. a 12. století (Praha 1972) p. 122–
124. – Jiří B u r i a n Katedrála sv. Víta na pražském hradě [Die Domkirche St. Veit auf der Prager
Burg] (Praha 1975). – Tomáš D u r d í k -Petr C h o t ě b o r -Jan M u k Klášter kostela pražského na
Pražském hradě [Das Kloster der Prager Kirche auf der Prager Burg], in: Archeologica Pragensia 5
(1984) 113–124. – Katedrála sv. Víta v Praze. K 650. výročí založení [Die Domkirche St. Veit in Prag.
Zur 650. Jahrfeier ihrer Gründung]. Ed. Anežka M e r h a u t o v á (Praha 1994). – Barbara B a u -
m ü l l e r Der Chor des Veitsdoms in Prag. Die Königskirche Kaiser Karls IV. Strukturanalyse mit
Untersuchung der baukünstlerischen und historischen Zusammenhänge (Berlin 1994). – Hana
P á t k o v á Středověká bratrstva v katedrále sv. Víta v Praze [Mittelalterliche Bruderschaften an der
Domkirche St. Veit zu Prag], in: Sborník archivních prací 47 (1997) 3–73. – Jan R y b a Mansionáři
v pražském kostele [Die Mansionare an der Prager Kirche], in: Pražský sborník historický 30 (1998)
5–89. – Josef Ž e m l i č k a Děkan Vít, hodnostář a dobrodinec Pražské kapituly. Sonda do života
významné kulturní osobnosti 13. století [Dekan Vitus, Würdenträger und Wohltäter des Prager
Domkapitels. Eine Sonde in das Leben einer bedeutenden Persönlichkeit des 13. Jhs.], in: Facta probant homines (Praha 1998) p. 549–569. – Jaroslav V. P o l c Případ kanovníka Stanovského [Der Fall
des Kanonikers Stanovský], in: Sborník Katolické teologické fakulty 3 (2000) 87–92. – Antonín
M a ř í k Administrátoři a svatovítská kapitula v době poděbradské. Úřad administrátorů pod jed-
nou a jeho představitelé [Die Administratoren und das St. Veitskapitel in der Poděbradschen Zeit.
Das Amt der Administratoren unter einer Gestalt und seine Vertreter], in: Sborník archivních prací
51 (2001) 313–358. – Jan F r o l í k Die Prager Burg im 10. und 11. Jahrhundert (Zu Fragen der Aus-
wertung der älteren archäologischen Dokumentation und deren Interpretation), in: Boleslav II. Der
tschechische Staat um das Jahr 1000 (Colloquia mediaevalia Pragensia 2. Praha 2001) p. 153–187. –
I d e m Nejstarší církevní architektura na Pražském hradě – současný stav poznání [Die älteste Kirchenarchitektur auf der Prager Burg – gegenwärtiger Erkenntnisstand], in: Velká Morava mezi
východem a západem – Großmähren zwischen Ost und West (Spisy Archeologického Ústavu AV
ČR Brno 17. Brno 2001) p. 107–113. – Michal D r a g o u n Necrologium bohemicum – Příspěvek k
otázce místa jeho vzniku [Das Necrologium Bohemicum – ein Beitrag zur Frage seines Entstehungs-
sortes], in: Documenta Pragensia 20 (2002) 13–23. – Antonín M a ř í k Svatovítská kapitula za vlády
Jiřího z Poděbrad [Das St. Veitskapitel unter der Herrschaft Georgs von Podiebrad], ibid. p. 25–53. –
Dominik B u d s k ý Metropolitní kapitula pražská jako dvůr v malém. Kariéra a vztahy v prostředí
kapituly v letech 1378–1390 [Das Prager Metropolitankapitel als ein Hof im Kleinen. Karrieren und
Beziehungen innerhalb des Kapitelsmilieus in den Jahren 1378–1390], in: Dvory a rezidence ve
středověku. Red. Dana Dvořáčková-Malá (Praha 2006) p. 53–86. – I d e m Testamenty pražského
duchovenstva od druhé poloviny 14. století do počátku husitství [Testamente von Prager Geistlichen von der Mitte des 14. Jhs. bis zum Beginn der Hussitenzeit], in: Pozdně středověké testamenty
v českých městech. Prameny, metodologie a formy využití. Sborník příspěvků z konference
uspořádané 30. listopadu 2005 Archivem hlavního města Prahy a Historickým ústavem Akademie
věd České republiky. Sestavily Kateřina Jíšová a Eva Doležalová (Praha 2006) p. 189–209. – Kathe-
rine W a l s h Liturgische Reformbemühungen der Prager Domherren in nachhussitischer Zeit, in:
Kirchliche Reformimpulse des 14./15. Jahrhunderts in Ostmitteleuropa, hrsg. v. Winfried Eberhard
und Franz Machilek (Forsch. u. Quellen zur Kirchen- und Kulturgeschichte Ostdeutschlands 36.
Köln 2006) p. 255–273. – Dominik B u d s k ý Právní život v metropolitní kapitule pražské v letech
1378–1390 [Das Rechtsleben innerhalb des Prager Metropolitankapitels in den Jahren 1378–1390],
in: Sacri canones p. 571–579. – Pragmatické písemnosti v kontextu právním a správním, edd.
Zdeněk Hojda a Hana Pátková (Opera Facultatis philosophicae Universitatis Carolinae Pragensis 6.
Praha 2008): Dominik B u d s k ý Několik příkladů úředních knih metropolitní kapituly pražské v
době předhusitské. Protokol přijímání nových kanovníků 1378–1390 [Einige Beispiele von Amtsbü-
chern des Prager Metropolitankapitels aus vorhussitischer Zeit. Aufnahmeprotokolle neuer Kanoni-

ker 1378–1390], ibid. p. 73–79. – Martina M a ř í k o v á Účetní rejstříky a další písemnosti vzniklé v souvislosti se správou „společné pokladny" pražské metropolitní kapituly v době předhusitské [Rechnungsbücher und andere im Zusammenhang mit der „gemeinsamen Kasse" des Prager Domkapitels in vorhussitischer Zeit entstandene Schriftstücke], ibid. p. 81–93.

Episcopatu Pragensi a. cr. 976 condito fortasse etiam pauci canonici una cum episco-po Dietmaro apud primam sedem cathedralem vitam gerebant, quae in ecclesia s. Viti in arce Pragensi apud sepulchrum s. Venceslai a fundatore Boleslao II collocati fuerant (de veterrimis aedificiis ecclesiaticis in arce Pragensi constructis inter alia de ecclesia nominata cf. novissime Jan Frolík in: Velká Morava mezi východem a západem [2001] p. 107–113 et opera ibi laudata). Primus ex praepositis nobis notus quidam Willico erat, socius s. Adalberti, qui ‚honore praepositurae praeerat caeteris' (Vita s. Adalber-ti c. 12 in: Font. rer. Bohem. I, 245; Hoffmann Vita Adalberti p. 137sq.; etiam in Vita Adalberti auctore Brunonis c. 8 memoratur [Mon. Poloniae Hist. N.S. IV 2, p. 7]; cf. etiam Wostry in: Sudetendeutsche Lebensbilder 3 [Reichenberg 1934] 35–40).

A. 1065 Gebhardus episcopus reformationem capituli peregit et per Marcum praepositum nova statuta dedit (de Marco cf. W. Wostry in: Sudetendeutsche Lebens-bilder 3 [Reichenberg 1934] 39sq.). De hoc reformatione capituli Cosmas enarrat: ‚Quos (scil. canonicos Pragenses) vir prudens Marcus suis verbis et exemplis in-struens et e multis meliores, quasi de prato excerpens flores, ope divina cooperante XXV fratres ordinavit, dans eis religionis habitum et secundum regulam equalem cibi et potus mensuram' (Cosmae Chron. II 26, ed. Bretholz p. 119). Una cum reforma-tione capituli cathedralis insuper IV dignitates (praepositus, decanus, archidiaconus et scholasticus) constitutae sunt. Numerus deinde usque ad saec. XIV med. in XXXI aut XXXII stallas chori crevit. De redditibus canonicorum antiquiorum iterum ipse Cosmas docet: ‚Sed cum sepe aut negligentia ministrorum aut occasione aliqua magistrorum intermitteretur fratrum prebenda et inde sepe fratres eum [sc. Marcum] affligerent sua querimonia, volens placere eis per omnia, decimationis illorum quar-tam partem sibi asscribens, tres inter fratres dividit, ita ut unusquisque frater annua-tim XXX modios tritici totidem avene, insuper et IIII denarios ad septimanam pro carne sine intermissione haberet' (ibid.). Insuper tempore subsequenti quatuor prae-positi, i.e. Melnicensis, Boleslaviensis, Omnium sanctorum Pragae et Lithomericen-sis, ex officio canonici Pragenses erant. Numerus clericorum apud ecclesiam Pragen-sem saec. XIV ex. ministrantium cr. CCDXXX attingebat, cf. Z. Hledíková in: Sborník historický 19 (1972) 48. Inde a Marco praelati et canonici istius capituli singulatim in fontibus occurrunt (unus ex praeclarissimis Cosmas auctor ‚Chronicae Bohemorum' et decanus ecclesiae Pragensis erat). Vita canonica saec. XII in capitulo Pragensi non valde ordinata fuisse videtur, cum Guido diaconus cardinalis a. 1143 nonnullos prae-latos et canonicos deponeret et honoribus ecclesiasticis privaret (v. n. 4).

Daniel praepositus Pragensis iam ante episcopatum Pragensem assecutum (a. 1148–1167) in rebus diplomaticis magna promerita sibi adeptus est, semel in Heinrici Moraviensis episcopi (v. n. *5–*6, 8), item in Vladislai (v. n. *7) servitio mu-nus praestans. Etiam Martinus inter praepositos excellit, qui fratribus ordinis s. Jo-hannis Hierosolymitani et ecclesiae eorum Pragae sitae favit. Ei et Gervasio Vissegradensis ecclesiae decano Alexander III a. (1178 vel 1180) privilegium concessit et eos possessionesque eorum in tutelam sedis apostolicae posuit (v. n. 13). Sed universitas capituli nonnisi in diplomate a. 1183 scripto occurrit (ubi *chorus* appellabatur; cf. Friedrich Cod. dipl. Bohem. I n. 300). Capitulum una cum episcopo et duce suo Heinrico a. 1197 Petrum Capuanum diaconum cardinalem et legatum Coelestini III Pragae suscepit (v. n. *14). Saec. XIII in. capitulo ius episcopi eligendi a rege Premislao Ottocaro I collatum est, et a. 1221 ipse rex omnes libertates ecclesiae Pragensis renovavit castrumque Podivin restituit (Friedrich Cod. dipl. Bohem. II n. 217). A. 1350 scripta sunt statuta antiquissima ecclesiae Pragensis adhuc asservata, cf. Statuta metropolitanae ecclesiae Pragensis (1905).

Cum episcopatus Pragensis a. 1344 in sedem metropoliticam commutatus esset, etiam capitulum nunc metropoliticum nonnulla privilegia impetravit, praecipue celebrationem missarum tangentia. Inter alia Urbanus V a. 1364 canonicis Pragensibus concessit, ut infulis albis in praesentia regum Bohemiae uti possent (ed. Privilegia semper fideli metropolitano capitulo Pragensi [Pragae 1905] n. 1). Unum annum post idem pontifex maximus canonicis Pragensibus concessit, ut quandocunque aliquis eorum missam in metropolitana ecclesia celebraret, tam ipse celebrans quam canonici eidem assistentes mitris uti possent (ibid. n. 5). A. 1458 Pius II omnia praerogativa, privilegia, concessiones et indulta iam dicti capituli confirmavit (ibid. n. 8) et a. 1706 Clemens XII praelatis et canonicis privilegium rochettum et cappam magnam ad instar canonicorum basilicae s. Petri in Vaticano gestandi indulsit (ibid. n. 12; de aliis privilegiis cf. ibid. passim). Seditione hussitica a. 1417 exorta capitulum fidem ecclesiae catholicae servans et contra archiepiscopum suum Conradum a Vechta (1413–1425/31) agitans usque ad a. 1436 in exilio Zittaviae (*Zittau*) commoratum est, sed etiam post a. 1448–1453, 1467–1472 et 1478 iterum atque iterum sedem suam relinquere debuit. Aevo Habsburgico restauratum capitulum et ecclesia s. Viti, Venceslai et Adalberti usque ad nostros dies supervixit.

Sedes cathedralis Pragensis, sicut iam dicimus, primum apud ecclesiolam s. Viti sita est, cf. Katedrála sv. Vita v Praze (Praha 1994) p. 13–15 et supra p. 107. A. 1060 Spitigneus II dux novam ecclesiam fundavit, cuius altare principale a. 1094 consecratum est; ad septentrionalem partem monasterium canonicorum ante a. 1096 aedificatum est, cf. ibid. p. 16. Haec monumenta usque ad a. 1344 subsistebant, in quo anno Johannes rex Bohemiae una cum filiis suis Karolo et Johanne Heinrico atque Arnesto de Pardubitz, archiepiscopo Pragensi, fundamenta novae, in stilo gothico erigendae ecclesiae cathedralis posuit, cf. supra p. 70. A. 1385 chorus ecclesiae ac fornices eius usque ad transeptum consecratae sunt, sed seditio Hussitica erupta aedificationem navis magnae ecclesiae usque ad saec. XIX obstruxit et a. 1929 tantum tota ecclesia cum navibus et turribus perfecta est. Thesaurum ecclesiae conscriptum invenies apud A. Podlaha-Ed. Šittler Topographie der historischen und Kunst-Denkmale. Der Domschatz in Prag (Prag 1903).

De ecclesia cathedrali, hodie partim in stilo gothico, partim neogothico (imprimis pars occidentalis cum aula et turribus) aedificata, cuius fundamen a. 1344 positus est, multis cum praeclarissimis artificum monumentis, inter cetera a Petro Parler factis (de eo cf. novissime Marc C. Schurrer Die Baukunst Peter Parlers. Der

Prager Veitsdom, das Heiliggeistmünster in Schwäbisch Gmünd und die Bartholomäuskirche zu Kolin im Spannungsfeld von Kunst und Geschichte [Stuttgart 2003]), cf. etiam Jiří Burian Der Veitsdom auf der Prager Burg (Bayreuth 1979); Katedrála sv. Víta v Praze. K 650. výročí založení [Der Wenzelsdom zu Prag. Zum 650. Jahrestag der Stiftung] (Praha 1994) et opera ibi notata. De possessione huius ecclesiae a. 1993 inter rem publicam tschechicam capitulumque metropolitanum controversia exorta est, unde a. 2007 a summo tribunale rei publicae addicta est. A. 2010 ecclesia cathedralis communi curae rei publicae et ecclesiae tschechicae diffinitive supposita est.

De t a b u l a r i o locupletissimo, quod hodie in Archivo arcis Pragensis (Archiv Pražského hradu – Archiv Metropolitní kapituly u sv. Víta) asservatur, cf. Antonín Podlaha Catalogus codicum manu scriptorum, qui in archivio capituli metropolitani Pragensis asservantur (Editiones Archivii et Bibliothecae S.F. Metropolitani Capituli Pragensis 17. Pragae 1923); Antonín Podlaha Z archivu metropolitní kapitoly v Praze [Aus dem Archiv des Metropolitankapitels in Prag], in: Časopis archivní školy 4 (1926–1927) 143sqq. et Jaroslav Eršil-Jiří Pražák Archiv pražské metropolitní kapituly [Archiv des Prager Metropolitankapitels] (Praha 1956) p. 3–13.

De b i b l i o t h e c a et collectionibus eius cf. Friedrich Schulte Die canonistischen Handschriften der Bibliotheken … – 4. des Metropolitan-Kapitels von St. Veit in Prag (Prag 1868) p. 69–115; Antonín Podlaha Knihovna kapitulní v Praze [Die Kapitelsbibliothek in Prag] (Soupis památek historických a uměleckých v Království Českém. Král. hlavní město Praha: Hradčany 2,2. Praha 1903); idem Die Bibliothek des Metropolitankapitels (Prag 1904) et Adolf Patera-Antonín Podlaha Soupis rukopisů knihovny metropolitní kapitoly pražske [Handschriftenkatalog des Prager Metropolitankapitels]. T. I–II (Praha 1910. 1922).

A   = Orig.: Praha Národní archiv, Řád maltézských rytířů (ŘM) XXVIII, České velkopřevorství – Papežské buly.

T   = Apographum saec. XIX in.: Moravský zemský archiv Brno, Bočkova sbírka G 1.

†?1   *(967?–ante 972 sept. 6)*

I o h a n n e s XIII Bolezlao (I aut II) duci (Boemiae) inter alia: statuit, ut ad ecclesiam s. Viti et s. Wenczlai martyrum fiat sedes episcopalis.

     v. Praha, Episc. n. †?1.

*†2   *(ante 972 sept. 6)*

I o h a n n e s XIII Boleslao (I aut II) duci: erigit ecclesiam Pragensem in cathedralem, mandans, ut non secundum ritum Graecorum, sed secundum ritum Romanae ecclesiae divina officia celebrentur.

     v. Praha, Episc. n. *†2.

*3   *(Praha 1072 ex.–1073 in.)*

Rudolfus ‚apocrisarius et missus apostolici' (A l e x a n d r i II?) Wratizlaum ducem
(Boemiae) iubet, ut omnes abbates et praepositos ecclesiarum (inter alia etiam praepositum ecclesiae cathedralis) ad synodum convocet sacram.

> v. Bohemia, Duces ac reges n. *23.

4   *(1143 sept. 24–oct. 27)*

Guido cardinalis sanctae Romanae ecclesiae et apostolicae sedis (I n n o c e n t i i II)
legatus in Boemiam destinatus: inter alia narrat de exstirpatione sua vitiorum inter
clericos, praesertim quomodo ab officiis eorum deposuerit Iuratum Pragensis ecclesiae praepositum et Petrum decanum (et archidiaconum) ibidem; Sebastiano cuidam
etiam prebendam abstulit et multos alios in eadem ecclesia, qui infames erant, depo-
suit et honoribus ecclesiasticis privavit.

> v. Praha, Episc. n. 76. Cf. etiam Bohemia, Duces ac reges n. 54; Praha, Vyšehrad n. 6;
> Olomouc, Episc. n. 60; Olomouc, Eccl. cath. n. 5.
>
> De Iurata praeposito, Petro decano et Sebastiano (canonico) nihil nisi huius deposi-
> tionis mentio apud Podlaha Series p. 3 invenimus.

*5   *(ante 1145 febr. 15)*

Daniel praepositus Pragensis et praedecessores eius E u g e n i i III antecessores frequenter visitant.

> *Laud. in n. 8 et 9.*
>
> v. etiam n. *6–11 atque Olomouc, Episc. n. *80sq. 86. *95sq. – De Daniele praeposito
> Pragensi, qui a. 1148 in episcopum Pragensem designatus est, cf. Frind Geschichte p. 38–41;
> Krásl Pořad (1899) p. 10; Podlaha Series (1912) p. 3; Hilsch Bischöfe p. 24–138 et Buben En-
> cyklopedie biskupů p. 55–57.

*6   *(ante 1146 mai. 25)*

E u g e n i o III D(aniel) Pragensis praepositus significat de negotio Heinrici Moraviensis episcopi.

> v. Olomouc, Episc. n. *81. – De negotio Danielis praepositi nihil scimus.

*7   *(ante 1146 iun. 2)*

Sedem apostolicam (E u g e n i u m III) Daniel Pragensis praepositus frequenter visitat; Daniel ipse cum aliis Eugenio refert Wladizlaum ducem Boemorum ecclesias et
ecclesiasticas personas honorare.

> *Laud. in n. 8 et 9.*
>
> cf. etiam Bohemia, Duces ac reges n. *60; Olomouc, Episc. n. *84.

8   *Viterbo (1146) iun. 2*

E u g e n i u s III H(einrico) Moraviensi episcopo: inter alia grates refert de frequenti visitatione per D(anielem) Pragensem praepositum *(n. *7)*.

     v. Olomouc, Episc. n. 87.

9   *Viterbo (1146) iun. 2*

E u g e n i u s III W(ladislao) Boemorum duci: laudat eum, quia, sicut D(aniele) Pragensi praeposito una cum aliis referente *(n. *7)* acceperit, ecclesias et ecclesiasticas personas honoret; commendat ei D(anielem) praepositum et de visitatione praedecessoribus suis et sibi frequenter exhibita *(n. *7)* grates refert.

     v. Bohemia, Duces ac reges n. 60.

*10   *(ante 1147 dec. 18)*

E u g e n i u m III Heinricus Moraviensis episcopus per Danielem Pragensem praepositum exorat, ut pro multis ei instantibus negotiis vocationem ad concilium (Trecensem vel Remensem) relaxat.

     v. Olomouc, Episc. n. *96.

11   *Trier (1147) dec. 18*

E u g e n i u s III H(einricum) Moraviensem episcopum a vocatione ad concilium (Remensem) absolvit, quia D(aniel) Pragensis praepositus ex parte eius relaxationem vocationis pro multis ei instantibus negotiis exoraverit *(n. *10)*.

     v. Olomouc, Episc. n. 97.

*12   *(Praha 1160 ante iun. 16)*

Daniel Pragensis episcopus legatione Friderici I imperatoris et V i c t o r i s IV papae functus ad propriam pontificalem sedem (Pragam) sibi cruce praecedente papalibus ornatus insigniis proficiscitur et ibi a presbyteris, canonicis (ecclesiae cathedralis) et omni clero cum solempni processione suscipitur.

     v. Praha, Episc. n. *92.

13   *Tuscolo (1178) oct. 21*

A l e x a n d e r III M(artino) Bragensi praeposito et G(ervasio) quondam ibidem dicto praeposito (scil. Wissegradensi): referente sibi Carsilio de Ger(vasio), quod, ex quo Dominus eum corripuerit in corpore, quidam filii afflictionem eius ampliare intendunt in rerum suarum violenta distractione, personas eorum cum omnibus eorum possessionibus in tutelam beatorum apostolorum Petri et Pauli et suam ponit et personas eorum commendat duci Boemiae et uxori eius. – Quia prae omnibus. Dat. Tusculani 12 kal. nov.

     A inv. n. 1167. T sign. 3059. – Ed. Zdeněk Kristen in: Sborník Vysoké školy pedagogické v Olomouci, Historie 4 (1957) 78.   Reg. JL –.

cf. etiam Bohemia, Duces ac reges n. 73; Praha, Vyšehrad n. 8.

Gervasius Vissegradensis et Martinus Pragensis (1174–1182) praepositi (de iis cf. Wilhelm Wostry Deutsche Weltgeistliche vor 1200. Kanzler Gervasius. Notar Martin in: Sudetendeutsche Lebensbilder 3, hrsg. von Erich Gierach [Reichenberg 1934] p. 42–49 et Hanke-Hajek Zusammensetzung [1940] p. 34–39) permulta bona fratribus ordinis sancti Iohannis Hierosolimitani largiti sunt, v. Friedrich Cod. dipl. Bohem. I n. 245. 318; ob eam rem haec charta ad archivum fratrum eorundem pervenit. Tempus evincitur ex eo, quod Alexander III die oct. 21 Tusculani annis 1178 et 1180 morabatur; vicissim in litteris de morbo Gervasii praepositi ('corripuerit in corpore') enarratur, qui de praepositura sua iam resignavit ('quondam … preposito') et mox (fortasse 1179 febr. 10) de vita discessit. De tempore et re cf. Kristen l.c. p. 77–86 et Skopal Založení komendy p. 20sq. adn. 50.

*14   *Praha 1197 mart. 12*

Petrus (Capuanus) diaconus cardinalis tit. s. Mariae in Via Lata, legatione functus apostolica (C e l e s t i n i III) in Bawariam, Boemiam et Poloniam, ab episcopo et duce (Heinrico) et a canonicis Pragensis ecclesiae suscipitur.

    v. Praha, Episc. n. *105.

*15   *Teplá 1197 (ante iun. 15)*

In praesentia Petri (Capuani sanctae Romanae ecclesiae diaconi) cardinalis (tit. s. Mariae in Via Lata) et apostolicae sedis (C e l e s t i n i III) legati nec non Floriani praepositi et cancellarii, Sdizlai decani, Phalconi archidiaconi, Alexandri magistri (ecclesiae s. Viti Pragensis) aliorumque clericorum et laicorum Heinricus dux et episcopus Boemorum monasterium Teplense a comite Groznata fundatum cum appenditiis confirmat et bona iuraque eius auget.

    v. Tepla n. *1. – De tempore cf. Praha, Episc. n. *108.

    De canonicis ecclesiae cathedralis Pragensis supra notatis cf. Podlaha Series (1912) p. 5sq. (n. 35, 40, 42, 58). – De legato cf. Maleczek Petrus Capuanus.

Sv. Jiří na Pražském hradě

Monasterium sanctimonialium s. Georgii (et s. Ludmilae martyrum) in castro Pragensi

S c h u b e r t Urkunden-Regesten p. 95–108. – Regesta Bohemiae et Moraviae aetatis Venceslai IV. T. V. Pars I, fasc. 1-2, passim.

    Joannes Florianus H a m m e r s c h m i d Historia, in qua primaeva fundatio et institutio regiorum ac antiquissimorum monasteriorum s. Georgii in Castro Pragensis, s. Spiritus … recensentur (Praga 1715). – I d e m Prodromus p. 382–388. – P. R a y m u n d u s von der heil. Elisabeth Der hohen Geistlichkeit in Böhmen unbewegte Grundlage: das achthundertjährige Gotteshaus und das allererste uralte Klosterstift St. Georgen (Prag 1782). – S c h a l l e r Beschreibung von Prag I 321–329. – Ignaz Eugen N o w a k Erinnerungen an Sanct Georg (Prag 1836). – T o m e k I 95–98. 507–512. 660; III 128–133; V 219–222; VIII 9sq.; IX 158sqq. 353; XI 439. – F r i n d I 103–108; III

260sqq. – E k e r t Posvátná místa I 77–94. – Bílek p. 166–174. – Ž á k p. 278. – N o v o t n ý I 1, 447; I 2, passim; I 3, 66. 142. 150. – N a e g l e Kirchengeschichte I 2, 23–27. 367–369. – Kloß II 12–22. – Josef C i b u l k a Kostel svatého Jiří na hradě Pražském. Stavební dějiny a průvodce památkami – Die St. Georgskirche auf der Burg zu Prag. Baugeschichte und Führer (Praha 1936). – C o t t i n e a u II 2352. – Anežka M e r h a u t o v á Bazilika sv. Jiří na Pražském hradě [Die St. Georgs-Basilika auf der Prager Burg] (Praha 1966). – E a d e m Raně středověká architektura p. 206–214. – M a c h i l e k Reformorden p. 63. 71 sq. 76. – Ivan B o r k o v s k ý Svatojiřská bazilika a klášter na Pražském hradě [Die St. Georgs-Basilika und ihr Kloster auf der Prager Burg] (Praha 1975) [permultis cum operibus laudatis]. – Z e s c h i c k p. 39sq. 49. 58. 66. – S t r e i c h Burg und Kirche I 370. – Václav P l o c e k Svatojiřské skriptorium [Das Skriptorium des Georgsklosters], in: Documenta Pragensia 10 (1990) 23–29. – Zdeňka H l e d í k o v á Poznámka ke svatojiřskému skriptoriu kolem roku 1300 [Eine Anmerkung zum Skriptorium des Georgsklosters um das Jahr 1300], ibid. p. 31–49. – E a d e m Svatojiřské kalendáře doby abatyše Kunhuty [Die Kalendarien von St. Georg aus der Zeit der Äbtissin Kunigunde], in: AUC Phil. et Hist. 1991, č. 2 (Z pomocných věd historických 9. Praha 1991) 61–81. – N o v ý Diplomatické poznámky p. 126–128. – Tomáš D u r d í k -Petr C h o t ě b o r Stavební vývoj kláštera sv. Jiří na Pražském hradě ve středověku [Die bauliche Entwicklung des Georgsklosters auf der Prager Burg während des Mittelalters], in: Archaeologia Historica 19 (1994) 369–377. – W e n d e h o r s t -B e n z Verzeichnis p. 153sq. – Encyklopedie českých klášterů p. 438–442. – Jan F r o l í k Nejstarší církevní architektura na Pražském hradě – současný stav poznání [Die älteste Kirchenarchitektur auf der Prager Burg – zum heutigen Wissensstand], in: Velká Morava mezi východem a západem (Spisy Archeologického Ústavu AV ČR Brno 17. Brno 2001) p. 107–113. – Petr S o m m e r Kapelle der Jungfrau Maria im St. Georgskloster auf der Prager Burg und die Anfänge der böhmischen Sakralarchitektur, in: Boleslav II. Der tschechische Staat um das Jahr 1000 (Colloquia mediaevalia Pragensia 2. Praha 2001) p. 189–196. – Ondřej B a s t l Zrušení kláštera benediktinek u sv. Jiří na Pražském hradě v roce 1784 [Die Aufhebung des Benediktinerinnenklosters St. Georg auf der Prager Burg im Jahre 1784], in: In omnibus caritas. K poctě devadesátých narozenin prof. ThDr. Jaroslava Kadlece (Praha 2002) p. 61–73. – Ondřej B a s t l Knihy a listiny zrušeného svatojiřského kláštera [Die Bücher und Urkunden des aufgehobenen St. Georgklosters], in: Seminář a jeho hosté II. Sborník příspěvků k nedožitým 70. narozeninám doc. dr. Rostislava Nového (Documenta Pragensia 23. Praha 2004) p. 187–223. – Průvodce I 3, 93. – Renáta M o d r á k o v á Úřad abatyše kláštera benediktinek u sv. Jiří na Pražského hradě v období 13.–14. století [Das Amt der Äbtissin des Benediktinerinnenklosters St. Georg auf der Prager Burg während des 13. und 14. Jahrhunderts], in: Sacri canones p. 580–587. – E a d e m Písemnosti abatyší kláštera sv. Jiří na Pražském hradě ve 13.–14. století. Naznačení úzkých hranic mezi diplomatikou a kodikologií [Das Schriftgut der Äbtissin des Klosters St. Georg auf der Prager Burg im 13.–14. Jh. Kennzeichnung der engen Grenzen zwischen Diplomatik und Kodikologie], in: Pragmatické písemnosti v kontextu právním a správním, edd. Zdeněk Hojda a Hana Pátková (Opera Facultatis philosophicae Universitatis Carolinae Pragensis 6. Praha 2008) p. 55–72.

In Gumpoldi Mantuani Vita Vencezlavi ducis cr. a. 975 composita legimus iam Vratislaum ducem († 921) ‚beato martiri Georgio basilicam deo dicandam‘ erexisse (cap. 3, Mon. Germ. Script. IV 214; Font. rer. Bohem. I 148), quod et in aliis legendis sancti Vencezlai refertur (cf. Merhautová p. 207). Antiquissimum privilegium a Bolezlao II duce (967/72–999) concessum, quod apud Cosmam I 22 (ed. Bretholz p. 42) laudatur, nullo alio loco commemoratur. Quae ab eodem auctore narrantur ‚ad ecclesiam s. Georgii martiris sub regula s. Benedicti et obedientia … abbatisse Marie‘ (quae et Mlada; cf. Václav Ryneš Mlada Přemyslovna [Praha 1944]; opera antiquiora vitam beatae Mladae-Mariae et historiam monasterii sancti Georgii tractantia invenies apud Zíbrt II 958sq. n. 9426–9490) congregationem sanctimonialium constitutam esse (ed. Bret-

holz p. 43sq.), quia privilegio spurio Iohannis XIII inserta sint (v. n. †?2), in dubio relinquimus, quamvis complures auctores verba fundationem istius monasterii attinen-
tia penitus reiicienda non esse censent (v. n. *?1 et opera ibidem laudata). Utcumque
res se habet, monasterium sanctimonialium ‚sub vocabulo et veneratione sancti Georgii consecratum‘ memoratur etiam in Vita priori s. Adalberti cr. a. 1000 scripta c. 19
(edd. Mon. Germ. Script. IV 589; Mon. Poloniae Hist. N.S. IV 1, 29). De congregationis rebus saec. XI–XII gestis vel aliis casibus perpauca novimus, nisi a. 1143 abbatissa
quaedam nomine ignoto a legato Guidone deposita esse videtur (n. *4); primum privilegium, quod exstat, Eugenii III (n. 5) est.

Saec. XIII–XIV monasterium valde vigebat tam copia praediorum (de istis cf.
Bílek; Kloß) quam libertatibus a regibus concessis, quae et summi pontifices inde a
Gregorio IX confirmaverunt (Friedrich Cod. dipl. Bohem. III n. 40; cf. quoque V
n. 328; Schubert n. 768). Papae interdum abbatiae providere intenderunt (cf. Eubel
Provisionen p. 239; Krofta [ČČH 12] passim); de electione abbatissarum controversiae sunt nonnullae ad sedem apostolicam prolatae (v. Mon. Vat. V n. 462. 511). Abbatissae dignitas familiis illustribus reservata fuisse videtur, pluries filiae regum vel
principum eo in honore constitutae inveniuntur. Karolus IV imperator abbatissis titulum principalem et ius reginam Bohemiae coronandi concessit.

A. 1421 in perturbationibus Hussiticis sanctimoniales monasterium Pragensem
reliquerunt nec ante a. 1437 redierunt, sed in penuria superanda demum saec. XVI ex.
profecerunt. A. 1782 domus suppressa est.

De aedibus sacris v. Neuwirth p. 69–71, 104–110; Cibulka; Romanik in Böhmen p. 68–71; Merhautová op. cit.; Borkovský passim; Praha středověka p. 57sqq.
91–95 et novissime Encyklopedie českých klášterů p. 438–442. Monasterio cum ecclesia per ignem a. 1142 combusto Bertha abbatissa ‚secunda fundatrix‘ nova aedificia
construere coepit, quae pluries restaurata et saec. XVI–XVIII immutata ampliataque
sunt. A. 1888–1891 et 1897–1905 basilica s. Georgii denuo stilo (neo-)romanico re-
constituta est et hodie una cum aedificiis monasterii, post a. 1782 partim in usum mi-
litarem partim in habitationem presbyterorum addictis, musaeum complectitur.

De archivo v. Schubert l.c.; Svátek p. 591sq. Maxima quae restat pars hodie in
tabulario nationali Pragensi recondita est (cf. Průvodce I 3, 93), sed et nonnulla documenta in bibliotheca universitatis Pragensis custodiuntur (v. Beránek Soupis
p. 207sq.).

De bibliotheca olim locupleti cf. Dagmar Hejdová K původu románských
rukopisů z kláštera sv. Jiří na Pražském hradě [Zur Herkunft der romanischen Handschriften des Klosters St. Georg auf der Prager Burg], in: Umění 9 (1961) 221–235;
Bohemia sacra p. 363sq., 400sq.; Romanik in Böhmen p. 146sqq. Codices qui supersunt in bibliotheca universitatis Pragensis reperies (cf. indicem apud Truhlář Catalogus
II 397sq.; Emma Urbánková Rukopisy a vzácné tisky Prážské Universitní Knihovny
[Handschriften und kostbare Drucke der Prager Universitätsbibliothek] [Praha 1957]
p. 15–18; cf. et Zdeňka Hledíková in: Documenta Pragensia 10 [Praha 1990] 31–49 et
novissime Bastl Knihy p. 196–201 [catalogus librorum]. 202–206 [catalogus manu-
scriptorum]. 207–213 [Truhlář Catalogus codicum manuscriptorum]. 214–223 [cata-
logus privilegiorum]).

A   = Orig.: Praha Národní archiv, Archiv českých klášterů zrušených za Josefa II. (AZK), Řád
          benediktinů (ŘB) Sv. Jiří.
L   = Acta iuridica episcopalis consistorii Litomericensis et abbatiae monialium ord. s. Bene-
          dicti ad s. Georgium in castro Pragensi in causa parochi Trebnicensis et civium Trebni-
          censium ab a. 1668 usque 1678, apogr. saec. XVII, ibid.
T   = Apogr. saec. XIX: Brno Moravský zemský archiv, Bočkova sbírka G 1.

*?1   *Roma (967?– ante 972 sept. 6)*

Ab apostolico (I o h a n n e XIII) Mlada soror germana ducis Bolezlai II, quae causa
orationis Romam venit, suscipitur; domnus papa consecrat eam in abbatissam mutato
nomine Mariam, dans ei exemplar s. Benedicti regulae et abbatialem virgam.

        v. Bohemia, Duces ac reges n. *?1. – Quamvis Cosmas peregrinationem Romanam
    Mladae-Mariae et consecrationem eius in abbatissam per summum pontificem factam in
    uno contextu cum (verisimile) spurio Iohannis XIII (n. †?2) nuntiet, plurimi auctores illas
    recte traditas esse indicant; cf. Novotný I 1, 584–592; Böhmer-Zimmermann n. 426 et opera
    ibidem laudata; cf. etiam Machilek Reformorden p. 63.
        De Mlada (Maria) cf. Václav Ryneš Mlada Přemyslovna (Praha 1944); Fiala Dva kri-
    tické přispěvky (1966) p. 56–59 et A. Wędzki in: LexMA VI 697. De eius fundatione cf. Bor-
    kovský Svatojiřska basilika (1975) p. 115–129.

*†?2   *(967?– ante 972 sept. 6)*

I o h a n n e s XIII Bolezlao (I aut II) duci (Boemiae) inter alia: statuit, ut ad ecclesiam
sancti Georgii martyris sub regula sancti Benedicti et oboedientia abbatissae Mariae
constituatur congregatio sanctimonialium.

        v. Bohemia, Duces ac reges n. *†?2. – Utrum monasterium sancti Georgii privilegium
    deperditum Iohannis XIII accepisse, quod falsarius saec. XI in istum spurium convertit (cf.
    Böhmer-Zimmermann n. †427 et opera notata), an partes contextus ipsum monasterium
    spectantes interpolatae sint (cf. Kaiser [ut Praha, Episc. n. †3] p. 14), in medio relinquimus.

*3   *(1072–1073 in.)*

(A l e x a n d r o II) dux Wratizlaus legatos suos Petrum praepositum s. Georgii et comitem nomine Preda mittit.

        v. Bohemia, Duces ac reges n. *17.
        De Petro praeposito s. Georgii et capellano ducis cf. Hanke-Hajek Zusammensetzung
    (1940) p. 30sq.; de Preda nihil.

*4   *(cr. 1143)*

(Guido sanctae Romanae ecclesiae) cardinalis (et legatus apostolicae sedis sc. I n n o -
c e n t i i II) Bragensem abbatissam (s. Georgii) deponit.
        Gerhochi de Reichersberg littera ad sororem G. (Migne PL 193, 492 n. 4; Peter Classen Gerhoch
    von Reichersberg. Eine Biographie. Mit einem Anhang über die Quellen, ihre handschriftliche Überlie-
    ferung und ihre Chronologie [Wiesbaden 1960] p. 344 n. 38).
        De re et tempore cf. Spätling Kardinal Guido p. 318sq.; Classen l.c. p. 103–105; Hilsch
    Bischöfe p. 42. Legimus in littera Gerhochi: ‚Dictum est mihi, quod Bragensis quondam ab-

batissa commorans apud vos graviter conqueratur, quod ego fuerim quasi auctor supplanta-
tionis eius … et, ut spero, talia fuerunt mea consilia in Bragensi abbatia in melius commu-
tanda, quod per ipsam tunc abbatissam libentissime fecissemus, nisi quod in ea consensum
ad hoc non invenimus, imo tantam rebellionem, ut erumperet ad manifestam obedientiae
contradictionem praesente domino cardinale in promptu habente ulcisci omnem inobedien-
tiam, cuius iustae sententiae in illius depositione, cum adessem, oportuit me concordare'.
Nomen abbatissae depositae ignotum est.

5 *Viterbo 1145 april. 28*

E u g e n i u s III Bertae abbatissae sancti Georgii eiusque sororibus: pro his, quae de
religione et honestate earum per Henricum Moraviensem episcopum intellexit *(Olomouc, Episc. n. *66)*, preces ipsius admittens beati Georgii ecclesiam sub beati Petri et
sua protectione suscipit et confirmat bona, quae ex dono vel concessione Wladizlai
Boemorum ducis possident. – Religiosis desideriis dignum. Ego Eugenius etc. Subscr.
10 card. Dat. Biterbi p. m. Roberti S.R.E. presb. card. et canc. 4 kal. maii, ind. 8, inc. d.
a. 1145, pont. v. d. Eugenii pp. III a. 1.

> *A (n. 1; inv. č. 203). L. T (sign. 3490). – Edd. Hammerschmid Historia p. 64. Boczek Cod. dipl.
> Morav. I 233 n. 254 = Migne PL 180, 1032 n. 17. Friedrich Cod. dipl. Bohem. I 144 n. 142. – Regg. Er-
> ben Regesta I 113 n. 252. Gleber Eugen III. p. 192 n. 14. Bastl Knihy (2004) p. 214. J. 6145. JL. 8741.*
>
> cf. etiam Olomouc, Episc. n. 67. – Privilegium quoque Novotný I 2, 798 commemorat,
> sed perperam ad april. 12.

*6 *(ante 1150 iun. 25)*

E u g e n i o III Henricus Moraviensis episcopus ornamenta quaedam per manus sororum monasterii s. Georgii (Pragensis) ad altaris ministeria operata offert et ad papam
deferri praecipit.

> v. Olomouc, Episc. n. *102.

7 *Ferentino (1151) april. 15*

E u g e n i u s III B(erthae) abbatissae sancti Georgii et eius sororibus: consolatur eas
de obitu Henrici Moraviensis episcopi patroni et benefactoris earum, qui positus iam
in extremis idonea quaedam ornamenta, quae per manus earum ad altaris ministeria
operari fecerat, apostolicae sedi obtulit et ad ipsam sedem deferri praecepit; de labore
et exercitio earum eis gratias agit ac monet, ut in proposito professionis earum iuxta
mandatum et doctrinam praedicti patris attentius perdurent. – Obitus venerabilis fratris. Dat. Ferentini 17 kal. maii.

> *A (n. 2; inv. č. 205). T (sign. 3489). – Edd. Hammerschmid Historia p. 66. Boczek Cod. dipl.
> Morav. I 264 n. 287 [ad a. 1152] = Migne PL 180, 1470 n. 444. Friedrich Cod. dipl. Bohem. I 171
> n. 167. Zak De b. Henrico II Zdik p. 152. – Regg. Erben Regesta I 128 n. 286. Gleber Eugen III. p. 202
> n. 215. Bastl Knihy (2004) p. 215. J. 6578. JL. 9473.*
>
> cf. etiam Olomouc, Episc. n. *103. – Heinricus II Zdík episcopus Olomucensis a. 1150
> iun. 25 obiit.

Vyšehrad

Ecclesia regia collegiata ss. apostolorum Petri et Pauli
in castro Vissegradensi ad Pragam

v. etiam Episc., ubi invenies operum elenchum.

Canonici Wissegradensis continuatio Cosmae [cr. a. 1130–1142]. Ed. Rudolf K ö p k e in Mon. Germ. Script. IX 132–148; ed. Josef E m l e r in: Font. rer. Bohem. II 201–237 [cum versione Bohemica]; de re et tempore cf. Pokračovatelé Kosmovi [Fortsetzer des Kosmas]. Ed. Marie Bláhová (Praha 1974) p. 196–202 [cum operibus laudatis]. – Regesta Bohemiae et Moraviae aetatis Venceslai IV. (1378 dec.–1419 aug. 16). T. 2: Fontes archivi capituli ecclesiae Wissegradensis. Ed. Vladimir V a v ř i n e k (Pragae 1968).

Joannes Florianus H a m m e r s c h m i d Gloria et majestas sacrosanctae, regiae, exemptae, et nullius dioecesis, Wissehradensis ecclesiae ss. apostolorum Petri et Pauli (Vetero-Pragae 1700). – I d e m Prodromus p. 374–377. – B e r g h a u e r Protomartyr (1736) p. 207–248. – S c h a l l e r Beschreibung von Prag IV 463–500. – Josephus Petrus Wenceslaus D i t r i c h Series praepositorum sacrosanctae pervetustae regiae collegiatae ecclesiae sanctorum apostolorum Petri et Pauli in castro Wischehrad ad Pragam Regni Bohemiae metropolim cum succincta eiusdem ecclesiae et capituli historia (Pragae 1802). – Legis G l ü c k s e l i g Geschichten und Alterthümer der böhmischen Burg und Felsenstadt Wischehrad und der dasigen Collegiatkirche zu St. Peter und Paul (Prag-Leitmeritz 1853). – T o m e k I 85–93. 266. 438–467. 656–659; II 256–261; III 70–75; V 147–157; VIII 195–201; IX 71–82. 336sq.; XI 431sq. – Walter R u f f e r Historie Wyssehradská neb wyprawowánj o hradu, o kapitole a městu hory Wyssehradu u Prahy w Králowstwí Českém [Vyšehrader Geschichten bzw. Erzählung über die Burg, über das Kapitel und die Stadt am Vyšehrader Berg bei Prag im Königreich Böhmen] (Praha 1861). – F r i n d I 256–261; II 165–172; III 190–197. – E k e r t Posvátná místa II 243–277. – Julius L i p p e r t Die Wyschehradfrage, in: MittVGeschDB 32 (1894) 213–255. – Hynek K o l l m a n n O kollektorech komory papežské v Čechách a censu vyšehradském do počátku XV. století, jako výklad k listině kollektora M. Jana z Moravy z r. 1412. S dodatky k seznamu notářů ve spise Tadrově: „Kanceláře a písaři v zemích českých." [Über die Kollektoren der päpstlichen Kammer in Böhmen und den Vyšehrader Zins bis zum Anfang des 15. Jhs., zugleich ein Kommentar zur Urkunde des Kollektors Johannes von Mähren aus dem Jahre 1412. Mit Nachträgen zum Verzeichnis der Notare im Werk Tadras „Kanzler und Schreiber in den böhmischen Ländern"], in: Sitzungsberichte der königl. böhm. Gesellschaft d. Wissenschaften. Philos.-histor.-philolog. Klasse, Jg. 1897 (Prag 1898) č. XXVII (p. 1–81). – N o v o t n ý I 2, 141–145; I 3, 63–65. 150. 883sq. – J u r i t s c h Beiträge p. 78–81. – K l o ß I 147–151; II 42–57. – H r u b ý Tři studie p. 151–165. – Miloš Josef P u l e c Vyšehrad (Praha 1968). – M e r h a u t o v á Raně středověká architektura p. 237sq. – Jiřina P s í k o v á Příspěvky k diplomatice vyšehradských listin 12. století [Beiträge zur Diplomatik Vyšehrader Urkunden des 12. Jhs.], in: Archivum Trebonense 2 (1973) 1–43. – Bořivoj N e c h v á t a l Vyšehrad (Praha 1976) [permultis cum operibus laudatis]. – Zdeňka H l e d í k o v á Ke kulturním poměrům vyšehradské kapituly počátkem 13. století [Zu den kulturellen Beziehungen des Vyšehrader Stiftskapitels am Anfang des 13. Jhs.], in: Folia Historica Bohemica 2 (1980) 129–173. – S t r e i c h Burg und Kirche II 491–494. – Bořivoj N e c h v á t a l Vyšehrad pohledem věků [Vyšehrad aus der Sicht der Jahrhunderte] (Praha 1985). – N o v ý Diplomatické poznámky p. 133–136. – Zdeňka H l e d í k o v á Kulturní prostředí vyšehradské kapituly na počátku 13. století [Das kulturelle Milieu des Vyšehrader Stiftskapitels Anfang des 13. Jhs.], in: Královský Vyšehrad I 93–103. – Bořivoj N e c h v á t a l Vyšehrad a archeologie [Vyšehrad und die Archäologie], ibid. p. 112–141. – Umělecké památky Prahy. Nove Město, Vyšehrad, Vinohrady (Praha 1) [Die Kunstdenkmäler Prags. Neustadt, Vyšehrad, Vinohrady]. Red. Růžena Baťková (Praha 1998) p. 724–729. – W e n d e h o r s t - B e n z Verzeichnis p. 154. – Denko Č u m l i v s k i Vyšehradská kapitula od založení do první poloviny 19. století [Das Vyšehrad Kapitel von der Gründung bis zur 1. Hälfte des 19. Jhs.], in: Vyšehrad. Historické podoby.

Red. Věra Brožová (Praha 2000) p. 43–54. – Andrzej P l e s z c z y ń s k i Przestrzeń i polityka. Studium rezydencji władcy wcześniejszego średniowiecza. Przykład czeskiego Wyszehradu [Raum und
Politik. Eine Studie zu den Herrschaftsmittelpunkten des frühen Mittelalters. Das Beispiel des böhmischen Vyšehrad] (Lublin 2000) (versio bohemica: Vyšehrad-rezidence českých panovníků. Studie
o rezidenci panovníka raného středověku na příkladu českého Vyšehradu [Praha 2002]). – I d e m
Vyšehrader Interpolation in der *Chronik der Böhmen* des Cosmas von Prag, oder was uns ein Falsi-
fikat erkennen lässt, in: Quaestiones medii aevi novae 6 (2001), S. 297–318. – Marie B l á h o v á
Založení vyšehradské kapituly ve středověké historiografii [Die Gründung des Vyšehrader Stiftes in
der mittelalterlichen Geschichtsschreibung], in: Královský Vyšehrad II 13–31. – Zdeňka H l e -
d í k o v á Vyšehradské proboštství a české kancléřství v první polovině 14. století [Die Vyšehrader
Propstei und das böhmische Kanzleramt in der 1. Hälfte des 14. Jhs.], ibid. p. 74–89. – Zuzana
V š e t e č k o v á Gotické nástěnné malby v kostele sv. Petra a Pavla na Vyšehradě [Gotische Wandmalereien in der Kirche St. Peter und auf dem Vyšehrad], ibid. p. 133–153. – Bořivoj N e c h v á t a l Kapitulní chrám sv. Petra a Pavla na Vyšehradě. Archeologický výzkum [Die Stiftskirche St. Peter und
Paul auf dem Vyšehrad. Archäologische Forschungen] (Praha 2004). – Helena S o u k u p o v á K
problematice Vyšehradu [Zur Vyšehrader Problematik], in: Průzkumy památek 12/2 (2005) 3–54. –
Anežka M e r h a u t o v á - Pavel S p u n a r Kodex Vyšehradský. Korunovační evangeliář prvního
českého krále [Der Vyšehrader Kodex. Ein Krönungsevangeliar des ersten böhmischen Königs]
(Praha 2006). – Milena B o r s k á - U r b á n k o v á Kanovník vyšehradský a jeho kronika [Der
Vyšehrader Kanoniker und seine Chronik], in: Královský Vyšehrad III 161–166. – Bořivoj N e c h -
v á t a l K archeologickému poznání baziliky sv. Vavřince na Vyšehradě [Zu den archäologischen
Erkenntnissen bezüglich der St. Lorenz-Basilika auf dem Vyšehrad], ibid. p. 243–278. – Karin
P á t r o v á Probošt versus kapitula. K problematice majetkových vztahů uvnitř vyšehradské kapituly
do doby husitské [Propst versus Kapitel. Zur Problematik wirtschaftlicher Beziehungen innerhalb
des Vyšehrader Stiftskapitels der hussitischen Zeit], in: Mediaevalia Historica Bohemica 11 (2007)
79–93.

De initiis ecclesiae sanctorum Petri et Pauli in arce Vissegradensi (*Vyšehrad* = acropo-
lis) extra muros civitatis Pragensis constructae nihil certi constat. Quae in privilegiis
spuriis Vratislai regis (Friedrich Cod. dipl. Bohem. I n. 387) et Alexandri II papae (v.
infra n. †3) de fundatione leguntur, admodum fabulosa sunt. E verbis tamen Gregorii
VII, quae in litteris eius Vratislao a. 1074 mart. 18 missis (n. 4) reperies, ducem tunc a
papa ‚reliquias et privilegium‘ petivisse et ‚perfecta ecclesia consecrationis consilium‘
ab eo quaesivisse, concludi potest illo tempore Vratislaum ecclesiam aedificare coe-
pisse. De eis, quae falsator ut videtur saec. XII e privilegio genuino quodam Vratislai
sumpsit, hoc loco disserendum non est (cf. novissime Psíková [1973] p. 10–18; Hledíková [1980] p. 130–133; Královský Vyšehrad I 152sq.). Legimus in Cronica Boemorum auctore canonico s. Blasii Brunsvicensis (a. cr. 1295 confecta; ed. Holder-Egger
in Mon. Germ. Script. XXX 39) Gebehardum Pragensem episcopum a. 1079 ecclesiam dedicasse. Verisimiliter ecclesia inde ab initio plenam obtinebat a potestate dioecesana exemtionem: ‚ad sedem apostolicam specialius pertinere‘ dicitur a. 1144 april.
11 a Lucio II (v. infra n. 7). De summi pontificis super ecclesia ss. Petri et Pauli auctoritate et de censu curiae Romanae persolvendo, ut legitur pristine 12 marcis monetae
currentis, a. 1197 a Celestino III in 5 marcis reducto (n. 10; cf. etiam Pfaff, Liber Censuum p. 221 n. 369), egerunt Kollmann in: Sitzungsberichte der königl. böhm. Gesellschaft d. Wissenschaften. Philos.-histor.-philolog. Klasse, Jg. 1897 (Prag 1898)
č. XXVII; Krofta in: ČČH 10 (1904) 132–137 et 14 (1908) 420sq. A. 1237 Gregorius IX confirmavit, ut praepositus et capitulum pro hoc censu 5 marcarum annis sin-

gulis ecclesiae Romanae persolvant (Ergen Reg. Bohem. I 428 n. 919; Potthast n. 10410).

Nova plantatio brevi tempore effloruit, praesertim cum duces sive reges Bohemiae inde a Vratislao II (1061–1092) usque ad Vladislaum II (1140–1172) pluries in arce Vissegradensi resederunt et sepulturam ista in ecclesia elegerunt; saec. XII et XIII ‚monasterium in Wisegrad' possessionibus et ecclesiis, redditibus et iuribus optime dotaverunt (cf. Friedrich Cod. dipl. Bohem. I n. 111. 287sq. 317; II n. 90. 229sq.; IV n. 213–218; de chartis saec. XI–XII v. et Hrubý Tři studie p. 151–165), quas donationes et immunitates praeter Lucium II (n. 7) et Celestinus III a. 1197 iul. 26 (n. 10) sub protectione apostolica suscepit. Ecclesia ss. Petri et Pauli (sanctique Clementis) in charta spuria Alexandri II ‚totius provincie caput' vocata (n. †3) fama et auctoritate inter alias ecclesias Bohemiae praeeminebat et in regno valde vigebat sedem exhibens capellae speciali regum et cancellariae. Capitulum saepissime commercium cum curia Romana habuit in mandatis receptis ad lites quasdam inquirendas, dirimendas vel componendas (cf. n. 9), in provisionibus (cf. et Krofta in: ČČH 12 [1906] passim) sed et in interventionibus summorum pontificum, de quibus cum e diplomatariis (Friedrich Cod. dipl. Bohem. II–V; Mon. Vat. I–V) tum e regestorum serie (Erben Regesta II–VII; Reg. Bohem. aetatis Venceslai IV. T. 2) usque ad saec. XV in. prolixe facileque edocemur.

A. 1420 ecclesia ab Hussitis penitus destructa et bonis praediisque (de quibus cf. Kloß l.c.) privata, sed post a. 1437 reaedificata est. Capitulum attamen in penuria superanda et in bonis iuribusve recuperandis nonnisi saec. XV ex. et XVI in. paulatim proficuit, unde nostris adhuc temporibus floret, sed fortunam antiquiorem restituere frustra conatum est.

De sacris a e d i f i c i i s v. Merhautová l.c.; Bořivoj Nechvátal in: Umění 22 (1974) 113–138 et alia eiusdem auctoris opera supra citata; Královský Vyšehrad I 112–141. Ecclesia per ducem Vratislaum inchoata, sed per ignem a. 1249 affecta inde compluries ampliata refecta immutata, demum a. 1885–1887 et 1902–1903 stilo neogothico quo et aedes praepositi pluriumque canonicorum renovata est.

A r c h i v u m in tabulario publico Pragensi adservatur. De eo cf. D. Čumlivski in: Královský Vyšehrad I 148–168 et novissime Průvodce I 3, 71–79.

Iam inde a prima fundatione monasterium magnam custodiebat et continue augmentabat b i b l i o t h e c a m; inter codices pretiosos ille codex Vissehradensis eminet, qui et codex coronationis Vratislai regis nominatur (cf. novissime Anežka Merhautová - Pavel Spunar Kodex Vyšehradský [2006]). Libri bello Hussitico in Austriam asportati, dein restituti, sed saec. XVI ex.–XVII in. maxima ex parte dispersi sunt; cf. Ivan Hlaváček Z dějin vyšehradské kapitulní knihovny ve středověku (Od počátků do husitství) [Aus der Geschichte der Vyšehrader Kapitelsbibliothek während des Mittelalters (Von den Anfängen bis zur Hussitenzeit], in: Studie o rukopisech 14 (1975) 5–25 (reimpr. Královský Vyšehrad I 69–81) et Pravoslav Kneidl in: Královský Vyšehrad II 281–288. Qui restant, in bibliothecis publicis Pragae custodiuntur, cf. et Bohumil Ryba in: Strahovská Knihovna 14–15 (1979–80) 11–29.

A   = Orig.: Praha Národní archiv, Archiv kolegiátní kapituly vyšehradské (KVš).

B   = Transsumptum Petri abbatis Strahoviensis et prioris ord. Praedicatorum Pragensium, cr. 1225–1240: ibid.

B¹   = Transsumptum Nicolai provincialis et Iohannis prioris ord. Praedicatorum nec non prioris hospitalis s. Mariae Pragae a. 1273 febr. 19: ibid. – cf. Friedrich Cod. dipl. Bohem. V 2, 334 n. 695.

B²   = Transsumptum Gregorii episcopi Pragensis, cr. 1296–1301: ibid.

B³   = Transsumptum notarii Iohannis Martini de Hoszcka a. 1363 oct. 5 datum: ibid.

F   = Liber privilegiorum ecclesiae Vissegradensis saec. XIV: ibid., inv. č. 9 (lib. 26).

G   = Thomae Pešinae copiarium (a manu Bohuslai Balbini scripta) saec. XVII: ibid., inv. č. 89 (lib. 124).

*†1   *(ante 1070 mai. 9)*

Wratizlaus Boemorum dux per nuntios ‚quotidie' limina apostolorum Petri et Pauli (A l e x a n d r u m II) visitat et auxilium protectionemque papae pro ecclesia Wissegradensi a se fundanda cupit. Qui (papa) consilio sanctorum patrum numero septuaginta duorum communi collaudat et ad haec perficienda Iohannem episcopum Tusculanensem fundamentum ecclesiae Wissegradensis dare mittit.

        v. Bohemia, Duces ac reges n. †13.

*†2   *(ante 1070 mai. 9)*

Iohannes episcopus Tusculanensis (A l e x a n d e r i II legatus) ecclesiae s. Salvatoris in loco Wissegrada fundamentum dat.

        Laud in n. †3. – Reg. JL. –.

                De Iohanne episcopo Tusculano cf. Hüls Kardinäle p. 139; de incerta legatione eius in partes Bohemiae disserit Pleszczyński Przestrzeń i ustrój (2000) p. 149–151.

†3   *Laterano (1070) mai. 9*

A l e x a n d e r II suis successoribus necnon catholicis episcopis sanctaeque Romanae ecclesiae subiectis cunctis: refert de fundatione ecclesiae in honore Salvatoris a Wratizlao Boemorum duce facta, de fundamento posito a Iohanne episcopo Tusculanensi *(n. *†1)*, de dotatione, de commendatione tutamini beati Petri facta, de censu XII marcarum solvendo, de septem cardinalibus altari sancti Petri ministrantibus, de mitra sandaliisque ab eisdem, a praeposito aliisque canonicis utendis variisque de aliis iuribus. – Ea quae Dominus. Data haec in manus Petri praepositi sancti Georgii in palatio Lateranensi sub Henrico rege, filio Henrici gloriosissimi imperatoris, 7 id. mai.

        Insertum Cosmae Chron. manuscriptis Argentinensi (saec. XII–XIII) et Monacensi (saec. XV) (Mon. Germ. Script. IX 84; Font. rer. Bohem. II 101; Bretholz in Mon. Germ. Script. rer. Germ. II 253). F f. 3 (Apogr. e Cosmae Chron.) laud. Exemptio ecclesiae Vissegradensis ‚sub Alexandro papa' facta laud. etiam in Canonici s. Blasii Brunsvicensis Cron. Boemorum ad a. 1079 (ed. Holder-Egger in Mon. Germ. Script. XXX 1, 39). – Edd. Berghauer Protomartyr (1736) I 212. Ditrich Series (1802) p. 9. Mansi Conc. coll. XIX 999 = Migne PL 146, 1423 n. 150. Glückselig (1853) p. 66. Jireček Cod. juris Bohem. I 17 n. 10. Friedrich Cod. dipl. Bohem. I 365 n. †384. – Regg. Erben Regesta I 57 n. 137. Nový Diplomatické poznámky (1991) p. 134. J. CCCXCII. JL. †4753.

                cf. etiam Bohemia, Duces ac reges n. †14.

Privilegium falsum esse iam auctores saec. XVIII comprobaverunt, cf. Antonius Pagius Annales ecclesiastici a Christo nato ad annum 1198 t. IV (Lucca 1739) p. 239; Josephus Simonius Assemani Kalendaria ecclesiae universae, in quibus [...] ecclesiarum orientis et occidentis praemissis uniuscujusque ecclesiae originibus recensentur [...]. T. IV (Romae 1755) p. 211 et Dobner Annales V 403.

De re et tenore privilegii cf. insuper Lippert Wyschehradfrage (1894) p. 213sq.; Krofta Kurie p. 132–134; Friedrich Cod. dipl. Bohem. I 365sq.; Psíková Příspěvky (1973) p. 9sq., quae huius spurii recognitionem administrat; etiam novissime Pleszczyński Przestrzeń i polityka (2000) p. 145–154 de re et tempore spurii confectione accuratissime docet. Cf. etiam Bláhová-Frolík-Profantová Dějiny I 426–428.

4   *Roma 1074 mart. 18*

G r e g o r i u s VII Wratizlao duci Boemiae: inter alia scribit se de reliquiis et privilegio, unde rogavit, cum nuntiis eius missis finita et perfecta ecclesia quaedam (fortasse Vissegradensis) consecrationis consilium a se quaesierit, voluntati eius procuraturum.

v. Bohemia, Duces ac reges n. 29. – Opinio quorundam auctorum, qui ecclesiam hic nominatam Gradicensem esse putabant, cf. Hradisko n. *?1, vero viros doctos minime persuasit.

*5   (1130)

Meginhardus Pragensis et Sdico (i.e. Heinricus) Olomucensis episcopi apostolica auctoritate (H o n o r i i II vel I n n o c e n t i i II) privilegium Sobezlai I ducis Boemorum monasterio Wissegradensi datum confirmant.

Laud. in decreto Sobeslai I ducis Bohemiae a. 1130 dato (Friedrich Cod. dipl. Bohem. I 111 n. 111), in quo ambo episcopi testes astipulantur.

In hoc privilegio Sobeslaus I fundationem conventus canonicorum in Wissegrad renovavit et tres novos canonicatus fundavit. – De privilegio partim interpolato cf. Psíková Příspěvky (1973) p. 2sq.; Nový Diplomatické poznamky p. 133–136 et novissime Pleszczyński Przestrzeń i ustrój (2000) p. 154.

6   (1143 sept. 24–oct. 27)

Guido cardinalis sanctae Romanae ecclesiae et apostolicae sedis legatus (I n n o c e n t i i II) in Boemiam destinatus inter alia: narrat de depositione Hugonis Wissegradensis ecclesiae praepositi, quem ab omni altaris ministerio in perpetuum alienavit et cui praebendam abstulit, quia bigamam uxorem habens laicus fuerat; magistrum eiusdem ecclesiae Heinricum de terra expellit, quia presbyter est et uxorem ibi duxit et insuper etiam monachus in terra sua natali fuisse dicitur et sine formata in Boemiam venit.

v. Praha, Episc. n. 76. Cf. etiam Bohemia, Duces ac reges n. 54; Praha, Eccl. cath. n. 5; Olomouc, Episc. 60; Olomouc, Eccl. cath. n. 5; Moravia, Duces et marchiones n. 7.

7   *Laterano 1144 april. 11*

L u c i u s II Alexandro praeposito Wisegradensis ecclesiae eiusque fratribus: postulationibus eorum gratum impertiens assensum Wisegradensem ecclesiam sub beati Pe-

tri, in cuius honore fundata est et cuius iuris esse dinoscitur, et sua protectione suscipit; confirmat possessiones et statuit de censu 12 marcarum denariorum apostolicae
sedi persolvendo. – Cum universis catholicae. Ego Lucius etc. Subscr. 8 card. Dat. Lat.
p. m. Baronis capellani et scriptoris 3 id. april., ind. 7, inc. d. a. 1144, pont. v. d. Lucii
II pp. a. 1.

> *A (n. 6). B. F f. 53. G f. 121. – Facs. Královský Vyšehrad I 151. – Edd. Hammerschmid Gloria*
> *p. 381. Friedrich Cod. dipl. Bohem. I 138 n. 136. – Regg. Erben Regesta I 108 n. 242. Nový Diplomatické*
> *poznámky (1991) p. 133. JL. 8568.*

> Quae de censu 12 marcarum in privilegio quoque spurio Alexandri II statuto annis
> singulis papae persolvendo narrantur, concordant cum illis articulis, quae in Albini et Cencii
> Libro Censuum inveniuntur: ‚Ecclesia s. Petri in Wisgrade XII marcas argenti annuatim' (ed.
> Fabre-Duchesne II 120 et I 154). Cf. etiam Pfaff Liber Censuum p. 221 n. 369. – De littera et
> re cf. insuper Pleszczyński Przestrzeń i polityka (2000) p. 155–157.

8   *Tuscolo (1178) oct. 21*

A l e x a n d e r III M(artino) Pragensi praeposito et G(ervasio) quondam ibidem (i.e.
Wissegradensi) dicto praeposito: personas eorum cum omnibus eorum possessionibus in tutelam beatorum apostolorum Petri et Pauli et suam ponit et personas eorum
commendat duci Boemiae et uxori eius.

> v. Praha, Eccl. cath. n. 13, ubi et de tempore. Cf. etiam Bohemia, Duces ac reges
> n. 73.

9   *Laterano 1191 nov. 12*

C e l e s t i n u s III (Alberto) Stragoviensi et (Heinrico) Brewenensi abbatibus et (Floriano) praeposito Wissegradensi: refert de controversia inter Sepulcrarios et fratres
hospitalis Ierosolimitani super villa q. d. Manetim agitata, quae, quamvis Clemens
(III) praedecessor suus ad petitionem Sepulcrariorum primo H(einrico) Pragensi
episcopo et postmodum abbati de sancto Emerano (Ratisponensi) et magistro scolarum Ratisponensium eam commiserit terminandam, ad finem debitum adhuc non
perducta est; mandat, ut partibus convocatis proposita eorum audiant et causam infra
30 dies appellatione remota terminent, etiamsi altera partium in praefixis ab eis terminis se duxerit absentandam.

> v. Praha, P. Maria na Malé Straně n. 6.

10   *Laterano 1197 iul. 26*

C e l e s t i n u s III canonicis Wissegradensis ecclesiae: postulationibus eorum an-
nuens ecclesiam eorum, quae a prima fundatione sui censualis exstitit ecclesiae Romanae, pensionem ei 5 marcarum annuatim impendens, sub beati Petri et sua protectione suscipit; bona confirmat, specialiter autem ius, quod clarae memoriae Fredericus
dux Boemiae super iurisdictione temporali iuxta terrae consuetudinem contra homines ecclesiae eorum concessit exercenda, cuius concessionis tenorem de verbo ad verbum privilegio suo inserit. – Sacrosancta Romana ecclesia. Dat. Lat. 7 kal. aug., pont.
n. a. 7.

> *A (n. 10). B (n. 21). C (n. 58). D (n. 110). E (n. 229). F f. 10' et 37. – Edd. Georgius Bartholdus*
> *Pontanus a Braitenberg Bohemia pia (Francfurt 1608) p. 74 (fragm.). Hammerschmid Gloria p. 385.*

Friedrich Cod. dipl. Bohem. I 327 n. 359. – Regg. Erben Regesta I 197 n. 436. Pfaff Liber Censuum p. 221 n. 369. Nový Diplomatické poznámky p. 133. JL. 17571.

De litteris cf. Psíková Příspěvky (1973) p. 7. – De censu minuto cf. Kollmann O kollektorech (1897) p. 24–31.

P. Maria na Malé Straně

Domus b. Mariae virg. in pede pontis Pragensis

Sebastiano Paoli Codice diplomatico del Sacro Militare Ordine Gerosolimitano, oggi di Malta. Raccolto da vari documenti di quell'archivio, per servire alla storia dello stesso ordine in Soria e illustrato con una serie cronologica de' gran maestri, che lo governarono in quei tempi. T. 1–2 (Lucca 1733–1737) passim. – Joseph Delaville le Roulx Cartulaire général de l'Ordre des Hospitaliers de S. Jean de Jérusalem. I–IV (Paris 1894–1906) passim. – Inquisitio domorum hospitalis s. Iohannis Hierosolimitani per Pragensem archidioecesim facta anno 1373. Ed. Václav Novotný (Historický archiv 19. Praha 1900). – Regesta Bohemiae et Moraviae aetatis Venceslai IV. T. V. Pars I, fasc. 1–2, passim.

Hammerschmid Prodromus p. 454–457. 746–754. – Schaller Beschreibung von Prag II 61–66. 251sq. – Tomek I 100sq. 489. 659sq.; III 110–113; V 205sqq.; VIII 35sq.; IX 145sqq. 349. – Frind I 303–310; II 198–203; III 218; IV 207sq. – August Česlav Ludikar O řádu maltaňském se zvláštním zřetelem na Čechy [Über den Malteserorden unter besonderer Berücksichtigung Böhmens] (Klatovy 1878). – Mathias Maria Feyfar Aus dem Pantheon der Geschichte des hohen souveränen Johanniter-Ritter-Ordens. Ein Beitrag zur Geschichte Böhmens und Österreichs (Nikolsburg 1882). – Ekert Posvátná místa I 260–272. – Žák p. 14–19. – Novotný I 3, 127–132. 908–910. – Juritsch Beiträge p. 161–164. – Kloß II 89–92. – Václav Richter Maltézský kostel P. Marie na Malé straně v Praze ve středověku [Die Malteserordenskirche St. Maria auf der Kleinseite in Prag im Mittelalter], in: Památky archeologické 38 (1932) 40–62. – Hrubý Tři studie p. 121–127. – Zdeněk Kristen Dvě neznámé listiny bývalého Maltézského Archivu (Z dodatků k Friedrichovu Kodexu) [Zwei unbekannte Urkunden des ehemaligen Malteserarchivs. Ergänzung zum Codex Friedrichs], in: Sborník Vysoké školy pedagogické v Olomouci. Historie 4 (1957) 77–97. – Merhautová Raně středověká architektura p. 245sqq. – Adam Wienand (Ed.) Der Johanniter-Orden. Der Malteser-Orden (Köln ²1977) p. 311. 338–347. 398sq. 647. – Ivan Hlaváček Zwei Miszellen zur Geschichte der Ritterorden in den böhmischen Ländern, in: Die Rolle der Ritterorden in der mittelalterlichen Kultur, hrsg. von Zenon Hubert Nowak (Ordines Militares – Colloquia Torunensia Historica III. Toruń 1985) p. 207–212. – Nový Diplomatické poznámky p. 142sq. – Michael Skopal Založení komendy johanitů na Malé Straně. Příspěvek k otázce příchodu řádu do Čech [Die Gründung der Johanniterkommende auf der Kleinseite. Ein Beitrag zur Frage ihrer Ankunft in Böhmen], in: Pražský sborník historický 26 (1993) 7–37. – Tomáš Durdík Die Kommenden und Burgen der Ritterorden in Böhmen, in: Castrum bene 5 (1996) 39–59, praecipue p. 39–48. – Miroslav Svoboda Jindřich z Hradce, převor řádu johanitů [Heinrich von Hradec, Prior des Johanniterordens], in: Celostátní studentská vědecká konference Historie 1996 (Hradec Králové 1997) p. 35–57. – Jiří Mitáček Čeští Johanité a papežské schisma v letech 1378–1384 [Die böhmischen Johanniter und das päpstliche Schisma in den Jahren 1378–1384], ibid. 1997 (Brno 1998) p. 31–57. – Miroslav Svoboda Pozemková držba pražské komendy johanitů a její sekvestrace v 15. století [Der Grundbesitz der Prager Johanniterkommende und seine Einziehung im 15. Jh.], ibid. p. 85–104. – Encyklopedie českých klášterů p. 457–461. – Libor Jan Die Würdenträger der geistlichen Ritterorden an dem Hof der letzten Přemysliden, in: Böhmisch-österreichische Beziehungen im 13. Jahrhundert. Österreich (einschließlich Steiermark, Kärnten und Krain) im Großreichprojekt Ottokars II. Přemysl, König von Böhmen. Vorträge des internationalen Symposions vom 26. bis 27. September 1996 in Znaim, hrsg. von Marie Bláhová und Ivan Hlaváček (Prag 1998) p. 285–300. – I d e m - Vít J e s e n s k ý Hospitaller and Templar Commanderies in Bohemia and Moravia: their structure and architectural forms, in: The Military Orders, vol. 2: Welfare and Warfare. Ed. Helen Nicholson (Aldershot 1998) p. 235–249. – František S k ř i v á n e k Rytíři svatého Jana Jeruzalémského u nás [Die Ritter des hl. Johannes von Jerusalem bei uns] (Praha 1998). – Lukáš P e š k a Markolt z Vrutice – osud generálního převora johanitů [Markolt von Vrutice – Schicksale eines Generalpriors der Johanniter], in: Heraldika a genealogie 32 (1999) 131–156. – František S k ř i v á n e k Rytířský řád johanitů v severních Čechách [Der Johanniter-Ritterorden in Nordböhmen], in: Náboženské dějiny severních Čech. Sborník příspěvků z mezinárodní konference v Ústí n. L. ve dnech 9.–11. září 1997 (Ústí nad Labem 1999) p. 56–60. – Jiří M i t á č e k Ziemovit Těšínský – generální převor řádu johanitů a slezský kníže [Ziemowit von Teschen – Generalprior des Johanniterordens und Herzog von Schlesien], in: SPFFBU. Řada historická (C) 48 (1999) [ed. 2001] 17–40. – Lukáš P e š k a - Miroslav S v o b o d a Příspěvek k problematice pečetí johanitských generálních převorů v 14. a 15. století [Beiträge zu den Siegeln der Generalprioren des Johanniterordens im 14. und 15. Jh.], ibid. p. 41–66. – Tomáš E d e l Příběh johanitského komtura řečeného Dalimil. Kapitola z dějin české politiky [Geschichte des Johanniterkomturs gen. Dalimil. Ein Kapitel aus der Geschichte der böhmischen Politik] (Historie. Praha 2000). – P a u k Działalność fundacyjna p. 66–68. – B u b e n Encyklopedie řádů I, 21–54. – Libor J a n Die wirtschaftliche Tätigkeit der Johanniter in Böhmen in der vorhussitischen Epoche, in: Die Rolle der Ritterorden in der europäischen Wirtschaft des Mittelalters, hrsg. von Roman Czaja und Jürgen Sarnowsky (Ordines militares – Colloquia Torunensia Historica XII. Toruń 2003) p. 55–69. – Jiří M i t á č e k Čeští Johanité v prvních desetiletích vlády Lucemburků [Die böhmischen Johanniter in den ersten Jahrzehnten der Luxemburgerherrschaft], in: Časopis Moravského muzea – vědy společenské 88 (2003) 153–169. – I d e m K některým aspektům života řádu johanitů za vlády Lucemburků. Provinciální kapituly konané na Moravě a ve Slezsku, jejich význam ve správě provincie a komunikaci s řádovým centrem na Rhodu [Zu einigen Aspekten des Lebens des Johanniterordens während der Herrschaft der Luxemburger. Die Provinzkapitel in Mähren und Schlesien, ihre Bedeutung für die Verwaltung der Provinz und die Kommunikation mit der Ordenszentrale auf Rhodos], in: Ad vitam et honorem Jaroslao Mezník. Profesoru Jaroslavu Mezníkovi přátelé a žáci k pětasedmdesátým narozeninám (Brno 2003) p. 533–543. – Miroslav S v o b o d a Nástin majetkového vývoje řádu johanitů v Čechách v předhusitské době [Abriß der Besitzentwicklung des Johanniterordens in Böhmen], ibid. p. 545–558. – Michal S k o p a l Series ducum et regum Bohemiae, necnon episcoporum et archiepiscoporum Pragensium (K otázce stáří pramene Dobnerovy datace založení řádové komendy johanitů na Malé Straně) [(Zur Frage der alten Quellen der Dobnerschen Datierung der Gründung der Ordenskommende auf der Kleinseite)], in: Sborník prací východočeských archivů 9 (2004) 13–75. – Jiří M i t á č e k Čeští johanité 1367–1397 – správci a diplomaté [Böhmische Johanniter in den Jahren 1367–1397 – Verwalter und Diplomaten], in: Časopis Národního muzea. Řada historická 174 (2005) 113–135. – I d e m Funkce pitanciáře v životě johanitských komend [Die Obliegenheiten der Pitanziare im Leben der Johanniterkommenden], in: Ad musaelem laborem. PhDr. Slavomíru Brodesserovi k šedesátým pátým narozeninám (Brno 2005) p. 31–39. – Miroslav S v o b o d a Majetek řádu johanitů v Čechách v husitské době. Podíl Zikmunda Lucemburského na likvidaci pozemkového majetku církve [Der Besitz des Johanniterordens in Böhmen in der Hussitenzeit. Der Anteil Sigismunds von Luxemburg an der Einziehung kirchlichen Grundbesitzes], in: ČČH 103 (2005) 269–312. – I d e m Postavení a správa patronátních kostelů johanitského řádu v předhusitských Čechách [Die Stellung und Verwaltung der Patronatskirchen des Johanniterordens im vorhussitischen Böhmen], in: Časopis Národního Muzea. Řada historická 174 (2005) 1–21. – Jiří M i t á č e k Čeští johanité v předvečer husitských válek [Die böhmischen Johanniter am Vorabend der Hussitenkriege], in: Acta Musei Moraviae. Scientiae sociales = Časopis Moravského zemského muzea. Vědy společenské 91 (2006) 139–154. – Miroslav S v o b o d a Páni ze Strakonic. Vládci Prácheňska a dobrodinci johanitů [Die Herren von Strakonitz. Gebieter über Prachin und Wohltäter der Johanniter] (Praha 2010).

Ecclesia et hospitale fratrum ordinis sancti Iohannis Hierosolymitani in honore beatae
Mariae virginis a Gervasio, cancellario et praeposito Wissegradensi, atque Martino, ne-
pote eius, subcancellario et praeposito Lutomericensi, postea praeposito Pragensi (de
istis cf. p. 112 et opera ibidem notata), adiuvante et annuente Vladislao I rege infra annos 1158–1169 ,Prage iuxta pontem secus aquam inter quatuor vias' aedificata sunt, sicut in Vladislai regis autographo legimus (Friedrich Cod. dipl. Bohem. I n. 245 et novissime Michael Skopal in: Pražský sborník historický 26 [1993] 7–37, qui adventum
fratrum ordinis s. Johannis ad a. 1169 ponit). Fratres istius ordinis sive ex ipsa Terra
Sancta sive ex Austria vicina in Bohemiam advenerunt (cf. Hlaváček Zwei Miszellen
[1985] p. 207sq.), ubi et a Vladislao rege complura bona acceperunt (Friedrich Cod.
dipl. Bohem. I n. 246). Quas acquisitiones a. (1181–1182) Lucius III confirmavit, qui et
fratres et ecclesias eorum in protectionem suam suscepit (n. 1). Saec. XII ex. et saec. XIII
in. episcopi, reges, duces, nobiles Bohemiae fratribus frequenter ius patronatus ecclesiarum, bona, praedia, redditus tradiderunt (cf. Friedrich Cod. dipl. Bohem. I n. 312.
313. 318. 320. 323. 349; II n. 6. 270; III n. 105; de chartis saec. XIII cf. et Hrubý Tři studie
p. 121–127); summi pontifices eis protectionem sedis apostolicae indulserunt (n. 1;
Friedrich Cod. dipl. Bohem. II n. 53) et pluries per priores Pragenses invocati se de causis eorum intromiserunt (n. 3–7; Friedrich Cod. dipl. Bohem. III n. 94; V n. 18. 176.
234; Erben Regesta IV n. 130). Usque ad saec. XIII med. sedes prioratus Bohemiae et
adiacentium terrarum Pragae fuisse videtur, dein ad domum hospitalem de Ztraconiz
(*Strakonice – Strakonitz* in Bohemia meridionali) translata est. A. 1395 Bonifacius IX
priori conventus Pragensis usum insignium pontificalium indulsit (Mon. Vat. V n. 914;
Schaller Beschreibung p. 94sq. perperam indulgentiam Bonifacio VIII attribuit).

Domus Pragensis ab Hussitis a. 1420 devastata, post a. 1437 reaedificata, iam
a. 1503 iterum magno incendio destructa est. Inde a saec. XVII med. ordo sancti Iohannis Hierosolimitani in Bohemia denuo effloruit, a. 1694 sedes magni prioratus
Pragae restituta est. Conventus Bohemici ordinis post a. 1945 perierunt.

E c c l e s i a beatae Mariae virginis ,sub catena' a. 1182 perfecta, saec. XIV ex.
stilo gothico ampliata, annis 1420 et 1503 una cum domo partim combusta est. Illo a
tempore turres et presbyterium, in interiore saec. XVII stilo barocco commutatum,
segregatim usque ad hodiernum diem supersunt; cf. Richter Maltézský kostel (1932);
Merhautová; Romanik in Böhmen p. 108; Praha středověka p. 100sqq., 281sq. Domus
magni prioratus et aedes conventus Pragensis, a. 1726–1738 stilo barocco erectae, hodie ad cultus publicos pertinent.

A r c h i v u m hodie in tabulario nationali Pragensi asservatur, cf. Delaville le
Roulx I p. CXCV–CCIII; Svátek p. 516–519; Ivan Hlaváček - Zdeňka Hledíková Nicht-
bohemikale mittelalterliche Originalurkunden in den böhmischen Ländern (Köln-
Wien 1977) p. 77–117, praecipue p. 77–79 et novissime Průvodce p. 152–165.

De b i b l i o t h e c a medii aevi nihil; de manuscriptis et libris magni prioratus,
inde a saec. XV collectis et a. 1690 Pragam translatis, nunc sub custodia bibliothecae
Musaei Nationalis Pragensis asservatis v. Václav Černý Les manuscrits en langues
néolatines de la Bibliothèque du Grand Prieuré de l'Ordre des Chevaliers de Malte à
Prague, in: Sborník Národního muzea v Praze, Ser. C, III (1963) n. 3 p. 109–169; cf.

etiam Stanislav Petr Rukopisný fond pražské maltézské knihovny [Handschriften-
fonds der Prager Malteserbibliothek], in: Studie o rukopisech 26 (1987–1988) 49–71.

A   = Orig.: Praha, Národní archiv, Řád maltézských rytířů (ŘM) XXVIII, České velkopřevorství –
      Papežské buly.
B   = Transsumptum (ex A) Johannis abbatis s. Mariae Scotorum Viennae a. 1494 sept. 17,
      ibid.
D   = Diplomatarium ordinis S. Iohannis Hierosolimitani Magni Prioratus Bohemiae, Mora-
      viae, Silesiae, Poloniae, Austriae, Styriae, Carinthiae, Carnioliae, tom. I. Ex autographo
      descripsit collegitque Fra. Franciscus Paulus de Smitmer (foliis numeri desunt): ibid. ŘM
      inv. č. 73 st. sign. (2/1) č. knihy 1.

1   *Velletri (1181–1182) oct. 23*
L u c i u s III Bernardo praeceptori et aliis fratribus hospitalis Ierosolimitani in Boemia, Polonia et Pomerania: ecclesiam sanctae Mariae Pragae a M(artino) et G(ervasio)
praepositis, qui eam de proprio construxisse dicuntur, sicut in privilegiis Wladizlai
regis et Sobezlai ducis Boemiae continetur, et ecclesiam Manetin, in qua sorores eorum morantur, eis et domui hospitalis cum assensu dioecesani episcopi et capituli eius
collatas confirmat et eos ipsasque ecclesias cum omnibus pertinentiis sub beati Petri
et sua protectione suscipit. – Ex debito susceptae. Dat. Velletri 10 kal. nov.
    *A inv. n. 1168. D n. 6. – Edd. Delaville le Roulx Cartulaire I 434 n. 643. Friedrich Cod. dipl.
Bohem. I 268 n. 298. – Regg. Böhmer-Baaken/Schmidt n. 361. JL. –.*
        De re cf. Julius von Pflugk-Harttung Anfänge des Johanniter-Ordens in Deutschland
    besonders in der Mark Brandenburg und in Mecklenburg (Berlin 1899) p. 11sq.; Novotný I
    3, 129; Hilsch Bischöfe p. 195; Skopal Založení komendy (1993) p. 19. 35 et Böhmer-Baaken/
    Schmidt n. 361 adn., ibid. et de tempore. – De traditione cf. etiam Rudolf Hiestand
    Vorarbeiten zum Oriens Pontificius III: Papsturkunden für Kirchen im Heiligen Land
    (Abhandlungen der Akademie der Wissenschaften in Göttingen. Phil.-hist. Klasse. Dritte
    Folge Nr. 136. Göttingen 1985) p. 64 ex: Joannes Schwanderus Diplomatarium seu Regesta
    celeberrimi ordinis s. Johannis (ca. 1760) p. 6.

*2   *(1188 ante oct. 12)*
C l e m e n t i III fratres hospitalis Ierosolimitani (Pragae): ad sedem apostolicam contra matrem M(illogostae) super quibusdam iniuriis appellant.
    Laud. in n. 3.
        De Millogosta (Milhost) et gente eius in Bohemia occidentali orta, qui cum matre sua
    dotationem commendae sororum in villa Manětín a fratre suo Petro collatam revocavit, cf.
    etiam n. 3. 6–7 et Pauk Działalność p. 66–69.

3   *Laterano 1188 oct. 12*
C l e m e n s III (Meinhero) de Plas et (Adalberto) de Stragovia abbatibus: notificat referentibus fratribus hospitalis Ierosolimitani se accepisse *(n. *2)*, quod nobilis vir
P(etrus) miles de Boemia cum uxore, matre, matertera et una nepte habitum hospitalis acceperit et in facie Pragensis ecclesiae professionem faciens in manu B(ernardi)

prioris villas omnes, quas possidebat, iure possidendas hereditario eidem contulerit hospitali; notificat praeterea de monasterio a priore rogatu iamdicti P(etri) constructo, de itinere ab eodem P(etro) Ierosolimam facto et de morte eius, de iniuriis a matre eiusdem fratribus illatis, quae praeter alia eisdem 15 villas auferens per potentiam filii sui M(illogostae) fratribus de Sepulcro contulit, et de appellatione eorum ad sedem apostolicam facta *(n. *2)*; mandat ut, si praemissa noverint esse vera, eisdem fratribus hospitalis res ipsas et possessiones restitui faciant, eandem matronam ad monasterium de Doxa transire, sicut licentiam acceperat, compellentes aut saltem ad primam confessionem redire. – Referentibus dilectis filiis. Dat. Lat. 4 id. oct., pont. n. a. 1.

> *A inv. n. 1169. D n. 11. – Edd. Paolo Antonio Paoli Dell'origine ed istituto del sacro militar ordine di S. Giovambattista Gerosolimitano (Roma 1781) App. n. 28. John Taaffe The history of the holy, military, sovereign Order of St. John of Jerusalem. T. IV (London 1852) App. n. 27 (fragm.). Delaville le Roulx Cartulaire I 548 n. 861. Friedrich Cod. dipl. Bohem. I 291 n. 319. – Reg. JL. – .*
>
> cf. etiam Praha, Sv. Petr na Zderaze n. 1; Strahov n. 4; Plasy n. 1; Doksany n. 1.
>
> De re cf. Novotný I 3, 131–134; Hilsch Bischöfe p. 196 et Pauk Działalność p. 67. – De monasterio Doxanense cf. infra p. 148sq.

---

*4   *(ante 1191 mart. 20)*

C l e m e n s III H(einrico) Pragensi episcopo ad petitionem fratrum Sepulcrariorum controversiam inter eosdem et fratres hospitalis Ierosolimitani agitatam super villa q. d. Manetim terminandam committit.

> *Laud. in n. 6. – Reg. JL. – .*
>
> cf. etiam Praha, Episc. n. *98; Praha, Sv. Petr na Zderaze n. *2.
>
> Terminum ante quem et in hoc et in sequente regesto (n. *5) solum dies mortis Clementis III praebet. De controversia cf. Novotný I 3, 131–134; Hilsch Bischöfe p. 196.
>
> In villa, dein oppido Manětín in Bohemia occidentali sita, cuius prima mentio a. 1169 occasione donationis huius loci fratribus Hierosolymitanis a Vladislao I rege Bohemiae fit (cf. Friedrich Cod. dipl. Bohem. I 216 n. 246), commenda sororum dicti ordinis instituta est (n. 1. 5–7). Cf. etiam Pauk Działalność p. 66–69.

---

*5   *(ante 1191 mart. 20)*

C l e m e n s III abbati de sancto Emerano et magistro scolarum Ratisponensium ad petitionem fratrum Sepulcrariorum controversiam inter eosdem et fratres hospitalis Ierosolimitani agitatam super villa q. d. Manetim terminandam secundo committit.

> *Laud. in n. 6. – Reg. JL. – .*
>
> Deest in Germ. Pont. I.

---

6   *Laterano 1191 nov. 12*

C e l e s t i n u s III (Alberto) Stragoviensi et (Heinrico) Brewenensi abbatibus et (Floriano) praeposito Wissegradensi: refert de controversia inter Sepulcrarios et fratres hospitalis Ierosolimitani super villa q. d. Manetim agitata, quae, quamvis Clemens (III) praedecessor suus ad petitionem Sepulcrariorum primo H(einrico) Pragensi

episcopo et postmodum abbati de sancto Emerano (Ratisponensi) et magistro scolarum Ratisponensium eam commiserit terminandam, finem debitum adhuc non sortita est; mandat, ut partibus convocatis proposita eorum audiant et causam infra 30
dies appellatione remota terminent, etiamsi altera partium in praefixis ab eis terminis
se duxerit absentandam. – Cum inter dilectos. Dat. Lat. 2 id. nov., pont. n. a. 1.

> *A inv. n. 2832. D n. 16. – Edd. Delaville le Roulx Cartulaire I 580 n. 913 (ex D). Friedrich Cod.*
> *dipl. Bohem. I 302 n. 332. – Reg. JL. – .*
>> cf. etiam Praha, Vyšehrad n. 9; Praha, Sv. Petr na Zderaze n. 4; Břevnov n. 5; Strahov
>> n. 5.
>> Deest in Germ. Pont. I. – De re cf. Novotný I 3, 131–134; Hilsch Bischöfe p. 196.

7   *Laterano 1192 april. 12*

C e l e s t i n u s III (Heinrico) Pragensi episcopo: mandat, ut matrem Millogostae,
quae olim in domo fratrum Ierosolomitani hospitalis habitum regularem assumpserat
ibique fuerat 6 annis et amplius conversata, postmodum vero ab illis recedens cum
M(illogosta) filio suo 15 villas dictis fratribus contra iustitiam abstulit, et filium eius
compellat, ut eisdem fratribus coram se iustitiam plenam exhibeant dilatione et appellatione remota; Cisterciensis et Praemonstratensis ordinis fratribus ex parte apostolica praecipiat, ut illis contra sententiam ab eo auctoritate apostolica promulgandam, donec satisfecerint, communicare nulla occasione praesumant. – Cum mater
Millogoste. Dat. Lat. 2 id. april., pont. n. a. 2.

> *A inv. n. 1170. D n. 17. – Edd. Delaville le Roulx Cartulaire I 584 n. 921. Friedrich Cod. dipl.*
> *Bohem. I 303 n. 333. – Reg. JL. – .*
>> cf. etiam Praha, Episc. n. 99; Praha, Sv. Petr na Zderaze n. 5.
>> De re cf. Novotný I 3, 131–134; Hilsch Bischöfe p. 196sq. et Pauk Działalność funda-
>> cyjna p. 67sq.

Additamentum

Hoc loco adiungimus regesta litterarum Pontificum Romanorum ordini s. Iohannis
Hierosolymitani generaliter directarum, quae hodie in Archivo Nationali Pragensi e
tabulario prioratus generali ordinis provenientes asservantur, unde desumi licet eas
olim fratribus in Bohemia degentibus destinatas fuisse, tali modo eae ulterius testan-
tes de commercio sedis apostolicae cum terra Bohemica.

De re v. Oriens Pontificius, Domus fratrum Hospitalis et domus militiae Tem-
pli.

1   *Laterano (1166 aut 1178–1179) iun. 1*

A l e x a n d e r III archiepiscopis, episcopis, abbatibus, prioribus et universis ecclesiarum praelatis: mandat atque praecipit, quatenus de his, quae fratribus hospitalis Hierosolymitani dantur ab aliquibus in sanitate vel in infirmitate, si postea convaluerint
aut apud alios tumulati fuerint, portionem aliquam non quaerant, de aliis vero parro-

chianis, qui laborantes in extremis apud praedictos fratres eligunt sepeliri, quarta sint testamenti parte contenti, nec aliquid ab eis amplius exigant, sed nec sepulturam, quam per indulgentiam apostolicae sedis habere noscuntur, occasione ista quisquam impedire contendat. – Dilecti filii nostri. Dat. Lat. kal. iun.

A inv. n. 1057. – Ed. Delaville le Roulx I 248 n. 360. – Reg. JL. –.

De his litteris adminus quattuor alia exemplaria sub eodem die datas cognoscuntur, tria ex archivo Massiliensi et uno deperdito olim in archivo Melitensi, cf. Delaville l.c.

2   *Laterano (1179) iun. 1*

A l e x a n d e r III Rogerio magistro et fratribus Ierosolimitani hospitalis: decretum in concilio (Lateranensi) promulgatum, quo ecclesias et decimas eis moderno tempore a laicis concessas revocaverat, ita interpretatur, ut fratres Hospitalis eas, quas a decem annis retro habent, eis confirmat. – Attendentes affectum devotionis. Dat. Lat. kal. iun.

A inv. n. 1058. – Ed. Delaville le Roulx I 385 n. 566. Hiestand Vorarbeiten I 292 n. 104. – Regg. Hans Prutz Malteser Urkunden und Regesten zur Geschichte der Tempelherren und Johanniter (München 1883) p. 116 n. 46 (incompl.). JL 13427.

De his litteris adminus alia sex exemplaria sub eodem die concessa ex archivo Massiliensi et hodie deperdita in archivo Melitensi cognoscuntur, cf. Delaville l.c.

3   *Velletri (1182–1183) mai. 21*

L u c i u s III archiepiscopis, episcopis, abbatibus et universis ecclesiarum praelatis: mandat, ut non temere eiciant et expellant vel prohibeant fratres Hierosolymitanos ad collectam pro pauperibus elemosinas colligendas vel testamenta in favorem ordinis accipienda accedentibus, econtra sub poena censurae imo potius eos adiuvent, ne avertatur oculus devotorum a benefaciendo pauperibus. – Querelam gravem recepimus. Dat. Velletri 12 kal. iun.

A inv. n. 1064. B inv. n. 1065. – Ed. Delaville le Roulx I 430 n. 630 (exc.). ibid. II 246 n. 356. – Regg. Böhmer-Baaken/Schmidt IV 4, 1 418 n. 693. JL. –.

Renovatio litterarum Alexandri III a. (1166–1167 aut 1178–1179) mai. 15 datarum (Delaville le Roulx I 246 n. 356). – De transsumptibus copiisque saec. XV confectis et in archivo nationali Pragae asservatis cf. Böhmer-Baaken/Schmidt l.c.

4   *Verona (1184) dec. 20*

L u c i u s III Rogerio magistro et fratribus hospitalis: indulget et confirmat, ne quis ecclesiis fratrum hospitalis aliquas exactiones imponat. – Iustis petentium desideriis. Dat. Veron. 13 kal. ian.

A inv. n. 1063. – Ed. Delaville le Roulx I 466 n. 714 (exc.). – Regg. Böhmer-Baaken/Schmidt IV 4, 2 103 n. 1342. JL. –.

Renovatio litterarum eiusdem papae a. (1184) dec. 17 datarum (Delaville le Roulx I 464 n. 707).

5   *Verona (1185) febr. 9*

L u c i u s III provisori Ierosolimitani hospitalis eiusque fratribus: statuit, ut licitum sit eis ea, quae vel in testamentis vel quolibet relicti genere a devotione fidelium xenodochio eorum rationabili providentia dimittuntur vel largiuntur, in praesentia duorum aut trium legitimorum testium suscipere et ad usus peregrinorum et pauperum retinere. – Sicut evangelica veritate. Dat. Veron. 5 id. febr.

> *A inv. n. 1059. – Edd. Delaville le Roulx I 478 n. 747 (exc.). Hiestand Vorarbeiten I 361 n. 173. – Regg. Böhmer-Baaken/Schmidt IV 4, 2 161 n. 1477. JL. –.*
>
>> De tribus textus variationibus harum litterarum cf. Hiestand Vorarbeiten I 362.

6   *Verona (1185) febr. 12*

L u c i u s III archiepiscopis, episcopis, abbatibus et universis ecclesiarum praelatis: mandat, ut prohibere curent, ne quis in illos, qui ad domos fratrum hospitalis Ierosolimitani pro salute sua confugiunt, vel in res eorum infra ambitum domorum manus iniciat violentas, transgressores autem vinculo anathematis astringendi sint usque ad dignam satisfactionem. – Pervenit ad nos. Dat. Veron. 2 id. febr.

> *A inv. n. 1060. – Ed. Delaville le Roulx I 478 n. 749 (exc). – Regg. Böhmer-Baaken/Schmidt IV 4, 2 163 n. 1481. JL. –.*
>
>> Renovatio litterarum Alexandri III a. (1166–1179) mai. 15 concessarum (Delaville le Roulx I 247 n. 357).

7   *Verona (1185) mart. 29*

L u c i u s III archiepiscopis, episcopis, abbatibus, decanis aliisque ecclesiarum praelatis: mandat, quatinus illos, qui in aliquem de fratribus Hospitalis manus violentas iniecerint vel res seu domos fratrum praedictorum vel hominum suorum irreverenter invaserint aut ea, quae praedictis fratribus ex testamento decedentium reliquuntur, contra iustitiam retinuerint vel decimas laborum seu nutrimentorum suorum spretis privilegiis apostolicae sedis extorserint, si laici fuerint, eos et principales fautores eorum publice candelis accensis excommunicationis sententia percellant, clericos autem, canonicos sive monachos appellatione remota ab officio et beneficio suspendant neutram relaxaturi sententiam, donec praedictis fratribus plene satisfaciant. – Non absque dolore. Dat. Veron. 4 kal. april.

> *A inv. n. 1061. – Edd. Delaville le Roulx I 479 n. 753. Hiestand Vorarbeiten I 350 n. 164. – Regg. Böhmer-Baaken/Schmidt IV 4, 2 201 n. 1557. JL. –.*
>
>> Renovatio litterarum eiusdem papae a. (1184) dec. 6 concessarum (Delaville le Roulx I 462 n. 702).

8   *Verona (1184–1185) aug. 2*

L u c i u s III (Rogerio) magistro et fratribus hospitalis: indulget, ut si super decimis vel aliis eis specialiter indultis non facta mentione fratrum hospitalis litterae fuerint impetratae, eis minime teneantur respondere. – Cum inter vos. Dat. Veron. 4 non. aug.

> *A inv. n. 1062. – Ed. Delaville le Roulx I 454 n. 682. – Regg. Böhmer-Baaken/Schmidt IV 4, 2 281 n. 1715. JL. –.*

9   *Verona (1185–1186) dec. 29*

U r b a n u s III archiepiscopis, episcopis, archidiaconis, decanis aliisque ecclesiarum praelatis: mandat et praecipit, quatenus fratribus Hierosolimitani hospitalis nullam molestiam inferant vel a subditis suis permittant inferri, quominus confratres suos libere, more aliorum fidelium, quandocumque eos mori contigerit, valeant sepelire; eosdem quoque fratres ad quaerendas elemosinas pauperum, iuxta indulgentiam praedecessorum Romanorum pontificum, in ecclesiis suis faciant recipi et subditos suos, si eis super hoc impedimentum praestiterint, sublato appellationis obstaculo, censura canonica compellant. – Cum apostolica sedes. Dat. Veron. 4 kal. ian.

   A inv. n. 1067. – Regg. Delaville le Roulx I 485 n. 768. JL. –.
      Renovatio litterarum Lucii III a. (1184) dec. 18 concessarum (Delaville le Roulx I 465
   n. 711).

10   *Verona (1186–1187) ian. 13*

U r b a n u s III archiepiscopis, episcopis, abbatibus et universis ecclesiarum praelatis: mandat, ut prohibere curent, ne quis in illos, qui ad domos fratrum Hierosolimitanorum pro salute sua confugiunt, vel in res eorum infra ambitum domorum eorum manus iniciat violentas; transgressores autem vinculo anathematis astringendi sint usque ad dignam satisfactionem. – Pervenit ad nos. Dat. Veron. id. ian.

   A inv. n. 1068. – Regg. Delaville le Roulx I 489 n. 779. JL. –.
      Renovatio litterarum Alexandri III a. (1166–1179) mai. 15 concessarum (Delaville le
   Roulx I 247 n. 357).

Sv. Petr (a Pavel) na Zderaze

Domus dominici Sepulchri in Zderaz prope Pragam

S c h u b e r t Urkunden-Regesten p. 32–67. – Regesta Bohemiae et Moraviae aetatis Venceslai IV. T. V. Pars I, fasc. 1-2, passim.
   H a m m e r s c h m i d Prodromus p. 273–291. – S c h a l l e r Beschreibung von Prag IV 112–133. – Julius Max S c h o t t k y Prag, wie es war und wie es ist. Nach Aktenstücken und den besten Quellenschriften geschildert II (Prag 1831) 425. – T o m e k I 490–495. 660; II 235sq.; III 114–119; V 207sqq.; VIII 164; IX 147sqq. 349. – F r i n d I 330–335; III 239–242; IV 260–266. – E k e r t Posvátná mista II 471–480. – B í l e k p. 257–262. – Ž á k p. 24sq. – N o v o t n ý I 3, 132–134. 910. – Rudolf Ř í č a n Johlín z Vodňan, křižovník kláštera zderazského [Joscelin von Vodňany, ein Kreuzherr des Zderazer Stiftes], in: Mémoire de la Société Royale des Sciences de Bohême. Classe de Lettres an. 1929 (Prague 1930) p. 1–150. – K l o ß I 191. – A. P i f f l Půdorys a klenba kostela sv. Petra a Pavla na Zderaze [Grundriß und das Gewölbe der Kirche St. Peter und Paul in Zderaz], in: ČSPS 47 (1939) 68–76. – V. L o r e n c Příspěvek k místopisu starého Zderazu [Beiträge zur Topographie des alten Zderaz], in: Pražský sborník historický (Praha 1966) p. 86–105. – I d e m Nové Město pražské [Die Prager Neustadt] (Praha 1973) p. 25. – E. M a š k o v á Křižovníci na Zderaze v době předhusitské [Die Kreuzherren in Zderaz in vorhussitischer Zeit] (Diss. ms. Praha 1975). – N o v ý Diplomatické poznámky p. 144. – Encyklopedie českých klášterů p. 558–561. – B u b e n Encyklopedie řádů I, 109–121.

In loco Zderaz ante Pragam, quae inde ab a. 1348 pars novae civitatis Pragensis fuit, ecclesiam postea s. Petro (et s. Paulo) dedicatam, ‚ad honorem Christi et eius sancti Sepulcri‘ Coiata de Gnevin most (*Brüx – Most* in Bohemia septentrionali), filius Grabisii, et frater eius Swebor fundaverunt, ut ex charta eorum a. 1227 iul. 22 data (Friedrich Cod. dipl. Bohem. II n. 302; cf. etiam n. 303) elucet. A. 1190 hanc fundationem factam esse refert Iohannes Neplacho abbas Opatovicensis in chronica sua Bohemica saec. XIV (ed. Emler in Font. rer. Bohem. III 443–484, p. 471), sed iam a. 1188 fratrum de Sepulcro (scilicet ordinis canonicorum regularium s. Sepulcri dominici vel cruciferorum dominici Sepulcri, cf. Kaspar Elm Kanoniker und Ritter vom Heiligen Grab in: Vorträge u. Forschungen 26 [Sigmaringen 1980] 141–169, v. p. 146–150) Pragae, ut videtur, commorantium mentio fit in litteris Clementis III (v. n. 1).

Saec. XIII–XIV domus Zderazensis valde floruit tam possessionibus (de quibus cf. Bílek; Žák; Kloß) quam auctoritate, caput exsistens aliarum domorum ordinis in partibus Bohemiae et Silesiae sitarum. Favore gaudebat episcoporum, regum et plurium nobilium Bohemiae et Moraviae, qui Sepulcrariis ecclesias, praedia, redditus assignaverunt, quae iura et bona summi pontifices pluries confirmaverunt inde ab Honorio III a. 1225 aug. 9 (Friedrich Cod. dipl. Bohem. II n. 276; cf. et Erben Regesta II n. 1294; III n. 364; IV n. 162. 163. 218. 229–233; V n. 481; Schubert n. 350. 351; Mon. Vat. I n. 1221–1223; III n. 400); protectionem apostolicam indulserunt Urbanus IV a. 1262 mart. 31 (Friedrich Cod. dipl. Bohem. V n. 317), Clemens V a. 1312 april. 5 (Erben Regesta III n. 68), Urbanus V a. 1368 mart. 14 (Mon. Vat. III n. 958). Saec. XIII–XIV papae aliis etiam domus causis aliquoties, per praepositos (seriem eorundem invenies apud Tomek l.c.) sive conventum invocati, se interposuerunt (cf. Friedrich Cod. dipl. Bohem. II n. 144. 274; III n. 18; V 213. 323–326; Mon. Vat. II n. 927; Schubert n. 346. 354. 357. 445. 475. 485. 514) et interdum praelatis causas exsequendas vel inquirendas commiserunt (cf. Mon. Vat. I n. 112. 692. 1046; IV n. 695; V n. 116. 118. 124. 159–160. 1442).

A. 1419–1420 domus Zderazensis et maxima pars ecclesiarum possessionumque eius ab Hussitis devastatae sunt. Fratres ad conventum de Nissa (*Nysa-Neisse*) in Silesia confugerunt, quo iam prius thesauros pretiosissimos, documenta librosque asportaverant. A. 1440 tardissime Pragam redeuntes in restitutione domus in loco antiquo profecerunt conventu eorum aliquot tempus sive cum conventu de Nissa sive cum monasterio Svetecensi monialium eiusdem ordinis (*Světec-Schwatz* in Bohemia septentrionali) sive cum fratribus ordinis s. Iohannis Hierosolymitani Pragensibus unito. Saeculis sequentibus fratres magna in paupertate degebant, refectionem ecclesiae s. Petri stilo barocco non ante saec. XVIII in. ingredi potuerunt. A. 1785 iul. 29 domus suppressa est.

De aedibus sacris, post a. 1785 usui militari traditis, a. 1904 destructis, nil praeter fragmenta quadrivii gothici superest, v. Merhautová p. 261 (cum operibus laudatis). Chorus ecclesiae s. Petri, patrocinii cuius prima mentio a. 1260 fit (Friedrich Cod. dipl. Bohem. V n. 213), saec. XII inchoatae demum a. 1276 per Iohannem episcopum Pragensem consecratus est (ibid. V n. 817); imaginem aedificii temporis praehussitici praebet Schaller l.c. ad p. 113.

A r c h i v u m hodie in tabulario nationali Pragensi asservatur, cf. Zíbrt n. 3667; Schubert l.c.; Svátek p. 522 et nuper Průvodce I 3, 101. Aliqua documenta commercium cum ecclesia Romana attingentia non supersunt.

De b i b l i o t h e c a nil reperimus, nisi quod nonnulli codices saec. XIV ex. et XV in. in domo Zderazensi conscripti in bibliotheca capituli metropolitani Pragae reconditi sunt, cf. indicem apud Patera - Podlaha II 646, 667. De bibliotheca domus Trutnoviensis *(Trutnov-Trautenau)* domui Zderazensi saec. XIII–XIV subiectae cf. Jiří Pražák Z dějin českých knihoven v době husitské. Knihovna trutnovská [Aus der Geschichte böhmischer Bibliotheken im hussitischen Zeitalter. Die Trautenauer Bibliothek], in: Studie o rukopisech 1 (1962) 109–132.

1   *Laterano 1188 oct. 12*

C l e m e n s III (Meinhero) de Plas et (Adalberto) de Stragovia abbatibus: notificat referentibus fratribus hospitalis Ierosolimitani se accepisse, quod nobilis vir P(etrus) miles de Boemia cum uxore, matre, matertera et una nepte habitum hospitalis acceperit atque villas omnes, quas possidebat, iure possidendas hereditario eidem contulerit hospitali; referens praeterea inter alia de iniuriis a matre eiusdem fratribus illatis, quae 15 villas per potentiam filii sui M(illogoste) ipsis auferens fratribus de Sepulcro contulit, et de appellatione eorum ad sedem apostolicam facta mandat, ut, si praemissa noverint esse vera, eisdem fratribus hospitalis res ipsas et possessiones restitui faciant.

     v. Praha, P. Maria na Malé Straně n. 3.

*2   *(ante 1191 mart. 20)*

C l e m e n s III H(einrico) Pragensi episcopo ad petitionem fratrum Sepulcrariorum controversiam inter eosdem et fratres hospitalis Ierosolimitani agitatam super villa q. d. Manetim terminandam committit.

     v. Praha, P. Maria na Malé Straně n. *4. Cf. etiam Praha, Episc. n. *98.

*3   *(ante 1191 mart. 20)*

C l e m e n s III abbati de sancto Emerano (Ratisponensi) et magistro scolarum Ratisponensium ad petitionem fratrum Sepulcrariorum controversiam inter eosdem et fratres hospitalis Ierosolimitani agitatam super villa q. d. Manetim terminandam secundo committit.

     v. Praha, P. Maria na Malé Straně n. *5.

4   *Laterano 1191 nov. 12*

C e l e s t i n u s III (Alberto) Stragoviensi et (Heinrico) Brewenensi abbatibus et (Floriano) praeposito Wissegradensi: refert de controversia inter Sepulcrarios et fratres hospitalis Ierosolimitani super villa q. d. Manetim agitata, quae, quamvis Clemens (III) praedecessor suus ad petitionem Sepulcrariorum primo H(einrico) Pragensi episcopo et postmodum abbati de sancto Emerano (Ratisponensi) et magistro scolarum Ratisponensium eam commiserit terminandam, finem debitum adhuc non sortita est; mandat, ut partibus convocatis proposita earum audiant et causam infra 30 dies appellatione remota terminent, etiamsi altera partium in praefixis ab eis terminis se duxerit absentandam.

v. Praha, P. Maria na Malé Straně n. 6.

5   *Laterano 1192 april. 12*

C e l e s t i n u s III (Heinrico) Pragensi episcopo: mandat, ut matrem Millogostae, quae olim in domo fratrum Ierosolomitani hospitalis habitum regularem assumpserat ibique fuerat 6 annis et amplius conversata, postmodum vero ab illis recedens cum M(illogosta) filio suo 15 villas dictis fratribus contra iustitiam abstulit, et filium eius compellat, ut eisdem fratribus coram se iustitiam plenam exhibeant dilatione et appellatione remota; Cisterciensis et Praemonstratensis ordinis fratribus ex parte apostolica praecipiat, ut illis contra sententiam ab eo auctoritate apostolica promulgandam, donec satisfecerint, communicare nulla occasione praesumant.

v. Praha, P. Maria na Malé Straně n. 7.

Břevnov

Archisterium ad s. Margaretham Břevnovii

Romuald S c h r a m m Regesten zur Geschichte der Benedictinerabtei Břevnov-Braunau in Böhmen, in: Studien u. Mittheilungen aus dem Benedictinerorden 3,1 (1882) 66–83, 292–309; 3,2 (1882) 82–95. 312–322; 4 (1883) 30–41. 250–254; 11 (1890) 432–447. – De chartis saec. X–XIII, praecipue de spuriis, cf. Rudolf K o s s Kritische Bemerkungen zu Friedrichs Codex diplomaticus nec non epistolaris regni Bohemiae (Prag 1911) p. 51–69. – Václav H r u b ý Falsa Břevnovská [Die Břevnover Fälschungen], in: ČČH 26 (1920) 94–126. – Jindřich Š e b á n e k K otázce břevnovských fals [Zur Frage der Břevnover Fälschungen], in: SPFFBU. Řada historická (C) 2 (1953) 261–285. – Zlomek inventáře kláštera Břevnovského z let 1390–1394 [Bruchstücke eines Inventars des Klosters Břevnov aus den Jahren 1390–1394]. Ed. Joseph E m l e r, in: Sitzungsberichte der königl. böhm. Gesellschaft d. Wissenschaften. Philos.-histor.-philolog. Classe Jg. 1888 (Prag 1889) p. 280–305. – [Registrum censuale a. 1406 conscriptum]. Ed. Josef E mler, in: Decem registra censuum Bohemica compilata aetate bellum Husiticum praecedente (Praha 1881) p. 149–218. – Regesta Bohemiae et Moraviae aetatis Venceslai IV. T. V. Pars I, fasc. 1-2, passim.
Historia diplomatica Brzewnoviensis primi in Bohemia monasterii ordinis s. Benedicti ab anno 993 usque ad annum 1726. Ed. Gelasius D o b n e r, in: Monumenta historica Boemiae 6 (1785) 1–241. – Magnoaldus Z i e g e l b a u e r Epitome historica regii, liberi, exempti, in regno Bohemiae antiquissimi, celeberrimi ac amplissimi monasterii Brevnoviensis vulgo s. Margarethae ordinis s. Benedicti prope Pragam (Coloniae 1740). – Bonaventura P i t e r Thesaurus absconditus in agro seu monasterio Brzewnoviensi prope Pragam (Brunae 1762). – S c h a l l e r Topographie I 109–111. – Hieronymus R ů ž i č k a Chronicon breve Břevnoviense et Braunense (Pragae 1845). – T o m e k I 93sqq. 467–477. 695; II 265sq.; III 82–96; V 201–204; VIII 209–213; IX 133–137. – F r i n d I

108–111; II 179sq.; III 245sqq. – Laurenz W i n t e r a Die Culturthätigkeit Břevnovs im Mittelalter, in: Studien u. Mittheilungen zur Geschichte des Benediktinerordens 16 (1895) 21–34. 237–243. 408–414. – František K r á s l - Jan J e ž e k Vojtěch, druhý biskup pražský, jeho klášter a úcta u lidu [Adalbert, zweiter Prager Bischof, sein Kloster und seine Verehrung beim Volk] (Praha 1898). – P o d l a h a Posvátná místa I 5, 10–21. – Ž á k p. 81–83. – N o v o t n ý I 1, 635sq.; I 2, 688–692; I 3, 66sq. 891sq. – N a e g l e Kirchengeschichte I 2, 369sq. – Benediktinisches Leben p. 27–35. 61–73. – K l o ß I 143–145. 178sq.; II 22–28. – H r u b ý Tři studie p. 79sq. – J. O s t r o w s k i - A. C e r o v s k y Brevnov, in: DHGE 10 (Paris 1938) 645–651. – C o t t i n e a u I 498. – O[ndřej] J. B l a ž í č e k - J[an] Č e ř o v s k ý - E[manuel] P o c h e Klášter v Břevnově [Das Kloster in Břevnov] (Praha 1944) [cum operibus laudatis]. – Adolf K u s s l St. Adalbert und sein Prager Kloster, in: Benediktinische Monatsschrift 23 (1947) 264–275. – M e r h a u t o v á Raně středověká architektura p. 240sq. – Beda Franz M e n z e l Die Geschichte des Braunauer Ländchens, in: Das Braunauer Land. Ein Heimatbuch (Forchheim 1971) p. 53–153. – Vladimír P í š a Zu den Anfängen des ersten Benediktinerklosters in Böhmen, in: Bohemia Sacra p. 475–480. – M a c h i l e k Reformorden p. 63–65. 68. 74. 78. – Z e - s c h i c k p. 40–43. 46. 50–65. 68sq. – Vladimír P í š a Raně středověký Břevnov – odraz vztahů Čech k Itálii [Frühmittelalterliches Břevnov – ein Abbild der Beziehungen Böhmens zu Italien], in: Itálie, Čechy a střední Evropa (Praha 1986) p. 45–87. – Milada V i l í m k o v á - Pavel P r e i s s Ve znamení břevna a růží. Historický, kulturní a umělecký odkaz benediktinského opatství v Břevnově [Im Zeichen des Balkens und der Rose. Historisches, kulturelles und künstlerisches Vermächtnis der Benediktinerabtei Břevnov] (Praha 1989) [permultis cum operibus laudatis]. – M a c h i l e k Klöster und Stifte p. 4–8. 16. – N o v ý Diplomatické poznámky p. 128sq. – Jaroslav Č e c h u r a Břevnov a Strahov na počátku 15. století [Břevnov und Strahov zu Beginn des 15. Jhs.], in: Historia docet (Praha 1992) p. 35–45. – Tausend Jahre Benediktiner in den Klöstern Břevnov, Braunau und Rohr, bearb. v. Johannes Hofmann (St. Ottilien 1993) [permultis cum operibus laudatis]. – Milénium břevnovského kláštera (993–1993). Sborník statí o jeho významu a postavení v českých dějinách [Millenium des Klosters Břevnov. Aufsatzsammlung zu seiner Bedeutung und Stellung in der Geschichte Böhmens] (Praha 1993). – Tausend Jahre Benediktiner Kloster in Břevnov. Benediktinerabtei der hl. Margarethe in Prag-Břevnov. Ausstellung zu den Tausend-Jahr-Feiern der Gründung des Klosters, die vom 17.4.–10.10.1993 vom Benediktinerkloster zur hl. Margarethe in Prag-Břevnov … veranstaltet werden. Red. Milena Bartlová e.a. (Prag 1993). – Břevnov v českých dějinách. Sborník z konference pořádané v dnech 14. a 15. září 1993 Filozofickou fakultou Univerzity Karlovy u příležitosti milénia břevnovského kláštera. Uspořádali Marie Bláhová a Ivan Hlaváček (Praha 1997); praebet i. a. p. 7–24: Zdeňka H l e d í k o v á Benediktini v českých zemích ve středověku [Die Benediktiner in den böhmischen Ländern während des Mittelalters]; p. 25–33: Petr S o m m e r Břevnov a české benediktinské konventy ve středověku [Břevnov und die böhmischen Benediktinerkonvente während des Mittelalters]; p. 34–40: Vladimír P í š a Milénium kláštera v Břevnově [Millenium des Klosters Břevnov]; p. 43–45: Jitka K ř e č k o v á Archiv břevnovského kláštera [Das Archiv des Klosters Břevnov]; p. 54–59: Zdeněk B o h á č Hospodářské zázemí břevnovského kláštera [Wirtschaftliches Hinterland des Klosters Břevnov]. – Encyklopedie českých klášterů p. 596–604. – Petr S o m m e r Das Kloster Břevnov, in: Europas Mitte um 1000. Bd. I (Stuttgart 2000) 418–419. – B u b e n Encyklopedie řádů II 2, 44–59. – Josef Š r á m e k Historický vývoj břevnovského klášterství z pohledu jeho proboštství v Broumově v 15. století [Die historische Entwicklung der Herrschaft des Klosters von Břevnov aus Sicht seiner Propstei in Braunau im 15. Jahrhundert], in: Studia iuvenilia MMIV– MMV. Sborník prací mladých historiků (Ostrava 2006), p. 9–33. – Ivan H l a v á č e k Lucemburkové a klášter břevnovský (s přihlédnutím ke klášteru zbraslavskému) [Die Luxemburger und das Kloster Břevnov (unter besonderer Berücksichtigung des Klosters Zbraslav)], in: Inter laurum et olivam. Z pomocných věd historických XVI (Acta universitatis Carolinae – Philosophica et historica 1–2/2002. Praha 2007) p. 63–75. – Josef Š r á m e k Otazníky nad nejstaršími dějinami břevnovského konventu: Kosmův vztah k českým klášterům aneb na okraj jeho kroniky Čechů, in: Mladá historie, ed. Jan Stejskal, Olomouc 2008, p. 117–138.. – I d e m Lesk a bída benediktinského mnišství v raně středověkých Čechách. Břevnovský klášter v klíčových letech 993-1200 [Glanz und Elend des bene-

diktinischen Mönchtums im frühmittelalterlichen Böhmen. Das Kloster Břevnov in den Schlüssel-
jahren 993-1200], in: Historica Olomucensia 35 (2009) 21-39.

De initiis monasterii Brevnoviensis non alia nota sunt ac ea, quae in privilegio spurio
seu interpolato Iohannis XV (v. n. †4) leguntur, et ea, quae in Przibiconis de Radenin
dicti Pulkavae Chronico Bohemiae saec. XIV confecto (edd. Josef Emler - Jan Gebauer in Font. rer. Bohem. V 1, 27–29; de auctore cf. Marie Bláhová in: Kroniky doby Karla IV [Praha 1987] p. 572–580) narrantur. Sed quamvis testimonia coaeva desint nec
in anterioribus fontibus de vita et actibus s. Adalberti nec in Cosmae Chronico de
istius monasterii origine mentio fiat, maxima pars virorum doctorum pro certo habet
sanctum Adalbertum a. 992 e Roma cum duodecim monachis de monasterio ss. Bonifatii et Alexii in monte Aventino in Bohemiam redeuntem in curte ducali Břevnov
nuncupata prope Pragam monasterium ss. Benedicti, Bonifatii et Alexii fundasse
atque eodem modo ac Boleslaum II ducem iuribus praediisque dotasse (cf. n. *1–*2);
cf. novissime Dana Koutná-Karg in: Tausend Jahre Benediktiner p. 219–230 et opera
ibidem laudata. Certe monasterium postea sancto Adalberto adscriptum est, quia legimus in continuatione Cosmae Chronicae ad a. 1089: ‚Obiit dominus Meginhardus
abbas sancti Adalberti monasterii Breunouensis, a quo constructum est‘ (ed. Bretholz
l.c. p. 145). E recentibus studiis archaeologicis (cf. Píša ll.cc.) constare videtur coenobium iam saec. XI exstitisse et non est cur dubitemus eius traditionem recte dicere id
tantum floruisse, ut monachi compluries missi et evocati essent ad alios conventus re-
gendos vel condendos (de re cf. Machilek Klöster und Stifte p. 7sq.): inter alia praeposituram sc. Raihradensem (*Raigern-Rajhrad*) in Moravia meridionali a. 1048 (?) et
monasteria Gradicense a. 1077/78 (v. infra p. 206sqq.) et Sazavense saec. XI ex. (v. infra p. 140sqq.). Sed hiis exceptis de congregationis rebus saec. XI–XII gestis vel factis
nil paene certi habemus, praesertim cum omnia privilegia tam sedis apostolicae (cf.
n. †4) quam alia spuria sint.

 Utcumque res se habet, saec. XIII domus Brevnoviensis inter monasteria regni
Bohemiae celeberrima fuit et floruit tam auctoritate quam possessionibus (de istis cf.
Kloß l.c.). Favore regum fruebatur, qui inter alios locos in septentrionali Bohemia fora
nundinarum *Police-Politz* et *Broumov–Braunau* concesserunt, ubi Brevnovienses
prioratus seu praeposituras installaverunt. Inde a Gregorio IX, qui a. 1231 iun. 20 protectionem apostolicam indulsit (Friedrich Cod. dipl. Bohem. III n. 9), pluries necessitudines cum summis pontificibus habuerunt, qui se in lites eorum de possessionibus
iuribusve motas interposuerunt seu abbatibus causas inquirendas vel componendas
commiserunt quarum testimonia sparsa invenies in diplomatariis (ibid. III–V; Mon.
Vat. I–V) et in regestorum serie (Erben Regesta III–VII) et apud Krofta (ČČH 12 passim). Utendo privilegio Iohannis XV (n. †4) monasterium Brevnoviense, cui inde a
saec. XIII ex. titulus s. Margarethae est attributus, semper ‚caput et magistra … super
omnia claustra ordinis s. Benedicti … in Bohemia‘ erat et saec. XIV ex. abbates Brevnovienses (series eorundem invenitur in: Tausend Jahre Benediktiner p. 797–799) a
curia Romana auctoritatem reformandi regularem disciplinam super omnia monasteria istius ordinis per regnum Bohemiae adepti sunt (cf. Zeschick p. 53). A. 1396 Bonifatius IX monasterium Brevnovense postremo cum omnibus membris in b. Petri ius

et proprietatem nec non sub apostolicae sedis protectionem suscipit atque ab omni iu-risdictione archiepiscoporum Pragensium eximit (Reg. Bohemiae et Moraviae aetatis Venceslai IV. T. V 1, fasc. 1 n. 533).

A. 1420 mai. 22 monasterio ab Hussitis deleto abbas et monachi in praepositu-ram Broumovensem (*Braunau*) recesserunt, ubi inde ab a. 1449 sedes abbatialis erat (titulus abbatis erat: abbas Brevnoviensis in Braunau sive abbas de Břevnov-Braunau). Sub abbate Iohanne I (1449–1461) in loco Brevnoviensi praepositura instituta est, sed monachi ibidem exsistentes in penuria superanda usque ad bellum tricennale (1618–1648) non profecerunt. Attamen abbates de ‚archisterio' Břevnov-Braunau saec. XVI visitatores generales ordinis s. Benedicti monasteriorum per Bohemiam et Moraviam (inde a saec. XVII congregationis Benedictinorum Bohemicae) fungebantur (cf. Ze-schick p. 53sq.), econtra de exemptione in causa cum archiepiscopis Pragensibus a. 1705–1758 mota frustra litigati sunt (cf. Beda Franz Menzel in: Bohemia 17 [1976] 53–135).

Vita monastica in domo Brevnoviensi a. 1674 resuscitata abbatia Břevnov-Braunau inde a saec. XVII ex. reflorescere coepit. Inter abbates huius temporis qui partim in Břevnov et partim in Braunau residebant eminet Othmar Zinke (1700–1738), qui a. 1703 praeposituram *Wahlstatt* in Silesia inferiore acquisivit. Inde ab a. 1624 gymnasium celeberrimum in Braunau exsistebat, in domo Brevnoviensi po-stea collegium institutum est ad studia in universitate Pragensi provehenda. Saec. XVIII proprietates abbatiae bellis Silesiacis valde afflictae sunt, praepositura *Politz* aeque ac praepositura *Wahlstatt* a. 1810 suppressa est. Domus Brevnoviensis et Broumoviensis a. 1939 divisae et a. 1950 suppressae sunt, sed a. 1990 ordo s. Benedicti in domum Brevnoviensem reverti potuit.

De a e d i f i c i i s v. Antonín Hejna in: Památky Archeologické 47 (1956) 151–170; Merhautová l.c.; Vilímková - Preiss passim; Vladimír Píša in: Umění 38 (1990) 481–503; idem in: Tausend Jahre Benediktiner p. 231–295; Zdeněk Dragoun - Anežka Merhautová - Petr Sommer in: Milénium břevnovského kláštera p. 67–137. De eccle-siis primitivis, stilo romanico et postea stilo gothico exstructis, et de aedificiis horum temporum post devastationem per Hussitas peractam nihil restat praeter cryptam stilo praeromanico constructam (cf. Dana Stehlíková - Petr Sommer Krypta kláštera v Břevnově [Praha 1985]). Nova ecclesia, a. 1545 inchoata, a. 1710–1715 stilo barocco renovata est; saec. XVIII in. et aedificia monasterii, a. 1674 reconstructa, ampliata sunt, quae usque ad hodiernum diem supersunt, sed post a. 1950 diversis usibus pu-blicis tradita erant.

A r c h i v u m hodie in tabulario publico Pragensi adservatur (cf. Svátek p. 529–534), sed non modica pars documentorum tempore medii aevi perdita est, cf. Jiří Pražák Břevnovská deperdita z doby přemyslovské, in: SPFFBU IX. Řada historická (C) 7 (1960) 109–123 et Jitka Křečková Das Archiv des Klosters von Břevnov, in: Tau-send Jahre Benediktiner Kloster in Břevnov. Ausstellung zu den Tausend-Jahr-Feiern der Gründung des Klosters, die von 17.4. – 10.10.1993 vom Benediktinerkloster zur hl. Margarethe in Prag-Břevnov veranstaltet werden (s. l. [Břevnov] 1993) p. 20–31. Cf. etiam Sáša Dušková Listinný poklad břevnovského kláštera z doby vlády Přemysla

Otakara II. [Urkundenschätze des Klosters Břevnov aus der Herrschaftszeit Přemysl Ottokars II.], in: Milénium břevnovského kláštera p. 139–145.

De scriptorio usque ad saec. XV in. vigente et de b i b l i o t h e c a olim locupletissima cf. Horák p. 232; Bohemia sacra p. 398sq.; Zeschick p. 64–68; Ivan Hlaváček in: Milénium břevnovského kláštera p. 53–65. Maxima pars codicum manuscriptorum perturbationibus bellicis saec. XV periisse videtur (v. inventaria apud Hlaváček Středověké soupisy p. 23sq. enumerata), alii dispersi, alii in domum Broumoviensem asportati (cf. Ludmila Vlčková Benediktinská klášterní knihovna v Broumově [Hradec Králové 1969]), sed bello tricennali denuo dissipati sunt. Qui supersunt de istis et de incunabulis nostris diebus undique dispersi inveniuntur (Pragae, Viennae, Norimbergae, Venetiae, in Suecia e.a.); cf. Jiří Pražák in: Folia diplomatica 13,2 (1965) 29–32; Truhlář Catalogus I n. 261. 1177; Patera - Podlaha n. 32. 261. 1541. Libri saec. XVI– XVIII partim in ecclesia ipsa, partim in bibliothecis publicis Pragae custodiuntur.

B   = Transsumptum Premizlai Ottakari I a. 1224 iul. 24: Praha Národní archiv, Řád benediktinů Břevnov n. 10.
B¹   = Transsumptum (ex B) Urbani IV a. 1261 april. 9 per Hinconem episcopum Pragensem a. (1332) nov. 6 vidimatum: ibid. n. 83.
B²   = Transsumptum (ex B) Karoli IV regis a. 1351 ian. 14: ibid. n. 108.
B³   = Transsumptum (ex B) Flavii Chisii, referendarii papae et auditoris generali a. 1752 iun. 30: ibid. n. 455.
C   = Apogr. transsumpti B (saec. XVII): ibid.
C¹   = Apogr. transsumpti B' (saec. XVIII): ibid.
CL   = Apogr. saec. XVII in: Acta iuridica episcopalis consistorii Litomericensis et abbatiae monialium ord. s. Benedicti ad s. Georgium in castro Pragensi in causa parochi Trebnicensis et civium Trebnicensium ab a. 1668 usque 1678: ibid., AZK ŘB sv. Jiří.
F   = Apogr. in ms. lat. G 81 formulas variasque litteras continente in: Bordeaux Archives départementales de la Gironde, fol. 309' (saec. XIV ex./ XV in.); de quo cf. Inventaire sommaire des Archives départementales antérieures à 1790. Gironde – Archives ecclésiastiques. Série G (Nᵒˢ 1 à 920). Inventaire des fonds de l'Archevêché et du chapitre métropolitain de Bordeaux, rédigé par Alexandre Gouget, Gaston Ducaunnès-Duval et Ernest Allain (Bordeaux 1892) p. 44.
T   = Apogr. (ex B) saec. XIX: Brno Moravský zemský archiv, Bočkova sbírka G 1 (fragm.).

*1   (992)
(I o h a n n e s XV) Willigisi Moguntini archiepiscopi petitione accepta (Praha, Episc. n. *7) in synodo iubet, ut Adalbertus episcopus Pragensis, cui virgam et anulum dat, domum redeat; Boleslao II duci Boemorum et ipsi Adalberto praecipit, ut Brevnoviae monasterium construant.
          v. Praha, Episc. n. *8.

*2   (992 ex.–993 in.)
Ex praecepto I o h a n n i s XV Bolezlaus II dux Boemorum et Adalbertus Pragensis episcopus Brevnowense monasterium construunt.
          Laud. in privilegio Bolezlai II ducis Brevnovensi monasterio a. 993 ian. 14 dato (ed. Friedrich Cod. dipl. Bohem. I 347 n. †375; Erben Reg. I n. 78; Schramm Regesten p. 67 n. 1 [ad a. 993]).

Quamvis privilegium Bolezlai spurium saec. XIII sit, nonnulli auctores quoddam praeceptum papae genuinum illo tempore datum esse iudicant; cf. Böhmer-Zimmermann n. 707. 712 cum operibus ibi laudatis et novissime Jiří Pražák in: Milénium břevnovského kláštera p. 13–24.

cf. etiam Bohemia, Duces ac reges n. *7 et Praha, Episc. n. *9.

*?3   *(993 ian.–mai.)*

Iohanni XV Adalbertus Pragensis episcopus refert de fundatione monasterii in Brevnov.

 Laud. in n. †4 et in Pulkavae Chron. (Font. rer. Bohem. V 28 adn.). – Reg. Böhmer-Zimmermann n. 712.

  De re cf. Voigt Adalbert (1898) p. 84 et Böhmer-Zimmermann n. 712 adn.

†4   *Rieti 993 mai. 31*

Iohannes XV Anastasio abbati et conventui monasterii sanctorum Christi Benedicti, Bonifatii et Alexii in Brevnov sito: cum monasterium eorum in ducatu Boemie primum et novella sit plantatio, sicut Adalberto Pragensi episcopo fundatore eiusdem referente *(n. *?3)* intellexit, ipsius Adalberti precibus inclinatus indulget, ut abbas et successores eius mitra, cyrotecis, sandaliis, mappula baltheoque uti possint; decernit ecclesiam eorum caput esse et magistram in correctione ac reformatione regularis disciplinae super omnia claustra ordinis sancti Benedicti post hoc in Boemia construenda, primumque locum post Pragensem episcopum abbati et successoribus concedit; monasterium sub beati Petri et sua protectione ponens omnes ecclesias eorum et possessiones, decimas quoque trium provinciarum Lutomiricensis, Belinensis, Dechinensis confirmat; praecipit, ut dux ipsum monasterium patremque monasterii et libertates a duce Bolezlao liberaliter indultas manuteneat; statuit de institutione abbatis. – Solet sedes apostolica. Scr. p. m. Stephani scrin. S.R.E. Dat. Reate p. m. Dominici ep. Sabinensis 2 kal. iun., ind. 6, inc. d. a. 993, pont. n. Deo propitio a. 15, mense 8.

 B. B'. B''. B'''. C. C'. CL. F. T. – Edd. Bartholomaeus Paprocky Diadochos id est successio: Ginák Poslaupnost Knijžat a Králůw Cžeských [D. oder die Reihenfolge der Herzöge und Könige Böhmens] I (Praha 1602) 349 (fragm.) = Tres discursus iuris trium ... advocatorum ... in causa exemptionis pro ... archiepiscopo Pragensi contra ... abbatem Brzevnoviensem (Pragae 1752–1756) App. 1. Johannes Petrus de Ludewig Reliquiae manuscriptorum omnis aevi diplomatum ac monumentorum ineditorum VI (Francofurti-Lipsiae 1724) 53 n. 29 = Bullarium Romanum ed. Cocquelines (Romae 1739) I 289 = Bullarium Romanum Taurinense ed. Tomassetti (Augustae Taurinorum 1857) I 461. Ziegelbauer Epitome p. 17. 252. 262. Boczek Cod. dipl. Morav. I 104 n. 119 = Migne PL 137, 847 n. 13. Friedrich Cod. dipl. Bohem. I 43 n. 38. Zimmermann Papsturkunden II 618 n. †317. – Regg. Dobner Monumenta historica Boemiae VI 6 n. 3. Erben Regesta I 35 n. 80. Schramm Regesten p. 68 n. 3. Böhmer-Uhlirz n. 1039b. Böhmer-Zimmermann n. 716. J. 2946. JL. 3849.

  Spurium saec. XIII. in. – De re, textu, tempore quamplures auctores disseruerunt, cf. Zimmermann Papsturkunden l.c. cum operibus ibidem laudatis. Cf. novissime Josef Žemlička K hodnověrnosti listiny Jana XV. pro klášter v Břevnově (31. V. 993), in: Milénium břevnovského kláštera p. 25–39 et Dana Koutná-Karg in: Tausend Jahre Benediktiner in den Klöstern Brevnov, Braunau und Rohr p. 219–230, qui ambo hoc privilegium falsum declarant.

5   *Laterano 1191 nov. 12*

C e l e s t i n u s III (Alberto) Stragoviensi et (Heinrico) Brewenensi abbatibus et (Floriano) praeposito Wissegradensi: refert de controversia inter Sepulcrarios et fratres hospitalis Ierosolimitani super villa q. d. Manetim agitata, quae, quamvis C l e m e n s (III) praedecessor suus ad petitionem Sepulcrariorum primo H(einrico) Pragensi episcopo et postmodum abbati de sancto Emerano (Ratisponensi) et magistro scolarum Ratisponensium eam commiserit terminandam, finem debitum adhuc non sortita est; mandat, ut partibus convocatis proposita eorum audiant et causam infra 30 dies appellatione remota terminent, etiamsi altera partium in praefixis ab eis terminis se duxerit absentandam.

    v. Praha, P. Maria na Malé Straně n. 6.

*6   *(1197 cr. mart. 22)*

Petrus (Capuanus) diaconus cardinalis tit. s. Mariae in Via Lata (C e l e s t i n i III legatus) (Heinricum) Brevnoensem abbatem deponit.

    Gerlaci abbatis Milovicensis Annales (Mon. Germ. Script. XVII 708; Font. rer. Bohem. II 512). – Reg. Friedländer Legaten p. 153 n. 129.

        Una cum abbate Brevnoviense abbas Sazavensis deponitus est, cf. Sázava n. *3. Causa depositionis abbatum ignoratur. – De legato eiusque rebus gestis cf. Praha, Episc. n. *104 et opera ibi citata.

Sázava (Sasau)

Monasterium s. Procopii Sazavense

Středověké legendy prokopské. Jejich historický rozbor a texty [Die mittelalterlichen Prokoplegenden. Ihre historische Analyse und Texte]. Edd. Václav Chaloupecký et Bohumil Ryba (Praha 1953); praecipue: Vita antiqua [a. 1061–1067 confecta]; Vita minor [saec. XII ante med.]; De exordio Zazavensis monasterii [saec. XII ante med.]; Vita maior [saec. XIV]; de re cf. Oldřich K r á l í k Sázavské písemnictví XI. století [Das Sasauer Schrifttum des 11. Jahrhundert] (Praha 1961). – B a u m a n n Literatur p. 27–31. – Monachi Sazavensis Continuatio Cosmae [cr. a. 1173–1177]. Ed. Köpke in Mon. Germ. Script. IX p. 148–163 = ed. Emler in Font. rer. Bohem. II 238–269 [cum versione Bohemica]; de re et tempore cf. Václav N o v o t n ý Zur böhmischen Quellenkunde II. Der Mönch von Sazawa, in: Sitzungsberichte d. königl. böhm. Gesellschaft d. Wissenschaften. Klasse für Philosophie, Geschichte u. Philologie Jg. 1910 (Prag 1911) č. V, p. 1–124; Marie B l á h o v á Pokračovatelé Kosmovi [Die Fortsetzer des Kosmas] (Praha 1974) p. 192–196. – S c h u b e r t Urkunden-Regesten p. 85–88. – Regesta Bohemiae et Moraviae aetatis Venceslai IV. T. V. Pars I, fasc. 1-2, passim.

    G i n z e l p. 137–146. – F r i n d I 112–114; III 253sq.; IV 283sq. – Josef V á l e k Kronika Sázavska a zprávy její k roku 1126 [Die Sasauer Chronik und ihre Nachrichten zum Jahre 1126], in: ČMM 17 (1893) 238–244. 309–317. – František K r á s l Sv. Prokop, jeho klášter a jeho památka u lidu [Der hl. Prokop, sein Kloster und sein Andenken beim Volk] (Praha 1895). – Laurentius W i n t e r a Eine Stätte alter Benedictinerkultur. Kloster Sazawa in Böhmen, in: Studien u. Mitteilungen z. Geschichte d. Benedictiner-Ordens 16 (1895) 556–574. – P o d l a h a Posvátná místa I 1, 117–124. – Ž á k p. 100. – N o v o t n ý I 1, 715–717; I 2, 211–214. 324–326. 379sq. 692; I 3, 67sq. 155; I 5, 949sq. – Josef K u r k a Začátky klášterů Sázavského, Opatovického, Podlažického, Svatopolského a

Sezemského [Die Anfänge der Klöster in Sasau, Opatowitz, Podlažice, Heiligenfeld und Sezemice] (Praha 1913). – J u r i t s c h Beiträge p. 63–65. – Benediktinisches Leben p. 46–48. – K l o ß II 36. – Emanuel P o c h e Stavba kláštera sázavského v době gotické [Die Bauwerke des Klosters Sasau zur Zeit der Gotik], in: ČSPS 42 (1934) 97–120. – Wilhelm W o s t r y Deutsche Mönche vor 1200. Benediktiner: Reginhard, Abt von Sasau, in: Sudetendeutsche Lebensbilder 3, hrsg. von Erich Gierach (Reichenberg 1934) p. 1–8. 16–18. – C o t t i n e a u II 2970. – Sázava, slovanský klášter sv. Prokopa [Sasau, das slawische Kloster des hl. Prokop] (Praha 1953). – Hubert J e č n ý Staroslovanský klášter na Sázavě. Stavební historie do doby husitské [Das altslawische Kloster in Sasau. Seine Baugeschichte bis zur Hussitenzeit] (Diss. ms. Praha 1963). – Karel J e l í n e k Slovanská a latinská Sázava [Das slawische und lateinische Sasau], in: Slavia 34 (1965) 123–131. – Jaroslav K a d l e c Svatý Prokop, český strážce odkazu cyrilometodějského [Der hl. Prokop, der böhmische Wächter des cyrillomethodianischen Erbes] (Roma 1968). – I d e m Das Vermächtnis der Slavenapostel Cyrill und Method im böhmischen Mittelalter, in: Annales Instituti Slavici 4 (1968) 103–137. – Rudolf T u r e k Tři tradice na slovanské Sázavě [Drei Überlieferungen im slawischen Sasau], in: Strahovská knihovna 5–6 (1970/71) 37–49. – M e r h a u t o v á Raně středověká architektura p. 308–310. – Josef B u b e n í k K topografii původní pozemkové držby sázavského kláštera [Zur Topographie des frühen Grundbesitzes des Klosters Sasau], in: Sborník vlastivědných prací z Podblanicka 16 (1975) 295–302. – Květa R e i c h e r t o v á K dějinám a výstavbě slovanského kláštera na Sázavě [Zur Geschichte und Architektur des slawischen Klosters Sasau], in: Památkova péče 34 (1974) 209–226. – E a d e m Stavební počátky bývalého slovanského kláštera na Sázavě [Die baulichen Anfänge des ehemaligen Klosters Sasau], in: Umění 26 (1978) 134–153. – Umělecké památky Čech 3, 290–294. – Z e s c h i c k p. 40sq. 47. 69. 79. 86. 95. 101 [cum operibus laudatis]. – Emil P r a ž á k Kosmas a Sázavský letopis [Cosmas und die Sasauer Annalen], in: Slavia 55 (1986) 19–38. – K a d l e c Přehled I 93–105. – Květa R e i c h e r t o v á - Emilie B l á h o v á - Vlasta D v o ř á k o v á - Václav H u ň á č e k Sázava. Památník staroslověnské kultury v Čechach [Sasau. Ein Denkmal der altslawischen Kultur in Böhmen] (Praha 1988; permultis cum operibus laudatis). – Jaroslav K a d l e c Das Kloster des hl. Prokop an der Sasau, in: Tausend Jahre Benediktiner in den Klöstern Břevnov, Braunau und Rohr. Bearb. v. Johannes Hofmann (St. Ottilien 1993) p. 297–307. – I d e m Der heilige Prokop, ibid. p. 309–324. – Petr S o m m e r První dvě století benediktinských klášterů v Čechách [Die ersten zwei Jahrhunderte des Benediktinerklosters Sasau], in: Studia mediaevalia Pragensia II (Praha 1991) 75–100. – I d e m Podoba sázavského kláštera v 11. a ve 12. století [Die Gestalt des Sasauer Klosters im 11. und 12. Jh.], in: Sázavsko 2 (1994) 33–47. – I d e m Sázavský klášter [Das Kloster Sasau] (Praha 1996). – Encyklopedie českých klášterů p. 632–635. – Handbuch der historischen Stätten p. 543sq. – Petr S o m m e r Jeskyně svatého Prokopa v sázavském klášteře [Die Höhlen des hl. Prokop im Kloster Sasau], in: Sazavsko 5 (1998) 35–48. – I d e m Das Kloster Sazau (Sázava), in: Europas Mitte um 1000. Bd. 1 (Stuttgart 2000) p. 422–423. – Petr K o p a l Sázavský klášter jako středisko tzv. staroslověnské liturgie [Das Kloster Sasau als Zentrum der sog. slawischen Liturgie], in: Historia monastica I. Sborník z kolokvií a konferencí pořádaných v letech 2002–2003 v cyklu „Život ve středověkém klášteře". Ed. Dušan Foltýn, za spolupráce Kateřiny Charvátové a Petra Sommera (Colloquia mediaevalia Pragensia 3. Praha 2005) p. 141–144. – Pavlána R y c h t e r o v á Koncepce mnišstvi v nejstarších prokopských legendách [Mönchische Konzepte in den ältesten Prokoplegenden], ibid. p. 145–152. – Dušan F o l t ý n Patronátní kostely Sázavského kláštera. Přispěvek k úvahám o genezi předhusitského klášterního panství [Die Patronatskirchen des Klosters Sasau. Beiträge zur Genese einer vorhussitischen Klosterherrschaft], ibid. p. 153–162. – Klara B e n e š o v s k á Slohové souvislosti vrcholně gotické přestavby Sázavského kláštera (1315–1420) [Die Stilzusammenhänge der frühgotischen Umbauten im Kloster Sasau], ibid. p. 163–174. – Zuzana V š e t e č k o v á Nástěnné malby v kapitulní síni Sázavského klástera [Die Wandmalereien im Kapitelsaal des Klosters Sasau], ibid. p. 175–187. – B u b e n Encyklopedie řádů II 2, 66–76. – Petr S o m m e r Sázava und böhmische Klöster des 11. Jahrhunderts, in: Der heilige Prokop p. 157–171. – Marie B l á h o v á Sázaver Geschichtsschreibung, in: ibid. p. 185–204. – Petr S o m m e r Hrob svatého Prokopa v sázavské románské bazilice [Das Grab des hl. Prokop und die Sasauer romanische Basilika], in: Ars videndi. Professori Jaromír Homolka ad honorem (Opera facultatis Theologiae catholicae Universitatis Carolinae Pragensis – Historia et historia artium V. Praha 2006) p. 47–60. – Petr K u b í n Byla kanonizace sv. Prokopa pouhou fikcí? K otázce datování Vita s. Procopii Minor [War die Kanonisation des hl. Prokop eine reine Fiktion? Zur Frage der Datierung der Vita s. Procopii Minor], in: Z plnosti Kristovy. Sborník k devadesátinám Oto Mádra (Praha 2007) p. 222–230. – Petr S o m m e r Svatý Prokop. Z počátků českého státu a církve (Praha 2007).

De exordio Sazavensis monasterii, in pago Montis Chutnae (*Kuttenberg – Kutná Hora*) siti, narrat monachus ille Sazavensis, qui continuationem ad Cosmae Chronicam usque ad a. 1162 congessit (Cosmae Chronica ed. Bretholz, Anhang p. 242): ‚Heremita Procopius nomine, natione Boemicus de villa Chotun (*Chotaun – Chotouň* prope civitatem *Kouřim*), Sclavonicis litteris a sanctissimo Quirillo episcopo quondam inventis et statutis canonice admodum imbutus‘, Udalrico duce (1012–1034) favente, verisimile a. 1032, ‚basilicam in honore sanctissime dei genitricis Marie et sancti Iohannis baptiste construxit et aggregavit quosdam fratres ..., quibus spiritualiter concordantibus ... monastica fieri moderamina ... iuxta exemplar almifici patris Benedicti constituit‘. Procopius ipse, qui Bracizlao duce (1034–1055) urgente a. 1039 abbas factus est, coenobium suum possessionibus quibusdam partim per duces Udalricum et Bracizlaum sibi donatis dotavisse videtur (de praediis istis Bubeník K topografii [1975] egit). Ex narratione monachi Sazavensis elucet officia divina a Procopio eiusque fratribus ritu Romano in lingua Sclavonica fuisse celebrata (usum linguae Sclavonicae eos ex traditione conversionis per sanctos Cyrillum et Methodium perfectae sumpsisse permulti viri docti putant; cf. Kadlec l.c.; Radoslav Večerka Problematika stsl. písemnictví v přemyslovských Čechach [Die Problematik des altslawischen Schrifttums im přemyslidischen Böhmen], in: Slavia 39 (1970) 223–237 et opera ibidem laudata; econtra František Graus Böhmen zwischen Bayern und Sachsen, in: Historica 17 (1969) 12–14 talem memoriam in Bohemia saec. XI adhuc viguisse negat; cf. et Dvornik Byzantine Missions [1970] p. 220–228). Procopio a. 1053 mart. 23 defuncto et ibidem sepulto (opera antiquiora vitam s. Procopii et historiam monasterii Sazavensis illustrantia praebet Zíbrt II n. 9884–9986), Zpitigneus dux (1055–1061) Vitum abbatem et fratres de monasterio eiecit et ‚in loco eorum Latine auctoritatis abbatem et fratres constituere‘ (Bretholz l.c. p. 247) contendit, sed post ipsius mortem monachi expulsi a Vratislao duce (1061–1092) de exilio eorum in Hungaria reducti et restituti sunt. Hoc loco respiciatur, quod de usu linguae Sclavonicae in divino officio adhibendae Gregorius VII a. 1080 ian. 2 ipsius ducis postulationem refutavit (cf. Bohemia, Duces ac reges n. 41); quamquam de monasterio Sazavensi nulla in littera papae mentio fiat, tamen ad idem rem spectare verisimile est, quia praeter id nullum coenobium nullamque ecclesiam in Sclavonica lingua officia celebravisse notum est. Anno vero cr. 1096 Bozethecus abbas, vir artibus picturae sculpturaeque clarus, cum fratribus a Braziclao duce (1092–1100) ‚multis ficticiis et innumeris vituperiis‘ quorundam presbyterorum invidiosorum instigato expulsus est, ‚libri lingue eorum deleti omnino et disperditi‘ sunt (Bretholz p. 251), dux autem ‚titulum Zazovensis abbatie Diethardo Breunovensi preposito III non. ian. (a. 1097) imposuit, viro Latinis litteris sufficienter imbuto‘ (l.c. p. 255). Ab hoc tempore usus linguae Sclavonicae in officiis divinis monasterii Sazavensis finem habuit.

De monasterii rebus saec. XII–XIV gestis vel factis nil paene certi habemus, praesertim cum chartae vel privilegia papalia sive regalia desint. A. 1204 Procopius Premislo Ottakaro I rege urgente per Innocentium III canonizatus est (cf. Kadlec Svatý Prokop p. 84–90 et novissime Petr Kubín Kanonisation des heiligen Prokop im Jahre 1204, in: Der heilige Prokop, Böhmen und Mitteleuropa. Internationales Symposium Benešov – Sázava 24.–26. September 2003. Hrsg. von Petr Sommer (Colloquia mediaevalia Pragensia 4. Praha 2005) p. 109–123. Praetera nullas necessitudines cum summis pontificibus monasterium apparet habuisse, nisi quod abbatibus saec. XIV nonnunquam munus exsequendi causas seu conservandi personas ecclesiasticas commissum est (v. Mon. Vat. I n. 1142; II n. 1303; IV n. 410). A. 1421 abbatia sancti Procopii et duae praepositurae eiusdem ab Hussitis devastatae, monachi quoque eiecti sunt. Saec. XV ex. plebani de villa Sázava nomine abbatis Sazavensis agentes inveniuntur, sed monasterium ipsum non ante a. 1550 a Brevnoviensibus monachis restitutum est. Fortunam pristinam recuperare abbates saec. XVII–XVIII frustra fere conati sunt. Monasterium a. 1785 iussu Iosephi imperatoris suppressum est.

De aedibus sacris v. Neuwirth p. 24. 31–36. 64. 67sq. 82; České umění gotické 1350–1420 [Die gotische Kunst Böhmens] (Praha 1970) p. 101; Merhautová l.c.; Reichertová op. cit.; Umělecké památky Čech 3, 290–294; Reichertová et al. Sázava p. 70–103. 116–124. 138–185. 213–270. De ecclesiis primitivis, stilo romanico exstructis et annis 1070 et 1096 consecratis, et de monasterio istius temporis a. 1968–1988 vestigia inventa sunt. De aedificiis saec. XIV constructis turris meridionalis basilicae, presbyterium et crypta necnon aula capituli adhuc exstant. Ecclesia nova, saec. XVII–XVIII stilo barocco ampliata, a. 1786 cultui parrochiali addicta est. Cetera aedificia, saec. XIX in arcem commutata, hodie institutiones publicas complectuntur.

De archivo quae restant praecipue in tabulario publico Pragensi custodiuntur, v. Schubert Urkunden-Regesten p. 85–88; Svátek p. 529–534.

De bibliotheca per Hussitas devastata et inde ab a. 1785 denuo diversis locis dissipata v. Václav Čejchan Knihovna benediktinského kláštera na Sázavě [Die Bibliothek des Benediktinerklosters Sasau], in: Slovanská knihověda 1 (1931) 37–46. De scriptorio saec. XI–XII vigente v. Králík (1961) l.c.

*1   (1144)

Quido (diaconus) cardinalis et legatus apostolicae sedis (I n n o c e n t i i II) Silvestrum abbatem (Sazavensem) ab officio suspendit.

Monachi Sazavensis Continuatio Cosmae ad a. 1144 (Mon. Germ. Script. IX 159; Font. rer. Bohem. II 262). – Reg. Bachmann Legaten p. 224.

De re et tempore cf. Spätling Kardinal Guido p. 323–327. – Guido diaconus cardinalis per Innocentium II ad partes Bohemiae missus est, v. Olomouc, Episc. n. *53; cf. etiam Hilsch Bischöfe p. 40–50. 234. 237.

*2 *(1145 cr. sept. ex.)*

Quido (diaconus) cardinalis Silvestrum abbatem (Sazavensem), quem anno praecedenti ab officio suspendit *(n. *1)*, per Heinricum Olomucensem episcopum (Roma) redeuntem restituere mandat.

> *Monachi Sazavensis Continuatio Cosmae (Mon. Germ. Script. IX 159; Font. rer. Bohem. II 262).*
>
> cf. etiam Olomouc, Episc. n. *74.

*3 *(1197 cr. mart. 22)*

Petrus (Capuanus) diaconus cardinalis tit. s. Mariae in Via Lata (C e l e s t i n i III legatus) Procopensem (i.e. Sazavensem) abbatem deponit.

> *Gerlaci abbatis Milovicensis Annales (Mon. Germ. Script. XVII 708; Font. rer. Bohem. II 512). – Reg. Friedländer Legaten p. 153 n. 129.*
>
> Una cum abbate Sazavensi abbas Brevnoviensis depositus est, cf. Břevnov n. *6. Causa depositionis abbatum ignoratur. – De legato cf. Friedlaender p. 102sq.; Zieliński Legacja p. 577–583 et imprimis Maleczek Petrus Capuanus p. 86–92.

Strahov

Monasterium in Monte Sion (Strahov) Pragae

[Registrum censuale a. 1410 confectum]. Ed. Josef E m l e r, in: Decem registra censuum Bohemica compilata aetate bellum Husiticum praecedente (Praha 1881) p. 219–302; de re cf. Rostislav N o v ý Strahovský urbář z roku 1410 [Das Strahover Urbar aus dem Jahre 1410], in: Zápisky katedry československeňských dějin a archivního studia filosofické fakulty Karlovy university 7 (1963) 39–69 et Jaroslav Č e c h u r a Urbář kláštera Strahov z roku 1410 [Ein Urbar des Stiftes Strahov aus dem Jahre 1410], in: Bibliotheca Strahoviensis 1 (1995) 25–44. – Chronologicum necrologium abbatum et canonicorum Praemonstratensium Sioneorum (Pragae 1817). – Regesta Bohemiae et Moraviae aetatis Venceslai IV. T. V. Pars I, fasc. 1-2, passim.

Amandus v o n F r i e d e n f e l s Sion mons inclytus, mons sanctus (Veteropragae 1702). – H a m m e r s c h m i d Prodromus p. 394–408. – H u g o Ann. Ord. Praem. II 921. – S c h a l l e r Beschreibung von Prag I 285–298. – Johann Gottfried D l a b a c z Historische Darstellung des Ursprungs und der Schicksale des königlichen Stiftes Strahow t. I–III (Prag 1805–1807). – I d e m Inscriptiones monumentorum in regia ecclesia ordinis Praemonstratensis Pragae in Monte Sion (Pragae 1808). – T o m e k I 98sq. 659; II 104sqq.; III 96–105; V 204sq.; VIII 24sq.; IX 137sqq. 348sq. – Erwin Anton W e y r a u c h Geschichte des königlichen Prämonstratenser-Chorherren-Stiftes Strahow (Prag 1863). – F r i n d I 274–278; II 194sq.; III 229sqq.; IV 228sq. – Č e r m á k Premonstráti p. 1–115. – I d e m, in: B r u n n e r Chorherrenbuch p. 548–588. – E k e r t Posvátná místa I 116–142. – Josef L i n h a r t Das Prämonstratenser-Stift Strahov und seine Äbte, in: 18. Programm der II. deutschen Staats-Oberrealschule in Prag (1890–1891) p. 1–35. – Ž á k p. 51–54. – N o v o t n ý I 2, 697–699. 781; I 3, 73–75. 82. 895. – Vilém O n d r á č e k Strahov (Hradec Kralové 1927). – J u r i t s c h Beiträge p. 119–122. – K l o ß I 152. 163sq. 201; II 70sq. – Wilhelm W o s t r y Deutsche Mönche vor 1200. Prämonstratenser: Gezo, Abt von Strahow; Erlebold, Abt von Strahow, in: Sudetendeutsche Lebensbilder 3, hrsg. v. Erich Gierach (Reichenberg 1934) p. 19–21. – C o t t i n e a u II 2353. – Vít M. H ů l k a Strahov a jego památky [Strahov und seine Denkmäler] (Praha 1940). – B a c k m u n d Monasticon Praemonstratense ²I 2, 378–382 [cum operibus laudatis]. – Alois

Kubíček-Dobroslav Líbal Strahov (Praha 1955). – Jiří Pražák Pozůstatky Strahovské knihovny 12. století [Die Überbleibsel der Strahover Bibliothek des 12. Jhs.], in: Strahovská knihovna 5/6 (1970–71) 59–66. – Merhautová Raně středověká architektura p. 241–245. – Jiří Pražák Z počátků Strahovské knihovny [Aus den Anfängen der Strahover Bibliothek], in: Studie o rukopisech 13 (1974) 169–171. – Říha p. 195–212. – Machilek Reformorden p. 65sqq. – Petr Sommer K začátkům premonstrátské kanonie v Praze na Strahově [Die Anfänge des Prämonstratenserstiftes Strahov in Prag], in: Archaeologica Pragensia 5 (1984) 97–102. – Jiří Pražák K existenci strahovského skriptoria [Zur Existenz des Strahover Skriptoriums], in: Documenta Pragensia 10,1 (1990) 51–58. – Nový Diplomatické poznámky p. 139. – Jaroslav Čechura Břevnov a Strahov na počátku 15. století [Břevnov und Strahov zu Beginn des 15. Jhs.], in: Historia docet (Praha 1992) p. 35–45. – Werner Löhnertz Steinfeld und die Gründung von Strahov (1142/43). Wann wurde Steinfeld prämonstratensisch?, in: APraem. 68 (1992) 126–133. – Jerzy Rajman Początki opactw norbertańskich w Strahowie i Brzesku [Die Anfänge der Prämonstratenserabteien Strahov und Brzesk], in: Nasza Przeszłość 78 (1992) 5–26. – Jan Pařez 850 let Strahovského kláštera. Jindřich Zdík a osazení Strahovského kláštera premonstráty [850 Jahre Stift Strahov. Heinrich Zdík und die Gründung des Prämonstratenserstiftes Strahov], in: Dějiny a současnost 15/16 (1993) 25–29. – Idem Každodennost v klášteře premonstrátů na Strahově v polovině 16. století [Der Alltag im Prämonstratenserstift Strahov in der Mitte des 16. Jhs.], in: Folia Historica Bohemica 17 (1994) 101–116. – Ardura Prémontrés sparsim. – Encyklopedie českých klašterů p. 442–451. – Milan Hlinomaz Náhrobníky a epitafy ve strahovské bazilice [Grabmäler und Epitaphien in der Strahover Basilika] (Heraldika a genealogie 31/ 1–2. Praha 1998). – Anežka Merhautová-Petr Sommer Strahovský klášter. Jeho založení a románská bazilika [Das Stift Strahov. Seine Gründung und die romanische Basilika], in: Umění 47 (1999) 154–168. – Iidem Strahovský klášter. Stavební dějiny baziliky od roku 1182 do doby opata Lohelia [Das Stift Strahov. Die Baugeschichte der Basilika vom Jahre 1182 bis zum Zeitalter des Abtes Lohelius], in: Umění 48 (2000) 302–314. – Jaroslav Kadlec Reformní působení strahovského opata Jana Lohelia v premonstráckých klášterech ve Slezsku a v Polsku [Die Reformtätigkeit des Strahover Abtes Johannes Lohelius in den Prämonstratenserstiften Schlesiens und Polens], in: Bibliotheca Strahoviensis 4–5 (2001) 91–104. – Buben Encyklopedie řádů II 1, 75–86. – Hlaváček Anfänge passim. – Jan Pařez Diplomatika a správa premonstrátské kanonie na Strahově v 16. století (1510–1586) [Diplomatik und Verwaltung des Prämonstratenserstiftes Strahov im 16. Jh. (1510–1586)], in: Sborník archivních prací 53 (2003) 307–523. – Hedvika Kuchařová-Jan Pařez Strahovští premonstráti a rekatolizace. Přístupy a problémy [Die Strahover Prämonstratenser und die Gegenreformation. Zugänge und Probleme], in: Úloha církevních řádů při pobělohorské rekatolizaci. Sborník příspěvků z pracovního semináře konaného ve Vranově u Brna ve dnech 4.–5.6.2003 (Praha 2003) p. 36–75. – Miroslav Kovář K problematice raně gotických přestaveb Břevnovského, Sázavského a Strahovského kláštera [Zur Problematik der frühgotischen Umbauten in den Klöstern Břevnov, Sázavá und Strahov], in: Průzkumy památek 12 (2005) 184–191.

Historia fundationis (cf. etiam Bretholz Geschichte Böhmens und Mährens p. 230–233) et dotationis monasterii in monte Strahov iuxta arcem Pragensem siti legitur in charta a fundatore Heinrico episcopo Olomucensi (a. 1143–1144 in.) conscripta (v. n. *1). Unde elucet Heinricum episcopum e Terra Sancta redeuntem et habitum regulamque b. Augustini suscipientem (a. cr. 1137–1138) cum consilio et voluntate Iohannis episcopi Pragensis (1135–1139) ad construendam fratrum secundum regulam b. Augustini viventium habitationem processisse et Ottonem episcopum Pragensem (1140–1148) una cum Vladislao duce et coniuge eius Gertruda opus perfecisse. Primam fundationem factam esse a. 1140 legimus in Continuatione Cosmae Chronicae (edd. Mon. Germ. Script. IX 163; Font. rer. Bohem. II 271; cf. etiam relationem Gerlaci abbatis Milovicensis, edd. Mon. Germ. Script. XVII 695sq.; Font. rer. Bohem. II 485). Sed paulo post, a. cr. 1142–1143, Heinricus episcopus fratres ord. Praem. de monasterio Steinfeldensi (*Steinfeld* in pago Eiflensi) et sorores de monasterio *Dünnwald* (in Coloniensis civitatis vicinia ultra Rhenum) a monasterio Steinfeldensi segregatas arcessivit (v. praeter narrationem Gerlaci litteras conventus in Praemonstratensi colloquio congregati ad Heinricum episcopum a. cr. 1142 missas, edd. Friedrich Cod. dipl. Bohem. I n. 133; Bistřický Studien n. 7; cf. etiam Germ. Pont. VII 278. 288).

Opere perfecto ipse episcopus a summo pontifice confirmationem donationum bonorum et ordinationis monasterii petiit et impetravit (v. n. *1). Sorores perpaucis annis post ad novum monasterium Doxanense instituendum deductae esse videntur (v. p. 149). Inde ab initiis monasterium Strahoviense, quod iam antiquitus est insignitum titulo ‚canonia regia‘, florebat et possessionibus (de quibus v. Kloß l.c.; Nový) et auctoritate; iam saec. XII fratres emisit in domos noviter conditas sive condendas, inter quas enumeramus in Bohemia *Litomyšl-Leitomischl* (ante a. 1150) et *Teplá-Tepl* (v. p. 160) et in Moravia *Louka-Klosterbruck* (v. p. 211) et *Zábrdovice-Obrowitz* (saec. XIII in.). Strahoviensium iura et bona nominatim expressa Gregorius X a. 1273 mai. 15 sub protectione apostolica corroboravit (Friedrich Cod. dipl. Bohem. V n. 705).

Saec. XII–XIV summi pontifices quampluries abbatibus causas inquirendas, exsequendas seu componendas commiserunt, primum Clemens III a. 1188 (n. 4) et Celestinus III a. 1191 (n. 5), dein Honorius III a. 1222 sept. 30 (Friedrich Cod. dipl. Bohem. II n. 240), Gregorius IX a. 1237 sept. 29 et oct. 23 (ibid. III n. 168sq.), Innocentius IV a. 1249 mart. 27 (ibid. IV n. 386) et a. 1254 mart. 30 (ibid. V n. 17), Urbanus IV a. 1261 dec. 2 (ibid. n. 300) et alii (cf. Erben Regesta III–V; Mon. Vat. I–V). Inde a saec. XIV abbates (series eorundem invenitur apud Backmund l.c.), qui a. 1341 fuerunt infulati, non raro provisione apostolica constituti sunt (v. Eubel Provisionen p. 76; idem Die deutschen Äbte in den libri obligationum et solutionum des vatican. Archivs während d. J. 1295–1378, ibid. 16 [1895] 88; cf. etiam Krofta [ČČH 12] passim).

Canonia a. 1420 mai. 8 ab Hussitis omnino subversa et diruta, sed pace conclusa a. 1438 ex novo aedificata est. Conventus in penuria superanda nonnisi saec. XVI ex. sub abbate Iohanne Lohelio ‚secundo fundatore‘ (1586–1612) profecit. Saec. XVII tantopere floruit, ut multas alias canonias in Bohemia, Austria et Alemannia resuscitare posset; semper enituit scientiis et studiis, fratres eius complures scholas direxerunt.

De a e d i b u s sacris cf. Kubiček-Libal; Merhautová; Romanik in Böhmen p. 78sqq.; Praha středověka p. 96–99. Basilica romanica, iam a. 1182 ‚secundarie dedicata‘ (cf. relationem Gerlaci abbatis Milovicensis l.c.), a. 1258 una cum omnibus aedificiis monasterii combusta, de novo restaurata, saec. XVII in. amplificata, inde ab a. 1743 stilo barocco quo et aliae aedes monasterii renovata est. A. 1950 abbatia suppressa est, in quorum aedificiis Musaeum Litterarum Bohemicarum instituitur, quod etiam post reditum canonicorum a. 1989 parte aedificiorum fruitur.

Maxima pars a r c h i v i in tabulario publico Pragensi asservatur; cf. Svátek p. 525–528 et Průvodce I 3, 173–187; sed nonnulla documenta adhuc in bibliotheca Strahoviensi inveniuntur, v. Beránek Soupis p. 231sq.

A prima fundatione monasterium Strahoviense locupletissima b i b l i o t h e c a gaudebat, quae ad hodiernum diem illo in loco superest nucem praebens moderni Musaei Litterarum Bohemicarum; cf. Erwin Anton Weyrauch Geschichte und Beschreibung der königl. Stift Strahöwer Bibliothek (Prag 1858) (alia opera antiquiora bibliothecam Strahoviensem tractantia invenies apud Zíbrt I n. 3571–3588); Strahovská knihovna a archiv Památníku národního písemnictví [Die Strahover Bibliothek und das Archiv des Museums für Nationalliteratur] (Praha 1959); Horák p. 229–232; Pravoslav Kneidl - Anna Rollová - Pavel Preiss Strahovská knihovna Památníku národního písemnictví [Die Strahover Bibliothek des Museums für Nationalliteratur] (Praha 1988) (permultis cum operibus laudatis). De codicibus pretiosis saec. XII conscriptis, qui remanserunt, egit Jiří Pražák in: Strahovská knihovna 5/6 (1970–71) p. 59–66; in: Studie o rukopisech 13 (1974) 169–171 et in: Documenta Pragensia 10,1 (1990) 51–58. Non modica pars librorum bello tricennali devastata est, sed inde a med. saec. XVII bibliotheca famosa continue augmentata est et magna inter viros doctos fruebatur fama. De catalogis saec. XVII–XIX cf. Věra Břeňová in: Strahovská knihovna 12/13 (1977–78) 105–121; catalogum modernum codicum Strahoviensium praebet Bohumil Ryba Soupis rukopisů strahovské knihovny Památníku národního písemnictví v Praze. T. III–VI, 2 (Praha 1970–1979).

O   = Apogr. in ms. CO 464 (saec. XV) Bibliothecae capituli Olomucensis, nunc Opava, Zemský Archiv, Pobočka Olomouc. De codice cf. Metoděj Zemek Dva olomoucké kodexy, in: Časopis Vlasteneckého spolku musejního v Olomouci 59 (1950) 18sq. et Seznam rukopisů metropolitní kapituly v Olomouci (1961) p. 143.

*1   (1143?)
(I n n o c e n t i u s II?) ex petitione Heinrici episcopi Olomucensis privilegium confirmationis dat bonorum donationes et loci ordinationem roborans.
     Laud. in charta fundationis ab Heinrico episcopo Olomucensi a. 1143–1144 in. concessa (edd. Friedrich Cod. dipl. Bohem. I n. 156; Bistřický Studien p. 254 n. 28). – Reg. JL. –.
     cf. etiam Olomouc, Episc. n. *62.
     Legimus in hac charta: ‚domini nostri sancte apostolice sedis summi pontificis auctoritate confirmari et obtentu sempiterni anathematis roborari pecii et impetravi'.

2   *Viterbo (1145–1146) nov. 21*
E u g e n i u s III H(einrico Moraviensi episcopo): mandat, quatinus fratres illos, qui absque eius, abbatis quoque et fratrum eorum licentia a religioso loco q. d. Mons Syon discesserant et redire volentes non recepti fuerunt, in eodem loco recipi faciat, si fratribus ipsis tollerabiles sint. – Latores praesentium ad. Dat. Viterbi 11 kal. dec.
     O f. 211. 214. – Edd. Boczek Cod. dipl. Morav. I n. 258 = Migne PL 180, 1085 n. 65. Bistřický Studien p. 247 n. 20 = idem Listy p. 10 n. 19. – Regg. Erben Regesta I 114 n. 257. Hrbáčová Jindřich Zdík p. 143 n. 69, 18. J. 6194. JL. 8831.
     cf. etiam Olomouc, Episc. n. 91.

*3   *Mainz (1188 mart. 27)*

Heinrico episcopo cardinali (Albanensi), apostolicae sedis (C l e m e n t i s III) legato, praesente in curia generali Fridericus imperator cum multis episcopis et principibus crucis signum suscipit; ad quam curiam, cum episcopus (Pragensis) Heinricus venire non possit, mittit Ricolfum de Stragov.

       v. Praha, Episc. n. *97. Cf. etiam Bohemia, Duces ac reges n. *74; Moravia, Duces ac marchiones n. *16.

       De re cf. Mainz, Archiepisc. n. *467, Germ. Pont. IV 190. – Ricolfus de Strahov, episcopi Pragensis missus, ,vir litteratus, qui reversus omnia, quae ibi vidit et audivit, prius episcopo (Heinrico) deinde omnibus nobis (sc. Gerlaco) fideliter narravit', (l.c.) ex aliis fontibus ignotus, monachus monasterii Strahoviensis, ord. Praemonstratensis, fuisse videtur.

4   *Laterano 1188 oct. 12*

C l e m e n s III (Meinhero) de Plas et (Adalberto) de Stragovia abbatibus: referens de iniuriis a matre P(etri) militis fratribus hospitalis Ierosolimitani illatis mandat, ut eisdem fratribus res ipsas et possessiones appellatione postposita restitui faciant, eandem matronam ad monasterium (de Doxan) transire compellentes aut saltem ad primam professionem redire.

       v. Praha, P. Maria na Malé Straně n. 3.

5   *Laterano 1191 nov. 12*

C e l e s t i n u s III (Alberto) Stragoviensi et (Heinrico) Brewenensi abbatibus et (Floriano) praeposito Wissegradensi: refert de controversia inter Sepulcrarios et fratres hospitalis Ierosolimitani super villa q. d. Manetim agitata, quae, quamvis Clemens (III) praedecessor suus ad petitionem Sepulcrariorum primo H(einrico) Pragensi episcopo et postmodum abbati de sancto Emerano (Ratisponensi) et magistro scolarum Ratisponensium eam commiserit terminandam, finem debitum adhuc non sortita est; mandat, ut partibus convocatis proposita eorum audiant et causam infra 30 dies appellatione remota terminent, etiamsi altera partium in praefixis ab eis terminis se duxerit absentandam.

       v. Praha, P. Maria na Malé Straně n. 6.

Doksany (Doxan)

Monasterium b. Mariae virg. in Doxan

S c h u b e r t Urkunden-Regesten p. 230–238. – Necrologium Doxanense, hrsg. v. Joseph E m l e r , in: Sitzungsberichte der königl. böhm. Gesellschaft d. Wissenschaften in Prag. Classe für Philosophie, Geschichte u. Philologie Jg. 1884 (Prag 1885) č. 8, p. 83–144. – Regesta Bohemiae et Moraviae aetatis Venceslai IV. T. V. Pars I, fasc. 1-2, passim.

      Josef M i k a Das ruhmwürdige Doxan oder des königlichen jungfräulichen Stifts allda kurzer Entwurf (Leitmeritz 1726). – H u g o Ann. Ord. Praem. I 633–642. – Mathias F e y f a r Kurze

Geschichte des königlichen Praemonstratenser-Jungfrauen-Stiftes Doxan (Dresden 1860). – F r i n d
I 278–283; II 197sq.; III 233sq. – Č e r m á k p. 129–173. – Pröll p. 771sq. – B í l e k p. 275–279. –
Boh[umil] M a t ě j k a Topographie der historischen und Kunst-Denkmale im politischen Bezirke
Raudnitz (Prag 1900) p. 70–108. – Ž á k p. 53. 271. – N o v o t n ý I 2, 781sq. 962; I 3, 76–82. 895. –
Cyril A. S t r a k a Doksanský klášter za třicetileté války v Čechach [Das Kloster Doxan während des
Dreißigjährigen Krieges in Böhmen], in: Sborník historického kroužku 27 (1926) 1–17. 81–92; 28
(1927) 49–53. 122–127; 29 (1928) 1–14. – J u r i t s c h Beiträge p. 123sq. – Evermond Vladimír B a l -
c á r e k Doksany nad Ohří, bývalý klášter premonstrátek [Doxan a. d. Ohra, ehemaliges Prämon-
stratenserinnenstift] (Doksany 1929) = i d e m Doksany. Ehemaliges Prämonstratenserinnenkloster
(Doxan 1933). – K l o ß I 154sq. 213sq.; II 71–76. – C o t t i n e a u I 998. – Dobroslav L í b a l
Románský kostel kláštera premonstrátek v Doksanech [Die romanische Kirche des Prämonstraten-
serinnenstiftes Doxan], in: Zprávy památkové péče 6 (1942) 61–65. – Jarmila K u b í č k o v á Bývalý
klášter premonstratek v Doksanech nad Ohří [Das ehemalige Prämonstratenserinnenstift in Doxan
a. d. Ohra] (Praha 1944). – B a c k m u n d Monasticon Praemonstratense ²I 2, 347–350. – Jiří
P r a ž á k Privilegium Přemysla I. pro Doksany a jeho konfirmace z r. 1276. Poznámky k dějinám
doksanského klášterství ve XII. a XIII. století [Das Privileg Přemysl I. für Doxan und seine Bestäti-
gung aus dem Jahre 1276. Anmerkungen zur Geschichte des Klosters Doxan im 12. und 13. Jh.], in:
Sborník archivních prací 5 (1955) 159–203. – Milada R a d o v á - Š t i k o v á - Anežka M e r h a u t o -
v á - L i v o r o v á Románská stavební huť v Doksanech [Die romanische Bauhütte in Doxan], in:
Umění 5 (1957) 201–223. – Norbert B a c k m u n d Doksany, in: DHGE 14 (Paris 1960) 566sq. –
Anežka M e r h a u t o v á - L i v o r o v á Das ehemalige Kloster der Prämonstratenserinnen in Doxan,
in: Kunst des Mittelalters in Sachsen (Weimar 1967) p. 86–96. – M e r h a u t o v á Raně středověká
architektura p. 113–117 [cum operibus laudatis]. – Ř í h a p. 216–219. – M a c h i l e k Reformorden
p. 66sq. – N o v ý Diplomatické poznámky p. 140. – Zbyněk S v i t á k Konfirmace Přemysla Ota-
kara II. pro Doksany z roku 1276 ve světle litoměřické listiny z roku 1282 [Das Bestätigungsprivileg
Přemysl Ottokars II. für Doxan aus dem Jahre 1276 im Lichte einer Leitmeritzer Urkunde aus dem
Jahre 1282], in: SPFFBU. Řada historická (C) 40 (1991) 7–14. – Jan B l a ž e k - Oldřich K o t y z a
Raně středověké sídliště poblíž kostela sv. Petra a Pavla v Doksanech a otázka existence (či neexis-
tence) zeměpanského dvora v těchto místech [Eine frühmittelalterliche Siedlung in der Nähe der
Kirche St. Peter und Paul in Doxan und die Frage der Existenz (oder Nichtexistenz) eines grund-
herrschaftlichen Hofes an dieser Stelle], in: Archeologické výzkumy v severozápadních Čechách v
letech 1983–1992 (Most 1995) p. 213–224. – Encyklopedie českých klašterů p. 212–216. – Handbuch der historischen Stätten p. 115. – H l a v á č e k Anfänge passim. – Helena V o l d á n o v á Pod-
danský řád doksanského panství [Eine Untertanenordnung der Doxaner Herrschaft], in: Genealo-
gické a heraldické listy 24 (2004), č. 2, 38–51.

Gerlacus abbas Milovicensis, continuator chronicae Cosmae, refert de duce Vladislao
(1140–1172): ‚Construxit et aliam ordini nostro domum in Doxan, locans ibi religiosas feminas, quas de Dunewald Coloniensis diocesis adduci fecerat‘ (edd. Mon. Germ.
Script. XVII 686; Font. rer. Bohem. II 467). Sorores de *Dünnwald* (v. Germ. Pont. VII
1, 288) una cum fratribus de *Steinfeld* a. cr. 1142/43 primum ad conventum in Strahov
condendum arcessitae esse videntur, sed paulo post ad locum de Doksany – in districu de *Roudnice –Raudnitz* in Albae ripa situm – translatae sunt (v. p. 146). Monasterium, abbatis Strahoviensis paternitati subiectum, iuxta ordinis Praemonstratensis
consuetudinem per praepositum (ab abbate constitutum), inde ab a. 1628 infulatum
et a. 1738 abbatiali dignitate insignitum, et magistram, dein priorissam (a conventu
electam), usque ad a. 1388 ex stirpe regia vel ducali progenitam, regebatur et saec.
XII–XIV non modicis possessionibus reddit busque in amplo circuitu dispersis fruebatur (de quibus egerunt Bílek et Kloß) Donationes per Vladislaum ducem coniu-

gemque eius Gertrudam et alios nobiles largitas pluries a regibus Bohemiae, qui et varias immunitates concesserunt (v. Friedrich Cod. dipl. Bohem. II n. 286; IV n. 169; V n. 256. 704. 806sq.; cf. Jiří Pražák in: Sborník archivních prací 5 [1955] 159–203), confirmatas Gregorius X a. 1273 mai. 15 monasterium sub protectione suscipiendo corroboravit (Friedrich Cod. dipl. Bohem. V n. 704). Praeterea monasterium paucas necessitudines cum summis pontificibus habuisse videtur (cf. Mon. Vat. I n. 374; III n. 8; V n. 1323; VII n. 1262; Schubert n. 1729).

Quamvis monasterium pluries incendiis (a. 1200. 1278. 1295) devastatum esset, tamen usque ad saec. XV in. florebat, immo pollebat tam praediorum reddituumque copia quam numero monialium seu potius canonissarum maxima ex parte e nobilitate progenitarum. Iam saec. XIII in. sorores emissae sunt ad monasterium in *Chotěšov-Chotieschau* filiam de Tepla condendam. Domus Doxanensis a. 1421 ab Hussitis penitus devastata, inde ab a. 1430 paulatim reaedificata, nonnisi a medio saec. XVI reflorescere coepit. A. 1782 una ex primis inter monasteria Bohemiae iussu Iosephi II imperatoris suppressa est.

De a e d i b u s sacris v. Neuwirth p. 90–97. 259; Matějka l.c.; Romanik in Böhmen p. 105sq.; Merhautová - Livorová; Umělecké památky 1, 281–288 et novissime Encyklopedie českých klášterů p. 212–216. Ecclesia romanica, a. 1782 cultui parochiali destinata, eodem modo ac aedificia monasterii a. 1692–1732 stilo barocco renovata et amplificata sunt. Praepositura inde ab a. 1804 in arcem commutata est et usque ad hodiernum diem subsistit.

De a r c h i v o v. Schubert l.c. Maxima pars documentorum hodie in tabulariis publicis Pragensi et Litomericensi asservatur, cf. Svátek p. 590sq.; nonnulla acta et in bibliotheca Strahoviensi inveniuntur, cf. Beránek Soupis p. 232.

De b i b l i o t h e c a cf. Josef Volf in: Časopis československých knihovníků 6 (1927) 143sq. Pauci qui supersunt codices in bibliotheca universitatis Pragensis custodiuntur, v. Truhlář Catalogus II n. 2188. 2317. 2480.

1   *Laterano 1188 oct. 12*

C l e m e n s III (Meinhero) de Plas et (Adalberto) de Stragovia abbatibus inter alia: notificat de iniuriis a matre nobilis viri P(etri) militis habitu hospitalis accepto fratribus hospitalis Ierosolimitani illatis; mandat ut, si praemissa noverint esse vera, eandem matronam ad monasterium de Doxa transire compellant aut saltem ad primam confessionem redire.

v. Praha, P. Maria na Malé Straně n. 3.

Plasy (Plaß)

Monasterium b. Mariae virg. Plassense

Schubert Urkunden-Regesten p. 139–144. – I. Chronici Plassensis privati „Tilia Plassensis" inscripti a F. Mauritio Vogt ... exarati pars tertia (saec. XVII). II. Benedicti Scheppl (cum continuatione aliorum) De abbatibus monasterii Plassensis et de monasterii Plassensis professis (saec. XVII–XVIII). Ed. Antonin Podlaha (Praha 1909). – J. Schiebl Z archivu kláštera plaského [Aus dem Archiv des Klosters Plaß], in: Časopis společnosti přátel starožitností 3 (1895) 86–90. 121–124. – Regesta Bohemiae et Moraviae aetatis Venceslai IV. T. V. Pars I, fasc. 1-2, passim.

Gaspar Jongelinus Notitiae abbatiarum Ordinis Cisterciensis V (Coloniae 1640) p. 4sq. – Phoenix incineratus sive origo, progressus et eversio monasteriorum O. Cist. in regno Bohemiae (Vindobonae 1647). – Augustinus Sartorius Verteutschtes Cistercium bis-tercium oder Cistercienser Ordens-Historie (Pragae 1708) p. 864sq. – Josef Anton Riegger Inventarium archivii monasterii Plassensis ordinis Cisterciensis, in: Archiv der Geschichte und Statistik insbesondere von Böhmen 2 (1793) 662–682. – Schaller Topographie I 149–161. – Frind I 292–295; II 208sq.; III 273sq.; IV 304–308. – Bernhard Scheinpflug Materialien zu einer Geschichte von Plaß und seiner Umgebung, in: MittVGeschDB 12 (1874) 54–78. 177–187. 254–272; 13 (1875) 51–84; 14 (1876) 94–125; 15 (1877) 138–148. – Leopoldus Janauschek Originum Cisterciensium t. I (Vindobonae 1877) p. 82 n. CCIV. – Bílek p. 198–204. – Podlaha Posvátná místa I 3, 65–91. – Žák p. 133sq. – Anton Podlaha Topographie der historischen und Kunst-Denkmale. Der politische Bezirk Kralowitz (Prag 1916) p. 163–213 [cum operibus laudatis]. – Zdeňka Brumlíková Plasy. Dějiny kláštera od jeho založení do valek husitských [Plaß. Geschichte des Klosters von seiner Gründung bis zu den Hussitenkriegen] (Diss. ms. Praha 1927/28). – Juritsch Beiträge p. 130–132 [cum serie abbatum usque ad saec. XV]. – Novotný I 3, 114–117. 901sq.; I 5, 980sqq. – Kloß I 153sq. 161sq. 165; II 83–87. – Cottineau II 2297. – Jiří Pražák Plaská knihovna v době husitské [Die Plaßer Bibliothek in der Hussitenzeit], in: Studie o rukopisech 2 (1963) 155–174. – Frédéric van der Meer Atlas de l'Ordre Cistercien (Paris e.a. 1965) p. 292. – Merhautová Raně středověká architektura p. 192sq. – Franz Machilek Die Zisterzienser in Böhmen und Mähren, in: AKBMS 3 (1973) 185–220 [permultis cum operibus laudatis]. – Idem Reformorden p. 66–68. – Jaroslav Čechura Hospodářský vývoj plaského kláštera v době přemyslovské [Die wirtschaftliche Entwicklung des Klosters Plaß in der Zeit der Přemysliden], in: Historická geografie 18 (1979) 233–305. – Umělecké památky Čech III 71–77. – Jiří Kuthan Die mittelalterliche Baukunst der Zisterzienser in Böhmen und Mähren (München-Berlin 1982) p. 122–135 [cum operibus laudatis]. – Jaroslav Čechura Liber antiquus kláštera v Plasech z let 1339–1441 [Der ‚Liber antiquus' des Klosters Plaß aus den Jahren 1339–1441], in: Časopis národního muzea v Praze 153 (1984) 166–179. – Idem Das Wirtschaftsmodell der Zisterzienserklöster in Böhmen (1140–1419), in: Historia i kultura cystersów w dawnej Polsce i ich europejskie związki (Warszawa 1987) p. 87–110 [permultis cum operibus laudatis]. – Kateřina Charvátová Manorial Farms of Cistercian Abbeys of Mediaeval Bohemia, ibid. p. 111–135. – Jaroslav Čechura Rozsah a dynamika sekularizace církevních statků v západních Čechách na počátku husitské revoluce (v letech 1419–1420) [Umfang und Dynamik der Säkularisierung der Kirchengüter in Westböhmen zu Beginn der hussitischen Revolution (in den Jahren 1419–1420)], in: Právněhistorické studie 29 (1989) 43–69. – Nový Diplomatické poznámky p. 140sq. – Kateřina Charvátová Kolonizace plaského kláštera 1145–1250 [Die Siedlungstätigkeit des Klosters Plaß 1145–1250], in: ČSPS 30 (1992) 73–83. 223–232. – Eadem Settlement patterns within the domain of Plasy abbey, Bohemia 1100–1400 A. D., in: Památky archeologické 84 (1993) 120–147. – [Irena Bukačová] O založení plaského kláštera ve světle klášterní kroniky Tilia Plassensis [Die Gründung des Klosters Plaß im Lichte der Klosterchronik ‚Tilia Plassensis'], in: Vlastivědný sborník. Čtvrtletník pro regionální dějiny severního Plzeňska 4 (1994) č. 3, p. 4–6. – Jaroslav Čechura Die Struktur der Grundherrschaften im mittelalterlichen Böhmen unter besonderer Berücksichtigung der Klosterherrschaften (Stuttgart e.a.1994) passim. – Jaroslava H o f f - m a n n o v á Rukopisy ve fondu Rodinný archiv Metternichů [Die Handschriften im Fonds ‚Familienarchiv Metternich'], in: Paginae historiae 2 (1994) 175–198. – Kateřina C h a r v á t o v á Dějiny plaského kláštera ve 12. a 13. století [Geschichte des Klosters Plaß im 12. und 13. Jh.], in: 850 let plaského kláštera (1145–1995). Sborník příspěvků semináře „Vývoj a význam plaského kláštera pro české dějiny" pořádaného v Mariánské Týnici ve dnech 31.5.–2.6.1995 (Mariánská Týnice 1995) p. 5–18. – Zuzana V š e t e č k o v á Nástěnné malby v bývalé královské kapli v Plasech a vliv plaského kláštera na monumentální malbu v kostelech v Potvorově, Kožlanech a Plané nad Mží [Die Wandmalereien in der ehemaligen königlichen Kapelle in Plaß und der Einfluß des Plaßer Klosters auf die Monumentalmalerei in den Kirchen in Potvorov, Kožlany und Plan nad Mží], ibid. p. 40–45. – Milan H l i n o m a z Náhrobníky plaských opatů [Die Grabmäler der Plaßer Äbte], ibid. p. 113. – Jan P e l a n t O písemnostech archivního fondu Velkostatek Plasy 1565–1945 (Klatovská pobočka Stát- ního oblastního archivu v Plzni) [Das Schrifttum im Archivfonds ‚Grundherrschaft Plaß' 1565– 1945 (Nebenstelle Klattau des Staatlichen Bezirksarchivs Pilsen)], ibid. p. 157–160. – Eva K a m e - n i c k á Stavební vývoj areálu cisterciáckého kláštera v Plasích ve světle archeologických výzkumů [Die Bauentwicklung des Plaßer Klostergeländes im Lichte archäologischer Forschungen], in: Ar- chaeologia Historica 21 (1996) 57–80. – Irena B u k a č o v á Inventář plaského kláštera v době jeho zrušení 1785–86 [Inventar des Klosters Plaß aus der Zeit seiner Auflösung 1785–86], in: Vlastivědný sborník. Čtvrtletník pro regionální dějiny severního Plzeňska 7 (1997) č. 1, p. 8–11. – Encyklopedie českých klášterů p. 417–425. – Handbuch der historischen Stätten p. 455sq. – C h a r v á t o v á Dějiny I 155–206 [cum serie abbatum usque ad a. 1425, p. 199]. – Petr R o ž m b e r s k ý Dvory plaských cisterciáků [Die Wirtschaftshöfe des Klosters Plaß] (Zapomenuté hrady, tvrze a místa. 21. Plzeň 1998). – Kateřina C h a r v á t o v á -Zuzana S i l a g i o v á Fiant festa per ordinem universum. Ci- stercký kalendář bohemikálního původu z první poloviny 13. století = A Cistercian calendar of Bo- hemian origin of the first half of the 13th century (Praha 2003). – B u b e n Encyklopedie řádů II 2, 192–204. – Irena B u k a č o v á Plasy a Zlatá Koruna [Die Klöster Plaß und Goldenkron], in: Klášter Zlatá Koruna. Dějiny – památky – lidé (České Budějovice 2007) p. 400–418. – Blanka Z i l y n s k á „… nuliusque [sic!] homines dotales debent parere judicio nisi plebani". Nedoceněné imunitní pri- vilegium kralovické farnosti plaského panství z r. 1307 [„…". Ein unterschätztes königliches Immu- nitätsprivileg für die Pfarrgemeinden der Plasser Grundherrschaft aus dem Jahre 1307], in: Inter laurum et olivam (Praha 2007) p. 39–46.

De fundatione monasterii Plassensis, in pago Pilsnensi (*Plzeň – Pilsen*) siti, privile- gium illud Vladislai regis Boemorum a. 1146 aug. 5 datum, quod quamvis verisimili- ter spurium sit, tamen e genuino videtur esse confectum (Friedrich Cod. dipl. Bohem. I n. 396; econtra Rudolf Koss Kritische Bemerkungen zu Friedrichs Codex diplomati- cus nec non epistolaris regni Bohemiae 1 [Prag 1911] p. 14–50 genuinum esse putat), refert: ‚cum socia thori mei Gerdrude … quosdam fratres … a sancta matre eorum ecclesia Lancheimensi (*Langheim* in dioecesi Bambergensi) … invitavi', quibus prae- dium q. d. Plaz cum pluribus attinentiis contradidit. Monasterium tamen iam duobus annis ante conditum esse tabula quaedam abbatiarum ordinis Cisterciensis saec. XV in monasterio Ebracensi (*Ebrach* in dioecesi Virciburgensi) congesta annotat: ‚Anno domini 1144 abbatia Plassensis vel Plaz, dioc. Pragensis, Morimundi proneptis, Ebrach neptis, et filia Lanckheim' (cod. ms. Monacensis lat. 24022, ed. Franz Winter Die Cistercienser des nordöstlichen Deutschlands bis zum Auftreten der Bettelorden I [Gotha 1868] p. 330 n. 249). In annalibus Cisterciensibus auctore Manrique legimus fratres abbatiam a. 1145 mart. 25 immigrasse (Angelus Manrique Cisterciensium seu verius ecclesiasticorum annalium tomus I [Lugduni 1642] p. 455). Duces et reges Bo-

hemiae fundationi suae multas donationes sive chartas largiti sunt, inter quas enumeramus usque ad saec. XII ex. Sobeslai II a. 1175 (Cod. dipl. Bohem. I n. 278), Friderici a. 1183 (ibid. n. 300. 301). 1184 (ibid. n. 304). 1185 (ibid. n. 307), ducissae Helichae
a. 1189 (ibid. n. 322) et Heinrici episcopi Pragensis a. 1194 (ibid. n. 348); de chartis
saec. XII cf. Hrubý Tři studie p. 144–148. Premislaus Ottakarus I rex omnia bona
‚nostrorum monachorum de Plaz' in tutelam et defensionem suscepit concedens monasterio largas immunitates (Cod. dipl. Bohem. II n. 243. 244), quae et per filium eius
Venceslaum I (ibid. IV n. 233sqq.) et per nepotem Premislaum Ottakarum II (ibid. V
n. 137. 386sq. 583) confirmata et augmentata sunt. Plassensium, qui saec. XII nullas
necessitudines cum ecclesia Romana habebant una littera commissoria excepta (n. 1)
iura et bona nominatim expressa (de praediis fuse egerunt Čechura et Charvátová op.
cit.) Innocentius IV a. 1250 oct. 10 sub protectione apostolica suscipiendo corroboravit (Friedrich Cod. dipl. Bohem. IV n. 192a), qui eodem anno eisdem abbati et conventui indulsit, ut liceat sacerdotibus conventus audire confessiones hominum ad monasterii servitia commorantium (ibid. n. 189). Saec. XII–XIII summi pontifices
aliquoties abbatibus coenobii causas inquirendas, exsequendas seu componendas
commiserunt, primum Clemens III a. 1188 (n. 1), dein Innocentius IV a. 1247 iun. 1
(Friedrich Cod. dipl. Bohem. IV n. 111) et Alexander IV a. 1256 dec. 23 (ibid. V
n. 100), 1259 oct. 11 (ibid. n. 200), 1260 apr. 17 (ibid. n. 219).

    Saec. XII–XIII monasterium florebat tam possessionibus quam auctoritate et
eminebat una cum coenobio de *Pomuk–Nepomuk* (in Bohemia meridionali) inter
monasteria Cisterciensium in Bohemia sita, sicut etiam elucet e mandatis summorum
pontificum (Cod. dipl. Bohem. III n. 68 [1234 apr. 20]; IV n. 89 [1246 ian. 23]). Iam
paulo post fundationem emisit fratres ad alios conventus in monasteriis noviter con-
ditis: a. 1145 (?; si tardissime ante a. 1184) Gradicio (*Mnichovo Hradiště–Münchengrätz*,
in septentrionali Bohemiae parte) et a. 1205 Welehrado (*Velehrad* in Moraviae parte
meridionali). Inde a saec. XIV ex., auctoritate regali declinante, nonnullae causae de
possessionibus iuribusve protrahebantur ad summum pontificem (Mon. Vat. Bohem.
V n. 88. 554. 1436; Scheinpflug [1875] p. 78sq. n. 156. 158). A. 1420 monasterium ab
Hussitis devastatum est (de praediis Plassensibus ablatis cf. Čechura in: Právněhistorické
studie 29 [1989] 54–56), attamen pace conclusa a. 1436 Plassenses in penuria superanda, cooperante ‚matre' Langheimensi, paulatim profecerunt, inde a saec. XVII
med. denuo floruerunt. Inter abbates huius temporis eminet Andreas Troyer (1681–
1699), qui condidit a. 1682 novam praeposituram in *Mariánský Týnec* (*Maria Teinitz*,
a Plassio ad orientem). Abbatia a. 1785 suppressa est.

    De aedibus cf. Neuwirth p. 77sq. 100–103; Podlaha l.c.; Merhautová l.c.;
Umělecké památky 3, 71–77; Jaroslav Čechura - Jiří Kuthan in: Památky a příroda 5
(1980) 203–217; M. Pavlík - K. Drhovský ibid. 263–275; Umění doby posledních
Přemyslovců p. 274sq. (cum operibus laudatis); Kuthan l.c. Ecclesia saec. XII med.
stilo romanico inchoata, a. 1204 a Roberto episcopo Olomucensi consecrata, a. 1420
gravissime afflicta, saec. XV–XVI insufficienter restaurata, a. 1661–1668 stilo barocco
quo et aliae aedes monasterii renovata, post a. 1785 cultui parochiali addicta est.
Aedificia monasterii, a. 1825 a Clemente Lothario principe de Metternich empta et
partim in arcem principalem commutata, hodie musaeum regionale complectuntur.

De archivo cf. Josef Anton Riegger in: Archiv der Geschichte und Statistik insbesondere von Böhmen 2 (1793) 662–682; Scheinpflug (1874) p. 54–56; Schubert l.c.; Schiebl in: Časopis společnosti přátel starožitností 3 (1895) 86–90. 121–124; Svátek p. 534–537. Maxima pars documentorum nunc in tabulario publico Pragensi, nonnulla etiam aliis in locis adservantur; libri privilegiorum et in archivo Musaei Nationalis Pragae inveniuntur.

Bibliothecae complures codices saec. XV dissipati sunt; maxima quae superest pars in bibliotheca universitatis Pragensis reperitur (cf. indicem apud Truhlář Catalogus II 397), cf. etiam Jiří Pražák in: Studie o rukopisech 2 (1963) 155–174; Hlaváček Středověké soupisy n. 88; Franz Machilek Die Zisterzienser in Böhmen und Mähren, in: AKBMS 3 (1973) 185–220, imprimis p. 205sq.

1   *Laterano 1188 oct. 12*

Clemens III (Meinhero) de Plas et (Adalberto) de Stragovia abbatibus: referens de iniuriis a matre P(etri) militis fratribus hospitalis Ierosolimitani illatis mandat, ut eisdem fratribus res ipsas et possessiones appellatione postposita restitui faciant eandem matronam ad monasterium (de Doxan) transire compellentes aut saltem ad primam professionem redire.

    v. Praha, P. Maria na Malé Straně n. 3.

    De Meinhero abbate cf. Wilhelm Wostry Deutsche Mönche vor 1200. Zisterzienser: Meinher, Abt von Plaß, in: Sudetendeutsche Lebensbilder 3, hrsg. v. Erich Gierach (Reichenberg 1934) p. 29sq.

Milevsko (Mühlhausen)

Monasterium s. Aegidii Milo(vi)cense

Gerlaci abbatis Milovicensis Annales (saec. cr. XII/XIII conscriptae) (ed. Wattenbach in Mon. Germ. Script. XVII 683–710; ed. Emler in Font. rer. Bohem. II 461–516; de opere et auctore cf. Alphons Zák Zur Biographie des Annalisten Gerlach, in: MIÖG 16 (1895) 653–659; idem De b. Godescalco, primo abbate Siloënsi ejusque alumno charissimo b. Gerlaco, postea primo abbate Milovicensi, sacri ac candidi Ordinis Praemonstratensis, in: Analectes de l'Ordre de Prémontré 10 (1914) 1–32; Norbert Backmund Die mittelalterlichen Geschichtsschreiber des Prämonstratenserordens (Bibliotheca Analectorum Praemonstratensium 10. Averbode 1972) p. 186–194; Marie Bláhová Letopis milevského opata Jarlocha a jeho pramenná hodnota [Die Annalen des Mühlhauser Abtes Gerlach und ihr Quellenwert], in: Český stát na přelomu 12. a 13. století (Opava 1993) p. 35–48. – Regesta Bohemiae et Moraviae aetatis Venceslai IV. T. V. Pars I, fasc. 1-2, passim.

    Hugo Ann. ord. Praem. II (1734–1736) 283, prob. p. 184–188. – Georgius Lienhardt Ephemerides Hagiologicae Ordinis Praemonstratensis (Augustae Vindelicorum 1764) p. 132. – Schaller Topographie XIV (Prag-Wien 1790) 146. – Franz Palacký Würdigung der alten böhmischen Geschichtsschreiber (Prag 1830) p. 79–89. – Čermák Premonstráti p. 307–325. – Johann Trajer Historisch-statistische Beschreibung der Diöcese Budweis (Budweis 1862) passim. – Franz Mardetschläger Kurzgefaßte Geschichte des Bistums Budweis (Budweis 1885) passim. – Neuwirth p. 85–88. 150–152. – Brunner Chorherrenbuch p. 744sq. – Oswald

Mannl Die Prämonstratenser der Prager Erzdiözese nach den Bestätigungsbüchern 1354–1436 (Pilsen 1903) p. 12–15. – Žák p. 53. 60. – Novotný I 2 et I 3, passim. – Goovaerts I 303; III 56; IV 204. – Evermod Hager Woher kamen die ersten Prämonstratenser nach Schlägl? (Linz ²1918). – Waefelghem Répertoire (1930) p. 167. – Kloß I 204sq.; II 77–79. – Jubilejni slavnosti milevského klastera 1184–1934 [Die Jubiläumsfeierlichkeiten des Klosters Mühlhausen 1184–1934] (Milevsko 1934). – Cottineau II 1854. – J. Kytko Milevsko a jeho kraj [Mühlhausen und seine Gegend] (Milevsko 1940). – Backmund Monasticon Praemonstratense ²I 2, 365–367 (cum serie abbatum et operibus laudatis). – V. Kotek Příspěvek k nejstarším dějinám osídlení milevského okresu [Beiträge zur ältesten Siedlungsgeschichte der Mühlhauser Gegend], in: Sborník vysoké školy pedagogické v Olomouci. Historie 2 (1955) 111–120. – Jiří Kuthan Premonstrátské opatství a kostel sv. Jiljí v Milevsku [Prämonstratenserstift und -kirche St. Ägidius in Mühlhausen], in: Umění 17 (1969) 521–538. – Idem Gotická architektura v jižních Čechách [Gotische Architektur in Südböhmen] (Praha 1975) p. 110–114. – Ivan Hláváček Dva příspěvky k dějinám našich knihoven předhusitské doby (Milevsko – Nymburk) [Zwei Beiträge zur Geschichte unserer Bibliotheken der vorhussitischen Zeit (Mühlhausen – Nimburg)], in: Časopis Národního muzea. Řada historická 150 (1981) 25–36 [reimpr. in: idem Knihy a knihovny v českém středověku. Studie k jejich dějinám do husitství (Praha 2005) p. 120–135 cum supplementis]. – Umělecké památky Čech II 385–389. – Karel Dolista Premonstratský klašter Milevsko [Das Prämonstratenserstift Mühlhausen] (Praha 1990). – Nový Diplomatické poznámky p. 143. – Karel Dolista Achthundert Jahre Kloster Milevsko (Tschechoslowakei) 1187–1987, in: APraem. 63 (1987) 254–258. – Anežka Merhautová Poznámka ke kostelu sv. Jiljí v Milevsku [Eine Anmerkung zur Kirche St. Aegidien in Mühlhausen], in: Mediaevalia Historica Bohemica 3 (1993) 135–140. – Ardura Prémontrés p. 167. – Erwin Anton Weyrauch Dějiny kláštera, města a panství Milevska sepsané léta 1841 [Geschichte des Stiftes, der Stadt und der Herrschaft Mühlhausen, geschrieben im Jahre 1841]. Ed. Vladimír Šindelář (Milevsko 1997). – Encyklopedie českých klášterů p. 364–370. – Handbuch der historischen Stätten p. 381sq. – Jan Adámek K osudům komunity milevského kláštera za husitských válek [Schicksale des Prämonstratenserkonvents Mühlhausen während der Hussitenkriege], in: Táborský archiv 9 (1999) 91–101. – Pauk Działalność p. 63–66. – Jan Adámek Patronáty milevského kláštera ve středověku [Die Patronate des Stiftes Mühlhausen im Mittelalter], in: Bibliotheca Strahoviensis 4–5 (2001) 63–81. – Buben Encyklopedie řádů II 1, 107–112 (cum serie abbatum). – Hláváček Anfänge passim. – Hedvika Kuchařová-Jan Pařez Strahovští premonstráti a rekatolizace. Přístupy a problémy [Die Strahover Prämonstratenser und die Gegenreformation. Zugänge und Probleme], in: Úloha církevních řádů při pobělohorské rekatolizaci. Sborník příspěvků z pracovního semináře konaného ve Vranově u Brna ve dnech 4.–5.6.2003 (Praha 2003) p. 36–75. – Anna Smékalová Blahoslavený duch zazpíval. Opat Gotšalk a jeho literární obraz v Jarlochově letopisu [Der gesegnete Geist sang. Abt Gotschalk und sein literarisches Porträt in den Annalen Gerlachs], in: Dějiny a současnost. Kulturně historická revue 27 (2005) č. 11, p. 18–20. – Anna Smékalová Jarloch a tzv. Ansbert aneb nesmělá návštěva v tvůrčí dílně prvního milevského opata [Gerlach und der sog. Ansbertus oder Ein scheuer Zuspruch im Werk des ersten Mühlhauser Abtes], in: SPFFBU. Řada historická (C) 54 (2006), č. 52, p. 15–25.

Canonia Milocensis, in Bohemia meridionali sita, inter a. 1184 et a. 1187 a Georgio comite de Milevsko fundata est († ante 1214; de fundatione Georgii cf. novissime Pauk Działalność p. 63–66), qui a. 1184 quasdam villas apud Milevsko sitas cum Heinrico episcopo Pragensi commutaverat (Friedrich Cod. dipl. Bohem. I 272 n. 303). Commutatio bonorum facta est, cum Georgius ‚pro ecclesia fundanda pium concepisset desiderium' (Friedrich Cod. dipl. Bohem. II 115 n. 126). Novus conventus sub primo abbate Gerlaco († 1228; de eo cf. Zák l.c.), discipulo abbatis Gottschalci Siloensis (Želiv-Selau), forsan ex dicto monasterio conducitur (de primordiis monasterii Milocensis cf. Čermák Premonstráti p. 309–313; Novotný I 3, 98–101 et Pauk

Działalność [2000] p. 65sq.). Gerlacus et annales celebres composuit (de quibus cf. Marie Bláhová in: Český stát na přelomu 12. a 13. století [Opava 1993], p. 35–48 et opera supradicta), ubi ad a. 1187 adventum suum in Milevsko commemorat. A. 1197 Gerlacus etiam in annalibus suis narrat, Georgium de Milevsko fundatorem secum ipso Petrum Capuanum legatum Pragam deduxisse. Unde videtur Petrus diaconus cardinalis et in monasterio Milocensi moratus esse (n. *1). Abbatia insignis valde efflorebat imprimis saec. XIII et XIV, in quibus cr. triginta villae et decem parochiae a canonicis Milocensibus adquisitae sunt. Ante a. 1257 fratres Milocenses monasterium Plaga (*Schlägl*; de quo Backmund Monasticon Praemonstratense ²I 2, 374–378) in Austria Superiori in filiam susceperunt et usque ad suppressionem proprii monasterii in filiationem suam tenuerunt.

Etiam cum curia Romana fratribus negotia erant. Iam a. 1216 Innocentius III causam inter abbatem monasterii Milocensis et quosdam laicos terminandam mandavit (Friedrich Cod dipl. Bohem. II 112 n. 123). In subsequentibus annis sedes apostolica crebro commercium cum monasterio Milocensi habebat: iterum atque iterum electos Milocenses eidem monasterio in abbates providebat (Mon. Vat. Bohem. II 400 n. 1008; III 403 n. 648; V 77 n. 110; Eršil Acta summorum pont. p. 111 n. 177), privilegia confirmabat (Mon. Vat. Bohem. III 499 n. 797), abbates eius aliis monasteriis in conservatores iurium et privilegiorum deputabat (ibid. III 38 n. 48; 655 n. 1032; IV 667 n. 1170) vel in iudices constituebat (ibid. III 667 n. 1047). A. 1359 iul. 13 Innocentius VI Nicolao abbati Milocensi ad personam indulsit, ut pontificalibus uti posset (ibid. II 393 n. 990), et a. 1401 Bonifatius IX abbati Milocensi facultatem in monasterio suo schismate perdurante omnia illa faciendi et ordinandi concessit, quae alias ad abbatis Praemonstratensis potestatem pertinerent (ibid. V 1042 n. 1818).

Conventus post devastationem et combustionem per Hussitas a. 1420 factas partim in praeposituram suam Touzim, partim in Zittau, partim in ipsam Moraviam (*Louka*) dispersus est, post a. 1434 vero revertit. Bona monasterii iam a. 1437 ad dominos de Rosenberg et a. 1473 ad dominos de Schwamberg devoluta sunt, qui doctrinae Hussiticae faverunt monasteriumque maxime oppresserunt, ita ut solum abbates monasterio substituissent. Ultimo abbate Mathia a. 1596 defuncto monasterium exstinctum est. Iam ante (a. 1581) aedes canoniae ad equites de Hodějov devoluta sunt, qui aedificia in sedem saecularem commutaverunt. Post victoriam apud Album Montem Ferdinandus I imperator a. 1623 monasterium Milocense abbatiae Strahoviensi reddit, sed a. 1683 denique institutus est ibi prioratus pro decem canonicis. A. 1785 monasterium peremptorie a Josepho II suppressum est, bona vero et aedes permanserunt abbatiae Strahoviensi. Deinceps erat in Milevsko parochia huic abbatiae incorporata. Post a. 1950 bona et aedes Strahoviae a novo regimine tschechoslovacico confiscata sunt et claustrum mediaevale in usus rusticos profanabatur.

Perpulchra e c c l e s i a claustralis in honorem Assumptionis b. Mariae virg. post a. 1187 in stilo romanico aedificata et tribus navibus amplificata, saec. XIII ex. navi transversa et choro adiectis in stilo gothico dilatata, postea in stilo barocco transfigurata est (de ecclesia et claustro cf. Kuthan in: Umění 17 (1969) 521–538; idem Gotická architektura [1975] p. 110–114; Umělecké památky Čech II 385–389). Aquilonali turri capella abbatum saec. XIII ex. astructa est. Ultra ambitum monasterii restat etiam coemeterialis ecclesia s. Aegidii, quae ante a. 1184 aedificata est. In parte claustri hodie musaeum regionale reperies.

De a r c h i v o, quae restant, olim in tabulario principum de Schwarzenberg, nunc in Tabulario publico Trebonensi (Státní oblastní archiv v Třeboni) et in Archivo nationali Pragensi asservantur (cf. Průvodce I 3, 176–179. 181sq.). In Bibliotheca Strahoviensi copiarium auctore J. G. Dlabacz sub titulo ‚Milovicensia diplomata usque ad a. 1641' (sign. DL III 19) reconditur. Nonnulla documenta ad historiam monasterii Milocensis spectantia etiam in archivo canoniae de Schlägl in Austria Superiori sitae conservantur (cf. Urkundenbuch des Stiftes Schlägl, bearb. von Isfried H. Pichler [Stift Schlägl 2003] passim).

De b i b l i o t h e c a medii aevi cf. Ivan Hlaváček in: Časopis Národního muzea – řada historická 150 (1981) 25–36 (reimpr. idem Knihy a knihovny v českém středověku. Studie k jejich dějinám do husitství [Praha 2005] p. 122–130 cum supplementis).

*1　　　　　　　　　　　　　　　　　　　*Milevsko-Praha 1197 mart. (10–12)*
(Gerlacus abbas Milovicensis) una cum Georgio comite Petrum (Capuanum) sanctae Romanae ecclesiae diaconum cardinalem tituli s. Mariae in Via lata (et C e l e - s t i n i III legatum), qui ut videtur, in Milovicensi abbatia moram fecit, illinc Pragam deducit.

Gerlaci abbatis Milovicensis Annales ad a. 1176 (Mon. Germ. Script. XVII 708; Font. rer. Bohem. II 511).

> Tempus ex eo evincitur, quod Petrus legatus 1197 mart. 12 in Praga sollemniter susceptus est (cf. Praha, Episc. n. *105) et monasterium Milocense cr. 90 km a Praga distat, unde comitatus mart. 10 si tardissime, profectus est.

Teplá (Tepl)

Monasterium b. Mariae virg. Teplense

Vita fratris Hroznate, Teplensis et Chotessowiensis monasteriorum fundatoris (a. cr. 1259 conscripta). Ed. Josef E m l e r in Font. rer. Bohem. I 369–383 (de Vita cf. Introductio editionis ibid. p. XXVII–XXX; K u b í n Hroznata p. 37–66; N e c h u t o v á Latinská literatura p. 62sq. 254).

Bohuslaus B a l b i n Syntagma historicum, quo stirpis comitum de Guttenstein origines et memoriae continentur una cum vita B. Hroznatae (Pragae 1665). – H u g o Ann. Ord. Praem. II 939. – S c h a l l e r Topographie IX 187–200. – Hugo Johann K a r l i k Gründung der Prämonstratenser Abtei Tepl in Böhmen nach Urkunden, Legenden und Sagen erzählt (Leipzig-Meißen 1856). – Philipp K l i m e s c h Stift Tepl. Übersicht der merkwürdigsten in den Annalen des Prämonstratenser-Stiftes verzeichneten Ereignisse (Prag 1859). – F r i n d I 335–340; II 195sq. – Hugo Johann K a r l i k Hroznata und die Prämonstratenser-Abtei Tepl (Pilsen 1870). – Č e r m á k Premonstráti p. 353–393. – Hugo Johann K a r l i k in: B r u n n e r Chorherrenbuch p. 589–637. – Festschrift zum 700jährigen Jubiläum der Gründung des Prämonstratenser-Stiftes Tepl (Tepl 1893). – Ž á k p. 54–56. – N o v o t n ý I 2, 1112; I 3, 105–109. 898; I 5, 576–580. – Basil G r a ß l Der selige Hroznata. Zum siebenhundertjährigen Gedächtnis seines Todes, in: Beiträge zur Geschichte des

Stiftes Tepl I (Marienbad 1917) 11–63. – J. R. L a n g h a m m e r Über den Gründer und die Gründung des Stiftes Tepl, in: MVGDB 59 (1921) 4–15. – Hroznata J. D i e t l Der selige Hroznata und die Anfänge der Abtei Tepl, in: Beiträge zur Geschichte des Stiftes Tepl II (Marienbad 1925) 1–50. – L. [Langhammer?] Die ersten Papsturkunden des Klosters Tepl, in: ibid. 343–348. – Basilius F. G r a ß l Geschichte und Beschreibung des Stiftes Tepl (Pilsen 1929). – Anton G n i r s Topographie der historischen und kunstgeschichtlichen Denkmale in den Bezirken Tepl und Marienbad (Augsburg 1932) p. 368–464. – C o t t i n e a u II 3133. – Herman Josef T y l Klášter Teplá [Kloster Tepl] (Plzeň 1947). – B a c k m u n d Monasticon Praemonstratense ²I 2, 383–386 [cum serie abbatum et operibus laudatis]. – Augustinus Kurt H u b e r Das Stift Tepl im Aufklärungszeitalter, in: APraem. 26 (1950) 41–66; 27 (1951) 28–50. 81–101; 28 (1952) 16–45; 29 (1953) 67–105; 30 (1954) 41–59. – A. Z e r l i k Das Stift Tepl in der Glaubensspaltung von 1521–1559, ibid. 37 (1961) 262–281; 38 (1962) 93–110; 39 (1963) 70–131. 257–266. – Stift Tepl von 1193 bis heute (Beiträge zur Geschichte des Stiftes Tepl III. Geisenfeld 1966). – Karel D o l i s t a Tepelský klášter v pozdní gotice a renesanci [Das Stift Tepl in der Zeit der späten Gotik und der Renaissance], in: Minulostí západočeského kraje 5 (1967) 173–197. – M e r h a u t o v á Raně středověká architektura p. 334–338. – Ř í h a p. 224–230. – Rudolf H e m m e r l e Die Prämonstratenser in den böhmischen Ländern. Der Weg des Konvents von Tepl nach Villingen, in: Informationsbrief für sudetendeutsche Heimatarchive und Heimatmuseen 19 (1980) 49–56 [cum operibus laudatis]. – Jaroslav Č e c h u r a Poznámky k místopisu někdejšího tepelského klášterství [Anmerkungen zur Topographie des ehemaligen Stiftes Tepl], in: Zpravodaj Místopisném komise ČSAV XXIII/1–2 (1982) 13–20. – Umělecké památky Čech IV 38–46. – Karel D o l i s t a Reformatio monasterii Teplensis saeculo decimo quinto exeunte (Fontes historici), in: APraem. 61 (1985) 203–256. – František H o f f m a n n Nad rukopisy knihovny premonstrátského kláštera v Teplé [Zu den Handschriften der Bibliothek des Prämonstratenserstiftes Tepl], in: Studie o rukopisech 26 (1987–1988) 3–47. – Jaroslav Č e c h u r a Vývoj pozemkové držby kláštera v Teplé v době předhusitské [Die Entwicklung des Grundbesitzes des Stiftes Tepl in vorhussitischer Zeit], in: Minulostí zapadočeského kraje 24 (1988) 205–225. – František H o f f m a n n Tepelské Anály [Die Tepler Annalen], in: Studie o rukopisech 27 (1989) 95–112. – Rudolf P o p p a Das Prämonstratenserstift Tepl (Egerland) in Obermedlingen, in: Jb. des Historischen Vereins Dillingen 92 (1990) 415–444. – Erhard S c h m i d t - Gilbert V o g t Das Stift Tepl und die Prämonstratenser in Obermedlingen (Donauwörth 1993). – Jaroslav Č e c h u r a Das Stift Tepl in den Jahren 1193 bis 1650. Ein Abriß seiner Wirtschaftsgeschichte, in: AKBMS 13 (1994) 9–24. – Karel D o l i s t a Der Kirchenschatz des Stiftes Tepl zu Beginn des Dreißigjährigen Krieges, ibid. p. 25–29. – Jana C h a l o u p k o v á - Tadeáš Zdeněk Ř e h á k Klášter premonstrátů Teplá. Archivní dokumenty 12.–19. století. Katalog výstavy archiválií, pořádané k 800. výročí založení kláštera [Das Prämonstratenserstift Tepl. Archivalische Dokumente des 12.–19. Jhs. Katalog der Archivalienausstellung zum 800. Gründungsjubiläum des Stiftes] (Teplá 1994). – A r d u r a Prémontrés passim. – Kateřina C h a r v á t o v á Vývoj osídlení na panství kláštera v Teplé ve 13. století [Die Siedlungsentwicklung innerhalb der Tepler Stiftsherrschaft im 13. Jh.], in: Historická geografie 28 (1995) 71–88. – Jaroslav Č e c h u r a Sekularizace církevních statků v západních Čechách v letech 1421–1454 [Die Säkularisation des Kirchenbesitzes in Westböhmen in den Jahren 1421–1454], in: Časopis Národního muzea. Řada historická 165 (1996) 1–16. – Jana C h a l o u p k o v á - Milan H l i n o m a z Knihovna kláštera premonstrátů Teplá [Die Bibliothek des Prämonstratenserstiftes Tepl], in: Problematika historických a vzácných knižních fondů Čech, Moravy a Slezska (Brno 1997) p. 127–138. – Encyklopedie českých klášterů p. 665–670. – Handbuch der historischen Stätten p. 603sq. – Milan H l i n o m a z Blahoslavený Hroznata Tepelský. Komentovaný chronologický přehled pramenů a literatury. Stručný životopis Hroznaty podle dochované legendy [Der sel. Hroznata von Tepl. Kommentierter Überblick der Quellen und der Literatur. Kurzgefaßter Lebenslauf Hroznatas nach den erhaltenen Legenden], in: Minulostí Západočeského kraje 33 (1998) 7–49. – I d e m Klášter premonstrátů Teplá [Das Prämonstratenserstift Tepl], in: Historický sborník karlovarska 6 (1998) 15–37. – Jiří K o z i n a - Markéta K o z i n o v á Svatováclavské mešní officium u tepelských premostrátů v pozdním středověku [Das Meßoffizium des hl. Wenzel bei den Tepler Prämonstratensern im Spätmittelalter], in: Hudební věda 35 (1998) 46–67. – Petr K u b í n Účast bl. Hroznaty na křížových výpravách a založení kláštera Teplá. Studie o životní etapě českého velmože na konci 12. století [Die Teilnahme des sel. Hroznata an den Kreuzzügen und die Gründung des Stiftes Tepl. Studie zum Lebensabschnitt eines böhmischen Großen am Ende des 12. Jhs.], in: Západočeský historický sborník 4 (1998) 41–66. – I d e m Ztracené a znovunalezené pečeti na nejstarších listinách tepelského kláštera. Osudy klášterních listin v nedávné minulosti [Die verlorenen und wiederaufgefundenen Siegel der ältesten Urkunden des Tepler Stiftes. Zu den Schicksalen der Stiftsurkunden in jüngster Vergangenheit], in: Facta probant homines p. 227–243. – Josef Ž e m l i č k a Rod, rodina a příbuzenstvo Hroznaty Tepelského (K otázce fyzické kontinuity české šlechty) [Geschlecht, Familie und Verwandtschaft des Hroznata von Tepl (Zur Frage der physischen Kontinuität des böhmischen Adels)], in: Západočeský historický sborník 4 (1998) 5–39. – František H o f f m a n n Soupis rukopisů knihovny kláštera premonstrátů Teplá – Catalogus codicum manu scriptorum bibliothecae monasterii Teplensis ordinis Praemonstratensis. Vol. 1–2 (Studie o rukopisech. Monographia III – Bibliotheca Strahoviensis. Series monographica I. Praha 1999). – Milan H l i n o m a z Knihovna kláštera premonstrátů Teplá [Die Bibliothek des Prämonstratenserstiftes Tepl], in: K výzkumu zámeckých, měšťanských a církevních knihoven. Pour une étude des bibliotheques aristocratiques, bourgeoises et conventuelles (České Budějovice 2000) p. 205–213. – I d e m Přehled tepelských prvotisků – Incunabula quae in bibliotheca Teplensis asservantur (Památce dr. Waltera Dolcha), in: Minulostí Západočeského kraje 35 (2000) 167–243. – Petr K u b í n Blahoslavený Hroznata. Kritický životopis [Der sel. Hroznata. Eine kritische Lebensbeschreibung] (Praha 2000). – P a u k Działalność 85–95. – Karel W a s k a Vývoj trhů na tepelském panství [Die Ausbildung von Märkten innerhalb der Tepler Stiftsherrschaft], in: Západočeský historický sborník 6 (2000) 35–74. – Milan H l i n o m a z Postinkunábule a paleotypy v knihovně Kláštera premonstrátů Teplá [Postinkunabeln und Frühdrucke in der Bibliothek des Prämonstratenserstiftes Tepl], in: Minulostí Západočeského kraje 36 (2001) 147–253. – I d e m Kláštery premonstrátů v Teplé a Chotěšově [Die Prämonstratenserstifte Tepl und Chotieschau], in: Ve stopách sv. Benedikta p. 173–189. – I d e m Klášter premonstrátů Teplá. Přehled dějin duchovního fenoménu Tepelska [Das Prämonstratenserstift Tepl. Abriß zur Geschichte eines spirituellen Phänomens] (Karlovy Vary 2003). – B u b e n Encyklopedie řádů II 1, 119–130 (cum serie abbatum). –H l a v á č e k Anfänge passim. – I d e m Die Stiftsbibliothek von Teplá/Tepl und ihre Bedeutung für Germanisten, in: Deutsch-böhmische Literaturbeziehungen. Germano-Bohemica. Feschrift für Václav Bok zum 65. Geburtstag (Hamburg 2004) p. 68–74. – Hana P á t k o v á Honoratiores ex statu ecclesiatico vel saeculari. Růžencové bratrstvo v Teplé na sklonku středověku [Die Rosenkranzbruderschaft in Tepl am Ende des Mittelalters], in: Ve znamení zemí Koruny české. Sborník k šedesátým narozeninám profesorky Lenky Bobkové (Praha 2006) p. 256–264.

Fundator monasterii Groznata (Hroznata) comes ‚de primatum Boemie clariori stemmate descendens' a. 1197 ‚sanctae crucis vestigia sequens et sepulchrum domini salvatoris invisere cupiens usibus fratrum, qui deo et beate Marie in Tepla servituri sunt, locum eundem cum omnibus appendiciis' aliisque quampluribus possessionibus contradidit, sicut in charta eiusdem (Friedrich Cod. dipl. Bohem. I n. 357; de Groznata cf. novissime Kubín Hroznata) legitur et ab Heinrico duce et episcopo Boemorum in praesentia Petri cardinalis (n. *1) confirmatum est (de istis documentis fusius disseruit Květoslava Haubertová O nejstarších tepelských listinách [Über die ältesten Tepler Urkunden] [Plzeň 1981]). Sed legimus in Annalibus Teplensibus auctore Venceslao Schillingo a. 1621 confectis (cf. A. L. Zerlik in: APraem. 37 [1961] 147–152; František Hoffmann in: Studie o rukopisech 27 [1989–1990] 95–112) monasterium ipsum iam a. 1193 ab eodem Groznata conditum et a. 1197 perfectum esse; cf. Langhammer p. 14sq. Ipse comes (opera antiquiora vitam beati Hroznatae tractantia praebet Zíbrt II n. 10619–10633, nunc Kubín Hroznata) Romam perveniens Celestini III

roborationem et privilegia expetiit (n. *2–5). Canonici regulares ordinis fratrum
Praemonstratensium e monasterio Strahovensi, ad cuius circariam Tepla exinde per-
tinuit, accersiti sunt (Hugo l.c.; de fundatione cf. etiam Pauk Działalność, praecipue
p. 85–95). Saec. XIII reges Bohemiae fratribus quamplures donationes largiti sunt,
quas etiam una cum immunitatibus monasterii nonnulli pontifices Romani post
a. 1197 roboraverunt, Innocentius III scil. a. 1202 apr. 1 (Friedrich Cod. dipl. Bohem.
II n. 30), qui et a. 1207 febr. 13 Roznat (=Groznata) praeposito de Tepla quandam causam exequendam commisit (ibid. n. 63), Honorius III a. 1219 febr. 5 (ibid. n. 173),
Gregorius IX a. 1234 apr. 13 (ibid. III n. 67), Gregorius X a. 1273 ian. 5 et mai. 23 (ibid.
V n. 688. 707), Innocentius VI a. 1355 apr. 18 (ibid VI n. 11). Abbatiae providere summi pontifices saepius intenderunt inde ab Innocentio VI a. 1358 (v. Mon. Vat. II
n. 802); cf. Krofta (ČČH 12) passim.

Saec. XIII–XIV monasterium, quod et titulo ,ducalis canonia' erat insignitum,
florebat et permultis possessionibus (de quibus v. Kloß I 197sq.; II 79–81; cf. etiam
Čechura op. cit.) et auctoritate. Quamvis turbines Hussiticae ei pepercerint, saec. XV
med. fortuna et disciplina monasterii lapsae sunt (de proprietatibus Teplensibus ablatis v. Jaroslav Čechura in: Pravněhistorické studie 29 [1989] 43–69, impr. p. 59–61).
Eodem saec. ex., instigante rege Bohemiae, circaria Bohemiae et Moraviae ordinis
Praemonstratensis ad normas sanctae Mariae Magdeburgensis reformata est, cuius
reformationis caput Tepla devenit. Saec. XVI–XVII in. monasterium variis tempesta-
tibus afflictum est; inde a saec. XVII med. denuo floruit, enituit scientiis et studiis, fratres optime meriti sunt de restauratione fidei catholicae in Bohemia occidentali. A.
1804–1928 ipsi administraverunt gymnasium germanicum in *Plzeň* (*Pilsen*), saec.
XIX in. exstruxerunt balnea in *Marienbad* (*Mariánské Lázně*); cf. etiam Martin Fitz-
thum Stift Tepl und Marienbad, in: APraem. 35 (1959) 324–329. A. 1945/46 totus fere
conventus germanicus emigravit, a. 1950 monasterium Teplense suppressum est, sed
a. 1990/91 Praemonstratenses Teplam reversi sunt.

De a e d i b u s cf. Neuwirth p. 75. 88–91. 259; Gnirs l.c.; Merhautová l.c.; Romanik in Böhmen p. 135sq.; Umělecké památky 4, 38–46; Umění doby posledních
Přemyslovců p. 303sqq. (cum operibus laudatis). Ecclesia a. 1232 consecrata hodie
usque subsistit, sed saec. XIV et XVII–XIX ampliata, pars interior saec. XVIII stilo barocco renovata est. Aedificia monasterii, quae, saepius ignibus combusta, a. 1688–
1724 ex novo exstructa, post a. 1950 usui militari tradita sunt (usque ad a. 1990)
praeterquam bibliotheca a. 1902–1905 aedificata.

De a r c h i v o cf. Svátek p. 525–528. Praecipua pars documentorum in tabulario
publico Pilsnensi adservatur, nonnulla acta et instrumenta in bibliotheca universitatis
Pragensis inveniuntur, cf. Beránek Soupis p. 214sq. De celebri archivario Teplensi
saec. XVII Philippo Matthiae Klimesch cf. Květoslava Haubertová Tepelský archivář
Filip Matěj Klimeš a jeho styky s Pavlem Josefem Šafaříkem (s edicí sedmi dopisů)
[Der Tepler Archivar Philipp Matthias Klimesch und seine Beziehungen zu Paul Josef
Šafařík (mit Edition von sieben Briefen)], in: Sborník Chebského muzea 4 (1996)
50–57.

A prima fundatione monasterium Teplense sustentabat ditissimam bibliothecam; inter codices pretiosos eminet ille codex q. d. Teplensis, antiquissima versio ger-

manica Novi Testamenti (saec. XIV). Maxima quae superest pars librorum in ipsa bibliotheca Teplensi a. 1953–1957 renovata et in bibliotheca universitatis Pragensis reposita est. A. 1996 omnes manuscripti ex biblioteca universitatis Pragensis monasterio Teplensi renovato reducti sunt; cf. Milo Nentwich in: Beiträge zur Geschichte des Stiftes Tepl I Tl. 2 (1917) p. 81–114; II (1925) p. 203–258; Gnirs p. 451–455; Tyl p. 56–72; Knihovna Teplá – klášter [Die Tepler Stiftsbibliothek] (Praha 1962); Horák p. 261; František Hoffmann in: Studie o rukopisech 26 (1987–1988) 3–47 et novissime František Hoffmann Soupis rukopisů knihovny (Praha 1999) cum permultis operibus citatis. A. 2008 bibliotheca monasterii Teplensis a Praemonstratensibus Bibliothecae Nationali Pragensi (Clementinae) vendita est.

A   = Orig.: Plzeň Státní oblastní archiv, Teplá klášter OPraem.

C   = Copiarium saec. XVI: ibid.

D   = Annales monasterii Teplensis sive Catalogus et series abbatum Teplensium complectens … collectus per fratrem Wenceslaum Schilling, saec. XVI–XVII conscripti: olim in bibliotheca Teplensi, nunc in Bibliotheca nationali Pragensi, sign. A 47 I custodiuntur (cf. Hoffmann Soupis I 39 n. 47/1–24 [735]).

Si   = Michael Siebenaicher (†1680) Historica relatio de conditoribus primo arcis dein monasterii Gradicensis: Moravský zemský archiv Brno, Premonstráti Kl. Hradisko E 55, Sign. II 1, kart. 1 (inv. č. 199).

V   = Vita b. Hroznata, ms. saec. XVIII conscriptum: olim in bibliotheca Teplensi, nunc in Bibliotheca nationali Pragensi (cf. Hoffmann Soupis I 322 nr. 422).

*1   *Teplá 1197 (ante iun. 15)*

In praesentia et auctoritate Petri (Capuani, S. R. E. diaconi) cardinalis (s. Mariae in Via Lata, C e l e s t i n i III legati), Heinricus dux et episcopus Boemorum monasterium Teplense a comite Groznata fundatum cum appenditiis, sicut in testamento Groznatae continetur, confirmat et bona iuraque auget.

   Charta Heinrici ducis et episcopi a. 1197 exhibita (Friedrich Cod. dipl. Bohem. I 325 n. 358).

   In hoc testamento Groznata consilium de itinere in Terram Sanctam cepit: ‚Dei nutu signatorum sancte crucis vestigia sequens et sepulchrum Domini Salvatoris invisere cupiens‘; de re cf. Kubín Účast (1998) 41–66 et idem Blahoslavený Hroznata p. 104–110.

   De tempore et de legato cf. Praha, Episc. n. *108. Cf. etiam Bohemia, Duces ac reges n. *77; Praha, Eccl. cath. n. *15; Olomouc, Episc. n. *108.

*2   *(Roma 1197 cr. aug. 7 [?])*

C e l e s t i n o III Groznata comes Boemiae, monasterii Teplensis fundator, per Romam transitum habens supplicat, ut abbati de Tepla usum mitrae et anuli indulgeat.

   Laud. in n. 3.

   Iter Romanum laud. etiam in Vita Hroznate c. 6. 7 (Font. rer. Bohem. I 371sq.; Kubín Blahoslavený Hroznata p. 233–235), ubi Celestinus III ‚pro voto Iherosolimitano‘ eum dispensavit, pro quo ‚monasterium ad conservationem ordinis Praemonstratensis‘ esse fundandum imponens; cf. etiam Dudik Geschichte IV 138; Hilsch Bischöfe p. 213; Claudia Naumann Der Kreuzzug Kaiser Heinrichs VII. (Frankfurt am Main e.a. 1994) p. 258.

3   *Laterano 1197 aug. 7*

C e l e s t i n u s III (Iohanni) abbati de Tepla: ad preces G(roznatae) comitis Boemiae,
monasterii fundatoris, qui, dum per Romam transitum haberet *(n. *2)*, hoc attentius
supplicavit, usum mitrae et anuli ei eiusque successoribus indulget, ut in praecipuis
sollemnitatibus eis utatur. – Ad ecclesiastici decoris. Dat. Lat. 7 id. aug., pont. n. a. 7.

>   *A. C f. 54. D f. 3 n. 4. Si. f. 39' (reg.). V f. 9 (laud.). – Edd. Hugo Ann. Ord. Praem. II prob. col.*
>   *573. Karlik Gründung (1856) p. 47 n. 4 [versio germanica]. Friedrich Cod. dipl. Bohem. I 329 n. 361. –*
>   *Regg. Erben Regesta I 197 n. 438. J. 10661. JL. 17576.*
>
>   De litteris cf. L[anghammer?] Papsturkunden p. 346sq.; Kubín Blahoslavený Hroz-
>   nata p. 119.

4   *Laterano 1197 aug. 7*

C e l e s t i n u s III (Iohanni) abbati et canonicis de Tepla: personas eorum et ecclesiam
cum omnibus bonis sub beati Petri et sua protectione suscipit, specialiter autem vil-
lam q. d. Tepla cum teloneo et appenditiis, quae eis G(roznata) comes Boemiae, monasterii eorum fundator, concessit, atque libertatem hominum eorum super collectis
et terram, quae est inter Sandou et terminum Boemiae, a bonae memoriae Henrico
Pragensi episcopo, dum curam ducatus Boemiae gereret, eis collatas; dat licentiam sedem apostolicam libere appellandi. – Sacrosancta Romana ecclesia. Dat. Lat. 7 id.
aug., pont. n. a. 7.

>   *A. C f. 53. D f. 2' n. 3. Si. f. 39 (reg.). – Edd. Hugo Ann. Ord. Praem. II prob. col. 572 = Migne*
>   *PL 206, 1229 n. 319. Dobner Hagek Annales VI 638 (fragm.). Karlik Gründung (1856) p. 47 n. 3 [ver-*
>   *sio germanica]. Friedrich Cod. dipl. Bohem. I 328 n. 360. – Regg. Erben Regesta I 197 n. 437. J. 10660.*
>   *JL. 17575.*
>
>   De litteris cf. L[anghammer?] Papsturkunden p. 345sq.; Kubín Blahoslavený Hroz-
>   nata p. 119.

5   *Laterano 1197 aug. 7*

C e l e s t i n u s III universis Christi fidelibus ad ecclesiam de Tepla in die dedicationis
ipsius devote convenientibus: in die, quo primo reddetur munus consecrationis insignis in villa q. d. Tepla convenientibus, annum unum, postmodum autem in eodem
die per annos singulos recurrente 20 dies de iniuncta eis paenitentia relaxat. – Ineffa-
bilis misericordia conditoris. Dat. Lat. 7 id. aug., pont. n. a. 7.

>   *A. C f. 53'. D f. 3' n. 5. – Ed. Karlik Gründung (1856) p. 48 n. 5 [versio germanica]. Friedrich*
>   *Cod. dipl. Bohem. I 330 n. 362. – Regg. Erben Regesta I 198 n. 439. JL. 17577.*
>
>   De litteris cf. L[anghammer] Papsturkunden p. 347sq.; Jan Hrdina Papežské odpust-
>   kové listiny pro duchovenské instituce pražské a olomoucké diecéze (1197-1342) [(Päpstliche
>   Ablaßurkunden für geistliche Institutionen der Prager und Olmützer Diözesen (1197-
>   1342)], in: Facta probant homines, p. 205-220, imprimis p. 214 et Kubín Blahoslavený Hroz-
>   nata p. 119sq.

MORAVIA

cf. etiam Bohemia, Duces ac reges et Olomouc, Episc. – Bartoloměj P a p r o c k ý Zrcadlo slavného markrabství moravského [Spiegel der glorreichen Markgrafschaft Mähren] (Olomouc 1593; reimpr. Ostrava 1993). – S c h w o y Topographie 1–3 passim. – Gregor W o l n ý Die Markgrafschaft Mähren (Brünn 1836). – August P r o k o p Die Markgrafschaft Mähren. Bd. I (Brünn 1904). – Richard H o r n a Několik kapitol z dějin údělných knížat na Moravě. Příspěvek k ústavním dějinám moravským do konce 12. století [Einige Kapitel aus der Geschichte der mährischen Teilherzöge. Ein Beitrag zur mährischen Verfassungsgeschichte bis zum Ende des 12. Jhs.] (Knihovna Právnické Fakulty University Komenského v Bratislavě 14. Bratislava 1926). – Václav V a n ě č e k Vnitřní organizace Čech a Moravy v době přemyslovské [Die innere Organisation Böhmens und Mährens im Zeitalter der Přemysliden], in: Věstník České akademie věd a umění 51 (1942) 13–40. – Karl K. K ü h n Der Spielberg in Brünn – eine deutsche markgräfliche Pfalz. Ein Beitrag zur Geschichte der Kunst des Mittelalters im deutschen Osten (Brünn-München-Wien 1943). – František G r a u s Rex – dux Moraviae, in: SFFBU. Řada historická (C) 9 (1960), č. 7, 181–190. – Antonín F r i e d l Přemyslovci ve Znojmě [Die Přemysliden in Znaim] (Praha 1966). – Václav R i c h t e r - Bohumil S a m e k - Miloš S t e h l í k Znojmo (Praha 1966). – Eva B a r b o r o v á Postavení Moravy v českém státě v době předhusitské 1182–1411 [Die Stellung Mährens innerhalb des böhmischen Staates in vorhussitischer Zeit 1182–1411], in: Sborník archivních prací 20 (1970) 309–362. – Jiří K e j ř O tzv. bezpostřední podřízenosti Moravy říši [Über die sog. unmittelbare Unterstellung Mährens unter das Reich], in: Sborník archivních prací 28 (1978) 233–285. – Barbara K r z e m i e ń s k a Wann erfolgte der Anschluß Mährens an den böhmischen Staat?, in: Historica 19 (1980) 195–243. – Ivo H l o b i l K vývoji a současnému stavu poznání Přemyslovského paláce v Olomouci [Zur Entwicklung und zum derzeitigen Forschungsstand zum Přemyslidenpfalz in Olmütz], in: Umění 32 (1984) 193–205. – Irena H r a b ě t o v á Olomoucký kníže v polských erbovních pověstech. Na okraj vršovské problematiky [Ein Olmützer Fürst in den polnischen Wappensagen. Am Rande der Wrschowtzer Problematik], in: Historická Olomouc a její současné problem 8 (1984) 33–42. – Barbara K r z e m i e ń s k a Moravští Přemyslovci ve znojemské rotundě [Die mährischen Přemysliden in der Znaimer Rotunde] (Ostrava 1985). – E a d e m Die Rotunde in Znojmo und die Stellung Mährens im böhmischen Přemyslidenstaat, in: Historica 27 (1987) 5–59. – E a d e m Olomoučtí Přemyslovci a Rurikovci [Die Olmützer Přemysliden und die Rurikiden], in: ČMM 106 (1987) 259–268. – Pavel J. M i c h n a -Miloslav P o j s l Románský palác na olomouckém hradě [Die romanische Pfalz auf der Olmützer Burg] (Brno 1988). – Jaroslav B a k a l a K výkladu prvního ustanovení Statut Konráda Oty [Zur Deutung der ersten Verordnung im Statut Konrad Ottos], in: Český stát na přelomu 12. a 13. století (Opava 1993) p. 9–15. – Josef Ž e m l i č k a K osobnosti knížete Konráda II. Oty [Zur Persönlichkeit des Herzogs Konrad II. Otto], ibid. p. 17–27. – Tomáš B a l e t k a Zur Geschichte der Kanzlei des Markgrafen Jodok von Mähren (1375–1411), in: Acta Universitatis Palackianae Olomucensis. Facultas Philosophica. Historica 26 (1994) 21–26. – Josef V á l k a Moravie dans la structure et dans l'histoire du Royaume de Bohême, in: Historica s. n. 1 (1994) 9–36. – Jaroslav M e z n í k Markrabě a páni (K mocenskému dualismu na Moravě v době předhusitské) [Die Markgrafen und die Herren (Zum Machtdualismus in Mähren in vorhussitischer Zeit)], in: SPFFBU. Řada historická (C) 42 (1995) 39–50. – Martin W i h o d a Geneze moravské šlechty [Die Genese des mährischen Adels], in: Acta historica et museologica Universitatis Silesianae Opaviensis 2. Řada 2 (1995) 23–41. – Tomáš B a l e t k a Dvůr, rezidence a kancelář moravského markraběte Jošta (1375–1411)

[Hof, Residenzen und Kanzlei des Markgrafen Jobst von Mähren], in: Sborník archivních prací 46 (1996) 259–536. – Martin W i h o d a Znojemští údělníci v politickém a mocenském systému přemyslovské dynastie [Die Znaimer Teilherzöge innerhalb des politischen und autoritären Systems der Přemyslidendynastie], in: Znojemská rotunda ve světle vědeckého poznání (Znojmo 1997) p. 18–45. – I d e m Conradus secundus fundator, aneb úvahy nad významem jedné čárky [Conradus secundus fundator oder Anmerkungen zur Bedeutung eines Kommas], in: ČMM 118 (1999) 437–443. – I d e m Vznik moravského markrabství [Die Entstehung der Markgrafschaft Mähren], in: ČČH 97 (1999) 453–475. – Jaroslav M e z n í k Lucemburská Morava 1310–1423 [Luxemburgisches Mähren 1310–1423] (Praha 1999). – I d e m Morava za vlády lucemburských markrabat (1310–1411) [Mähren unter der Herrschaft der luxemburgischen Markgrafen], in: Morava ve středověku. Sborník příspěvků proslovených ve dnech 7. ledna až 25. března 1998 v rámci přednáškového cyklu Moravského zemského muzea v Brně (Brno 1999) p. 37–45. – Martin W i h o d a Itinerář moravského markraběte Vladislava Jindřicha [Das Itinerar des mährischen Markgrafen Vladislav Heinrich], in: SPFFBU. Řada historická (C) 49 (2000) 5–45. – Václav Š t ě p á n Moravský markrabě Jošt (1354–1411) [Der mährische Markgraf Jobst (1354–1411)] (Brno 2002). – Dalibor J a n i š „Marchionatum Moravie in feudum donamus". Morava v lenních vztazích ve 13. a 14. století [Mähren in den Lehnsbeziehungen des 13. und 14. Jhs.], in: Ad vitam et honorem Jaroslao Mezník. Profesoru Jaroslavu Mezníkovi přátelé a žáci k pětasedmdesátým narozeninám (Brno 2003) p. 273–289. – Martin W i h o d a Mähren in der Geschichtsschreibung der Přemyslidenzeit, in: Historica s. n. 10 (2003) 7–27. – Stanislav B á r t a Itinerář moravského markraběte Přemysla (1209–1239) [Das Itinerar des mährischen Markgrafen Přemysl (1209–1239)], in: SPFFBU. Řada historická (C) 54 (2006) 27–55. – Martin W i h o d a Morava v 10. století [Mähren im 10. Jh.], in: České země v raném středověku, ed. Petr Sommer (Praha 2006) p. 53–73. – I d e m Vladislav Jindřich [Vladislav Heinrich] (Knižnice Matice moravské 21. Brno 2007).

Duces ac marchiones
(principes Olomucenses, Znoimenses, Brunenses)

De historia terrae Moraviae ante saec. X cf. supra ‚Magna Moravia'. Regno Magnae Moraviae ab Hungaris a. cr. 902 devicto terra Moravia, quam inde a saec. X duces dein marchiones secundogeniti de domo Premislidorum regebant, e vicino ducatu Bohemiae dependebat. Terra haec a Boleslao I cr. post a. 955 cum Bohemia unita est (cf. Barbara Krzemieńska in: Historica 19 (1980) 195–243); successor eius Boleslaus II episcopatum Moraviensem fundavit (cf. p. 172), qui vero a. cr. 991 iterum suppressus est (de Moravia saec. X cf. novissime Martin Wihoda in: České země v raném středověku, ed. Petr Sommer [Praha 2006] p. 53–73).

A. circiter 1002 Moravia a Boleslao I duce Polonorum occupata, a. 1019/1020 expulsis Polonis ducatus sive marchionatus eius resuscitatur, et Bretislaus, primus e stirpe Premislidica, dux constituitur, qui et Hungaros eiecit et fines ducatus dilatavit, deinde post mortem Udalrici, patris sui, regimen etiam Bohemiae suscepit (1037) et a. 1048 ducatum Moraviae maximo natu filio suo Spitigneo transtulit. Bretislao defuncto Spitigneus in Bohemia successit. Moravia autem distributa est in tres partes, quas acceperunt reliqui filii Bretislai, videlicet Vratislaus Olomucensis, Otto Brunensis et Conradus Znoimensis principes. Cum autem Spitigneus iam a. 1061 obiisset, successit ei frater Vratislaus; unde Otto principatum eius Olomucensem, Conradus vero duas reliquas, Brunensem videlicet et Znoimensem, obtinuerunt. Hi duo una cum fratre suo Vratislao duce Bohemiae Severi episcopi Pragensis consensu adhibito episcopatum Olomucii cum sede in ecclesia s. Petri a. 1063 denuo condiderunt. Unde a. 1068 lis magna inter Jaromirum-Gebehardum, successorem Severi, et Iohannem episcopum Olomucensem, Vratislaum ducem Bohemiae fratresque eius duces Moraviae (Conradum et Ottonem) exorta est (cf. p. 68sq.), qua de causa Gregorius VII papa ducibus Moraviae litteras misit (cf. n. 1–3), prima testimonia alicuius necessitudinis novae Moraviae cum sede apostolica. Moraviensis vero sive Olomucensis episcopatus lite non obstante usque ad dies nostros exstat.

Saec. XII iterum atque iterum bella inter duces secundogenitos Moraviam regentes et primogenitos duces Bohemiae de throno Pragensi gerebantur. Tempore Heinrici Zdík episcopi Olomucensis (1126–1150) principes Moraviae Conradus Znoimensis et Wratislaus Brunensis fraude et insidiis eum, qui Vladislao duci Bohemiae adhaerebat, persecuti sunt, ita ut Eugenius III eos a. 1145 excommunicationis vinculo innodaret (n. *8). A. 1179 Premislaus Ottocarus primus nomen ‚marggravii de Moravia' (Cod. dipl. Bohem. I 257 n. 291) gessit. A. cr. 1200 dynastes ex linea Premislidorum Moraviensium sine successoribus defecerunt (ultimus Vladimirus princeps Olomucensis fuit, † cr. 1200), ita ut linea regia (Bohemica), primum Vladislaus Heinricus (de eo cf. novissime Martin Wihoda Vladislav Jindřich [Knižnice Matice moravské 21] Brno 2007), postea filii regis Bohemiae Moraviam in unum reductam regerent. Inde a Premislao Ottocaro II rex Bohemiae etiam titulum marchionis Moraviae gessit.

Tempore seditionis Hussiticae Moravia Sigismundo regi fidem servavit, qua de causa tum vincula inter Bohemiam et Moraviam laxata sunt, cum Moravia a. 1469 a Matthia Corvino rege Hungariae expugnata est. Demum Vladislao rege Hungariae et Bohemiae regnante Moravia iterum a. 1490 cum Bohemia reunita est. A. 1526 Ferdinandus I coronam regni Bohemiae cum appenditiis (inter alia et Moravia) adeptus est, quae apud domum Habsburgicam usque ad a. 1918 permansit. Inde ab a. 1918 Moravia ad Rem publicam Bohemo-Slovacam (Czecho-Slovacam) pertinebat, hodie vero pars Rei publicae Bohemicae (Czechicae) est.

Caput Moraviensi rei publicae primo (usque ad a. 1641) Olomutium fuit, postea vero Bruna, qua usque ad nostra tempora restat.

De bibliotheca et tabulario ducum vel marchionum Moraviae medii aevi nihil.

---

1   *Laurentum 1073 iul. 8*

G r e g o r i u s VII Wratizlao Boemiae duci et fratribus suis (Conrado et Ottoni principibus Moraviae): gratias agit, quia legatos apostolicae sedis Bernardum et Gregorium (sanctae Romanae ecclesiae diaconos) ad partes eorum directos *(Bohemia, Duces ac reges n. *22)* debitae caritatis benevolentia susceperint et honorifice tractaverint; queritur de quibusdam, qui legatos contemptui habent, inter quos Iarmirus Bragensis episcopus frater eorum esse dicitur; rogat, ut et legatos et ipsum episcopum conveniant et eundem ad obedientiam hortentur.

> v. Bohemia, Duces ac reges n. 25.

*2   *(1074 cr. ian. 31)*

Gregorius VII Ottonem et Chuonradum fratres Wratizlai ducis Boemiorum (principes Moraviae) monita apostolica de causa Olomucensis ecclesiae mittit.

> *Laud. in n. 3.*

> Litteras similes fuisse videntur ac eae, quae Vratislaus dux, frater eorum, a. 1074 ian. 31 acceperit, cf. Bohemia, Duces ac reges n. 28.

3   *Roma 1074 mart. 18*

Gregorius VII Ottoni et Chuonrado fratribus Wratizlai ducis Boemiorum (principibus Moraviae): admonet, ut meminerint, quod de causa Olomucensis ecclesiae iam ante apostolica monita acceperint *(n. *2)*, et rogat, ne aliquam contrarietatem eidem ecclesiae, quae apostolicis privilegiis munita est *(Olomouc, Episc. n. *19)*, faciant eiusque iura et pertinentias conservari studeant. – Meminisse debet nobilitas. Dat. Romae 15 kal. april., ind. XII.

> *Registr. Gregorii VII (Reg. Vat. 2) f. 34', lib. I n. 59. – Edd. Balbinus Miscellanea I 6, 10 n. 7. Conc. coll. reg. XXVI, 83 n. 59. Hardouin Acta conc. VI 1, 1240 n. 59. Dobner Annales V 430 = Boczek Cod. dipl. Morav. I 149 n. 171. Friedrich Cod. dipl. Bohem. I 70 n. 67. Caspar in: Mon. Germ. Epist. sel. II 1, 86. – Regg. Erben Regesta I 62 n. 146. J. 3598. JL. 4836.*

> De re cf. Novotný I 2, 160; Horna Několik kapitol (Bratislava 1926) p. 23sq.; Grudziński Polityka (1959) p. 55 cum adn. – De causa eccl. Olomucensis cf. p. 68sq.

4   *Roma 1075 april. 17*

Gregorius VII Wratizlao Boemiorum duci inter alia: monet, ut nullius litis scandalum in suo regimine versari permittat, praecipue inter ipsum et fratres eius (Ottonem et Conradum, principes Moraviae).

> v. Bohemia, Duces ac reges n. 38.

*5   *(Mainz 1085 mai.–1086 april. 29)*

(Clementis III i.e. Wiberti) legatis praesentibus in concilio apud Maguntiam celebrato Gebehardus Pragensis episcopus conqueritur de episcopatu suo diviso ac imminuto propter institutionem novi episcopi (sc. Moraviensis seu Olomucensis); a Wezelino Moguntino archiepiscopo aliisque archiepiscopis et episcopis assensu ducis Boemorum Wratizlai, fratris eius Cunradi (principis Moraviae) aliorumque laicorum primitiva illa parochia cum omni terminorum ambitu Pragensi ecclesiae adiudicatur.

> v. Praha, Episc. n. *60.

*6 *Praha (1143 ante sept. 24–oct. 27)*

Guidonis cardinalis sanctae Romanae ecclesiae et apostolicae sedis (I n n o c e n t i i II) legati atque Ottonis (Pragensis), Henrici (Olomucensis) episcoporum abbatumque (ignotorum) interventu Wladizlaus dux Boemiae digna satisfactione in pacis foedus cum Wratizlao, Cunrado et Ottone (principibus) Moraviensibus convenit.

> v. Bohemia, Duces ac reges n. *53.

7 *(1143 sept. 24–oct. 27)*

Guido cardinalis sanctae Romanae ecclesiae et apostolicae sedis (I n n o c e n t i i II) legatus in Boemiam destinatus narrat inter alia de reconciliatione Wratizlai, Cunradi et Ottonis (principum) Moraviensium cum duce Boemiae (Vladislao II) *(n. *6)*.

> v. Praha, Episc. n. 76. Cf. etiam Bohemia, Duces ac reges n. 54; Praha, Eccl. cath. n. 4; Olomouc, Episc. n. 60; Olomouc, Eccl. cath. n. 5.
>
> De reconciliatione fratrum principum Moraviensium cum Vladislao II duce Bohemiae narrat etiam Monachus Sazavensis, sed ad a. 1142 (Font. rer. Bohem. II 261): ‚Interventu cardinalis Widonis et episcoporum Ottonis, Henrici atque abbatum digna satisfactione in pacis foedus convenerunt (scil. principes Moravienses cum duce Vladislao)'. – De re cf. Novotný I 2, 783–787; Spätling Kardinal Guido p. 317sq.

*8 *(Viterbo 1145) iun. 3*

E u g e n i u s III Conradum (principem Znoimensem), Wratislaum (principem Brunensem) et socios eorum propter invasionem H(einrici) Moraviensis episcopi excommunicationis vinculo innodat.

> *Laud. in n. 9. – Reg. JL. –.*
>
> cf. etiam Olomouc, Episc. n. *70.

9 *Viterbo (1145) iun. 5*

E u g e n i u s III O(ttoni) Pragensi episcopo et W(ladislao) Boemorum duci: nuntiat se Conradum (principem Znoimensem), Wratislaum (principem Brunensem) et socios eorum propter invasionem H(einrici) Moraviensis episcopi in praeterita sollemnitate Pentecostes *(iun. 3)* excommunicationis vinculo innodavisse *(n. *8)*.

> v. Olomouc, Episc. n. 71, ubi et de re.

*10 *(ante 1146 mai. 25)*

E u g e n i o III Henricus Moraviensis episcopus litteras mittit rogans, ut papa Teobaldum fratrem W(ladislai) Boemorum ducis ad satisfactionem faciendam apud sedem apostolicam recipiat et ut Wratizlaum (principem Brunensem) paralysi percussum ad eandem rem sibi committat.

> v. Olomouc, Episc. n. *77.

*11 *(ante 1146 mai. 25)*

E u g e n i o III significatur tres sacerdotes, videlicet Bolemil, Bohumil (sive Gallum), Strich, qui in terra Cunradi licet a se (Eugenio) excommunicati et sua auctoritate a di-

vinis officiis interdicti, ab eo depositos nihilominus divina officia celebrare praesump-
sisse.

> v. Olomouc, Episc. n. *79.

*12   (ante 1146 mai. 25)

E u g e n i u s III tres sacerdotes e terra Conradi principis Znoimensis (Bolemilum, Bo-
humilum seu Gallum et Strich) ab officio deponit et beneficium ecclesiasticum eis interdicit.

> v. Olomouc, Episc. n. *80.

13   Viterbo (1146) mai. 25

E u g e n i u s III Henrico Moraviensi episcopo: committit ei Vratizlaum (principem
Brunensem) pro invasione eius excommunicatum, quoniam infirmitate detentus ad
se venire non possit, ipsumque absolvendi et poenitentiam ei iniungendi facultatem
concedit; praeterea tres praesumptuosos sacerdotes, qui in terra Cunradi (principis
Znoimensis) licet a se excommunicati et sua auctoritate a divinis officiis interdicti, divina officia celebrare praesumperint, ab officio deponit (n. *11. *12).

> v. Olomouc, Episc. n. 82.

14   Viterbo (1146) iun. 2

E u g e n i u s III H(einrico) Morauensi, O(ttoni) Pragensi episcopis, W(ladislao) duci
et universo clero et populo per Boemiam et Morauiam constitutis: scribit de Gwidone
diacono cardinali ab Innocentio II ad partes eorum directo (n. *6sq.); de fidelitate eorum erga b. Petrum et seipsum grates refert.

> v. Olomouc, Episc. n. 87.

*15   (1154 dec. 4–1159 sept. 1)

H a d r i a n u s IV petente Ottone marchione (Moraviensi) Gradicensi ecclesiae privilegium concedit.

> v. Hradisko, n. *4.

*16   Mainz (1188 mart. 27)

Heinrico episcopo cardinali (Albanensi), apostolicae sedis (C l e m e n t i s III) legato,
praesente in curia generali Fridericus I imperator cum multis episcopis et principibus,
inter quos verisimile marchio Moraviae (Conradus qui et Otto) erat, crucis signum
suscipit.

> v. Bohemia, Duces ac reges n. *74.
>
> In Ansberti Historia de expeditione Friderici imperatoris ad a. 1188 (ed. Chroust in
> Mon. Germ. Script. N. S. V 23) legimus: ,Isti vero proh dolor ex principibus signatis chri-
> stiane militie diversis occasionibus bellorum domesticorum et antiqui hostis irritamentis
> retro abierunt et voti sui violatores et radicem non habentes a via Christi tempore temptatio-
> nis recesserunt: … Otto dux Boemie'. Post mortem Friderici ducis Bohemiae († 1189 mart.
> 25) Conradus-Otto eum in Bohemia successit.

OLOMOUC (OLMÜTZ)

Olomutium

De fontibus operibusque Magnae Moraviae eiusque ecclesiae episcopatibus spectantibus cf. supra p. 1–8. – Augustinus <Olomucensis> Catalogus episcoporum Olomucensium (Vienna Pannonia 1511). – Arsenius Theodorus F a s s e a u Collectio synodorum et statutorum almae diocesis Olomucensis (Rezii 1766). – Augustini Olomucensis episcoporum Olomucensium series. Ed. Franz Xaver R i c h t e r (Olomucii 1831). – Franz Xaver R i c h t e r Die ältesten Original-Urkunden der Olmützer erzbischöflichen Kirche, in Steindruck und historisch gewürdigt (Olmütz 1831). – Augustin T h e i n e r Disquisitiones criticae in praecipuas canonum et decretalium collectiones seu sylloges Gallandianae continuatio (Romae 1836). – B o c z e k Cod. dipl. Moraviae. T. 1–15 (1836–1903). – Beda D u d i k Statuten der Prager Metropolitankirche vom Jahre 1350, in: Archiv f. österreichische Geschichte 37 (1867) 411–456. – I d e m Statuten des Metropoliten von Prag Arnost von Pardubitz für den Bischof und das Capitel von Olmütz um das Jahr 1349, in: Archiv f. österreichische Geschichte 41 (1869) 195–218. – I d e m Bericht über die Diözese Olmütz durch den Kardinal Franz von Dietrichstein im Jahre 1634, in: Archiv f. österreichische Geschichte 42 (1870) 213–232. – I d e m Über Nekrologe der Olmützer Domkirche, in: Archiv f. österreichische Geschichte 65 (1884) 487–589. – Johannes L o s e r t h Das Granum Catalogi Praesulum Moraviae nach der Handschrift des Olmützer Domcapitelarchivs, in: Archiv f. österreichische Geschichte 78 (1892) 41–95. – František K a m e n í č e k Zemské sněmy a sjezdy moravské I–III [Die mährischen Landtage und Landversammlungen] (Brno 1900. 1902. 1905). – Karl L e c h n e r Die ältesten Belehnungs- und Lehensgerichtsbücher des Bistums Olmütz (Brünn 1902). – Mon. Vat. Bohem. T. I–VII. – Der Ad limina-Bericht des Erzbischofs von Olmütz, Erzherzog Kardinal Rudolf von 1824, eingel. von Kurt A. H u b e r, in: AKBMS 5 (1978) 271–298. – Pavel K r a f l Synody a statuta olomoucké diecéze období středověku [Die Synoden und Statuten der Olmützer Diözese während des Mittelalters] (Opera instituti historici Pragae. Series B – Editiones, vol. 2. Praha 2003). – Pavel H r u b o ň Originály papežských listin v moravských archívech z let 1198–1421 [Die Originale der Papsturkunden in den mährischen Archiven aus den Jahren 1198–1421], in: Studia iuvenilia MMIII. Sborník studentských prací (Ostrava 2004) p. 37–69.

   Thomas Joannes P e s s i n a de Czechorod Mars Moravicus sive bella horrida et cruenta, seditiones, tumultus, praelia, turbae … quae Moravia hactenus passa fuit (Pragae 1677). – Beda D u d í k Mährens Geschichts-Quellen. Bd. 1: J. P. Ceroni's Handschriften-Sammlung. 1. Abth.: Die Landesgeschichte im Allgemeinen. 1. Folge: Der politische Theil derselben (Brünn 1850). – Friedrich W. E b e l i n g Die deutschen Bischöfe bis zum Ende des sechszehnten Jahrhunderts, Bd. II (Leipzig 1858) 328–333. – Hermenegild J i r e č e k Zdík Jindřich, biskup Olomúcký [Heinrich Zdík, Bischof von Olmütz], in: ČMM 2 (1870) 49–64. – Christian d' E l v e r t Zur Geschichte des Erzbistums Olmütz und insbesondere seines mehrhundertjährigen Kampfes mit den mährischen Ständen und der Staatsgewalt (Brünn 1895). – Anton B r e i t e n b a c h e r Die Besetzung der Bistümer Prag und Olmütz bis zur Anerkennung des ausschliesslichen Wahlrechts der beiden Domkapitel, in: ZVGMS 8 (1904) 1–46. – Z a k De b. Henrico II Zdik. – Bohumil N a v r á t i l Biskupství Olomoucké 1576–1579 a volba Stanislava Pavlovského [Das Bistum Olmütz in den Jahren 1576–1579 und die Wahl Stanislaus Pavlovskýs] (Praha 1909). – Max H e i n Die Geschichte der älteren Bischöfe von Olmütz 1063–1207. I. Teil, in: Programm der k.k. d. Staats-Oberrealschule in Olmütz, Jg. 1913–1914 (Olmütz 1913), p. 3–16. – Václav N o v o t n ý Kníže-biskup Jindřich Břetislav na Moravě. Zároveň přispěvek k chronologii v zemích českých [Bischof-Herzog Heinrich-Břetislav in Mähren. Zugleich ein Beitrag zur Chronologie in den böhmischen Ländern], in: ČMM 38 (1914) 353–360. – H r u b ý Církevní zřízení passim. – Michał M e n d y s Podejrzane listy Eugenjusza III w sprawach Władysława II. [Verdächtige Briefe Eugens III. über Angelegenheiten Wladislaus' II.], in: Kwartalnik Historyczny 38 (1924) 68–84. – Vojtěch O n d r o u c h Jindřich Zdík [Heinrich Zdik], in: Časopis Vlasteneckého spolku musejního v Olomouci 43, seš. 161/164 (1930) 104–116; seš. 165/168 (1930) 12–27. – Wilhelm W o s t r y Deutsche Bischöfe vor 1200. Bischöfe von Olmütz: Dietlieb, Engelbert, in: Sudetendeutsche Lebensbilder 2, hrsg. von Erich Gierach (Reichenberg 1930) p. 25–27. – Václav V a n ě č e k K soudní imunitě duchovních statků na Moravě [Zur gerichtlichen Immunität des geistlichen Besitzes in Mähren] (Praha 1931). – Jindřich Š e b á n e k Moderní padělky v moravském diplomatáři Bočkově do r. 1306 (K stému výročí 1. sv. moravského kodexu) [Moderne Fälschungen in Boczeks mährischem Urkundenbuch bis zum Jahre 1306. (Zum hundertsten Jahrestag der Edition des ersten Bandes des mährischen Urkundenbuchs)], in: ČMM 60 (1936) 27–84. – Johann K u x Geschichte der königlichen Hauptstadt Olmütz bis zum Umsturz 1918 (Olmütz 1937). – Kurt P o h l Beiträge zur Geschichte der Bischöfe von Olmütz im Mittelalter (Diss. Breslau 1940). – Václav R i c h t e r Rodiče Jindřicha Zdíka [Die Eltern Heinrich Zdíks], in: ČMM 69 (1950) 101–104. – Metoděj Z e m e k Nejstarší olomoucké listiny [Die ältesten Olmützer Urkunden], in: Brněnský archivní věstník Jg. 1954, č. 1, p. 47–50. – Václav R i c h t e r Podivín, Zekirkostel a Slivnice, in: SPFFBU VII. Řada jazykopytná (F) 2 (Brno 1958) 68–87. – Václav R i c h t e r Raněstředověká Olomouc [Frühmittelalterliches Olmütz] (Spisy Univerzity J. E. Purkyně v Brně, Filozofická Fakulta 63. Praha-Brno 1959). – Karlheinz T i l l a c k Studien über Bruno von Schauenburg und die Politik Ottokars II. von Böhmen (Münster 1959). – Zdeněk F i a l a Jindřich Zdík a Kosmas (O původu Jindřicha Zdíka) [Heinrich Zdík und Cosmas (Zur Herkunft Heinrich Zdíks)], in: Zápisky katedry československých dějin a archivního studia 7 (1963) 7–19. – Die Diözesanorganisation von Böhmen-Mähren-Schlesien, in: AKBMS 1 (1967) 9–40, impr. p. 26–33. – Miloš K o u ř i l Der Olmützer Bischof Bruno von Schauenburg und der Deutsche Orden, in: Acht Jahrhunderte Deutscher Orden in Einzeldarstellungen, hrsg. von Klemens Wieser (Bad Godesberg 1967) p. 143–151. – Josef M a t z k e Mährens frühes Christentum (Schriftenreihe des sudetendeutschen Priesterwerkes Königstein/Taunus 13. Königstein/Taunus 1969). – I d e m Das Bistum Olmütz im Hochmittelalter von Heinrich Zdik bis Bruno von Schaumburg 1126–1281 (Schriftenreihe des sudetendeutschen Priesterwerkes Königstein/Taunus 14. Königstein/Taunus 1969). – Eva B a r b o r o v á Postavení Moravy v českém státě v době předhusitské 1182–1411 [Die Stellung Mährens innerhalb des böhmischen Staates in vorhussitischer Zeit 1182–1411], in: Sborník archivních prací 20 (1970) 309–362. – Ladislav H o s á l - Rudolf Š r á m e k Místní jména na Moravě a ve Slezsku [Ortsnamen in Mähren und in Schlesien]. T. 1: A-L. T. 2: M-Ž (Praha 1970. 1980). – Jan B i s t ř i c k ý Urkunden des Olmützer Generalvikariats in der ersten Hälfte des 14. Jahrhunderts, in: Folia Diplomatica I. Curavit Sáša Dušková (Opera Universitatis Purkynianae Brunensis. Facultas Philosophica 158. Brno 1971) p. 41–48. – Václav M e d e k Osudy moravské církve do konce 14. věku. I. Díl dějin olomoucké arcidiecéze [Die Schicksale der mährischen Kirche bis zum Ende des 14. Jhs. I. Teil der Geschichte des Erzbistums Olmütz] (Praha 1971). – Josef M a t z k e Die Olmützer Erzbischöfe (Schriftenreihe des sudetendeutschen Priesterwerkes e. V. 18. Königstein/Taunus 1973). – I d e m Die Olmützer Fürstbischöfe (Schriftenreihe des sudetendeutschen Priesterwerkes e. V. 19. Königstein/Taunus 1974). – I d e m Das Bistum Olmütz von 1281–1578 (vom Spätmittelalter bis zur Renaissance) (Schriftenreihe des sudetendeutschen Priesterwerkes e. V. 20. Königstein/Taunus 1975). – Jaroslav K a d l e c Literární činnost biskupa Roberta olomouckého [Die literarische Tätigkeit des Olmützer Bischofs Robert], in: Studie o rukopisech 14 (1975) 69–82. – Katalog moravských biskupů, arcibiskupů a kapitul staré i nové doby [Katalog der Bischöfe, Erzbischöfe und Stiftskapitel des alten und neuen Zeitalters]. Vydaný k výročí 1777–1977 (Olomouc 1977). – Jarold K. Z e m a n The Hussite movement and the reformation in Bohemia, Moravia and Slovakia (1350–1650). A bibliographical study guide (with particular reference to resources in North America (Ann Arbor 1977). – Joachim K ö h l e r Franz Kardinal von Dietrichstein, Bischof von Olmütz (1599–1636) und die Prämonstratenser in Mähren, in: AKBMS 5 (1978) 256–270. – Klaus J. H e i n i s c h Bruno von Schauenburg, Bischof von

Olmütz (1245-1281). Kolonisator und Staatsmann, in: Jb. der schlesischen Friedrich-Wilhelms-Universität zu Breslau 20 (1979) 13-50. – B i s t ř i c k ý Studien. – Jaroslav K o u ř i l Olomoucký biskup Jindřich Zdík [Bischof Heinrich Zdík von Olmütz], in: Sborník teologických statí 1 (1982) 95-107. – B i s t ř i c k ý Listy. – I d e m Písemnosti olomouckého biskupa Jindřicha Zdíka [Das Schrifttum des Bischofs Heinrich Zdík], in: Sborník archivních prací 33 (1983) 32-74. – I d e m Nochmals zum Dedikationsbild des Olmützer Kollektariums, in: Zs. f. Kunstgesch. 48 (1985) 243-248. – Josef B l á h a Několik poznámek ke genezi a významu raně středověké Olomouce [Einige Anmerkungen zur Genese und Bedeutung des frühmittelalterlichen Olmütz], in: Archaeologia Historica 10 (1985) 143-152. – Rudolf Z u b e r Osudy moravské církve v 18. století 1695-1777. IV. Díl dějin olomoucké arcidiecezé (1. svázek) [Schicksale der mährischen Kirche im 18. Jh. (1695-1777). Geschichte der Olmützer Erzdiözese. Teil 4] (Praha 1987). – Jan B i s t ř i c k ý Gefälschte Urkunden auf die Namen von Olmützer Bischöfen aus der ersten Hälfte des 14. Jahrhunderts, in: Fälschungen im Mittelalter. Internationaler Kongreß der Monumenta Germaniae Historica München, 16.-19. September 1986; Bd. 4: Diplomatische Fälschungen (II) (Schriften der Monumenta Germaniae Historica 33,4. Hannover 1988) p. 575-596. – Antonín R o u b i c Obnovení biskupství v Olomouci [Die Wiederbegründung des Bistums Olmütz], in: Historická Olomouc a její současné problémy 8 (1990) 19-31. – Jan B i s t ř i c k ý Listinná tvorba v Olomouci ve 12. století [Das Schrifttum in Olmütz im 12. Jh.], ibid. p. 45-56. – Rudolf C h a d r a b a Olomoucký kostel sv. Petra a symbolika českého státu 11.-12. století [Die Olmützer Kirche St. Peter und die Symbolik des böhmischen Staates des 11.-12. Jahrhunderts], ibid. p. 123-141. – Jan B i s t ř i c k ý Das Urkundenwesen der Olmützer Bischöfe des 12. und 13. Jahrhunderts, in: Die Diplomatik der Bischofsurkunde vor 1250. La diplomatique épiscopale avant 1250. Referate zum VIII. Internationalen Kongress für Diplomatik. Innsbruck 27. Sept.-3. Okt. 1993, hrsg. von Christoph Haidacher und Werner Köfler (Innsbruck 1995) p. 131-137. – Jiří F i a l a Dějiny města Olomouce v datech I (do roku 1526) [Geschichte der Stadt Olmütz in Daten. I (bis zum Jahre 1526] (Olomouc 1995). – Vít D o h n a l - Miloslav P o j s l Olomouc v době biskupa Jindřicha Zdíka [Olmütz in der Zeit Bischof Heinrichs Zdik] (Olomouc 1996). – Pavel K r a f l Předhusitské synody olomoucké diecéze [Vorhussitische Synoden der Diözese Olmütz], in: ČČH 94 (1996) 739-760. – I d e m Synodalní statuta olomoucké a pražské diecéze (Stav a možnosti historické práce) [Die Synodalstatuten der Olmützer und Prager Diözese (Stand und Möglichkeiten historischer Studien)], in: ČMM 116 (1997) 99-106. – Oldřich P a k o s t a Typologické srovnání pečetí arcibiskupů pražských, biskupů olomouckých, litomyšlských a vratislavských z let 1344-1421 s důrazem na ikonografii [Typologischer Vergleich der Siegel der Erzbischöfe von Prag, der Bischöfe von Olmütz, Leitomischl und Breslau aus den Jahren 1344-1421], in: Východočeský sborník historický 6 (1997) 139-164. – Handbuch der historischen Stätten p. 420-431. – Olomouc v době biskupa Jindřicha Zdíka [Olmütz zur Zeit Bischof Heinrichs Zdík] (Olomouc 1998). – Pavel B o l i n a K interpretaci a datování Zdíkových listin [Zur Interpretation und Datierung der Briefe Zdíks], in: ČČH 97 (1999) 273-292. – Karel M ü l l e r Sbírka typářů olomouckých biskupů a arcibiskupů („Nálezová" zpráva) [Eine Typarsammlung der Olmützer Bischöfe und Erzbischöfe (Ein „Befund"bericht], in: Slavme chvíli ... Sborník k 70. narozeninám Jana Bistřického. Red. Marie Macková et Jana Oppeltová (Ústí nad Orlicí 1999) p. 37-42. – G a t z Bischöfe (I) p. 503-519: Ecclesia Olomucensis; (II. III.) passim. – G a t z Bistümer p. 510-528. – Pavel K r a f l Diecézní zákonodárství na Moravě v prvním půlstoletí po vzniku české církevní provincie [Die Diözesangesetzgebung in Mähren im ersten halben Jahrhundert nach Entstehung der böhmischen Kirchenprovinz], in: Mediaevalia Historica Bohemica 7 (2000) 109-132. – Dušan T ř e š t í k Moravský biskup roku 976 [Ein mährischer Bischof des Jahres 976], in: Ad vitam et honorem. Profesoru Jaroslavu Mezníkovi přátelé a žáci k pětasedmdesátým narozeninám. Red. Tomáš Borovský, Libor Jan et Martin Wihoda (Brno 2003) 211-220. – Tomáš B a l e t k a Dvůr olomouckého biskupa Stanislava Thurza (1497-1540), jeho kancelář a správa biskupských statků [Der Hof des Olmützer Bischofs Stanislaus Thurzo, seine Kanzlei und die Verwaltung des bischöflichen Grundbesitzes], in: Sborník archivních prací 54 (2004) 3-236. – Jan B i s t ř i c k ý Muž reformy na olomouckém stolci. Jindřich Zdík [Ein Reformer auf dem Olmützer Thron. Heinrich Zdík], in: Osobnosti moravských dějin. T. 1. Ed. Libor Jan, Zdeněk Drahoš e.a. (Brno 2006) p. 27-43. – Štěpán K o h o u t Olomouc a moravská církev v XI.-XIII. století [Olmütz und die mährische Kirche im 11. bis 13 Jh.], in: Sága moravských Přemyslovců. Život na Moravě od XI. do počátku XIV. století. Sborník a katalog výstavy pořádané Vlastivědným muzeem v Olomouci a Muzeem města Brna k 700. výročí tragické smrti Václava III., posledního českého krále z dynastie Přemyslovců (Olomouc 2006) p. 65–80. – G a t z Wappen p. 411–424. – Martin R o t h k e g e l Der lateinische Briefwechsel des Olmützer Bischofs Stanislaus Thurzó. Eine ostmitteleuropäische Humanistenkorrespondenz der ersten Hälfte des 16. Jahrhunderts (Hamburger Beiträge zur neulateinischen Philologie 5. Hamburg 2007). – Pavel B a l - c á r e k Kardinál František Ditrichštejn 1570–1636. Gubernator Morávy [Kardinal Franz Dietrichstein. Regent Mährens] [Ed. Osobnosti českých a moravských dějin 5. České Budějovice 2007). – David K a l h o u s Granum catalogi praesulum Moraviae jako pramen k dějinám Moravy v 10. století? [Granum catalogi presulum Moraviae als Quelle zur Geschichte Mährens im 10. Jh.?], in: Mediaevalia Historica Bohemica 11 (2007) 23–38. – Pavel H r u b o ň Originální papežské *litterae clausae* v archivech na Moravě do roku 1526 [Die Originale der päpstlichen *Litterae clausae* in den Archiven Mährens bis zum Jahre 1526], in: Sacri canones p. 506–513. – Z i e g l e r König Konrad III. p. 199–206. – G a t z Atlas p. 110sq. 257. – Dějiny Olomouce. 1. Sv. Red. Jindřich Šulc (Olomouc 2009). – Josef Ž e m l i č k a Jindřich Zdík – biskup, diplomat a organizátor [Heinrich Zdík – Bischof, Diplomat und Organisator], in: H r b á č o v á Jindřich Zdík p. 13–27. – Dalibor P r i x Jindřich Zdík – stavebník [Heinrich Zdík als Bauherr], in: ibid. p. 29–54. – Dalibor H a v e l Rukopisy a listiny z doby episkopátu Jindřicha Zdíka, in: ibid. p. 78–87.

Episcopatus Moraviensis dein Olomucensis

Primordia episcopatus vel archiepiscopatus Moraviae ad tempora ‚Magnae Moraviae' et missionis s. Methodii reducuntur (v. supra). Magna Moravia interita episcopatus Moraviensis (postea Olomucensis) una cum novo episcopatu Pragensi denuo restitutus esse videtur, cuius primus episcopus (sine nomine) a. 976 metropolitano suo Maguntino in iudicio adstitit (n. 3). Cosmas etiam quendam episcopum Moraviensem ante a. 1030 officio fungentem, cuius nomen itidem ignoratur (Wracen?), commemorat (ed. Bretholz p. 113). Temporibus Adalberti episcopi Pragensis (982–997) ambo epicopatus (Pragensis et Moraviensis) uniti sunt, sicut e privilegio Heinrici IV regis Gebehardo episcopo Pragensi dato elucet (v. n. *4. *5). Sed Severo Pragensi episcopo collaudante Vratislaus II dux Bohemiae Iohannem episcopum (1063–1085), monachum olim Altacensem (*Niederaltaich*), postea Brevnovensem, in episcopum Moraviensem a. 1063 promovit. Paulo post Gebehardus Severo Pragae successit et abolitionem Moraviensis episcopatus pertinaciter egit, qua de causa Iohannes episcopus cum Alexandro II et Gregorio VII pontificibus Romanis multas necessitudines habuit (n. *6–36). Postremo a. 1086 privilegium ab Heinrico IV imperatore Clemente III (i.e. Wiberto) confirmante impetravit, quo Bohemiam unam dioecesim ex integro fore stabilita est (n. *37 et *38). Frater Gebehardi Vratislaus II, interea in regem Bohemiae promotus, nihilominus a. 1088 novum episcopum Moraviensem creavit, qui vero non consecratus fuit. Gebehardo mortuo tandem Vratislaus Andream canonicum Pragensem in episcopum Moraviensem designavit, qui una cum Cosma Pragensi ab Heinrico IV imperatore a. 1094 Mantuae investitus et a Maguntinensis ecclesiae praesule consecratus est. Postea episcopatus Moraviensis limites numquam sunt in dubium vocati.

A. 1126 Heinricus Sdik vel Zdík (1126–1150), unus de praeclarissimis episcopis Moraviensibus seu Olomucensibus, sedi praepositus est (de eo cf. Kadlec Přehled I 114–116; Jan Bistřický in: Osobnosti moravských dějin I [2006] 27–43; Buben Encyklopedie biskupů p. 155–158 et novissime Žemlička in: Hrbáčová Jindřich Zdík [2009] p. 13–27). Non solum ecclesiam cathedralem Olomutii ex antiqua ecclesia s. Petri ad novam s. Venceslai ante a. 1141 transtulit capitulumque ibidem de octo in duodecim canonicatus decano gubernante amplificavit, sed etiam reformationem ecclesiae in tota Bohemia peregit et novos ordines (Praemonstratenses in Strahov, Litomyšl [Leitomischl], Želiv [Selau] et Hradisko [Hradisch], Cistercienses vero in Sedlec [Sedletz], Plasy [Plaß], Pomuk [Nepomuk] et Hradiště [Münchengrätz]) Vladislao duce adiuvante induxit. His de rebus multas epistolas pontificibus Romanis (Innocentio II, Lucio II, Eugenio III) scripsit multasque accepit; variae necessitudines eum cum pontificibus Romanis nec non regibus Romanorum coniunxerunt (v. n. *42-*102). Praeterea dioecesim suam in sex archidiaconatus divisit et archidiaconos inter canonicos Olomucensis ecclesiae designavit. Sub eius regimine bona ecclesiae Olomucensis, quae in 210 locis dispersa erant (generaliter de bonis ecclesiae Olomucensis cf. Metoděj Zemek in: Jižní Morava 25 [1989] 215–232) scripto enotata sunt. A. 1144 Conradus III rex Heinrico privilegium concessit, in quo castrum Podivín (de eo cf. Václav Richter in: SPFFBU VII. Řada jazykopytná (F) 2 [1958] 68–87), immunitates percussuraque monetae publicae episcopatui Olomucensi concessa sunt (cf. Mon. Germ. Dipl. Conradi III n. 106; Böhmer-Niederkorn/Hruza n. 299). A. 1146 et Vladislaus dux Bohemiae percussuram monetae immunitatesque ecclesiasticas permisit (Friedrich Cod. dipl. Bohem. I n. 157). Heinrico mortuo etiam Eugenius III abbatissam et sorores monasterii s. Georgii Pragensis de obitu eius, patroni et benefactoris earum, consolatus est (n. 103).

Successores Heinrici Sdik minus eminebant, ita ut necessitudines cum Romana curia decrescerent. Solus Engelbertus episcopus (1194–1199) Petrum cardinalem s. Mariae in Via lata a. 1197 Pragae morantem convenit (n. *106–108). Demum sub Roberto episcopo (1201–1240) ecclesia Olomucensis vi fortunaque resurrexit, quippe qui ecclesiam cathedralem post combustionem a. 1204 passam renovare et amplificare palatiumque episcopale erigere studuit. Insuper capitulum suum reformavit et pro eo ius eligendi episcopi a pontifice Romano (Boczek Cod. dipl. Moraviae II n. 33) nec non a rege Bohemiae confirmatum (ibid. n. 31) adeptus est, quo iure capitulum a. 1281 tantum primum usum est (ibid. IV n. 181).

Roberto a. 1245 Bruno ex comitibus de Schaumburg († 1281; de eo cf. Medek Osudy I 89–97 et Jan Bistřický in: Gatz Bischöfe [I] p. 507–509) successit, qui per Innocentium IV Olomucensi episcopatui provisus fuit (Boczek Cod. dipl. Moraviae III n. 72) et inter omnes episcopos Olomucenses medii aevi exeuntis excellit. Sub pontificatu eius non solum multitudo parrochiarum excrevit, sed etiam villae et oppida innumerabilia fundata sunt. In administratione dioecesis archidiaconatus renovavit et eos in decanatus divisit, quorum numerus saec. XIV 33 erat; parrochias eo tempore dioecesis Olomucensis 500–600 comprehendebat. Praeterea synodum dioecesanum instauravit (de ea et sequentibus synodis cf. Pavel Krafl Synody a statuta Olomoucké diecéze období středověku [Praha 2003]) et munera officialis (1258) nec non vicarii generalis (1279) introduxit. A. 1266 ecclesiam cathedralem igne combustam, in stilo primo gothico tribusque navibus ornandam renovari iussit. Una cum Premislao Ottocaro II Bruno propositum cepit dioecesim Olomucensem in metropolim sublimari, sed Clemens IV a. 1268 votis eorum annuere renuit (Boczek Cod. dipl. Moraviae IV n. 1), tamen eodem tempore Brunoni concessit, ut terras Galandiae et Getuesiae (in Prussia orientali) in spiritualibus regeret (ibid. n. 2).

A. 1344 episcopatus Olomucensis post erectionem metropolis Pragensis ei suffraganeus subordinatus et a. 1348 a Karolo IV rege feudum immediate coronae regni Bohemiae subiectum constitutus est (ibid. VII n. 775). Hinc inde episcopi Olomucenses etiam a pontificibus Romanis provideri consueverant, servitia episcopatus camerae apostolicae persolvenda 3500 florenos attingebant (Conradus Eubel Hierarchia catholica medii aevi I [Monasterii 1898] p. 393). Temporibus revolutionis Hussiticae solum nobilitas Bohemica in episcopatu Olomucensi sententiis novis adhaesit. Episcopi et clerus dioecesanus hierarchiam traditam consequi potuerunt, ut a. 1421 capitulum Pragense Iohannem episcopum Olomucensem administratorem archiepiscopatus elegisset. Archiepiscopatu Pragensi vacante episcopi Olomucenses etiam reges Bohemiae coronare contingebant.

Stanislao Thurzo episcopo sedente (1497–1540) oppidum Kroměříž (*Kremsier*) in domum principalem episcoporum Olomucensium promotum est. Episcopi, qui illi successerunt, contra reformationem Lutheranam parvo cum effectu certaverunt. Demum concilio Tridentino peracto episcopi Olomucenses una cum regibus ex stirpe Habsburgica victores extiterunt. A. 1588 Rudolfus II imperator episcopo Olomucensi titulum principis concessit et privilegia immunitatesque ecclesiae confirmavit. Prae ceteris episcopis Franz von Dietrichstein (1599–1636) et Karl von Liechtenstein (1665–1695) in opere restaurationis ecclesiae catholicae nominandi sunt. A. 1777 episcopatus Olomucensis in metropolim sublimatus episcopatum Brunensem tunc erectum unicum suffraganeum obtinuit. Nova archidioecesis in 8 archidiaconatus, 45 decanatus, 508 parrochias divisa est. Usque ad a. 1869 principes-archiepiscopi Olomucenses bona ecclesiastica in feudo tenuerunt.

Regimine communistico post bellum mundiale secundum dominante sedes metropolitana Olomucensis inde ab a. 1961 usque ad a. 1989 vacavit; hodie 22 decanatus et 419 parrochias complectitur. Ad suffraganeum Brunensem a. 1996 dioecesis Ostraviensis-Opaviensis accessit.

De a r c h i v o praedivite, olim in palatio archiepiscopali in Kroměříž recondito, hodie vero in Archivo Terrae Opaviensis, Minore sede Olomutii (Zemský Archiv Opava, pobočka Olomouc) asservato, cf. praecipue Beda Dudík Bibliothek und Archiv im fürsterzbischöflichen Schlosse zu Kremsier (Wien 1870); insuper cf. Antonín Breitenbacher Archiv olomouckého arcibiskupství v Kroměříži [Das Archiv des Erzbistums Olmütz in Kremsier], in: Časopis archivní školy 4 (1926–1927) 145–163; idem Z archivu olomouckého arcibiskupství v Kroměříži [Aus dem Archiv des Olmützer Erzbistums in Kremsier], in: Časopis archivní školy 6 (1928) 198–202; idem Archiv biskupský a později arcibiskupský v Olomouci [Das Bischöfliche, später Erzbischöfliche Archiv in Olmütz], in: Kulturní poklady v arcibiskupském zámku v Kroměříži (Vyškov 1929) p. 11sqq.; idem Z archivu olomouckého arcibiskupství v Kroměříži, in: Časopis archivní školy 7 (1930) 133–138; Rudolf Zuber Archiv arcibiskupství olomouckého v Kroměříži [Das Erzbischöflich Olmützer Archiv in Kremsier], in: Archivní časopis 1 (1951) 121sq.; Věra Kyasová Archivy na zámku v Kroměříži [Die Archive im Schloß zu Kremsier], in: Kroměříž – městská památková reservace (Praha 1963) p. 44sq. et Státní Archiv v Opavě. Průvodce po archivních fondech. Svazek 3: Pobočka v Olomouci [Staatsarchiv Troppau. Führer durch die Archivbestände. Teil 3: Nebenstelle Olmütz]. Curaverunt Jan Bistřický, František Drkal et Miloš Kouřil (Praha 1961) p. 3–99.

De bibliotheca medii aevi usque ad dies nostras locupleta cf. Miroslav Boháček Rukopisná sbírka učeného právníka a biskupa Bohuše ze Zvole v Universitní Knihovně Olomoucké [Die Handschriftensammlung des gelehrten Juristen und Bischofs Bohuš von Zvole in der Olmützer Universitätsbibliothek], in: Sborník historický 7 (1960) 79–122. De collectione manuscriptorum hodierna cf. Dudík Bibliothek (v. supra) et Jan Bistřický-Miroslav Boháček-František Čáda Seznam rukopisů metropolitní kapituly v Olomouci [Handschriftenverzeichnis des Olmützer Metropolitankapitels], in: Státní Archiv v Opavě. Průvodce po archivních fondech. Svazek 3 (v. supra) p. 101–185. Hodie bibliotheca capituli metropolitani in Archivo Terrae Opaviensis, Minore sede Olomutii (Zemský Archiv Opava, pobočka Olomouc) sub titulo depositi capituli metropolitani asservata est.

P   = Ms. bibliothecae capituli metropolitani s. Viti Pragensis Ivonis Carnotensis epistolae et alia epistola selecta continens (a. 1416 conscriptum), nunc Praha, Archiv Pražského hradu. Knihovna Metropolitní kapituly u sv. Vita, sign. G XXXI; microforma: č. 1024, kopie: P, inv. Č. 814).

O   = Ms. CO 464 bibliothecae capituli Olomucensis inter alia Petri Blesnensis, Ivonis Carnotensis et Petri Damiani Epistolae continens (saec. XIV), nunc Zemský Archiv Opava, Pobočka Olomouc, fond Metropolitní kapitula sv. Václava v Olomouci. De codice cf. Metoděj Zemek Dva olomoucké kodexy, in: Časopis Vlasteneckého spolku musejního v Olomouci 59 (1950) 18sq. et Bistřický-Boháček-Čáda Seznam rukopisů metropolitní kapituly v Olomouci (1961) p. 143.

V   = Wien, Österreichische Nationalbibliothek, ms. n. 2178 (saec. XII ex.).

†1   *(973 mai.–974 iun.)*

Benedicto VI Piligrimus s. Lauriacensis ecclesiae humilis servitor: inter alia nuntians conversionem Ungrorum a se inceptam rogat eum, ut illic iubeat aliquos ordinari episcopos, quia Romanorum quondam Gepidarumque temporibus proprios septem antistites orientalis Pannonia et Moesia suae s. Lauriacensi ecclesiae subiectos habuit, quorum quatuor, usque dum Ungri regnum Bawariorum invaserunt, in Maravia manserunt.

   v. Magna Moravia n. †43.

†2   *(973 mai.–974 iun.)*

B e n e d i c t u s VI metropolitanis Germaniae etc.: postulationibus archiepiscopi (Piligrimi) assensum praebens s. Lauriacensem ecclesiam eiusque rectores iam archiepiscopos ab omni Salzburgensis ecclesiae eiusque praesulum subiectione absolvit et honore metropolitano sublimat, et sicut sanctus martyr Agapitus papa terminos
earundem parochiarum ab invicem distinxit *(Magna Moravia n. †40)* et ipse diffinit,
Piligrimo autem archiepiscopo pallium dat atque in provinciis Avariae et Maraviae,
regionum quoque inferioris Pannoniae sive Moesiae et in contiguis eidem archiepiscopo Sclavorum nationibus apostolicam vicem committit.

        v. Magna Moravia n. †44.

*3   *Mainz 976 april. 28*

(B e n e d i c t i VII) auctoritate, astipulantibus assessoribus suis episcopis, inter quos
(Wracen?) Moraviensis, Willigisus archiepiscopus Moguntiacensis statuit de depositione Gozmari cantoris (Aschaffenburgensis).

        cf. etiam Praha, Episc. n. *3; Mainz, Archiepisc. n. 79; Aschaffenburg n. 2, Germ.
Pont. IV 80. 218sq. (Stimming Mainzer UB. I 134 n. 219; Marsina Cod. dipl. Slovaciae I 46
n. 47; Böhmer–Zimmermann n. 548; Thiel UB. Aschaffenburg I 27 n. 8).

        Cum hoc decretum, excepta incerta notitia apud Cosmam (cap. II, 21), unicum testi-
monium episcopatus Moraviensis saec. X existentis remanet, multas vehementes controversias inter viros doctos provocavit (cf. Naegle Kirchengeschichte I 2 p. 481sq.). Thiel in UB.
Aschaffenburg etiamsi chartam summa summarum falsificatam (‚verfälscht‘) esse declarat
(p. 27), attamen non refutat (p. 29) quosdam paragraphos (I–IV) arbitrii et praesentiam
praecipue quatuor episcoporum (Spirensis, Warmaciensis, Pragensis, Morauiensis), ut sibi
bene videatur (‚allem Anschein‘), sincera esse. Cum K. H. Rexroth Der Stiftsscholaster Her-
ward von Aschaffenburg und das Schulrecht von 976, in: Aschaffenburger Jb. für Geschichte,
Landeskunde und Kunst des Untermaingebietes 4 (1957) 203–230, p. 213sq., synodum
paschalem m. mart. 976 in Maguntia, verisimile in praesentia Ottonis II habitam esse conicit.
Etiam Heinrich Koller Neue Forschungen zum Großmährischen Reich, in: Mitteilungen d.
Gesellschaft für Salzburger Landeskunde 136 (1996) 489–495, p. 491 et novissime Dušan
Třeštík Moravský biskup roku 976 [Der mährische Bischof des Jahres 976], in: Ad vitam et
honorem. Festschrift für Jaroslav Mezník (Brno 2003) p. 211–220, Moraviensem episcopum
adstitisse pro certo habent. Nomen episcopi ‚Wracen‘ solum in Cosmae Chron. (ed. Bretholz
p. 113) traditum est.

*4   *(973 ante mai.–983 in.)*

B e n e d i c t u s VI (aut VII) Adalberto Pragensi episcopo: confirmat una cum Othone
imperatore II Boleslai ducis Boemie consensu accedente unionem Moraviensis episcopatus cum Pragensi episcopatu.

        v. Praha, Episc. n. *4.

*5   *(983 in.)*

B e n e d i c t u s VII Adalberto Pragensi episcopo: confirmat una cum Othone imperatore II Boleslai ducis Boemie consensu accedente unionem Moraviensis episcopatus
cum Pragensi episcopatu.

> v. Praha, Episc. n. *5.

*6   *(1072 cr. aestate)*

(Iohannes) episcopus Moravensis apostolicae sedis (A l e x a n d r i II) de iniuriis ab Ieromiro Bragensi episcopo acceptis queritur.

> *Laud. in n. 20.*
>
> De Iohanne, episcopo Moraviensi seu Olomucensi (1063–1086), qui antea monachus
> in Niederaltaich fuit (Mon. Germ. Necr. IV 67), cf. Hein Geschichte (1913) p. 4–10; Pohl Bei-
> träge (1940) p. 15sq.; Thomas Vogtherr Die Reichsabteien der Benediktiner und das König-
> tum im hohen Mittelalter (900–1125) (Mittelalter-Forschungen 5. Stuttgart 2000) p. 253;
> Rudolf Schieffer Mönchsbischöfe in der ottonisch-salischen Reichskirche, in: Studien und
> Mitteilungen zur Geschichte des Benediktinerordens und seiner Zweige 113 (2002) 65-79,
> hic p. 72 et novissime Buben Encyklopedie biskupů p. 127sq.

*7   *(1072–1073 in.)*

A l e x a n d e r II per epistolas causam Iohannis Moravensis et Ieromiri Bragensis episcoporum iusto fine determinare et litem compescere desudat.

> *Laud. in n. 20.*

*8   *(1072–1073 in.)*

(A l e x a n d r o II) Wratizlaus dux Hagnonem, clericum in capella Iohannis episcopi
(Moraviensis), virum Teutonicum mittit, ut multa super illata iniuria Iohanni episcopo, multa super statu ecclesiastico scriptis pariter et dictis apostolico referat.

> v. Bohemia, Duces ac reges n. *16.

*9   *(1072–1073 in.)*

(A l e x a n d r o II) dux Wratizlaus iterum legatos suos Petrum praepositum s. Georgii
cum comite nomine Preda mittit, ut deferant litterali compendio inclusas ad apostolici aures iniurias a fratre suo (Gebhardo episcopo Pragensi) sibi et episcopo Iohanni
(Moraviensi) illatas.

> v. Bohemia, Duces ac reges n. *17. – Hein Geschichte (1913) p. 7 adventum Petri prae-
> positi et comitis Predae Romae sine fontibus ad a. 1072 oct. ponit.

*10   *(1072 ex.–1073 in.)*

A l e x a n d e r II legatos suos (Bernardum et Gregorium *[Gregorius VII]*, alias
Rudolfum *[Cosmas]*) in Boemiam mittit.

> v. Bohemia, Duces ac reges n. ''22.

De legatis cf. Krofta Kurie 32–34; Novotný I 2, 152–157; Schumann Legaten p. 17–22; Hüls Kardinäle p. 245sq. 249; Hilsch Familiensinn (1991) p. 219; Kalhous Jaromír-Gebhard (2003; cf. supra s. v. Praha, Episc.) p. 31sq., a quo legati 1073 april. in Bohemiam missi esse dicuntur.

Tempus ex eo evincitur, quod Alexander II 1073 april. 21 mortem occubuit.

*11   *(Praha 1072 ex.–1073 in.)*

Rudolfus ‚apocrisiarius et missus apostolici' (rectius Bernhardus et Gregorius diaconi cardinales et legati A l e x a n d r i II, dein G r e g o r i i VII) Pragam veniens iubet ducem Wratizlaum, ut inter alios et Iohannem episcopum Moraviensem ad synodum omnium principum terrae, abbatum et praepositorum ecclesiarum convocet sacram.

v. Bohemia, Duces ac reges n. *23.

*12   *(Praha 1072 ex.–1073 in.)*

Rudolfus apocrisiarius et missus apostolici (rectius Bernhardus et Gregorius diaconi cardinales et legati A l e x a n d r i II, dein G r e g o r i i VII) (Gebehardum) Pragensem et (Iohannem) Moraviensem episcopos constringit banno, nisi uterque episcopus eodem anno ‚de inductis causis reddat rationem pontifici Romano'.

v. Praha, Episc. n. *35.

13   *Laurentum 1073 iul. 8*

G r e g o r i u s VII Wratizlao Boemiae duci et fratribus eius (Conrado et Ottoni): queritur de quibusdam, qui Bernardum et Gregorium legatos (inter alia de causa episcopatus Moraviensis) ad partes eorum directos *(Praha, Episc. n. *29)* contemptui habuerint, quoniam antecessorum suorum Romanorum pontificum negligentia et patrum eorum agente incuria apostolicae sedis nuntii ad partes eorum raro missi sint, ideoque hoc quasi novum aliquid existimetur ab illis; inter quos Iarmirum Bragensem episcopum, fratrem eorum, olim amicum suum esse dicit; rogat, ut et legatos et ipsum episcopum conveniant et ad oboedientiam eundem hortentur, adversus quem, si non oboedierit, suspensionis sententiam a legatis promulgatam se firmaturum esse asserit.

v. Bohemia, Duces ac reges n. 25.

14   *Roma 1073 dec. 17*

G r e g o r i u s VII Wratizlao duci Boemiae: inter alia nuntiat se causas et negotia, quae in partibus illis ad audientiam discussionemque legatorum suorum *(Praha, Episc. n. *30–*35)* perlata (i.e. inter alia causa episcopatus Moraviensis) congrua determinatione diffiniri non poterant, ad finem perducturum esse, praecipiens, ut interim, quae ipsi inde statuerint, immota maneant, donec ad se negotia perferantur.

v. Bohemia, Duces ac reges n. 26. – De legatis cf. ibid. n. *22 adn.

*15   (ante 1074 ian. 31)

G r e g o r i o VII Ieromirus episcopus Pragensis epistolam scribit, qua iustam absentationis suae moram vel occasionem ex apostolica districtione (i.e. suspensionis sententia legatorum) defendit conquerens se inde exspoliatum rebus ecclesiae suae inopia rerum necessariarum oboedientiam debitae satisfactionis in causa adversus
Iohannem Moravensem episcopum agitata non posse exsequi.

       v. Praha, Episc. n. *38.

16   Roma 1074 ian. 31

G r e g o r i u s VII Ieromiro Bragensi episcopo: inter alia praecipit, ut de causa sua
contra Iohannem episcopum Moravensem in ramis Palmarum (april. 13) apostolica
adire limina non praetermittat; notificat fratrem eius (Vratislaum ducem) a se esse
commonitum (n. 17), ut Iohannem Moravensem episcopum itidem Romam venire
commoneat et ex parte sua legatos ad sedem apostolicam mitteret; interim de possessionibus Moravensis episcopatus nihil eum tangere praecipit, ne ille (sc. Moravensis
episcopus) aliqua molestiarum excusatione praesentiam suam conspectui apostolico
subtrahat; praecipit, quatenus terminum adventus sui tam mature fratri suo duci indicare curet, ut ille Moravensem episcopum et proprios legatos una cum eo (Ieromiro) ad apostolicam sedem dirigere possit.

       v. Praha, Episc. n. 39.

17   Roma 1074 ian. 31

G r e g o r i u s VII Wratizlao duci Boemiorum: praecipit, ut in integrum Ieromiro
Bragensi episcopo omnia restituantur praeter ea, pro quibus Iohannes Moravensis super illum clamat episcopus; commonet insuper, ut episcopum Moravensem ad praesentiam apostolicam adire commoneat et si rerum aut temporum eventus ipsius praesentiam prohibuerit, fideles nuntios Romam dirigat.

       v. Bohemia, Duces ac reges n. 28.

18   (1073 mai. ex. – 1074 febr.)

G r e g o r i o VII Sigefridus I Moguntinae dispensator ecclesiae: inter alia dolet, quod
episcopus ille (Iohannes sc. Moraviensis), qui expulsionis et perturbationis (Iaromiri
Pragensis episcopi) auctor sit, eius sibi usurpet officium, consecrando et confirmando
Pragensem episcopatum circumiens.

       v. Mainz, Archiepisc. n. 150, Germ. Pont. IV 99 (Friedrich Cod. dipl. Bohemiae I 64
       n. 63; Stimming Mainzer UB. I 230 n. 335); cf. insuper Praha, Episc. n. 31 et opera ibi no-
       tata.

       cf. etiam Praha, Episc. n. 41.

*19   *(ante 1074 mart. 18)*

Ecclesia Olomucensis apostolicis privilegiis (A l e x a n d r i II? G r e g o r i i VII?) munitur.

> *Laud. in n. 21.*
>
> Privilegia apostolica ecclesiae Olomucensis eo tempore aut antehac data omnino ignoramus.

20   *Roma 1074 mart. 18*

G r e g o r i u s VII Sigifredo Maguntino archiepiscopo: intellexit eum causam Ieromiri Bragensis et Iohannis Moravensis episcoporum, iam ad apostolicam delatam audientiam, ad examen proprii arbitrii transferri voluisse; invitat eum, ut hac in re secum canonicas traditiones et decreta patrum percurrat; postquam enim apostolica sedes, accepta Moravensis episcopi querimonia *(n. *6)*, saepe per epistolas *(n. *7)*, aliquotiens etiam per legatos *(n. *10sqq.)* causam iusto fine determinare et litem compescere desudaverit, tunc demum ipsum archiepiscopum negotium ad se retrahere voluisse *(n. 18)*; admonet, ne ulterius tam inordinata praesumat neve contra sanctae Romanae ecclesiae iura sibi quicquam attribuere vel moliri cogitet; addit se ipsum litem inter praefatos episcopos exortam iuste decidere et Olomucensi ecclesiae, quae proprii iuris sint, decernere et corroborare procuraturum esse.

> v. Praha, Episc. n. 42.

21   *Roma 1074 mart. 18*

G r e g o r i u s VII Ottoni et Chuonrado fratribus Wratizlai ducis Boemiorum: admonet, ut meminerint, quod de causa Olomucensis ecclesiae apostolicis privilegiis munitae *(n. *19)*, iam ante apostolica monita accepissent *(n. 13)*, et rogat, ne aliquam contrarietatem eidem ecclesiae faciant.

> v. Moravia, Duces ac marchiones n. 3.

22   *Roma 1074 mart. 18*

G r e g o r i u s VII Wratizlao duci Boemiae: nuntiat se Sigifredum archiepiscopum Maguntinum de praesumptione in causa Ieromiri Bragensis episcopi (contra Iohannem episcopum Moravensem) duriter increpavisse.

> v. Bohemia, Duces ac reges n. 29.

*23   *(1074 mart./april.)*

Ad limina apostolorum (G r e g o r i u m VII) Geboardus Bragensis episcopus accedit de causa sua contra Iohannem, episcopum Moravensem agitaturus et se satisfacturus de sibi obiectis.

> v. Praha, Episc. n. *44.

*24   Roma (1074 mart./april.)

Gregorius VII Mathilda comitissa Romae praesente et multis precibus fatigante
pro Iaromiro suo affine pacem inter episcopos Pragensem et Moraviensem statuit
eodem modo, ut Iaromiro in pristinum gradum restituto ambo propriis episcopatibus
contenti vivant, sin autem post 10 annos ad apostolicam sedem iudicium accepturi
redeant.

     v. Praha, Episc. n. *45.

*25   (Roma 1074 ante april. 16)

Geboardus Bragensis episcopus in manum papae (Gregorii VII) promittit, decretum de bonis et rebus, unde inter eum et Iohannem episcopum Marovensem lis sit,
usque ad futuram synodum (in quadragesima sequenti tenendam?) cum omni pace et
quiete teneri debiturum esse.

     v. Praha, Episc. n. *46.

26   Roma 1074 april. 16

Gregorius VII Wratizlao Boemiorum duci: inter alia statuit de causa inter Iarmirum Bragensem episcopum fratrem eius et Iohannem (Marovensem) episcopum tamdiu protracta propter illius absentiam, ut in futura synodo ambo episcopi aut ipsi ad
se veniant aut idoneos nuntios ad contentionem decidendam mittant; terram vero,
unde inter episcopos lis sit, a Marovensi episcopo interim tenendam esse decernit.

     v. Bohemia, Duces ac reges n. 31.

*†27   (ante 1074 sept. 22)

Gregorius VII Geboardo Pragensi episcopo iura quaedam – res inter eum et Iohannem Moravensem episcopum in lite – concedit.

     v. Praha, Episc. n. *†49. – Talem concessionem numquam factam mentiendo Geboar-
     dum attulisse Gregorius VII in litteris suis (n. 29. 31) refert.

*28   (ante 1074 sept. 22)

Gregorio VII Iohannes episcopus Moravensis nuntium mittit – certe cum litteris –
de causa sua cum Bragensi episcopo.

     Laud. in n. 31.

29   Roma 1074 sept. 22

Gregorius VII Geboardo Bragensi episcopo: inter alia graviter reprehendit eum,
quod contra interdictum apostolicum de bonis et rebus, unde inter eum et Iohannem
episcopum Marovensem lis est, contra promissionem in manu papae facta (n. *25) se
intromittere ausus et apostolica concessione se id fecisse mentitus sit (n. *†27); prae-

cipit, ut castrum sancti Venzlai et alia omnia, quae in lite sunt, Marovensi episcopo reddat et ad diffiniendam causam aut ipse Romam veniat aut idoneos legatos mittat atque hoc Marovensi episcopo notificet, quatenus et ipse pariter se vel legatos suos ad iter praeparare valeat.

> v. Praha, Episc. n. 50.

---

30   *Roma 1074 sept. 22*

G r e g o r i u s VII Wratizlao duci Boemiorum: inter alia referens de lite fratris eius Geromiri Bragensis episcopi cum Iohanne Marovensi episcopo adhuc non cessante monet eum, ut fratrem Geromirum, nisi castrum (sancti Venzlai) et alia, quae in lite sint, Marovensi episcopo sine mora reddat, eiciat et restitutis omnibus Marovensi episcopo ipsum et bona ecclesiae ipsius defendat.

> v. Bohemia, Duces ac reges n. 35.

---

31   *Roma 1074 sept. 22*

G r e g o r i u s VII Iohanni Marovensi episcopo: grates agendo de caritate eius notificat de fraude cognita Bragensis episcopi non solum ad Iohannis sed etiam mentiendo de quadam concessione *(n. *†27)* ad domini papae iniurias, de qua et papae commotione responsoque nuntius Iohannis viva voce ei indicabit *(n. *28)* et ipse ex exemplo litterarum duci (Vratislao) *(n. 30)* et (Geboardo) episcopo Bragensi *(n. 29)* missarum cognoscet; eum vero item reprehendit se contra decreta apostolica surrexisse et sententiam apostolicam de rebus in lite mutare putavisse; attamen res dictas Iohanni usque ad futuram synodum reddi iubet et ad praesens consolatur eum. – Caritatem tuam frater. Dat. Romae 10 kal. oct., ind. 13.

> *Registr. Gregorii VII (Reg. Vat. 2) f. 55, lib. II n. 8. – Edd. (A. Carafa) Epist. Decretal. III 624 n. 8. Binius Conc. gener. III 2, 1182 n. 8. Conc. coll. reg. XXVI, 129 n. 8. Hardouin Acta conc. VI 1, 1269 n. 8. Mansi Conc. coll. XX 134 n. 8. Dobner Annales V 442 = Boczek Cod. dipl. Morav. I 157 n. 177. Jaffé Bibl. II 121 n. 8. Migne PL 148, 368 n. 8. Friedrich Cod. dipl. Bohem. I 77 n. 73. Caspar in: Mon. Germ. Epist. sel. II 1, 137. – Regg. Erben Regesta I 66 n. 152. J. 3640. JL. 4881.*
>
> cf. etiam Bohemia, Duces ac reges n. 36; Praha, Episc. n. 52.
>
> De re cf. Meyer von Knonau Jbb. Heinrich IV. t. 2, 428; Novotný I 2, 166; Grudziński Polityka (1959; cf. supra s.v. Praha, Episc.) p. 63; Cowdrey Pope Gregory VII p. 449sq.; Kalhous Jaromír-Gebhard (2003; cf. supra s.v. Praha, Episc.) p. 33. – De his litteris cf. Blaul Studien (1912) p. 149.

---

*32   *(Roma 1075 ante febr. 24)*

Gebhardus Pragensis et Iohannes Moraviensis episcopi Romam profecti apostolico (G r e g o r i o VII) suarum litterarum formam offerunt; quibus recitatis nec admissa nec repulsa nec discussa eorum causa iubentur ire ad hospitia sua, quoad usque revocentur ad generalem synodum (Romae modo habendam) die constituta.

> v. Praha, Episc. n. *53.

*33   *Roma 1075 febr. 24–28*

Synodo in basilica sancti Salvatoris congregata lis de quibusdam decimis et curtibus
inter Iohannem Moravensem et Geboardum Bragensem episcopos ibidem quoque
praesentes determinata est.

    v. Praha, Episc. n. *54.

34   *Roma 1075 mart. 2*

G r e g o r i u s VII notum facit, qualiter lis inter Iohannem Moravensem episcopum et
Geboardum Bragensem episcopum de quibusdam decimis et curtibus per pactionis
convenientiam in apostolica sede determinata sit in secundo sui pontificatus anno in
basilica Salvatoris multis fratribus et supradictis episcopis praesentibus *(n. *33)*; refert
de diffinitione causae et hanc ab omnibus inviolatam manere praecipit.

    v. Praha, Episc. n. 55.

35   *Roma 1075 april. 17*

G r e g o r i u s VII Wratizlao Boemiorum duci: monet inter alia, ut nullius litis scandalum in suo regimine versari permittat, praecipue inter se et fratres suos et Bragensem Holomucensemque episcopos.

    v. Bohemia, Duces ac reges n. 38.

36   *Roma 1075 april. 17*

G r e g o r i u s VII universis in Boemia constitutis maioribus atque minoribus: relatione episcoporum patriae eorum limina apostolorum visitantium accepta *(n. *32)*
eos commonet, ut pacem inter se constituant, non solum clerici, sed et laici castitatem
servent, decimas Deo fideliter exsolvant, ecclesiis debitum honorem impendant, ele-
mosynis atque hospitalitati devote insistant.

    v. Bohemia, Duces ac reges n. 39.

*37   *(Mainz 1085 mai.–1086 april. 29)*

(C l e m e n t i s III i.e. Wiberti) legatis (Iohanne episcopo Portuensi, Hugone Albo
presbytero tit. s. Clementis et Petro quondam cancellario presbytero tit. s. Chrysogoni
cardinalibus) atque Heinrico IV imperatore praesentibus Gebehardus episcopus (Pragensis) conqueritur, quod Pragensis episcopatus, qui ab initio per totum Boemiae ac
Moraviae ducatum unus et integer constitutus erat, postea sine antecessorum suorum
suove consensu sola dominantium potestate subintronizato intra terminos eius novo
episcopo (scil. Moravensi) divisus sit et imminutus; a Wezelino Moguntino archiepiscopo aliisque archiepiscopis et episcopis assensu ducis Boemorum Wratizlai, fratris
eius Cunradi aliorumque laicorum primitiva illa parochia cum omni terminorum
ambitu Pragensi ecclesiae adiudicatur.

    v. Praha, Episc. n. *60.

*38   *(1085 post mai.–1086)*

C l e m e n s III (i.e. Wibertus) Pragensem episcopatum in terminis ab Heinrico imperatore in synodo Maguntina constitutis (regionem Moraviam amplectentibus) *(n. *37)*
corroborat.

> v. Praha, Episc. n. *61.

*39   *(1118 post mai. 22)*

(Cuno) Praenestinus episcopus (cardinalis) sanctae Romanae ecclesiae (G e l a s i i II)
legatus per Adalbertum archiepiscopum Maguntinum et Ottonem Babenbergensem
episcopum (Hermannum) Pragensem et (Iohannem) Moraviensem episcopos ad
concilium 5 kal. aug. (iul. 28) Fridislariae (*Fritzlar*) celebrandum invitat.

> v. Praha, Episc. n. *65.

*40   *(ante 1136 med.)*

H(einricus) episcopus Moraviensis A(dalbertum) Magontinum archiepiscopum et
apostolicae sedis (I n n o c e n t i i II) legatum consulit de translatione et commutatione
sedis episcopalis Moraviensis.

> v. Olomouc, Eccl. cath. n. *1.
>
> De Heinrico episcopo Olomucensi cf. inter alia Zak De b. Henrico II Zdik; Kadlec
> Přehled I 114–116; Jan Bistřický in: Osobnosti moravských dějin I (2006) 27–43; Buben En-
> cyklopedie biskupů p. 155–158 et novissime Žemlička in: Hrbáčová Jindřich Zdík (2009)
> p. 13–27.

41   *(ante 1136 med.)*

A(dalbertus) archiepiscopus Magontinus et apostolicae sedis (I n n o c e n t i i II) legatus H(einrico) episcopo Morauiensi consulenti *(n. *40)* concedit, ut sedem episcopalem ex vetera ecclesia (s. Petri) in alium locum transferat.

> v. Olomouc, Eccl. cath. n. 2.

*42   *(ante 1136 med.)*

I n n o c e n t i u s II licentiam sedis episcopalis Moraviensis transferendi Heinrico episcopo concedit.

> v. Olomouc, Eccl. cath. n. *3.

*43   *1139 (ante april. 4?)*

Heinricus episcopus Olomucensis ‚Romam causa orationis profectus est'.

> *Laud. in Monachi Sazavensis Continuatione Cosmae ad a. 1139 (Mon. Germ. Script. IX 158;*
> *Font. rer. Bohem. II 260).*
>
> > Verisimile occasione huius itineris Heinricus episcopus concilio generali Lateranensi
> > ab Innocentio II convocato et 1139 april. 4 inito interfuit, licet hoc verbis expressis nusquam
> > indicatum sit. Cf. Zak De b. Henrico II Zdik p. 42; Buben Encyklopedie biskupů p. 155–158
> > et novissime Eberhard in: Gatz Bistümer p. 511.

*44 (ante 1139–1140 april. 12)

Innocentio II Heinricus Moraviensis episcopus litteras mittit, in quibus voluntatem suam paganis verbum Domini praedicare significat.

Laud. in n. 45.

45 Laterano (1139–1140) april. 12

Innocentius II Henrico Moraviensi episcopo: quia ex litteris eius ipsius voluntatem intellexit paganis verbum Domini praedicare (n. *44), opus esse decernit, ut ad Romanam ecclesiam veniat, quatinus cognito fructu exinde proventuro ibidem secundum universalis ecclesiae doctrinam assumpta forma docendi, quod faciendum sit, perficere valeat. – Fraternitatis tuae litteras. Dat. Lat. 2 id. april.

P f. 110' n. 182. O f. 208'. – Edd. Boczek Cod. dipl. Morav. I 212 n. 236 [ad a. 1140] = Migne PL 179, 531 n. 460. Friedrich Cod. dipl. Bohem. I 129 n. 123 [ad a. cr. 1140] = Zak De b. Henrico II Zdik p. 49 [ad a. 1140]. Bistřický Studien p. 231 n. 3 = idem Listy p. 20 n. 1. – Regg. Erben Regesta I 101 n. 227. Hrbáčová Jindřich Zdík p. 144 n. 71, 1. J. 5780. JL. 8116.

46 Laterano (1141) ian. 31

Innocentius II H(einrico) Moraviensi episcopo: mandat, ut, cum paganis de Pruzia verbum Domini praedicare desideret, per episcopatum ei commissum honestas et discretas personas interim constituat, qui corrigenda corrigant et, quae statuenda sint, stabiliant; crucem in terra illius gentis ferendi ante ipsum licentiam indulget; iubet, ut praedicato genti illi verbo Domini redire non differat. – Non decet episcopum. Dat. Lat. 2 kal. febr.

P f. 110 n. 181. O f. 208'. – Edd. Boczek Cod. dipl. Morav. I 212 n. 237 = Migne PL 179, 564 n. 492. Friedrich Cod. dipl. Bohem. I 131 n. 125. Zak De b. Henrico II Zdik p. 49. Bistřický Studien p. 231 n. 4 = idem Listy p. 21 n. 2. – Regg. Erben Regesta I 102 n. 228. Hrbáčová Jindřich Zdík p. 146 n. 71, 2. J. 5814. JL. 8199 [ad 1142 ian. 30].

*47 (1141 ex.–1142 in.)

Licentia Innocentii II habita (n. *42) Heinricus Olomucensis episcopus, qui sedem pontificalem ab ecclesia sancti Petri ad ecclesiam sancti Wenceslai martyris Olomucensem transtulit, novam ecclesiam cathedralem esse roborat.

v. Olomouc, Eccl. cath. n. *4.

*48 (ante 1142 april. 1)

Innocentio II Henricus Olomucensis episcopus de quibusdam paganis significat, ad quos transire velit eisque verbum Dei annutiare utile videatur.

Laud. in n. 49.

49   *Laterano (1142) april. 1*
I n n o c e n t i u s II Henrico Olomucensi episcopo: exhortatur eum, ut, quamvis po-
pulus ei commissus durae cervicis sit eique rebellis et inoboediens exsistat, si ad paganos transire, de quibus sibi significaverit *(n. *48)*, eisque verbum Dei annuntiare ei videatur utile, tamen ad commissum sibi populum quam citissime redire non
negligat. – Qui pastoralis officii. Dat. Lat. kal. april.

> *P f. 112' n. 190. O f. 210. – Edd. Boczek Cod. dipl. Morav. I 213 n. 238 [ad a. 1141] = Migne PL*
> *179, 564 n. 493. Friedrich Cod. dipl. Bohem. I 132 n. 127. Zak De b. Henrico II Zdik p. 53 (fragm.).*
> *Bistřický Studien p. 232 n. 5 = idem Listy p. 21 n. 3. – Regg. Erben Regesta I 102 n. 229. Hrbáčová*
> *Jindřich Zdík p. 146 n. 71, 3. J. 5815. JL. 8220.*

50   *Laterano (1142) april. 1*
I n n o c e n t i u s II abbatibus, canonicis et clericis per Olomucensem episcopatum
constitutis: vituperat eos, quod contra prohibitionem H(einrici) episcopi divina officia celebrare praesumpserint et excommunicatos eius recipere et sacramenta cum eis
communicare nullatenus formidaverint; mandat, ut episcopo digne satisfaciant et ad
ipsius oboedientiam et reverentiam redeant; alioquin se excommunicationis vel depositionis sententiam, quam in eos episcopus promulgaverit, firmaturum esse minatur. – Quod vos de. Dat. Lat. kal. april.

> *P f. 113 n. 191. O f. 210'. – Edd. Boczek Cod. dipl. Morav. I 214 n. 239 [ad a. 1141] = Migne PL*
> *179, 565 n. 494. Friedrich Cod. dipl. Bohem. I 133 n. 128. Zak De b. Henrico II Zdik p. 53. Bistřický*
> *Studien p. 233 n. 6 = idem Listy p. 22 n. 4. – Regg. Erben Regesta I 102 n. 230. Hrbáčová Jindřich Zdík*
> *p. 146 n. 71, 4. J. 5816. JL. 8221.*

*51   *Nürnberg 1142 (mai.)*
Theodewino s. Rufinae episcopo (cardinali), apostolicae sedis (Innocentii II) legato,
multisque clericis, inter quos Steico (i. e. Heinrico) Moraviensi episcopo, et laicis praesentibus Conradus III rex Hugoni de Kranichstein annuale forum in villa s. Petro-
nelle *(Petronell)* concedit.

> v. Regnum et Imperium (Mon. Germ. Dipl. Conradi III n. 79; Friedrich Cod. dipl.
> Bohem. I 134 n. 129; Böhmer-Niederkorn/Hruza n. 244).
> De legatione et cardinali cf. Friedrich Schirrmacher in: ADB V 208sq.; Brixius Mit-
> glieder p. 47. 96; Bachmann Legaten p. 59–67; Friedrich Hausmann in: NDB III 704; Zenker
> Mitglieder p. 26–28; Weiß Urkunden p. 126–132.

*†52   *Nürnberg 1142 (mai.)*
Teodebico s. Rufinae episcopo (cardinali), apostolicae sedis (I n n o c e n t i i II) legato,
multisque clericis et laicis, inter quos Steico (i. e. Heinrico) Moraviensi episcopo, praesentibus Conradus III rex Hugoni de Chranichperch) annuale forum in villa s. Petronellae *(Petronell)* cum omnibus utilitatibus ‚scilicet libertatibus iudicio vinculo patibulo‘ concedit.

> v. Regnum et Imperium (Mon. Germ. Dipl. Conradi III n. †288; Böhmer-Nieder-
> korn/Hruza n. †245).

53   *Laterano (1142) aug. 21*

Innocentius II Henrico Moraviensi episcopo: G(uidonem) diaconum cardinalem, quem pro enormitatibus corrigendis ad partes illas de latere suo destinat *(n. *54)*,
dilectioni eius commendat. – Diu est quod. Dat. Lat. 12 kal. sept.

> *P f. 113' n. 192. O f. 210'. – Edd. Boczek Cod. dipl. Morav. I 215 n. 240 = Migne PL 179, 597
> n. 531. Friedrich Cod. dipl. Bohem. I 134 n. 130. Zak De b. Henrico II Zdik p. 74. Bistřický Studien
> p. 235 n. 8 = idem Listy p. 24 n. 6. – Regg. Erben Regesta I 104 n. 236. Bachmann Legaten p. 223.
> Hrbáčová Jindřich Zdík p. 146 n. 71, 6. J. 5856. JL. 8238.*
>
> > cf. etiam n. *54. – De cardinali et legatione eius cf. Bachmann Legaten p. 67–70; Spät-
> > ling Kardinal Guido p. 307–314; Zenker Mitglieder p. 188sq.; Weiß Urkunden p. 147sq. – De
> > legatione eius cf. infra n. 52 et Praha, Episc. n. 69.

*54   *(1142 post aug. 21)*

Innocentius II G(uidonem) diaconum cardinalem ad partes (Bohemiae et Moraviae) de latere suo destinat.

> *Laud. in n. 53 et in n. 87.*
>
> > cf. etiam Praha, Episc. n. *73.

55   *Regensburg 1142 dec. 15*

Dietwino (Theodewino) s. Rufinae episcopo (cardinali), apostolicae sedis (Innocentii II) legato, pluribusque episcopis, inter quos Heinrico Olomicensi (Olomucensi) episcopo, praesentibus Conradus III rex possessiones monasteriorum et Ri-
cherspergensis *(Reichersberg)* et s. Floriani *(St. Florian)* (duobus in privilegiis)
confirmat.

> v. Regnum et Imperium (Mon. Germ. Dipl. Conradi III n. 81–82; Böhmer-Nieder-
> korn/Hruza n. 257).
>
> Ambo testes (Theodewinus et Heinricus Olomucensis) hic nominatim collaudati
> subternotantur in praeceptis regiis. – Regg. Friedrich Cod. dipl. Bohem. I 135 n. 131–132;
> Classen Gerhoch von Reichersberg (v. Praha, Sv. Jiří n. *4 adn.) p. 340 n. 29.
>
> De cardinali cf. Friedrich Schirrmacher in: ADB V 208sq.; Brixius Mitglieder p. 47.
> 96; Bachmann Legaten p. 59–67; Friedrich Hausmann in: NDB III 704; Zenker Mitglieder
> p. 26–28; Weiß Urkunden p. 126–132.

*56   *Moravia (1143 in.)*

Guido diaconus cardinalis (incerti tituli) et apostolicae sedis (Innocentii II) legatus ad Moravienses ab episcopo eorum (Heinrico Olomucensi) excommunicatos accedit; satisfacione digna ab eis promissa Pataviam it.

> *Laud. in n. 60. – Reg. Bachmann Legaten p. 224.*
>
> > De cardinali cf. Zenker Mitglieder p. 188–190 et Brixius Mitglieder p. 43. De legatione
> > eius cf. Novotný I 2, 782–789; idem K pobytu kardinála Guida v zemích českých r. 1143 [Zum
> > Aufenthalt Kardinal Guidos in Böhmen im Jahre 1143], in: ČČH 25 (1919) 198–212; Zak De
> > b. Henrico II Zdik p. 76–78; Bachmann Legaten p. 67–70; Spätling Kardinal Guido (1958),
> > qui vero perperam tres legationes Guidonis a. 1142–1146 factas discernit, cf. Hlaváček An-
> > fänge p. 287 adn. 12; cf. etiam Weiß Urkunden 147sq.

*57   *Passau (1143 ante sept. 24–oct. 27)*
Guido diaconus cardinalis S. R. E. (incerti tituli) et apostolicae sedis (I n n o c e n t i i
II) legatus (Heinricum) Olomucensem episcopum ad se Pataviae vocat.
>   Laud. in n. 60. – Reg. Bachmann Legaten p. 224.

*58   *(1143 ante sept. 24–oct. 27)*
Guido diaconus cardinalis S. R. E. et apostolicae sedis (I n n o c e n t i i II) legatus
(Heinrico) Olomucensi episcopo deducente Pragam venit.
>   Laud. in n. 60.
>   cf. etiam Praha, Episc. *74.

*59   *Praha (1143 ante sept. 24–oct. 27)*
Guidonis diaconis cardinalis S. R. E. et apostolicae sedis (I n n o c e n t i i II) legatis
atque Ottonis (Pragensis), Henrici (Olomucensis) episcoporum abbatumque (ignotorum) interventu Wladizlaus dux Boemiae digna satisfactione in pacis foedus cum
Wratizlao, Cunrado et Ottone (principibus) Moraviensibus convenit.
>   v. Bohemia, Duces ac reges n. *53. Cf. etiam Praha, Episc. n. *75; Moravia, Duces et
>   marchiones n. *6.

60   *(1143 sept. 24–oct. 27)*
Guido cardinalis diaconus S. R. E. et apostolicae sedis (Innocentii II) legatus in Boemiam
destinatus *(n. *56)*: inter alia narrat de Moraviensibus propter quandam culpam ab episcopo eorum (Heinrico Olomucensi) excommunicatis, de exstirpatione vitiorum clericorum, praesertim quomodo ab officiis eorum deposuerit in Moravia Olomucensis ecclesiae decanum Thomam et magistrum Milgost *(Olomouc, Eccl. cath. n. 5)*, in tota
Boemia et Moravia bigamos et viduarum ac repudiatarum maritos, concubinarios publicos atque reliquos incontinentes in clero inventos; episcopis se praecepisse addit, ut in
parrochiis eorum plebales ecclesias distinguant; praeterea quia multos invenerit illic presbyteros ad nullos certos titulos ordinatos, eis se praecepisse nuntiat, ut, sicut in canonibus mandatur, nullus altaris minister absque certo titulo deinceps ordinetur.
>   v. Praha, Episc. n. 76. Cf. etiam Bohemia, Duces ac reges n. 54; Praha, Eccl. cath. n. 4;
>   Olomouc, Eccl. cath. n. 5; Moravia, Duces ac marchiones n. 7.

*61   *(Hradisko 1143)*
Guido sanctae Romanae ecclesiae cardinalis (I n n o c e n t i i II legatus) pristinam
electionem B(ohumili) abbatis (Gradicensis) examinat eamque illegitimam et contra
statuta canonum factam reperiens irritam omnimodis reddit; fratres Gradicenses ab
excommunicationis vinculo absolvit, deinde fratres Gradicenses habito consilio praefatum B(ohumilum) presbyterum unanimiter et canonice in praesentia istius cardinalis et terrae antistitis (i. e. Heinrici Olomucensis episcopi) sibi in abbatem eligunt.
>   v. Hradisko n. *3.

*62   (1143?)

(In n o c e n t i u s II?) ex petitione Heinrici episcopi Olomucensis monasterio Stragoviensi privilegium confirmationis dat bonorum donationes et loci ordinationem roborans.
   v. Strahov n.*1.

*63   (1144 ante iul. 10)

L u c i o II Henricus Olomucensis episcopus litteras mittit, in quibus de promotione eius (in pontificem Romanum) se laetari asseveret.
   Laud. in n. 64.

64   *Laterano (1144) iul. 10*

L u c i u s II Henrico Olomucensi episcopo: litteris suis susceptis *(n. *63)* gratum habet, quod ex ipsarum inspectione de sua promotione eum laetari intellexit; mandat, ut praesentiam suam quam citius sibi (papae) exhibeat, quoniam in quibusdam negotiis ecclesiasticis consilio eius opus sit papae. – Fraternitatis tuae litteras. Dat. Lat. 6 id. iul.
   P f. 113' n. 194. O f. 211. – Edd. Boczek Cod. dipl. Morav. I 230 n. 250 = Migne PL 179, 902 n. 60. Friedrich Cod. dipl. Bohem. I 143 n. 140. Zak De b. Henrico II Zdik p. 80. Bistřický Studien p. 238 n. 10 = idem Listy p. 27 n. 8. – Regg. Erben Regesta I 108 n. 243. Hrbáčová Jindřich Zdík p. 146 n. 71, 8. J. 6092. JL. 8646.
   De negotiis ecclesiasticis hic nominatis nihil scimus.

*65   (1144 ante aug. 20)

L u c i o II Henricus Olomucensis episcopus litteras ignotis de rebus mittit.
   Laud. in n. 66.

66   *Roma (1144) aug. 20*

L u c i u s II H(einrico) Olomucensi episcopo: susceptis litteris eius *(n. *65)*, quemadmodum per alia ei scripta *(n. 64)* mandavit, iterato mandat, ut, quam citius poterit, praesentiam suam papae exhibeat, ut tam de hiis, quae sibi significaverit, quam de aliis statuat. – Fraternitatis tuae litteras. Dat. Romae 13 kal. sept.
   V f. 175'. P f. 114 n. 195. O f. 211. – Edd. Boczek Cod. dipl. Morav. I 231 n. 251. Theiner Disquisitiones criticae p. 211 n. 21 = Migne PL 179, 903 n. 62. Friedrich Cod. dipl. Bohem. I 144 n. 141. Zak De b. Henrico II Zdik p. 81. Bistřický Studien p. 238 n. 11 = idem Listy p. 27 n. 9. – Regg. Erben Regesta I 108 n. 244. Hrbáčová Jindřich Zdík p. 146 n. 71, 9. J. 6094. JL. 8651.

*67   (ante 1145 april. 28)

Heinricus Moraviensis episcopus E u g e n i o III de religione et honestate Berthae abbatissae eiusque sororum monasterii s. Georgii (Pragensis) refert et pro eis protectionem apostolicam petit.
   Laud. in n. 68.

68   *Viterbo 1145 april. 28*
E u g e n i u s III Bertae abbatissae sancti Georgii (Pragensis) eiusque sororibus: inter
alia pro his, quae de religione et honestate earum per Henricum Moraviensem episcopum *(n. *67)* intellexit, preces ipsius admittens b. Georgii ecclesiam sub beati Petri et
sua protectione suscipit.
          v. Praha, Sv. Jiří n. 5.

*69   *(ante 1145 iun. 5)*
Heinricus episcopus Olomucensis ad sedem apostolicam (E u g e n i u m III) profectus
est.
          Laud. in n. 71.

*70   *(Viterbo 1145) iun. 3*
E u g e n i u s III Conradum (principem Znoimensem), Wratislaum (principem Brunensem) et socios eorum propter invasionem H(einrici) Moraviensis episcopi excommunicationis vinculo innodat.
          v. Moravia, Duces ac marchiones n. *8.

71   *Viterbo (1145) iun. 5*
E u g e n i u s III O(ttoni) Pragensi episcopo et W(ladislao) Boemorum duci: cum ad
se pervenisset quosdam parrochianos H(einrici) Moraviensis episcopi, dum ille ad
sanctam Romanam veniret ecclesiam *(n. *69)*, personam eius ausu sacrilego invasisse
et bona eius abstulisse, eosdem sacrilegos, videlicet Conradum (principem Znoimensem), Wratislaum (principem Brunensem), Depoldum (fratrem Wladislai ducis Boemorum), Juratam, Domaslaum, Slauebor, Vgonem, Cunonem, Micul, Groznatam,
Roduich, Bogdan (socios illorum) in praeterita sollemnitate Pentecostes *(iun. 3)* excommunicationis vinculo se innodavisse nuntiat *(n. *70)*; Ottoni episcopo mandat, ut
eandem excommunicationem publice denuntiet et faciat observari, W(ladislao) duci
vero, ut malefactores coerceat, donec H(einrico) episcopo Moraviensi satisfaciant, et,
sicut in decreto apostolico (de percussione clericorum) statutum est, ipsi iuxta mandatum et consilium eius pro se et pro aliis ad praesentiam apostolicam veniant. – A
sede apostolica. Dat. Biterbii non. iun.
          V f. 175'. O f. 212'. – Edd. Boczek Cod. dipl. Morav. I 235 n. 255. Theiner Disquisitiones criticae
     p. 210 n. 20 = Migne PL 180, 1044 n. 28. Friedrich Cod. dipl. Bohem. I 146 n. 143. Bistřický Studien
     p. 239 n. 12 = idem Listy p. 28 n. 10. – Regg. Erben Regesta I 113 n. 253. Gleber Eugen III. p. 192 n. 23.
     Hrbáčová Jindřich Zdík p. 143 n. 69, 10. J. 6157. JL. 8764.
               cf. etiam Bohemia, Duces ac reges n. 56; Praha, Episc. n. 77; Moravia, Duces et mar-
          chiones n. 9.
               Excommunicatio ducum vel principum Moraviae laud. etiam in Vincentii Annalibus
          (perperam) ad a. 1146 (Mon. Germ. Script. XVII 662; Font. rer. Bohem. II 416), in Annalibus
          Gradicensibus et Oppatovicensibus ad a. 1145 (Font. rer. Bohem. II 399) et in opere ‚Chro-
          nica Moraviensis‘ dicto ad a. 1145 (Mojmír Švábenský Tzv. Moravská kronika, in: Studie o
          rukopisech 12 (1973) 191–205, p. 196). – De insidiis in episcopum Heinricum factis cf. no-

vissime Pavel Bolina Kde byl přepaden biskup Jindřich Zdík roku 1145 (Příspěvek k historii moravsko-českého pomezí) [Wo wurde Bischof Heinrich Zdík im Jahre 1145 überfallen? (Ein Beitrag zur Geschichte der mährisch-böhmischen Grenze)], in: ČMM 122 (2003) 343–373 et opera ibi laudata. Ibi etiam de sociis excommunicatis.

*72   Corvey 1145 (cr. aug. 24)

Una cum Theodewino s. Rufinae episcopo cardinali et Thoma sanctae Romanae ecclesiae cardinali (presbytero s. Vitalis tit. Vestinae), apostolicae sedis (E u g e n i i III) legatis, Heinricus Olomucensis episcopus curiae Conradi III regis interest.

    v. Paderborn, Corvey n. 34, Germ. Pont. V 1, 94; Saxonia n. 51, ibid. V 2, 498 (Mon. Germ. Dipl. Conradi III n. 133; Friedrich Cod. dipl. Bohem. I 147 n. 144; Böhmer-Niederkorn/Hruza n. 347).

    Omnes testes subternotantur in praecepto regio supra laudato; de die docemur e Wibaldi epistola n. 150 (ed. Jaffé Bibl. I 232; Paderborn, Corvey n. *33, Germ. Pont. V 1, *33; Böhmer-Niederkorn/Hruza n. 346).

    De re cf. novissime Ziegler Konrad III. p. 204. – De legatione et cardinalibus cf. Bachmann Legaten p. 73; Horn Eugen III. p. 47sq.; Zenker Mitglieder p. 26–28 (de Theodewino). 114 (de Thoma).

*73   (1145 cr. sept. ex.)

Heinricus episcopus Moraviensis apud sedem apostolicam (E u g e n i u m III) moratur.

    *Laud. in n. *74.*

*74   (1145 cr. sept. ex.)

Quido (diaconus) cardinalis et legatus apostolicae sedis (L u c i i II) Silvestrum abbatem (Sazavensem), quem anno praecedenti ab officio suspendit *(Sázava n. *2),* per Heinricum Olomucensem episcopum Roma redeuntem *(n. *73)* restituere mandat.

    v. Sazava n. *2.

*75   (1146 ante april. 22)

E u g e n i u s III Heinrico Moraviensi episcopo – apud sedem apostolicam praesenti – verba pacis in causis Moraviae committit.

    Laud. in n. 76. – Reg. JL. –.

76   Sutri (1146) april. 22

E u g e n i u s III H(einrico) Moraviensi episcopo: exoptat se certiorem fieri de fructu seminationis verbi pacis ei commissae *(n. *75).* – Cum sit apostolica. Dat. Sutrii 10 kal. martii (perperam loco maii).

    O f. 214. – Edd. Boczek Cod. dipl. Morav. I 240 n. 261 = Migne PL 180, 1129 n. 104. Zak De b. Henrico II Zdik p. 117. Bistřický Studien p. 240 n. 13 = idem Listy p. 29 n. 11. – Regg. Erben Regesta I 114 n. 259. Hrbáčová Jindřich Zdík p. 143 n. 69, 11. J. 6234. JL. 8907.

    De tempore cf. Šebánek Moderní padělky (1936) p. 69. – Eugenius III a. 1146 Sutrii demum 9 kal. april. pervenit, cf. Hiestand Initienverzeichnis p. 178, ubi usque diem 17 kal. iun. moratus est, cf. JL. II p. 34.

*77   *(ante 1146 mai. 25)*

E u g e n i o III Henricus Moraviensis episcopus litteras mittit rogans, ut papa Teobaldum fratrem W(ladislai) Boemorum ducis ad satisfactionem faciendam apud sedem
apostolicam recipiat et ut Wratizlaum (principem Brunensem) paralysi percussum ad
eandem rem sibi committat.

> *Laud. in n. 82.*
>> cf. etiam Bohemia, Duces ac reges n. *57; Praha, Eccl. cath. n. *10; Moravia, Duces et
>> marchiones n. *10.

*78   *(ante 1146 mai. 25)*

E u g e n i u s III Teobaldum fratrem W(ladislai) Boemorum ducis cum quibusdam
sociis recipit et satisfactione iuramento promissa (de excommunicatione) *(n. *70sq.)*
absolvit atque ad Heinricum episcopum remittit, qui ei post satisfactionem factam indulgentiam praebeat.

> v. Bohemia, Duces ac reges n. *58.

*79   *(ante 1146 mai. 25)*

Eugenio III significatur tres sacerdotes, videlicet Bolemil, Bohumil (sive Gallum),
Strich, qui in terra Cunradi licet a se (Eugenio) excommunicati et sua auctoritate a
divinis officiis interdicti, ab eo depositos nihilominus divina officia celebrare prae-
sumpsisse.

> *Laud. in n. 82.*
>> cf. etiam Moravia, Duces et marchiones n. *11.

*80   *(ante 1146 mai. 25)*

E u g e n i u s III tres sacerdotes e terra Conradi principis Znoimensis (Bolemilum, Bo-
humilum seu Gallum et Strich) ab officio deponit et beneficium ecclesiasticum eis interdicit.

> *Laud. in n. 82. – Reg. JL. –.*

*81   *(ante 1146 mai. 25)*

E u g e n i o III Heinricus Moraviensis episcopus per D(anielem) Pragensem praepositum de quodam negotio significat.

> *Laud. in n. 82.*
>> cf. Praha, Eccl. cath. n. *6.

82   *Viterbo (1146) mai. 25*

E u g e n i u s III Henrico Moraviensi episcopo: consolatur eum de tribulationibus,
quae ab infidelibus (principibus sc. Moraviae) iam diu passus sit; narrat se Teobaldum fratrem W(ladislai) Boemorum ducis, qui personam eius et illos, qui cum
eo erant, invasissent, quemadmodum litteris suis rogaret *(n. *78)*, cum quibusdam sociis illius recepisse et paenitentia ei iniuncta et satisfactione ab eo promissa absolvisse (principem Brunensem) atque ad Heinricum remisisse *(n. *79)*,

ut ab eo indulgentiam expeteret, Wratislaum vero pro eadem offensa excommunicatum, quoniam infirmitate detentus sicut accepit ad se venire non potest *(n. *77)*, ei committit ipsumque absolvendi eique poenitentiam iniungendi facultatem concedit; praeterea tres praesumptuosos sacerdotes, videlicet Bolemil, Bohumil (sive Gallum), Strich, qui, prout sibi significatum sit *(n. *79)*, in terra Cunradi licet a se (Eugenio) excommunicati et sua auctoritate a divinis officiis interdicti apostolica nihilominus divina officia celebrare praesumpserint, ab officio se deposuisse et beneficium ecclesiasticum eis interdixisse *(n. *80)*; mandat ei, quatenus quam citius praesentiam suam sibi exhibeat et tunc de negotio, quod per D(anielem) Pragensem praepositum sibi significaverit *(n. *81)*, ei plenius respondere curet. – Tribulationibus et angustiis. Dat. Viterbi 8 kal. iun.

V f. 175. O f. 212. – Edd. Boczek Cod. dipl. Morav. I 246 n. 267. Theiner Disquisitiones criticae p. 209 n. 19 = Migne PL 180, 1140 n. 114. Friedrich Cod. dipl. Bohem. I 147 n. 145. Zak De b. Henrico II Zdik p. 110 (fragm.). Bistřický Studien p. 241 n. 14 = idem Listy p. 30 n. 12. – Regg. Erben Regesta I 115 n. 260. Hrbáčová Jindřich Zdík p. 143 n. 69, 12. J. 6244. JL. 8925.

Invasio in personam Heinrici episcopi Olomucensis hic laudata certe illa est, quam in reditu Romano passus sit, cf. n. 70.

*83   *(ante 1146 iun. 1)*

E u g e n i o III H(einricus) Moraviensis episcopus nuntium mittit, qui ipsum molestia corporis visitatum et populum, qui se a subiectione ipsius subtraxerat, ad oboedientiam rediisse nuntiat.

Laud. in n. 85.

*84   *(ante 1146 iun. 1)*

E u g e n i o III H(einricus) Moraviensis episcopus una cum aliis refert Wladizlaum ducem Boemorum ecclesias et ecclesiasticas personas honorare.

Laud. in n. *86.

cf. etiam Bohemia, Duces ac reges n. *60; Praha, Eccl. cath. n. *7.

85   *Viterbo (1146) iun. 1*

E u g e n i u s III H(einrico) Moraviensi episcopo: referens se recepisse nuntium eius, qui eum molestia corporis visitatum et populum, qui se a subiectione eius subtraxerat, ad oboedientiam rediisse nuntiavit *(n. *83)*; scribit se deprecari Dominum pro salute eius et se congaudere in successu; mandat, quatenus populo ei commisso praeesse studeat et prodesse; notificet statum suum. – Cum de statu. Dat. Viterbii kal. mart. (perperam loco iunii).

O f. 214'. – Edd. Boczek Cod. dipl. Morav. I 243 n. 263 [ad a. 1145] = Migne PL 180, 1385 n. 340. Zak De b. Henrico II Zdik p. 111. Bistřický Studien p. 242 n. 15 = idem Listy p. 31 n. 13. – Regg. Erben Regesta I 123 n. 277. Hrbáčová Jindřich Zdík p. 143 n. 69, 13. J. 6475. JL. 9324 [ad a. 1149].

De tempore cf. Bistřicky Studien p. 242 n. 15.

*86 *(ante 1146 iun. 2)*

Gwido diaconus cardinalis (incerti tituli) E u g e n i o III de devotione H(einrici) Moraviensis, O(ttonis) Pragensis episcoporum et W(ladislai) ducis (Boemiae) refert.

> *Laud. in n. 87.*

> Terminus post quem est electio Eugenii III 1145 febr. 15 facta.

87 *Viterbo (1146) iun. 2*

E u g e n i u s III H(einrico) Moraviensi, O(ttoni) Pragensi episcopis, W(ladislao) duci
et universo clero et populo per Boemiam et Moraviam constitutis: referens quomodo
praedecessor suus fel. mem. Innocentius (II) Gwidonem diaconum cardinalem ad
partes eorum direxerit *(n. *54)* et ea, quae de incontinentiis clericorum et sacerdotum
et aliis enormitatibus in generali concilio (Lateranensi) *(1139 april. 3)* promulgavisset,
per eum eis annuntiaverit et firmiter observanda praeceperit *(cf. n. 60)*, collaudat devotionem eorum, quia cardinali praedicto, sicut ipso referente *(n. *86)* didicerit, viri-
liter adstiterint; rogat et iniungit, ut, quae a cardinali praecepta sunt, observent et observari faciant, contemptores vero coerceant; de eorum erga beatum Petrum et semet
ipsum fidelitate et de frequenti visitatione per D(anielem) Pragensem praepositum
praedecessoribus suis et sibi *(Praha, Eccl. cath. n. *6-*8)* transmissa grates refert. –
Apostolicae sedis amministratio. Dat. Viterbii 4 non. iun.

> *V f. 174'. O f. 213' (in O initium legitur:* administratio*). – Edd. Boczek Cod. dipl. Morav. I 248
> n. 268. Theiner Disquisitiones criticae p. 208 n. 17 = Migne PL 180, 1142 n. 118. Friedrich Cod. dipl.
> Bohem. I 148 n. 146. Zak De b. Henrico II Zdik p. 115. Bistřický Studien p. 243 n. 16 = idem Listy p. 32
> n. 14. – Regg. Erben Regesta I 116 n. 261. Gleber Eugen III. p. 192 n. 67. Hrbáčová Jindřich Zdík p. 143
> n. 69, 14. J. 6248. JL. 8930.*

>> cf. etiam Bohemia, Duces ac reges n. 61; Praha, Episc. n. 79; Praha, Eccl. cath. n 9;
>> Moravia, Duces et marchiones n. 14.

88 *Viterbo (1146) iun. 2*

E u g e n i u s III W(ladislao) Boemorum duci: inter alia laudat eum, quia, sicut Heinrico Moraviensi episcopo cum aliis referente acceperit *(n. *84)*, ecclesias et ecclesiasticas personas honoret; commendat ei Moraviensem episcopum.

> v. Bohemia, Duces ac reges n. 62.

89 *Viterbo (1146) iul. 2*

E u g e n i u s III H(einrico) Moraviensi episcopo: nuntiat se confirmavisse sententiam
C(onradi) Salzburgensis archiepiscopi et (Heinrici) Ratisponensis episcopi, qui Henricum (Bavariae) ducem, (Vladislaum) ducem Boemicum, Fridricum advocatum
(Ratisponensem), (Ottonem) palatinum comitem, filios praefecti et alios incendiarios
Ratisponensis ecclesiae excommunicaverant *(Bohemia, Duces ac reges n. 63)*; mandat
ei, ut ducem Boemiae commoneat, ut omnes captivos liberos abire permittat, de tantis
sacrilegiis satisfaciat et ab eiusdem ecclesiae perturbatione desistat. – Quanto amplius
de. Dat. Viterbii 6 non. iul.

O f. 211'. – Edd. Boczek Cod. dipl. Morav. I 250 n. 270 = Migne PL 180, 1145 n. 121. Zak De b. Henrico II Zdik p. 106. UB. z. Gesch. d. Babenberger in Österreich IV 1, bearb. v. Heinrich Fichtenau (Wien 1968) p. 121 n. 752. Bistřický Studien p. 245 n. 18 = idem Listy p. 34 n. 16. – Regg. Erben Regesta I 116 n. 263. Hrbáčová Jindřich Zdík p. 143 n. 69, 16 [perperam ad (1146) iul. 7]. J. 6251. JL. 8937.

v. Regensburg, Episc. n. 22; Salzburg, Archiepisc. n. 69; Baiern n. 37; Comites Palatini (Baioariae) n. 2, Germ. Pont. I 272. 24. 394. 395. – De re cf. Ferdinand Janner Geschichte der Bischöfe von Regensburg II (Regensburg 1884) 93–95; Juritsch Beiträge p. 133sq.

90   *Viterbo (1146) iul. 25*

E u g e n i u s   III H(einrico) Moraviensi episcopo: mandat, quatenus latorem praesentium pro negotiis suis ad partes illas venientem commendatum habeat et apud ducem (Vladislaum) iuvare studeat. – Lator praesentium pro. Dat. Viterbii 8 kal. aug.

O f. 214. – Edd. Boczek Cod. dipl. Morav. I 244 n. 264 [ad 1145 april. 25] = Migne PL 180, 1386 n. 343 [ad 1149 mart. 25]. Bistřický Studien p. 246 n. 19 = idem Listy p. 35 n. 17. – Regg. Erben Regesta I 124 n. 279 [ad 1149 mart. 25]. Hrbáčová Jindřich Zdík p. 143 n. 69, 17. J. 6478. JL. 9330 [ad 1149 mart. 25].

cf. etiam Bohemia, Duces ac reges n. 64.

De tempore cf. Metoděj Zemek Dva olomoucké kodexy [Zwei Olmützer Codices], in: Časopis vlasteneckého spolku musejního v Olomouci 59 (1950) 23 et Bistřický Listy p. 35. – De re nihil scimus.

91   *Viterbo (1145. 1146) nov. 21*

E u g e n i u s   III H(einrico Moraviensi episcopo): mandat, quatinus fratres illos, qui absque licentia eius a religioso loco q. d. Mons Syon [Strahov] discesserunt et redire volentes non recepti fuerunt, in eodem loco recipi faciat.

v. Strahov n. 2.

*92   *(ante 1146 dec. 31)*

C(onradus) III Romanorum rex H(einricum) episcopum Moraviensem ad E u g e - n i u m III mittit.

Laud. in n. 93.

v. Regnum et Imperium.

93   *Viterbo (1146) dec. 31*

E u g e n i u s   III C(onrado III) Romanorum regi: inter alia remittit ei H(einricum) Moraviensem episcopum gratanter susceptum *(n. *92)*, quoniam ei necessarium novit; commendat ipsum regi. – Pro dilecto filio. Dat. Viterbii 2 kal. ian.

O f. 211'. – Edd. Boczek Cod. dipl. Morav. I 238 n. 259 [ad a. 1145] = Migne PL 180, 1175 n. 142 = Bielowski Mon. Pol. Hist. II 8 [ad a. 1144]. Zak De b. Henrico II Zdik p. 120 (fragm.). Bistřický Studien p. 248 n. 21 = idem Listy p. 36 n. 19 [apud Bistřický perperam ad dec. 30]. Heinrich Appelt Schlesisches Urkundenbuch I (Graz-Köln 1963) p. 10 n. 12. – Regg. Erben Regesta I 119 n. 267. Regesten zur schlesischen Geschichte. 1. Theil: bis zum Jahre 1250, hrsg. von Colmar Grünhagen (Breslau 1876. ²1884) p. 32 n. 26. Stanisław Smolka Mieszko Stary i jego wiek (Warszawa 1881) p. 471 n. 7.

Mendys Podejrzane listy (1924) p. 68 n. 1. Sułkowska-Kuraś Bullarium Poloniae I 7 n. 12. Böhmer-
Niederkorn/Hruza n. 423. Hrbáčová Jindřich Zdík p. 143 n. 69, 19. J. 6273. JL. 8976.
  v. etiam Regnum et Imperium.
  Heinricus profecto 1147 april. 24 in curia regia Norimbergae commoratus est (Mon.
Germ. Dipl. Conradi III n. 188; Böhmer-Niederkorn/Hruza n. 468), ubi res necessarias cum
rege egit, cf. Ziegler Konrad III. p. 205.
  De negotiis Wladislai ducis Poloniae in his litteris etiam contentis cf. Ziegler Konrad
III. p. 755–765 et uberius Polonia, Duces ac reges.

94   *Auxerre (1147) iul. 15*

E u g e n i u s III H(einrico) Moraviensi episcopo: commendat ei T(heodewinum)
s. Ruffinae episcopum et G(uidonem) presbyterum s. Crisogoni cardinales de latere
suo missos ad C(onradum) Romanorum et L(udovicum) Francorum reges; mandat,
quatinus regem (Conradum) adhortari studeat, ut Constantinopolitanam ecclesiam
sanctae Romanae ecclesiae unire laboret. – Sicut tua novit. Dat. Altissiodori id. iul.
  O f. 212. – Edd. Boczek Cod. dipl. Morav. I 257 n. 276 = Migne PL 180, 1251 n. 204. Zak De b.
Henrico II Zdik p. 129. Bistřický Studien p. 249 n. 22 = idem Listy p. 37 n. 20. – Regg. Erben Regesta I
121 n. 271. Hrbáčová Jindřich Zdík p. 144 n. 69, 20. J. 6333. JL. 9095.
  v. Regnum et Imperium; Gallia, Regnum Francorum; Oriens graecus.
  De Theodewino cf. Friedrich Schirrmacher in: ADB V 208sq.; Brixius Mitglieder
p. 47. 96; Bachmann Legaten p. 59–67; Friedrich Hausmann in: NDB III 704; Zenker Mitglieder p. 26–28; Weiß Urkunden p. 126–132; de legatione eius ad Conradum a. 1147 cf. Bachmann Legaten p. 80–83. – Guidonis presbyteri cardinalis s. Crisogoni legatio ad Ludovicum
regem Francorum deest in: Wilhelm Janssen Die päpstlichen Legaten in Frankreich vom
Schisma Anaklets II. bis zum Tode Coelestins III. (1130–1198) (Kölner Historische Abhandlungen 6. Köln-Graz 1961).
  De secunda expeditione in Terram Sanctam et Heinrico episcopo Moraviensi cf. imprimis Giles Constable The Second Crusade as seen by Contemporaries, in: Traditio 9 (1953)
213–279; novissime Jonathan Phillips Papacy, Empire and the Second Crusade, in: idem -
Martin Hoch (edd.) The Second Crusade. Scope and consequences (Manchester-New York
2001) p. 15–31 et Rudolf Hiestand The papacy and the Second Crusade, ibid. p. 32–53 et Jonathan Phillips The Second Crusade. Extending the Frontiers of Christendom (New Haven-
London 2007).

95   *Auxerre (1147) oct. 11*

E u g e n i u s III H(einrico) Moraviensi episcopo: mandat per scripta et per Iohannem
sanctae Romanae ecclesiae subdiaconum, quatenus ad concilium dominica, qua can-
tatur Laetare Ierusalem *(mart. 21)*, apud Treverim (loco Trecas) celebrandum veniat;
commendat Iohannem rogans, ut ei in pertractanda inter ducem (Poloniae) expul-
sum (Wladislaum) et germanos eius (Boleslaum et Mesconem) concordia assistat. –
De tua dilectione. Dat. Altissiodori 5 id. oct.
  O f. 212'. – Edd. Boczek Cod. dipl. Morav. I 259 n. 278 = Migne PL 180, 1284 n. 231.
Zak De b. Henrico II Zdik p. 135. Bistřický Studien p. 250 n. 23 = idem Listy p. 38 n. 21. – Regg.
Erben Regesta I 122 n. 273. Mendys Podejrzane listy (1924) p. 68 n. 2. Hrbáčová Jindřich Zdík
p. 143 n. 69, 21. J. 6361. JL. 9147.
  Wenskus Zu einigen Legationen p. 141sq. immerito hanc litteram quoddam falsum
Boczekianum saec. XIX declarat, qua de causa et legationem Iohannis subdiaconi et conci-
lium apud Treverim factum negat. De hac legatione cf. Bachmann Legaten p. 82sq.

De synodo ‚Treverensi', re vera prius Trecensi deinde Remensi cf. Hefele-Leclerq V 1, 821sq.; Gleber Papst Eugen III. p. 81–83 epistolam ad Heinricum Zdík directam perperam locum concilii celebrando ‚Trecas' in litteris Eugenii III a. 1148 oct. 12 archiepiscopo Salisburgensi directis (JL. 9149; Germ. Pont. I 24 n. 71) pro Treverim corruptum esse duxit. Cf. novissime Rudolf Hiestand Von Troyes – oder Trier? – nach Reims. Zur Generalsynode Eugens III. im Frühjahr 1148, in: Papstgeschichte und Landesgeschichte. FS Hermann Jakobs, hrsg. von Joachim Dahlhaus und Armin Kohnle (Archiv f. Kulturgeschichte Beiheft 39. Köln e.a. 1995) p. 329–348.

De rebus Wladislai ducis Poloniae cf. nuper subsumens Ziegler Konrad III. p. 755–765; cf. etiam Polonia, Duces ac reges.

---

*96   *(ante 1147 dec. 18)*

E u g e n i u m III Heinricus Moraviensis episcopus per D(anielem) Pragensem praepositum exorat, ut pro multis ei instantibus negotiis vocationem ad concilium relaxat.

Laud. in n. 97.

cf. etiam Praha, Eccl. cath. n. *10.

---

97   *Trier (1147) dec. 18*

E u g e n i u s III H(einrico) Moraviensi episcopo: absolvit eum a vocatione concilii celebrandi, quia D(aniel) Pragensis praepositus ex parte eius exoravit, ut pro multis ei instantibus negotiis vocationem istam ei relaxaret *(n. *96)*; rogat, ut, quam celerrime ei expediverit, praesentiam sibi (papae) exhibeat. – Qualis erga nos. Dat. apud Treverim 15 kal. ian.

O f. 212'. – Edd. Boczek Cod. dipl. Morav. I 259 n. 279 = Migne PL 180, 1296 n. 241. Zak De b. Henrico II Zdik p. 137 (Boczek, Migne et Zak perperam initium habent: Quantus erga nos*). Bistřický Studien p. 250 n. 24 = idem Listy p. 39 n. 22. – Regg. Erben Regesta I 122 n. 274. Hrbáčová Jindřich Zdík p. 144 n. 69, 22. J. 6371. JL. 9163.*

cf. etiam Praha, Eccl. cath. n. 11. – De synodo ‚Treverensi' cf. n. 95 cum adn.

---

98   *Parma (1148) sept. 13*

E u g e n i u s III H(einrico) Moraviensi episcopo: mandat, quatinus G(uidoni) diacono cardinali (tit. s. Mariae in Porticu), cui in Poloniae partibus vices suas commisit, in his, quae ei agenda incumbunt tam in Polonia quam in terra illa (Prussia sc.), quae noviter luce christianae fidei est perfusa, tamquam apostolicae sedis vicario diligenter assistat. – Qui de fratrum. Dat. Aparmae id. sept.

V f. 176. O f. 214'. – Edd. Boczek Cod. dipl. Morav. I 251 n. 271 [ad a. 1146]. Theiner Disquisitiones criticae p. 211 n. 22 = Migne PL 180, 1368 n. 319 = Bielowski Mon. Poloniae Hist. II (Lwów 1872) 9 n. 3 [ad a. 1146] = Cod. dipl. maioris Poloniae I (Poznaniae 1877) 20 n. 14 [ad a. 1146]. Friedrich Cod. dipl. Bohem. I 165 n. 159. Zak De b. Henrico II Zdik p. 139. Maleczyński Cod. dipl. nec non epistolaris Silesiae I (Wrocław 1951) 52 n. 21. Klaus Conrad Pommersches Urkundenbuch I. Band: 786–1253, 2. Aufl. (Veröffentlichungen der Historischen Kommission für Pommern. Reihe II) Köln-Wien 1970, p. 37 n. 33 [fragm.]. Appelt Schlesisches UB. I (cf. n. 93) 11 n. 15. Bistřický Studien p. 251 n. 25 [perperam ad a. 1149] = idem Listy p. 39 n. 23 (correcto cum dato). – Regg. Erben Regesta I 123 n. 275. Robert Klempin (Hg.) Pommersches UB. I (Stettin 1868–1877) 18 n. 36. Regesten zur schlesi-

schen Geschichte 1 (cf. n. 93) p. 33 n. 29. Smolka Mieszko Stary (cf. n. 93) p. 472 n. 12. Bachmann Legaten p. 226 [ad a. 1149 sept. 13]. Mendys Podejrzane listy (1924) p. 69 n. 3. Gleber Eugen III. p. 200 n. 176. Sułkowska-Kuraś Bullarium Poloniae I 8 n. 16. Hrbáčová Jindřich Zdík p. 143 n. 69, 23 [perperam ad (1148) sept. 3]. J. 6453. JL. 9296.

De re cf. Polonia, Duces ac reges. – De legato cf. Bachmann Legaten p. 86; Zenker Mitglieder p. 56–59. 168; Weiß Urkunden p. 161–163.

99   *Viterbo (1149) mart. 3*

E u g e n i u s III H(einrico) Moraviensi episcopo: mandat, quatenus L(adislaum) ducem Poloniae, qui collecta Saracenorum multitudine terram Christianorum invaserat, unde I(acobus) bonae memoriae Gneznensis archiepiscopus ipsum excommunicavit, ab eadem excommunicatione absolvat, si in praesentia eius iuramentum praestiterit, quod de causa ista mandatum suum sive per litteras sive per nuntium suscipiat et observet; significet totius rei veritatem. – Sicut ad tuam. Dat. Viterbi 5 non. maii [perperam loco martii].

O f. 211. – Edd. Boczek Cod. dipl. Morav. I 245 n. 266 [ad 1149 mai. 3] = Migne PL 180, 1385 n. 341 = Zak De b. Henrico II Zdik p. 139 (Boczek, Migne et Zak perperam initium: Sicut ad vestram habent) = Bielowski Mon. Polon. Hist. II 9 [ad a. 1146] = Cod. dipl. maioris Poloniae I (Poznaniae 1877) 19 n. 13 [ad a.(1146?) mai. 3]. Bistřický Studien p. 252 n. 26 = idem Listy p. 40 n. 24. – Regg. Erben Regesta I 123 n. 278. Smolka Mieszko Stary (cf. n. 93) p. 472 n. 13. Regesten zur schlesischen Geschichte (cf. n. 93) p. 33 n. 31. Mendys Podejrzane listy (1924) p. 69 n. 4. Hrbáčová Jindřich Zdík p. 143 n. 69, 24. J. 6476. JL. 9325.

De re cf. Polonia, Duces ac reges (in Bullario Poloniae deest).

100   (ante 1149 oct. 24)

E u g e n i o III Heinricus Moraviensis episcopus litteras mittit.

Laud. in n. 101.

101   *Tuscolo (1149) oct. 24*

E u g e n i u s III Heinrico Moraviensi episcopo: respondet iuxta statuta praedecessorum suorum super his, de quibus eum consuluit in litteris suis *(n. *100)*; consolatur eum de infirmitate eius. – Litteras fraternitatis tuae. Dat. Tusculani 9 kal. nov.

O f. 215. – Edd. Boczek Cod. dipl. Morav. I 261 n. 281 = Migne PL 180, 1398 n. 362 = Zak De b. Henrico II Zdík p. 141. Bistřický Studien p. 253 n. 27 = idem Listy p. 41 n. 25. – Regg. Erben Regesta I 124 n. 280. Hrbáčová Jindřich Zdík p. 143 n. 69, 25. J. 6496. JL. 9352.

102   (ante 1150 iun. 25)

E u g e n i o III Henricus Moraviensis episcopus ornamenta quaedam per manus sororum monasterii s. Georgii (Pragensis) ad altaris ministeria operata offert et ad papam deferri praecipit.

Laud. in n. 103.

Tempus ante quod est dies mortis Heinrici episcopi Moraviensis (1150 iun. 25).

103   *Ferentino (1151) april. 15*

E u g e n i u s III B(erthae) abbatissae s. Georgii (Pragensis) et eius sororibus: consolatur eas de obitu Henrici Moraviensis episcopi patroni et benefactoris earum, qui positus iam in extremis idonea quaedam ornamenta, quae per manus earum ad altaris mi-
nisterium operari fecerat, apostolicae sedi obtulit et ad papam deferri praecepit
*(n. *102).*

> v. Praha, Sv. Jiří n. 7.

104   *(1194 med.)*

Magistro Arnoldo referente C e l e s t i n u s III praecipit clericos a Kain Olomucensi
episcopo (Pragae) ordinatos non reordinari, sed solummodo inter ordinandos stare.

> v. Praha, Episc. n. *100.
>
> De Kain Olomucensi episcopo (1186–1194) cf. Novotný I 2, 1072sq. et passim; Pohl
> Beiträge (1940) p. 24sq.; Matzke Bistum Olmütz (1969) p. 32sq.; Medek Osudy (1971)
> p. 69sq.; Buben Encyklopedie biskupů p. 161.

105   *1194 sept. 21*

Ex praecepto C e l e s t i n i III *(n. *104)* Engelbertus episcopus Olomucensis clericos a
Kain Olomucensi episcopo ordinatos solummodo per manus impositionem recipit.

> v. Praha, Episc. n. *101.
>
> De Engelberto episcopo Olomucensi (1194–1199) cf. Pohl Beiträge (1940) p. 25;
> Matzke Bistum Olmütz (1969) p. 33sq.; Medek Osudy (1971) p. 70sq.; Buben Encyklopedie
> biskupů p. 79 et novissime Gatz (I) p. 504sq.

106   *Praha 1197 (cr. mart. 22)*

Petrus (Capuanus) diaconus cardinalis tit. s. Mariae in Via Lata, legatione fungens
apostolica (C e l e s t i n i III) in Bawariam, Boemiam et Poloniam, ordinationem clericorum (in Pragensi episcopatu) per (Kain et) Engelbertum Olomucenses episcopos
factam vehementer corripit et ordinatores gravat.

> v. Praha, Episc. n. *106.
>
> De Kain episcopo Olomucensi (1186–1194) cf. n. *93 adn; de Engelberto episcopo
> (1194–1199) cf. Pohl Beiträge (1940) p. 25; Matzke Bistum Olmütz (1969) p. 33sq.; Medek
> Osudy (1971) p. 70sq.; Buben Encyklopedie biskupů p. 79 et novissime Gatz (I) p. 504sq.

107   *Praha 1197 (cr. mart. 22)*

Petrus (Capuanus) diaconus cardinalis tit. s. Mariae in Via Lata (et legatus C e l e -
s t i n i III) Pragae synodum celebrat, cui sine dubio Engelbertus episcopus Olomucensis interest.

> *Gerlaci abbatis Milovicensis Annales (Mon. Germ. Script. XVII 708; Font. rer. Bohem. II*
> *512). – Reg. Friedländer Legaten p. 153 n. 129.*
>
> > cf. etiam n. *106 et Praha, Episc. n. *107.

*108 *Teplá 1197 (ante iun. 15)*

In praesentia Petri (Capuani, sanctae Romanae ecclesiae diaconi) cardinalis (tit. s. Mariae in Via Lata) et apostolicae sedis (C e l e s t i n i III) legati nec non Engelberti Morauiensis episcopi aliorumque clericorum et laicorum Heinricus dux et episcopus Boemorum monasterium Teplense a comite Groznata fundatum cum appenditiis confirmat et bona iuraque auget.

v. Teplá n. *1. Cf. etiam Praha, Episc. n. *108; Bohemia, Duces ac reges n. *77; Praha, Eccl. cath. n. *15.

Ecclesia cathedralis s. Petri, dein s. Wenceslai

Cf. etiam Olomouc, Episc. – B o c z e k Cod. dipl. Moraviae t. 1–15 (1836–1903). – E r b e n Regesta t. 1–7 (1855–1963). – Beda D u d í k Necrologium Olomucense. Handschrift der königlichen Bibliothek in Stockholm, in: Archiv f. österreich. Gesch. 59 (1880) 639–657. – A. K o b l i h a Urkunden-Sammlung betr. die Privilegien und Rechte des hochwürdigst getreuen Metropolitankapitels zu Olmütz (Olmütz 1890). – Monumenta Vaticana res gestas Bohemicas illustrantia t. 1–5 (Pragae 1903–1996). – F r i e d r i c h Cod. dipl. et epist. Bohem. t. 1–6 (1907–2006). – Kalendář a nekrolog Horologia olomouckého královské knihovny stockholmské [Kalendarium und Nekrolog im Olmützer Horologium der Königlichen Bibliothek zu Stockholm], in: Antonín F r i e d l Hildebert a Everwin, románští malíři (Praha 1927) p. 103–114. – Kapitulní archiv v Olomouci. I. Pergameny [Das Kapitelsarchiv zu Olmütz. I. Pergamenturkunden] (Ročenka Městského musea v Přerově 2. Přerov 1938).

Mořic K r á č m e r Dějiny metropolitního chrámu sv. Václava v Olomouci [Geschichte der Metropolitankirche St. Wenzel zu Olmütz] (Olomouc 1887). – Richard Johann H u d e c z e k Geschichte der Kirche d. kgl. Hauptstadt Olmütz. Seit 1000 Jahren bis zu unserer Zeit (Olmütz 1907). – Johann K u x Geschichte der königlichen Hauptstadt Olmütz bis zum Umsturz 1918 (Sudetendeutsche Stadtgeschichten 1. Reichenberg-Olmütz 1937). – Metoděj Z e m e k Pořad děkanů, proboštů a kanovníků olomoucké kapituly I. Od založení do doby husitské (1131–1410) [Die Reihenfolge der Dekane, Pröpste und Kanoniker des Olmützer Domkapitels. I. Von der Gründung bis zur Hussitenzeit (1131–1410)] (Olomouc 1938). – Augustin Alois N e u m a n n Paběrky z kapitulního archivu olomouckého [Nachlese aus dem Olmützer Kapitelsarchiv] (Brno 1939. 1941). – I d e m Příspěvky k mladšímu církevnímu archivnictví v Čechách a na Moravě 1500–1836 [Beiträge zur jüngeren kirchlichen Archivkunde in Böhmen und Mähren 1500–1836] (Olomouc 1939). – Metoděj Z e m e k Posloupnost kanovníků metropolitní kapituly u sv. Václava v Olomouci [Die Reihenfolge der Kanoniker des Metropolitankapitels zu St. Wenzel in Olmütz], in: Vlastivědný věstník moravský 4 (1949) 121–136. 167–182; 5 (1950) 56–64. 101–116. 141–146. – I d e m Archiv metropolitní kapituly v Olomouci (oddělení archivu kraje Olomouckého) [Das Archiv des Metropolitankapitels in Olmütz (eine Abteilung des Olmützer Landesarchivs)], in: Archivní časopis 1 (1951) 124sq. – Václav R i c h t e r Raněstředověká Olomouc [Frühmittelalterliches Olmütz] (Spisy Univerzity J. E. Purkyně v Brně, Filozofická Fakulta 63. Praha-Brno 1959). – Jan B i s t ř i c k ý - František D r k a l - Miloš K o u ř i l Státni Archiv v Opavě. Průvodce po archivních fondech. Sv. 3: Pobočka v Olomouci [Staatsarchiv Troppau. Führer durch die Archivfonds. T. 3: Nebenstelle in Olmütz] (Průvodce po státnich archivech 14. Praha 1961) p. 37–46. – Jan B i s t ř i c k ý Přehled správního vývoje olomoucké arci-diecéze (lektorské thema) [Überblick über die Verwaltungsentwicklung der Erzdiözese Olmütz] (Olomouc 1963). – Miroslav F l o d r Skriptorium olomoucké [Das Olmützer Skriptorium] (Spisy University v Brně – filosofická fakulta sv. 65. Brno 1965). – Bohumil Z l á m a l Metropolitní kapitula v Olomouci [Das Metropolitankapitel zu Olmütz], in: Katalog moravských biskupů, arcibiskupů a kapitul staré i nové doby (Olomouc 1977) p. 103–128. – Jan

Bistřický Chronologie rukopisů olomouckého skriptoria 12. století [Chronologie der Handschriften des Olmützer Skriptoriums im 12. Jh.], in: Sborník prací historických IX (Acta Universitatis Palackianae Olomucensis. Fac. Phil. – Historica 21. Praha 1981) p. 7–24. – Jan Bistřický [Ed.] Sborník k 850. výročí posvěcení katedrály sv. Václava v Olomouci [Festschrift zum 850. Jubiläum der Einweihung der Domkirche St. Wenzel in Olmütz] (Olomouc 1982). – Idem Písemnosti olomouckého biskupa Jindřicha Zdíka [Das Schriftgut des Olmützer Bischofs Heinrich Zdík], in: Sborník archivních prací 33 (1983) 32–74. – Metoděj Zemek Das Olmützer Domkapitel. Seine Entstehung und Entwicklung bis 1600, in: AKBMS 9 (1988) 66–86; 10 (1989) 58–88; 11 (1990) 72–91; 12 (1993) 49–73. – Miloslav Pojsl Olomouc – katedrála sv. Václava [Olmütz – Domkirche St. Wenzel] (Olomouc 1990). – Metoděj Zemek Majetková držba olomoucké kapituly v době předbělohorské [Der Besitz des Olmützer Domkapitels in der Zeit vor der Schlacht am Weißen Berge], in: Jižní Morava 27 (1991) 215–232. – Jiří Kroupa Drobná zjištění z archivu olomoucké kapituly [Ein kleiner Fund aus dem Olmützer Kapitelsarchiv], in: SPFFBU. Řada uměnovědná (F) 47 (1998) č. 42, p. 99–103. – Iva Orálková Pečeti olomoucké kapituly [Die Siegel des Olmützer Domkapitels], in: Památkový ústav v Olomouci. Výroční zpráva. Red. Karel Biňovec (Olomouc 1999) p. 108–111. – Jaromíra Knapíková Děkan olomoucké metropolitní kapituly Robert hrabě Lichnovský [Der Dekan des Olmützer Metropolitankapitels Robert Graf Lichnovský], in: Střední Morava. Kulturněhistorická revue 7 (2001) č. 12, p. 4–16. – Štěpán Kohout Sbírka rukopisů metropolitní kapituly Olomouc. Soupis iluminací 10.–18. století. Katalog [Handschriftensammlung des Metropolitankapitels Olmütz. Katalog der Illuminationen des 10.–18. Jhs.] (Opava 2001). – Miloš Kouřil Olomoučtí kanovníci-mecenáši [Olmützer Kanoniker als Mäzene], in: Historická Olomouc 13 (2002) 183–186. – Martin Wihoda Patnáct minut slávy olomouckého kanovníka Sifrida [Fünfzehn Minuten Ruhm des Olmützer Domherren Sifrid], in: Pater familias p. 193–203. – Leoš Mlčák Erbovní sál na olomouckém kapitulním děkanství [Der Wappensaal in der Olmützer Domdekanei], in: Střední Morava. Vlastivědná revue 10 (2004) č. 19, p. 4–26. – Petr Elbel Testamenty olomouckého kapitulního duchovenstva v pozdním středověku (1300–1526) [Testamente des Olmützer Domklerus während des Spätmittelalters], in: Pozdně středověké testamenty v českých městech. Prameny, metodologie a formy využití. Sborník příspěvků z konference uspořádané 30. listopadu 2005 Archivem hlavního města Prahy a Historickým ústavem Akademie věd České republiky. Sestavily Kateřina Jíšová a Eva Doležalová (Praha 2006) p. 145–187. – Karel Müller Pečeť a znak olomoucké kapituly z dvacátých let 17. století [Siegel und Wappen des Olmützer Domkapitels aus den 1620er Jahren], in: Olomoucký archivní sborník 5 (2007) 186–188. – Petr Elbel Die Besetzung der Pfarreien in der Diözese Olmütz durch die päpstliche Kurie im Spätmittelalter (1389–1447), in: Pfarreien im Mittelalter. Deutschland, Polen, Tschechien und Ungarn im Vergleich, hrsg. von Nathalie Kruppa unter Mitwirkung von Leszek Zygner (Veröff. d. Max-Planck-Instituts für Geschichte 238 – Studien zur Germania Sacra 32. Göttingen 2008) p. 363–515. – Idem Oficialát v olomoucké diecézi ve středověku (od počátků v 50. letech 13. století do 50. let 15. století) [Der Offizialat in der Olmützer Diözese während des Mittelalters (von seinen Anfängen in den 50er Jahren des 13. Jhs. bis in die 50er Jahre des 15. Jhs.)], in: Sacri canones p. 324–342. – Leoš Mlčák Kaple sv. Barbory na olomouckém kapitulním děkanství [Die St. Barbara-Kapelle in der Olmützer Domdekanei], in: Střední Morava. Vlastivědná revue 14 (2008) č. 26, p. 4–14.

De primordiis episcopatus Moraviensis sive Olomucensis atque capituli cathedralis ibi exsistentis nihil ad nostra tempora devenit. E diversis vero chronicis privilegiisque manifeste elucet, ‚monasterium‘ olim ibi exstitisse. Communitatem istam primum apud ecclesiam s. Petri Olomucensem quattuor canonicis compositam sedem habuisse constat (de hac ecclesia cf. Richter Raněstředověká Olomouc [1959] p. 64–68). De ea mentio fit, cum pontificalis sedes Olomucensis ab ecclesia s. Petri ad novam ecclesiam s. Vencelai transferebatur, qua ex causa Heinricus episcopus (cognomine Zdík), de quo cf. supra Episc., a. 1141/42 ecclesiam novam insuper possessionibus dotavit (v.

infra n. *4 et Friedrich Cod. dipl. Bohem. I 116 n. 115; cf. etiam Flodr Skriptorium
p. 228 n. 1; de chartis saec. XII v. Hrubý Tři studie p. 127–131). In alio privilegio eius
etiam capitulum novae ecclesiae cathedralis numero duodenario canonicorum fundatum et institutum est (Friedrich Cod. dipl. Bohem. I 124 n. 116; Flodr Skriptorium
p. 234 n. 2). Decimo iam anno prius idem episcopus aedificium ecclesiae novissime
exstructum sancto Venceslao dedicavit (2 kal. iulii), praesentibus duce Bohemorum
Sobeslao et coniuge eius multisque aliis terrae proceribus et clericis (cf. Annales Gradicenses ad a. 1131 [Mon. Germ. Script. XVII 650; Font. rer. Bohem. II 394]; de tempore cf. Žemlička Čechy p. 245–248 et Vaníček Soběslav I. p. 233–237).

   A. 1204 ecclesia s. Venceslai igne combusta est, qua de causa Robertus episcopus (1201–1240) eam ex novo aedificare et palatium episcopale construere coepit. Insuper capitulum ecclesiae suae reformare studuit eo modo, ut tercium decimum canonicatum fundaret, singulos canonicos ad officia theologi poenitentiariique
constitueret atque dignitatem praepositi a rege a. 1207 dotatam renovaret. Praeposituram insuper cum munere cancellarii Moraviae coniunxit, quod munus usque ad
saec. XV apud praepositos manebat. A rege Premislao Ottocaro I insuper impetravit,
ut electio episcopi capitulo ecclesiae cathedralis deferretur. Idem rex pariter littera sua
a. 1207 data libertates immunitatesque ecclesiae Olomucensis renovavit et adauxit
(Boczek Cod. dipl. Moraviae II n. 31), quod privilegium deinde Innocentius III confirmavit (ibid. n. 33). Etiam Premislaus Ottocarus II a. 1256 omnes possessiones ecclesiae Olomucensis atque libertates iuraque aucta confirmavit (ibid. III n. 234).

   Successor quoque Roberti, Bruno ex comitibus de Schaumburg (1245–1281),
capitulum ecclesiae suae numero personarum amplificavit et a. 1252 quattuor novis
canonicatibus dotavit (Boczek Cod. dipl. Moraviae III n. 181). Annis sequentibus iterum nonnulli canonicatus additi sunt, ita ut saec. XIII ex. capitulum Olomucense 22
canonicatuum et 4 dignitatuum (decanus, praepositus, archidiaconus, scholasticus)
erat; de quibus cf. Metoděj Zemek in: AKBMS 10 (1989) 58–74. Usque ad saec. XIII
capituli stalla vacantia ab episcopo capituloque suppleta esse videntur, sed iam a. 1225
Conradus Portuensis et s. Rufinae episcopus legatusque apostolicus clerico cuidam
canonicatum Olomucensem assignavit (Friedrich Cod. dipl. Bohem. II n. 275 et
n. 314). Saec. XIV autem permultae provisiones collatae sunt, cf. catalogum 157 provisiones de annis 1322–1404 enumerantem apud Zemek in: AKBMS 10 (1989) 78–82;
de provisionibus parrochias spectantibus cf. Petr Elbel in: Pfarreien im Mittelalter
(Göttingen 2008) p. 363–515.

   Prima e c c l e s i a cathedralis inde ab a. 1109 in stilo romanico exstructa est,
quo anno summum altare consecratum est. A. 1184–1199 haec basilica amplificata et
opulenter decorata saec. XIII in primo stilo gothico denuo amplificata est, cf. Jan
Bistřický Budování olomoucké katedrály a kapituly sv. Václava [Die Errichtung der
Olmützer Domkirche und des Kapitels zu St. Wenzel] in: Sborník (1982) p. 23–30.
Hodie corpus ecclesiae in stilo pseudogothico a. 1883–1890 se praebet confectum, de
ecclesia et aedificiis eius cf. Josef Kachník Olomoucký metropolitní chrám Sv. Václava.
Die Metropolitankirche zu St. Wenzel in Olmütz, verfaßt zur Feier des achthundert-
sten Jahrestages seiner Erbauung und Einweihung (Olmütz 1931); Richter
Raněstředověká Olomouc (1959) p. 64–82; Miloslav Pojsl-Vladimír Hyhlík Olomouc.

Katedrála sv. Vaclava [Olmütz. Domkirche St. Wenzel] (Církevní památky 25. Velehrad 2000).

De primo a r c h i v o et eius structura cf. Flodr Skriptorium (1960) p. 184–214 cum inventario quodam privilegiorum ecclesiae Olomucensis a. 1435 conscripto. Hodie tabularium capituli valde locuples in Archivo Terrae Opaviensi, Minore Sede Olomutii (Zemský Archiv Opava, pobočka Olomouc), depositum quippe capituli metropolitani, asservatur, cf. Kapitulní archiv v Olomouci. I. Pergameny (Ročenka Městského musea v Přerově 2. Přerov 1938); Metoděj Zemek in: Archivní časopis 1 (1951) 124–125 et Jan Bistřický-František Drkal-Miloš Kouřil Státní Archiv v Opavě. Sv. 3: Pobočka v Olomouci (Praha 1961) p. 37–46.

De b i b l i o t h e c a medii aevi cf. Miroslav Flodr Olomoucká kapitulní knihovna a její inventáře na počátku 15. století [Die Olmützer Kapitelsbibliothek und ihr Inventar vom Anfang des 15. Jhs.], in: SPFFBU VII. Řada (C) 5 (1958) 76–97 [cum editione inventarii librorum ecclesiae Olomucensis a. 1413 et 1435]. Hodie bibliotheca capituli metropolitani Olomucensis una cum archivo eius in Archivo Terrae Opaviensi, Minore Sede Olomutii ut depositum quoddam capituli reconditum est; de manuscriptis cf. Štěpán Kohout (Opava 2001) passim.

O¹ = Apogr. in ms. CO 202 (saec. XII) Bibliothecae capituli Olomucensis, nunc in Archivo Terrae Opaviensi, Minore Sede Olomutii, ‚Librum conciliorum et collectarum Purkardi‘ continente; cf. Flodr Skriptorium p. 74–76. 247–251).

O² = Apogr. in ms. CO 205 (saec. XII) Bibliothecae capituli Olomucensis, nunc in Archivo Terrae Opaviensi, Minore Sede Olomutii, ‚Constitutiones et decretales pontificum‘ continente; cf. Flodr Skriptorium p. 66–73. 251–254).

*1   (ante 1136 med.)

H(einricus) episcopus Moraviensis A(dalbertum) Magontinum archiepiscopum et apostolicae sedis (I n n o c e n t i i II) legatum consulit de translatione et commutatione sedis episcopalis Moraviensis.

*Laud. in n. *2.*

2   (ante 1136 med.)

A(dalbertus) II archiepiscopus Magontinus et apostolicae sedis (I n n o c e n t i i II) legatus H(einrico) episcopo Morauiensi consulenti *(n. *1)* concedit, ut sedem episcopalem ex vetere ecclesia (s. Petri) in alium locum transferat.

O¹ f. 225'. O² f. 202. – Edd. Boczek Cod. dipl. Morav. I 203 n. 230 [ad a. 1131] = Jaffé Bibliotheca I 397 n. 49. Friedrich Cod. dipl. Bohem. I 115 n. 114 [ad ante 1131 iun. 30]. Zak De b. Henrico II Zdik p. 22 [ad 1131 mai. aut iun.]. Stimming Mainzer UB. I 494 n. 577 [ad a. 1131]. – Reg. Böhmer-Will I n. 243. Bistřický Listy p. 9 n. 1 [ad 1130 mart. 1–1137 dec. 8].
        Concessio Adalberti archiepiscopi Magontini etiam in privilegio Heinrici episcopi Olomucensis post 1131 iun. 30 dato (Friedrich Cod. dipl. Bohem. I 116 n. 115; de tempore cf. supra) laudatur: ‚tam domini universalis pape Innocentii quam domini Magontini archiepiscopi auctoritas [!] potestate a deo sibi tradita roboraret et eiusdem contemptores vinculo anathematis innodaret‘. Tempus post quem est electio Adalberti in archiepiscopum Magun-

tinensem 1130 ian. 3, tempus ante quem est dies mortis archiepiscopi (1137 iun. 23); cf. etiam Bistřický Písemnosti p. 41. Econtra P. Bolina in: ČČH 97 (1999) 273–291, qui privilegium Heinrici episcopi infra citatum (n. *3 et *4) ante 1136 med. datum esse censet, quem etiam sequimur.

cf. etiam Olomouc, Episc. n *41.

*3   (ante 1136 med.)

I n n o c e n t i u s II licentiam sedis episcopalis Moraviensis transferendi Heinrico episcopo concedit.

Laud. in charta Heinrici ep. Olomucensis de translatione ecclesiae cathedralis Olomucensis a. 1141 ex.–1142 in. data (Friedrich Cod. dipl. Bohem. I 116 n. 115; Flodr Skriptorium p. 228 n. 1). – Reg. JL. –.

De tempore cf. infra n. *4.

*4   (1141 ex. – 1142 in.)

Licentia I n n o c e n t i i II habita (n. *3) Heinricus Olomucensi episcopus, qui sedem pontificalem ab ecclesia s. Petri ad ecclesiam s. Wenceslai martyris Olomucensem transtulit, novam ecclesiam cathedralem roborat.

Laud. in charta Heinrici ep. Olomucensis de translatione ecclesiae cathedralis Olomucensis a. 1141 ex.–1142 in. data (Friedrich Cod. dipl. Bohem. I 116 n. 115; Flodr Skriptorium p. 228 n. 1). – Reg. Bistřický Písemnosti p. 33 n. C.

In charta supra memorata legimus: ‚domini universalis pape Innocentii .. auctoritas'. Laud. etiam in Vincencii Pragensis Annalibus ad a. 1141: ‚licencia domini Innocentii pape' (Mon. Germ. Script. XVII 659; Font. rer. Bohem. II 410).

De tempore cf. Bistřický Písemnosti p. 33sq., qui privilegium Heinrici epicopi a. 1141 ex.– 1142 in. datum esse affert; econtra Pavel Bolina in: ČČH 97 (1999) 273–292, qui asserit, id a. 1136, ante iter Hierosolymitanum Heinrici episcopi a. 1137 initum, datum esse. Cum Adalbertus archiepiscopus licentiam suam (v. supra n. *2) ante a. 1136 med. roboraret et Heinricus episcopus pariter ‚auctoritatem' Innocentii II invocat, opinionem postremo laudatam sequimur. Qua de causa licentiam translationis sedis episcopalis ab Innocentio II etiam ante 1136 med. Heinrico episcopo concessum esse assumimus. – De re cf. insuper Žemlička Čechy p. 245–248 et Vaníček Soběslav I. p. 233–237.

5   (1143 sept. 24–oct. 27)

Guido cardinalis diaconus sanctae Romanae ecclesiae et apostolicae sedis (I n n o - c e n t i i II) legatus Olomucensis ecclesiae decanum Thomam et magistrum Milgost (canonicum) pro fornicatione deponit.

v. Praha, Episc. n. 76. Cf. etiam Bohemia, Duces ac reges n. 54; Praha, Eccl. cath. n. 4; Praha, Vyšehrad n. 6; Moravia, Duces et marchiones n. 7; Olomouc, Episc. n. 60.

De Thoma decano et Milgost magistro nihil nisi huius depositionis mentio apud Zemek Pořad (1938) n. 3. 4 invenimur.

Hradisko (Hradisch)

Monasterium (b. Mariae virg. et) s. Stephani
Gradicense (extra muros Olomucenses)

Annales Gradicenses et Opatovicenses [saec. XI–XII]. Ed. Wilhelm Wattenbach in Mon. Germ.
Script. XVII 643–653; ed. Josef Emler in Font. rer. Bohem. II 383–400 (cum versione Bohemica); de
opere et tempore cf. Josef T e i g e Zpráva o pramenech dějin kláštera Hradištského u Olomouce (až
do r. 1300) [Nachrichten über die Quellen zur Geschichte des Klosters Hradisch bei Olmütz], in:
Sitzungsberichte der königl. böhm. Gesellschaft d. Wissenschaften. Philosophisch-historisch-philo-
logische Klasse, Jg. 1893 (Prag 1894) č. XII (p. 1–80), impr. p. 17–80; Adolf B a c h m a n n Über ältere böhmische Geschichtsquellen IV. Die Hradischt-Opatowitzer Annalen, in: ZVGMS 5 (1901)
107–138; Václav N o v o t n ý Studien zur Quellenkunde Böhmens, in: MIÖG 24 (1903) 552–579;
Ladislav H o s á k Kritické poznámky k moravské středověké analistice [Kritische Anmerkungen
zur mittelalterlichen mährischen Annalistik], in: Sborník vysoké školy pedagogické v Olomouci,
Historie 2 (1955) 77–82; Václav B u r i a n Přehled literatury o klášteru Hradisku [Literaturüberblick
zum Kloster Hradisch], in: Zprávy vlastivědného ústavu v Olomouci 196 (1978) 6–35. – Martin
W i h o d a Anály hradišťsko-opatovické nebo První moravská kronika? Po stopách nekosmovského
pojetí českých dějin [Die Hradisch-Opatowitzer Annalen oder die erste Mährische Chronik? Auf
den Spuren einer nichtkosmasschen Konzeption der böhmischen Geschichte], in: Morava a české
národní vědomí od středověku po dnešek (Brno 2001) p. 25–32. – Péter K i r á l y Copia privilegiorum monasterii Gradicensis, in: Studia Slavica Academiae Scientiarum Hungaricae 52 (2007) 207–
214. – De annalibus et diariis saec. XVII–XVIII cf. Jana O p p e l t o v á Narativní prameny vzniklé v
prostředí premonstrátské kanonie Klášterní Hradisko v Olomouci v 17. a 18. století [Erzählende
Quellen des 17. und 18. Jhs. im Prämonstratenserstift Hradisch bei Olmütz], in: Slavme chvíli …
Sborník k 70. narozeninám Jana Bistřického. Red. Marie Macková a Jana Oppeltová (Ústí nad Orlicí
1999) p. 83–121.

Zlomek urbáře kláštera Hradištského [Bruchstücke eines Urbars des Klosters Hradisch]. Ed.
Josef E m l e r (Praha 1884). – Š e b á n e k Archivy zrušených klášterů passim.

Augustin Alois N e u m a n n (ed.) Historia de fundatoribus et progressu monasterii Gradicensis prope Olomutium siti authore Joanne Tetzelio [saec. XVII in.], in: Sborník historického
kroužku 23 (1922) 20–42. 106–114. – H u g o Ann. Ord. Praem. I 749–760. – Adam Ernst R u e b -
n e r Memoriale saeculorum seu ter secundum Gradicensis ecclesiae jubilaeum (Oppaviae 1751). –
Bonaventura P i t e r Thesaurus absconditus … Brzewnoviensis (Brunae 1762) p. 183–191. –
S c h w o y I 273–285. – W o l n ý Markgrafschaft V 391–409. – I d e m Kirchl. Topographie I 1,
325–349. – Č e r m á k Premonstráti p. 245–287. – P r ö l l p. 732–734. – Ž á k p. 60sq. – N o v o t n ý
I 2, 210. 688–692. 918; I 3, 68. 94–97. 896sq. – Max H e i n Die Geschichte des Klosters Hradisch bei
Olmütz von 1078 bis 1200 (Diss. ms. Prag 1925/26). – Václav N o v o t n ý Uvedení Premonstrátů do
kláštera Hradištského na Moravě [Die Einführung der Prämonstratenser im Kloster Hradisch in
Mähren], in: ČMM 50 (1926) 155–170. – Max H e i n Die Gründung von Kloster Hradisch bei Olmütz, in: ZVGMS 32 (1930) 198–213. – H o s á k Historický místopis p. 488–494. – H r u b ý Tři studie p. 81–86. – Václav N e š p o r Dějiny Olomouce [Geschichte Olmütz'] (Brno 1936) passim. – Johann K u x Geschichte der königlichen Hauptstadt Olmütz bis zum Umsturz 1918
(Reichenberg-Olmütz 1937) passim. – C o t t i n e a u I 1434. – B a c k m u n d Monasticon Praemonstratense ²I 2, 355–357 [cum serie abbatum operibusque laudatis]. – Prokop Z a o r a l K zakládací
listině hradišťského kláštera z r. 1078 [Zur Stiftungsurkunde des Klosters Hradisch aus dem Jahre
1078], in: ČsČH 16 [1968] 275–283. – Karel D o l i s t a Ještě k listinám hradišťského kláštera z roku
1078 [Noch einmal zur Urkunde des Hradischer Klosters aus dem Jahre 1078], in: ČsČH 16 (1971)
111–118. – M a t z k e Mährens frühes Christentum p. 68–72. – Ř í h a p. 236sqq. – Z e s c h i c k
p. 41sq. – Jiří S e h n a l Hudba v premonstrátském klášteře Hradisko u Olomouce v letech 1693–

1739 [Musik im Prämonstratenserstift Hradisch bei Olmütz in den Jahren 1693–1739], in: Acta Musei Moraviae – scientiae sociales = Časopis Moravského zemského muzea – vědy společenské 76 (1991) 185–225. – Václav B u r i a n Přehled literatury o Kláštěru Hradisko [Literaturüberblick zum Kloster Hradisch], in: Památkový ústav v Olomouci. Výroční zpráva (Olomouc 1993) p. 61–89. – Josef P r u c e k Diáře premonstrátské kanonie Hradisko z let 1693–1783. Zpráva o zpracování výběrového katalogu [Die Diarien des Prämonstratenserstifts Hradisch aus den Jahren 1693–1783. Nachrichten über die Aufarbeitung eines Auswahlkatalogs], in: ibid. p. 89–90. – L. C. v a n D y c k Hradisko, in: DHGE 24 (Paris 1993) 1346sq. – Jana O p p e l t o v á Barokní slavnost a všední den v premonstrátské kanonii kláštera Hradisko u Olomouce [Barocke Feierlichkeiten und der Alltag im Prämonstratenserstift Hradisch bei Olmütz], in: Historická Olomouc 10 (1995) 23–34. – Josef P r u c e k Některé poznatky zjištěné při katalogizaci diářů premonstrátské kanonie Hradisko [Zu einigen bei der Katalogisierung der Diarien des Prämonstratenserstiftes Hradisch gemachten Erkenntnissen], ibid. p. 93–102. – Miloš S t e h l í k Klášter Hradisko a barokní kultura na Moravě [Das Stift Hradisch und die barocke Kultur in Mähren], ibid. p. 9–12. – Zdeněk Č i ž m á ř - Jiří K o h o u - t e k K nejstaršímu raně středověkému osídlení bývalého kláštera Hradisko u Olomouce [Über die älteste frühmittelalterliche Besiedlung des ehemaligen Klosters Hradisch bei Olmütz], in: Z pravěku do středověku. Sborník k 70. narozeninám doc. PhDr. Vladimíra Nekudy (Brno 1997) p. 279–288. – Handbuch der historischen Stätten p. 424. 429. – Jana O p p e l t o v á Annus Iubilaeus Gradicensis aneb slavnost šestistého výročí příchodu premonstrátů na Klášterní Hradisko u Olomouce v roce 1751 [Annus Iubilaeus Gradicensis oder die Feierlichkeiten zum 600. Jubiläum der Ankunft der Prämonstratenser im Kloster Hradisch bei Olmütz im Jahre 1751], in: Nový Mars Moravicus aneb Sborník příspěvků, jež věnovali Prof. Dr. Josefu Válkovi jeho žáci a přátelé k sedmdesátinám (Brno 1999) p. 191–208. – Zdeněk K a š p a r Opat kláštera Hradisko Jan Poniatowský [Johannes Poniatowsky, Abt des Stiftes Hradisch], in: Střední Morava. Kulturněhistorická revue 6 (2000) č. 11, 128–136.– Jana O p p e l t o v á Příspěvek k typologii barokních klášterních slavností. Na příkladu premonstrátské kanonie Klášterní Hradisko u Olomouce [Beiträge zur Typologie der barocken Klosterfeierlichkeiten. Am Beispiel des Stiftes Hradisch bei Olmütz], in: Slavnosti a zábavy na dvorech a v rezidenčních městech raného novověku (České Budějovice 2000) p. 505–536. – Jiří K o h o u - t e k Výzkum benediktýnského kláštera Hradisko u Olomouce [Untersuchungen zum Benediktinerkloster Hradisch bei Olmütz], in: Ve stopách sv. Benedikta p. 211–217. – Martin W i h o d a Benediktinská kapitola v dějinách kláštera Hradisko u Olomouce [Der Benediktinerkonvent in der Geschichte des Klosters Hradisch bei Olmütz], ibid. p. 29–38. – H l a v á č e k Anfänge passim. – B u - b e n Encyklopedie řádů II 1, 100–106 (cum serie abbatum). – Leoš M l č á k Heraldika opatů premonstrátské kanonie na Hradisku u Olomouce v 17. a 18. století [Zur Heraldik der Äbte des Prämonstratenserstiftes Hradisch bei Olmütz im 17. und 18. Jh.], in: Časopis Slezského zemského muzea. Série B – Vědy historické 52 (2003) č. 3, 220–234. – František B l i n k a Z historie kláštera Hradiska. Vyprávění o klášteru Hradisko, jeho opatech a době, ve které žili [Aus der Geschichte des Klosters Hradisch. Eine Schilderung des Klosters Hradisch, seiner Äbte und der Zeit, in der sie lebten] (Olomouc 2004). – Kateřina D o l e j š í - Leoš M l č á k Nejstarší vyobrazení a popis raně barokní premonstrátské kanonie na Hradisku u Olomouce [Die älteste Darstellung und Beschreibung des frühbarocken Prämonstratenserstiftes Hradisch bei Olmütz], in: Časopis Slezského zemského muzea. Série B – Vědy historické 53 (2004) č. 2, 97–108. – Encyklopedie moravských klášterů p. 513–522. – B o r o v s k ý Kláštery passim. – Leoš M l č á k Pečetě a znaky opatů a konventu premonstrátské kanonie na Hradisku u Olomouce ve 13.–16. století [Die Siegel und Wappen der Äbte und des Konvents des Prämonstratenserstiftes Hradisch bei Olmütz vom 13.–16. Jh.], in: Časopis Slezského zemského muzea. Série B – Vědy historické 54 (2005) č. 1, 1–10. – Zdeněk K a š p a r Olomouc a klášter Hradisko na počátku 16. století [Olmütz und das Stift Hradisch am Anfang des 16. Jhs.], in: Olomoucký archivní sborník 5 (2007) 46–56. – Pavel S u c h á n e k K větší cti a slávě. Umění a mecenát opatů kláštera Hradisko v 18. století [Zu größerem Ruhm und Ehre. Kunst und Kunstförderung der Äbte des Stiftes Hradisch im 18. Jh.] (Brno 2007).

In charta fundationis et dotationis a. 1078 febr. 3 ‚in consecratione ecclesie‘ Iohanni primo abbati data, cuius tamen autographum deest (Friedrich Cod. dipl. Bohem. I n. 79; de authenticitate viri docti pluries egerunt, cf. ultimum Prokop Zaoral in: ČsČH 16 [1968] 275–283 et Karel Dolista ibid. 19 [1971] 111–118; opera antiquiora praebet Burian p. 6–10), legimus, quomodo Otto dux Moraviae cum coniuge sua Eufemia monasterium construxerit ‚in honore nostri domini Iesu Christi et sancti prothomartyris Stephani situm prope urbem Olomuc‘. Quae fundatio paulo post a. 1078 febr. 5 per Vratislaum ducem Bohemorum, Ottonis ducis germanum, confirmata est (Friedrich Cod. dipl. Bohem. I n. 80). Sed edocemur ex Annalibus Gradicensibus et Opatovicensibus monasterium iam anno praecedenti 1077 conditum esse (Mon. Germ. Script. XVII 648; Font. rer. Bohem. II 390). Non prius quam a scriptoribus saec. XVII dicitur Otto dux in loco, ubi pro matre sua Iuditha arx constructa erat (cf. Václav Richter Raněstředověka Olomouc [Praha-Brno 1959] p. 42–48), ‚ordinem sancti Benedicti‘ ex auctoritate apostolica collocasse. Cunctanter ergo et caute haesitantes notitiam ipsam (n. *?1) suscepimus, quoad ad indultum summi pontificis pertinet; quae notitia, in ipso monasterio tradita et scripta, licet pariter incerta, fide tamen non omnino videtur indigna.

Inde ab initio monasterium pollebat copia possessionum (de quibus v. Schwoy p. 384–391. 409–426; Hosák l.c.) reddituumque (cf. Hein Gründung p. 209–213), sed perpauca certi de rebus gestis et factis conventus secundum regulam s. Benedicti degentis, fratribus verisimiliter e monasterio Brevnoviensi emissis (cf. Martin Wihoda Benediktinská kapitola v dějinách kláštera Hradisko u Olomouce in: Ve stopách sv. Benedikta p. 29–38, cf. etiam p. 136), constant. Vita monastica iam saec. XII med. corrupta esse videtur; accipimus namque e quodam fragmento chronici Moraviae saec. XIV, quod fratres ‚magis erant colentes ventrem quam legem Dei‘ (ed. Mojmír Švábenský in: Studie o rukopisech 12 [1973] 191–205, p. 197); qui monachi a. cr. 1149/50 per Heinricum episcopum Olomucensem eiecti et in domo Opatovicensi (*Opatovice-Opatowitz* in Bohemia orientali) eiusdem regulae recepti sunt. Primo iste Heinricus, secundo Iohannes episcopus Olomucensis variis difficultatibus superatis Praemonstratenses ex canonia *Litomyšl-Leitomischl* ad monasterium sancti Stephani inde a medio saec. XII Gradicense nuncupatum transtulit (cf. Novotný Uvedení; Wilhelm Wostry Deutsche Mönche vor 1200. Praemonstratenser: Rainer, Abt von Kloster Hradisch, in: Sudetendeutsche Lebensbilder 3 [Reichenberg 1934] 21–23), quibus possessiones Hadrianus IV sub protectione apostolica (n. *4) et a. 1160 iun. 16 Vladislaus rex Boemorum (Friedrich Cod. dipl. Bohem. I n. 208) corroboraverunt. Monasterium brevi effloruit et saec. XIII–XIV vigebat tam praediis libertatibus parochiis incorporatis quam auctoritate. Mandata apostolica ad lites quasdam dirimendas abbates (series eorundem invenitur apud Backmund l.c.) inde ab Innocentio III a. 1207 (Friedrich Cod. dipl. Bohem. II n. 66) pluries receperunt, quorum enumeramus: ibid. III n. 225. IV n. 60sq. V n. 49; Erben Regesta III n. 824. 1028. 1243. 1591. 1880; IV n. 860sq. 1040; V n. 173. 536. A. 1373 Gregorius XI abbati Gradicensi Therwardo et a. 1378 denuo Urbanus VI eidem successoribusque eius usum insignium pontificalium indulserunt (Mon. Vat. IV 715; V 35). Inde a saec. XIII Gradicium paternitatem habuit in canonias ord. Praem. regni Hungariae.

Sicuti a. 1241 a Tataris (nova consecratio ecclesiae evenit a. 1262), a. 1432 ab Hussitis canonia Gradicensis omnino combusta et devastata est, unde deserta exstitit usque ad a. 1461. Novam destructionem passa est paulo post in bello Hussitico a. 1481, ita ut communitas usque ad a. 1498 in suburbio Olomucensi habitaret. Saec. XV et XVI in., disciplina labente, monasterium minus valebat. Iterum a. 1642 a Suecis eversa, inde ab a. 1657 reconstructa est et exinde tantopere floruit, ut preposituram *Csorna* in Ungaria resuscitare et prioratum Sacromontanum (*Svatý Kopeček-Heiligenberg*) prope civitatem Olomucensem fundare posset; semper enituit scientiis et studiis. A. 1784 domus, in qua 85 canonici vivebant, per decretum imperiale suppressa est.

De a e d i b u s sacris v. Prokop IV 1082–1086; Julius Leisching Kunstgeschichte Mährens (Brünn 1932) p. 96sq.; František Bolek Katolické kostely v Olomouci (Olomouc 1936) p. 137–147; Leoš Mlčák Hradisko u Olomouce (Ostrava 1978); Ivo Hlobil et al. Olomouc (Praha 1984) p. 100sqq. et passim. De aedificiis ante bellum tricennale erectis nihil paene superest. Aedes monasterii, saec. XVII stilo barocco inchoatae, per ignem a. 1715 combustae et inde ab a. 1726 renovatae, post a. 1784 seminario generali addictae (usque ad a. 1790), deinde in usum cuiusdam hospitalis conversae sunt, quo et nostra aetate funguntur. Ecclesia in habitationes mutata est.

A r c h i v u m hodie in tabulario terrae Brunensi (Moravský zemský archiv v Brně) adservatur, cf. Průvodce po Státním archivu v Brně I (Brno 1954) 364sq.; Irena Hrabětová-Bubová Archiv kláštera hradišského (Brno 1961); Svátek p. 525–528.

De b i b l i o t h e c a olim locupletissima, sed pluries devastata et a. 1784 dilapidata cf. Dagmar Navarová Dějiny knihovny kláštera Hradiska u Olomouce [Geschichte der Bibliothek des Klosters Hradisch b. Olmütz], in: Knihovna 9 (1975) 273–316. Pars codicum et librorum hodie in archivis et bibliothecis publicis civitatum Brunensis et Olomucensis invenitur; cf. et Mojmír Švábenský Cerroniho sbírka 13. stol. – 1845. T. 1–3 (Brno 1973) passim.

Te = Historia de fundatoribus et progressu monasterii Gradicensis ... auctore Ioanne Tetzelio Miglicensi (ms. saec. XVII in.): Moravský zemský archiv Brno, Čerroniho sbírka II n. 385, cf. Švábenský l.c. p. 663sqq.

Si = Michael Siebenaicher (†1680) Historica relatio de conditoribus primo arcis dein monasterii Gradicensis (ms. a. 1676): ibid., Premonstráti Kl. Hradisko E 55, Sign. II 1, kart. 1 (inv. č. 199).

*?1   (ante 1078)

(A l e x a n d r i II aut G r e g o r i i VII) auctoritate seu indultu Otto dux Moraviae monachos sub regula s. Benedicti viventes in monasterio Gradicensi collocat.

Te f. 20. 23. 47. Si f. 18. – Ed. Neumann (1922) p. 28.

Legimus primum apud Tetzel l.c., ed. Neumann p. 28, in narratione de fundatione monasterii Gradicensis: (Otto dux) ‚insuper ex authoritate apostolica sub pontifice Alexandro secundo sacrum ordinem S. Benedicti collocavit‘; et Sibenaicher l.c. dicit hoc ‚indultu summi pontificis‘ factum fuisse; cf. Hein Gründung p. 202. Privilegium seu textus ipsius nobis non pervenit. Miramur etiam, qua de causa in chartis seu chronicis anterioribus saec. XVII mentio de huiusmodi indultu summi pontificis non inveniatur, sed omnem auctoribus (de quibus cf. Max Hein Tetzel und Sibenaicher, zwei Kloster-Hradischer Chronisten, in: ZVGMS 33 [1931] 133–152) fidem denegare haesitamus, licet non Alexandri II (a. 1073 defuncti), sed Gregorii (VII; a. 1073–1085) nomen hoc loco exspectetur, cum in eisdem fontibus asseratur monasterium a. 1077 fundatum esse.

De re et tempore cf. etiam Hein Gründung l.c., qui vero putat litteras Gregorii VII ad Vratislaum ducem Boemorum a. 1074 mart. 18 confectas (cf. Bohemia, Duces ac reges n. 29) vestigia istius fundationis monasterii Gradicensis continere.

*2   *(Hradisko 1143)*

Guido sanctae Romanae ecclesiae cardinalis (I n n o c e n t i i II legatus) in monasterio Gradicensi pervenit et monachos ibi degentes ab excommunicationis vinculo absolvit.

Annales Gradicenses ad a. 1143 (Mon. Germ. Script. XVII 651; Font. rer. Bohem. II 398).

Monachos Gradicenses ab Heinrico episcopo Olomucensi anno praeterito cum omnibus Moraviensibus propter ,quandam culpam' (cf. Olomouc, Episc. n. 60) excommunicatos esse videtur. Culpa haec e litteris ab Innocentio II abbatibus aliisque clericis dioecesis Olomucensis a. (1142) april. 1 datis elucet, in quibus papa se excommunicationis vel depositionis sententiam, quam in eos Heinricus episcopus Olomucensis promulgaverit, firmaturum esse minatur, cf. Hilsch Bischöfe p. 44 et Olomouc, Episc. n. 50.

*3   *(Hradisko 1143)*

Guido sanctae Romanae ecclesiae cardinalis (I n n o c e n t i i II legatus) pristinam electionem B(ohumili) abbatis (Gradicensis) se ipsum accusantis et consilium petentis subtiliter examinat eamque illegitimam et contra statuta canonum factam reperiens irritam omnimodis reddit; fratres Gradicenses ab excommunicationis vinculo absolvit *(n. *2)*, deinde ipsius legatis admonitione prior et ceteri fratres Gradicenses habito consilio praefatum B(ohumilum) presbyterum unanimiter et canonice in praesentia istius cardinalis et terrae antistitis (i. e. Heinrici Olomucensis episcopi) sibi in abbatem eligunt.

Annales Gradicenses ad a. 1143 (Mon. Germ. Script. XVII 651; Font. rer. Bohem. II 398). – Reg. Bachmann Legaten p. 224 [perperam monasterio Oppatovicensi adscriptum].

cf. etiam Olomouc, Episc. n. *61.

De legato et legatione eius cf. Praha, Episc. n. 76. – De re atque abbate Bohumilo cf. Novotný I 2, 785; Hilsch Bischöfe p. 44; de Heinrico episcopo Olomucensi cf. Olomouc, Episc. n. *40.

*4   *(1154 dec. 4–1159 sept. 1)*

H a d r i a n u s IV petente Ottone marchione Moraviensi monasterio Gradicensi privilegium concedit et possesiones eius confirmat.

Fragmentum adulteratum (seu potius ab annalista voluntarie amplificatum). Te f. 24' (ed. Neumann [1922] p. 31) et Si f. 31'. – Edd. Ruebner Memoriale (1751) p. 64. Boczek Cod. dipl. Morav. I 265 n. 288 [ad a. 1155]. Friedrich Cod. dipl. Bohem. I 190 n. 201. – Regg. Erben Regesta I 130 n. 291. 133 n. 298. JL. –.

cf. etiam Moravia, Duces ac marchiones n. *15. – De re cf. etiam Teige Zpráva o pramenech (1894) p. 30sq.

*5   *Praha 1160 iun. 16*

Wladizlaus rex Boemorum una cum Daniele episcopo (Pragensi) ,ex canonica et apostolica auctoritate' (V i c t o r i s IV) possessiones monasterii s. Stephani (Gradicensis)
confirmat et contradictores banno apponit.

    Laud. in. privilegio Vladislai regis (Friedrich Cod. dipl. Bohem. I 196 n. 208).
       cf. etiam Bohemia, Duces ac reges n. *65; Praha, Episc. n. *93.

Louka (Klosterbruck)

Monasterium s. Wenceslai in Luca

Š e b á n e k Archivy zrušených klášterů passim.
    P e s s i n a Mars Moravicus p. 57. – H u g o Ann. Ord. Praem. II 87. – Otto C h m e l Series
abbatum canoniae Lucenae cum thesibus universae philosophice ad mentem Angelici Doctoris Divi
Thomatis Aquinatis propagatis (Znoymae 1738). – Series fundationis Lucensis et abbatum eiusdem
(Znoymae 1738). – S c h w o y III 247–255. – W o l n ý Kirchliche Topographie II 4, 132–145. –
Č e r m á k p. 327–353. – Pröll p. 740–742. – Anton V r b k a Klosterbruck und seine Schicksale im
Laufe der Jahrhunderte (Znaim 1898). – František Václav P e ř i n k a Dějiny kláštera Luckého u
Znojma od založení do válek husitských [Geschichte des Stiftes Klosterbruck bei Znaim von der
Gründung bis zu den Hussitenkriegen], in: Sborník historického kroužku 1 (1900) 109–118. 176–
182. 234–239. – I d e m Znojemský okres [Der Kreis Znaim] (Brno 1904) p. 300–356. – Adolf L.
K r e j č í k „Series abbatum canoniae Lucenae" a její spisovatel [Die „Series abbatum canoniae Lucenae" und ihr Verfasser], in: ČMM 34 (1910) 112–128. 261–270. – Ž á k p. 61sq. – N o v o t n ý I 2,
1119sq.; I 3, 104sq. 897sq. – Anton V r b k a Zur Baugeschichte der Kirche von Klosterbruck, in:
Mitteilungen des Erzherzog Rainer-Museums f. Kunst u. Gewerbe 36 (1918) 33–38. – H o s á k Historický místopis p. 92–96. 963sq. – C o t t i n e a u I 1676. – B a c k m u n d Monasticon Praemonstratense [2]I 2, 361–364 [cum serie abbatum operibusque laudatis]. – Zdeněk K r i s t e n Pamětní
záznamy kostela olomouckého a kláštera louckého (Příspěvek k diplomatice česko-moravských
aktů) [Die Gedenkeinträge der Olmützer Kirche und des Stiftes Klosterbruck (Ein Beitrag zur Diplomatik der böhmisch-mährischen Urkunden)], in: Acta Universitatis Palackianae Olomucensis.
Facultas philosophica. Historica 3 (1962) 183–195. – Ř í h a p. 239–242. – D o l i s t a Circaria passim. – Hellmut B o r n e m a n n 800 Jahre Stift Klosterbruck (Geislingen/Steige 1990) [cum operibus
laudatis]. – Zdeněk C h a r o u z Canonia Lucensis. Počátky a prvních sto let života [Canonia Lucensis. Die Anfänge und die ersten hundert Jahre ihres Bestehens], in: Ročenka okresního archivu ve
Znojmě (1990) 99–107. – Louka. 800 let premonstrátského kláštera Louka u Znojma na Moravě
[800 Jahre des Prämonstratenserstiftes Klosterbruck bei Znaim in Mähren] (Brno 1990). – Metoděj
Z e m e k Premonstrátský klášter v Louce v prvním století svého trvání (K 800. výročí vzniku) [Das
Prämonstratenserstift Klosterbruck im ersten Jahrhundert seines Bestehens (Zum 800. Jahrestag
seiner Gründung)], in: Jižní Morava 27 (1991) 7–21. – I d e m K osmistému výročí vzníku premonstrátského kláštera v Louce [Zum 800. Gründungstag des Prämonstratenserstiftes Klosterbruck], in:
Bohemia. Ecclesia. Universitas. Sborník k osmdesátinám Jaroslavu Kadlecovi (Praha 1991)
p. 57–70. – Petr K r o u p a - Jiří K r o u p a - Lubomír S l a v í č e k - Josef U n g e r Premonstrátský
klášter v Louce. Dějiny – umělecká výzdoba – ikonologie [Prämonstratenserstift Klosterbruck. Geschichte – Künstlerische Ausstattung – Ikonologie] (Znojmo 1997). – Helena K r m í č k o v á K
posloupnosti louckých opatů ve 13. století [Die Reihenfolge der Klosterbrücker Äbte im 13. Jh.], in:
ČMM 116 (1997) 53–65. – Handbuch der historischen Stätten p. 692–694. – Jiří K r o u p a Idea ac
conceptus: Premonstratensian monasteries in Moravia of the baroque epoch as a „Bel composto" in
the countryside, in: SPFFBU. Řada historická (C) 48 (1999), č. 43, 7–23. – Josef U n g e r Archeolo-

gický výzkum premonstrátského kláštera v Louce u Znojma. Příspěvek ke způsobu pohřbívání ve středověkých klášterech [Archäologische Forschungen im Prämonstratenserstift Klosterbruck bei Znaim. Ein Beitrag zur Begräbnisweise in mittelalterlichen Klöstern], in: Pravěk 10 (2000) 143–150. – Vladimir V a š k ů Additamenta k josefínským konfirmacím pro premonstráty v Klášterním Hradisku, Louce, Zábrdovicích a Nové Říši (Vídeňské studie z novověké diplomatiky 3.) [Additamenta zu den josephinischen Konfirmationen für die Prämonstratenser in Klosterbruck, Zabrdowitz und Neureisch], in: SPFFBU. Řada historická (C) 50 (2001) [ed. 2003], č. 48, 145–156. – H l a v á č e k Anfänge passim. – B u b e n Encyklopedie řádů II 1, 112–119 (cum serie abbatum). – Tomáš B o r o v s k ý Majetkový vývoj kláštera v Louce do konce 15. století [Die Entwicklung des Grundbesitzes des Stiftes Klosterbruck bis zum Ende des 15. Jhs.], in: Jižní Morava. Vlastivědný sborník 40 (2004), sv. 43, 21–36. – Petr F i a l a Genius sine spiritu. Reflexe josefínské doby v rukopise Norberta Řehoře Korbera o konci kláštera v Louce [Genius sine spiritu. Reflexionen des Josephinischen Zeitalters in der Handschrift des Norbert Gregor Korber über das Ende des Stiftes Klosterbruck], in: RegioM. Sborník Regionálního muzea v Mikulově 2007 p. 91–110.

Otto Boemorum dux, quondam marchio Moraviae, a. 1190 oct. 25 una cum matre Maria privilegio fundationis monasterii in Luca prope Znoymam fundati statuit, ‚ut canonici sub regula beati Augustini et ordine Praemonstratensi perpetuo ibidem deserviant‘, additis non modicis villis et iure patronatus plurium cappellarum (de quibus v. Hosák l.c.) in Moravia meridionali (v. Friedrich Cod. dipl. Bohem. I n. 326; de chartis saec. XII cf. Hrubý Tři studie p. 118–120). Quas possessiones Celestinus III summatim a. 1195 apr. 27 sub protectione apostolica corroboravit (v. n. 1). Primi canonici e monasterio Strahoviensi (cf. p. 146) accersiti sunt. Nova plantatio – in loco anterioris coenobii ordinis s. Benedicti forte instituta, cf. Pessina Mars Moravicus p. 57; Zemek Premonstrátský klášter p. 7sq. – favore gaudebat marchionum Moraviae et nobilium vicinae regionis, brevi effloruit et saec. XIII–XIV vigebat praediis redditibus ecclesiis. A. 1294 paternitati abbatis Lucensis, inde ab a. 1386 infulati (Cod. dipl. Moraviae XI n. 405; Mon. Vat. Bohem. V 1, n. 129), plures canoniae Hungaricae fuerunt submissae. Privilegia ad monasterii bona iuraque defendenda summi pontifices etiam in posterum pluries largiti sunt; enumeramus tantum illa inde ab Honorio III usque ad Gregorium X apud Friedrich Cod. dipl. Bohem. II n. 256; III n. 4; IV n. 7; V n. 694. Mandata ad lites quasdam dirimendas, causas inquirendas et componendas abbates inde ab Innocentio IV a. 1248 receperunt (Friedrich Cod. dipl. Bohem. IV n. 140; V n. 18; Erben Regesta III n. 1243; Mon. Vat. I n. 366; IV n. 1167 et al.; cf. etiam Eubel Provisionen p. 76; Krofta [ČČH 12] passim).

Post devastationem per Hussitas a. 1422 factam monasterium Lucense paulatim in penuria superanda profecit, inde a saec. XVI ex. denuo floruit, semper enituit scientiis et studiis. A. 1784 suppressum est; fortuna eius tunc taxabatur ad 1.400.000 florenos.

De sacris a e d i b u s v. Vrbka Baugeschichte l.c.; Prokop I 147–150; II 454sq. 563; III 646; IV 1091; Julius Leisching Kunstgeschichte Mährens (Brünn 1932) p. 151–154; Václav Richter et al. Znojmo (Praha 1966) p. 19–26. 65–68. 71–74 [cum operibus laudatis]; Umění doby posledních Přemyslovců p. 253sqq. Ecclesia romanica, saec. XV et XVI stilo gothico renovata, saec. XVII ex. et iterum med. saec. XVIII stilo barocco amplificata post a. 1784 cultui parochiali addicta est. Aedificia monasterii, quorum renovatio a. 1748 inchoata, sed non terminata est, inde ab a. 1784 usui militari tradita sunt.

Archivum hodie in tabulario terrae Brunensi (Moravský zemský archiv v Brně) adservatur, cf. Průvodce po Státním archivu v Brně I (Brno 1954) 365sq.; Svátek p. 525–528 et imprimis Mojmír Švábenský Dějiny archivu premonstrátenského kláštera v Louce u Znojma, in: Sborník k nedožitým padesátinám PhDr. Jiřího Radimského (Brno 1969).

Bibliotheca olim locuples a. 1784–1790 barbarice dilapidata, adeo ut codices et libri qui supersunt undique dispersi hodie inveniantur; v. Catalogus librorum, qui in bibliotheca aboliti monasterii Lucae ad Znoymam Moravorum publicae auctioni exponentur (Brunae 1790) (alia opera antiquiora bibliothecam Lucensem tractantia praebet Zíbrt I n. 3905); cf. Mojmír Švábenský Cerroniho sbírka 13. stol.–1845 (Brno 1973) p. 143 n. 28; Bornemann p. 18–26. 41–44. 50–53. 73.

A   = Orig.: Brno, Moravský zemský archiv, Prem. Louka E 57, sign. B 1 (inv. č. 33).
L   = Liber seu matricula omnium et singulorum privilegiorum, confirmationum, exemptionum, donationum, contractuum etc. (ms. a. 1662): ibid., G 10, č. 10.
E   = Elenchus seu regesta archivi monasterii Lucensis ord. Praemonstratensis ad Znoymam (ms. post a. 1679): ibid., G 12, Cerr II 138 (inv. č. 256).
M   = Matrica monasterii Lucensis (ms. saec. XIV ex.): ibid. G 12, Cerr II 253 (inv. č. 377).
T   = Apogr. ex A (?) saec. XIX in.: Brno, Moravský zemský archiv, Bočkova sbírka G 1, sign. 3568.

1   *Laterano 1195 april. 27*
C e l e s t i n u s III .. abbati et conventui Lucensis coenobii: monasterium cum omnibus bonis sub b. Petri et sua protectione suscipit, specialiter confirmans possessiones, quas Otto dux quondam Boemie et Maria mater ipsius contulerunt. – Sacrosancta Romana ecclesia. Dat. Lat. 5 kal. mai., pont. n. a. 5.
    A. L fol. 4'. E f. 5 (reg.). M f. 37 (reg.). T. – Edd. Hugo Ann. Ord. Praem. II prob. col. 45. Series fundationis Lucensis p. 8. Boczek Cod. dipl. Morav. I 342 n. 366 = Migne PL 206, 1091 n. 208. Friedrich Cod. dipl. Bohem. I 316 n. 352. – Regg. Erben Regesta I 192 n. 428. J. 10527. JL. 17227.

(Dolní) Kounice (Kanitz)

Monasterium b. Mariae virg. Cunicense

Š e b á n e k Archivy zrušených klášterů passim. – D o l i s t a Circaria passim.
    H u g o Ann. ord. Praem. II 1. – Gottfried Johann D l a b a c ž Nachricht von dem Prämonstratenser Frauenstifte zu Kaunicz in Mähren (Abhandlungen der königl. böhm. Gesellschaft der Wissenschaften 5, 11. Prag 1817). – W o l n ý Kirchl. Topographie II 1, 363–372. – Č e r m á k p. 287–307. – P r ö l l p. 776sq. – Augustin K r a t o c h v í l Ivančický okres [Der Kreis Ivančice] (Brno 1904) p. 138–157. – František Václav P e ř i n k a Klášter premonstrátek v Kounicích [Das Prämonstratenserinnenstift Kanitz], in: Sborník historického kroužku 11 (1910) 10–17. 113–130. – Ž á k p. 272. –

Novotný I 2, 1035sq. 1079; I 3, 90sq. 97. 897. – Klášter Rosa Coeli – Růže nebeská v Dolních Kounicích [Das Stift Rosa Coeli – Die himmlische Rose in Kanitz] (Brno 1935). – Hosák Historický
místopis p. 230sq. – Karel Tříska Příspěvek k dějinám kounického kláštera [Beiträge zur Geschichte des Stiftes Kanitz], in: ČSPS 38 (1930) 16–27. – A. Kutal Fragmenty sochařské výzdoby
kláštera Rosa Coeli v Dolních Kounicích [Fragmente der Bildausstattung des Stiftes Rosa Coeli in
Kanitz], in: Zs. d. Mährischen Landesmuseums N.F. 1 (1941) 196–216. – Jiří Radimský Zánik
kláštera Rosa Coeli v Dolních Kounicích [Das Ende des Stiftes Rosa Coeli in Kanitz], in: ČSPS 51–
53 (1943–45) 268–274. – Backmund Monasticon Praemonstratense ²I 2, 358sq. (cum serie praepositorum priorissarumque). – Jaroslav Petrů Rosa Coeli v Dolních Kounicích (Brno 1965). –
Říha 223sq. – J. O. Eliáš-F. Kašička Klášterní hrad v Dolních Kounicach [Die Klosterburg in
Kanitz], in: Památková péče 35 (1975) 216–232. – Umělecké památky Moravy a Slezska I 388–396. –
L. C. van Dyck Kounice, in: DHGE 29 (Paris 2007) 734sq. – J. Dvořak Stavební materiál
kláštera Rosa Coeli v Dolních Kounicích [Das Baumaterial des Stiftes Rosa Coeli in Kanitz], in: Jižní
Morava 30 (1994) 274–275. – Handbuch der historischen Stätten p. 247. – Eva Vyletová Příspěvek
k datování kostela v Kounicích [Beiträge zur Datierung der Kanitzer Kirche], in: Památky středních
Čech. Časopis Státního památkového ústavu středních Čech v Praze 15 (2001) 44–48. – Encyklopedie moravských klášterů p. 277–285. – Borovsky Kláštery passim.

Ex relatione Gerlaci abbatis Milovicensis ad a. 1181 edocemur quendam Wilhelmum
comitem Romam adiisse, cui veniam de magnis sceleribus commissis petenti summus
pontifex ,iussit, ut claustrum construeret et religiosas personas Deo servituras aduna-
ret' (n. *1). Ad cuius petitionem primae moniales e monasterio Lunewicensi
(Louňovice-Launiowitz) in Bohemia sito iussu Gotschalci abbatis Siloensis a. 1183 ad
condendum coenobium in loco Cůnitz – prope Ivančice-Eibenschitz in Moravia meridionali – venisse a Gerlaco traduntur (edd. Mon. Germ. Script. XVII 691 et 694; Font.
rer. Bohem. II 477 et 483; cf. etiam privilegium fundationis quamvis spurium de
a. 1173 [Friedrich Cod. dipl. Bohem. I n. 400], quod secundum opinionem editoris
Friedrich signis chronologicis adulteratis – loco a. 1183 – e privilegio genuino sump-
tum esse videtur). Primam mentionem sororum Cunicensium in litteris sedis apostolicae praebet mandatum Honorii III a. 1219 ian. 18 datum (Friedrich Cod. dipl. Bohem. II n. 170). Moniales iuxta ordinis Praemonstratensis consuetudinem per
magistram ab ipsis electam et per praepositum a Siloensi abbate constitutum regeban-
tur. Monasterii Cunicensis, cui postea nomen ,Rosa Coeli' est addictum, possessiones
et iura Clemens IV a. 1268 iun. 2 sub protectione apostolica summatim roboravit
(Friedrich Cod. dipl. Bohem. V n. 560). Inde a saec. XIII ex. ipse florebat tam possessionibus et redditibus quam iure patronatus plurium ecclesiarum in Moravia meridionali (v. Friedrich Cod. dipl. Bohem. V n. 801. 829; cf. Peřinka l.c.; Hosák Historický
místopis p. 230sq.). Saec. XIV summi pontifices aliquoties praepositis causas inquirendas, examinandas seu componendas commiserunt (v. Mon. Vat. Bohem. I n. 247.
558. 597. 821; II n. 237; V n. 160. 177. 219 et al.; cf. et indicem fontium apud Backmund
l.c.). Inter alia a. 1410 Iohannes XXIII praeposito et conventui monasterii pontificalibus insignibus libere uti indulsit (Eršil Acta summorum pontificum I n. 486). Sed de
cetero conventus paucas necessitudines cum apostolica curia habuisse videtur.

Bello Hussitico monasterium a. 1433 devastatum est, exinde fortuna et disciplina lapsae sunt, a. 1526 derelictum est (cf. Radimský l.c.); aedificia cum ecclesia et

bona laicis adducta sunt, a. 1698 a comitibus de Dietrichstein abbati Strahoviensi donata, sed a. 1808 iterum alienata.

De ecclesia romanica, saec. XIII amplificata, inde ab a. 1703 in ruina, v. Prokop II 334–338, 455; de aedificiis monasterii cf. Lubomír Konečný - Pavel Borský - Jan Hořínek K nejstarším stavebním dějinám kláštera Rosa Coeli v Dolních Kounicích [Zur ältesten Baugeschichte des Klosters Rosa Coeli in Kanitz], in: Jižní Morava 30 (1994) 264–273; Samek I 391–393.

Maxima pars archivi, quae superest, in tabulario principum de Liechtenstein Vadusii asservatur (cf. Metoděj Zemek - Adolf Turek Regesta listin z lichtenštejnského archivu ve Vaduzu z let 1173–1526, in: Sborník archivních prací 33 (1983)149–296. 483–527; nonnulla documenta in tabulario terrae Brunensi (Moravský zemský archiv v Brně) reperiuntur (cf. Svátek p. 590sq.).

De bibliotheca nihil.

*1   *Roma (1178 mart.–aug. aut 1179 febr.–iul.)*
Alexander III Wilhalmo comiti paenitendi causa Romam venienti iubet, ut claustrum construat.

> *Continuatio Annalium Pragensium Gerlaci abbatis Milovicensis ad a. 1181 (Mon. Germ. Script. XVII 691; Font. rer. Bohem. II 477). – Reg. JL –.*

> Gerlacus his verbis de primordiis monasterii Cunicensis enarrat: ,Erat in Moravia quidam comes nomine Wilhalmus [de Pulin] de gratia praedicti Kunradi [scil. ducis Znoimensis], qui cum in vastatione Austriae manus non continuerat ab incendiis ecclesiarum dei, pro his et aliis peccatis compunctus Romam adiit et secreta cordis sui domno papae aperuit, qui iussit, ut claustrum construeret et religiosas personas domno servituras adunaret'. Iter Romanum Wilhalmi ergo post devastationem Austriae a. 1176 factam (de ea cf. Bohemia, Duces ac reges n. *72 cum adn.) et ante diem mortis Alexandri III evenisse videtur. Romae papa his temporibus a. 1178 mart.–aug. et a. 1179 febr.–iul. moratus est. Ante 1181 oct. Wilhalmus a capitulo generali Praemonstratensi conventum sororum pro noviter ab eo fundato monasterio exoptabat, cf. Dolista Circaria n. 5.

Appendix

Falsa Boczekiana

Saec. XIX Antonius Boczek, vir alioquin de historia Moraviae optime meritus, non-nulla diplomata ad historiam patriae suae spectantia de novo confecit et in suo ‚Codi-ce diplomatico Moraviae' a. 1836 in lucem edidit, inter quos etiam quattuor litterae papales (una Lucii II et tres Eugenii III) sunt. Cum proh dolor haec litterae ab eruditis linguae tchechicae minime compotibus usque ad nostra tempora iterum iterumque citentur et adhuc pro authenticis teneantur (cf. novissime exempli causa Iben Fonnes-berg-Schmidt The Popes and the Baltic Crusades 1147–1254 [The Northern World. North Europe and the Baltic c. 400–1700 AD. Peoples, Economies and Cultures 26. Leiden-Boston 2007] p. 32 cum adn. 34; Ziegler König Konrad III. p. 203 cum adn. 1537), regesta brevia harum quattuor litterarum in hoc loco apponimus et una cum doctis tchechicis falsos esse in medium afferimus. Qua de causa hae litterae e re-pertoriis regestorum pontificum Romanorum delendas esse censemus. De re cf. im-primis Šebánek Moderní padělky (1936; s.v. Olomouc, Episc.) p. 27–84 (de litteris pa-palibus p. 62–83); Krofta Kurie p. 128sq. et Bistřický Studien p. 183 adn. 215.

B   = ‚Copia saec. XIV in archivo archiepiscopali Olomucii' – ab Antonio Boczek ficta.
C   = ‚Codex ms. Litoviensis' – ab Antonio Boczek fictus.

†1   *(1144–1145)*

L u c i u s II Ottoni episcopo Pragensi: ad petitionem abbatis et fratrum de Brevnov mandat, ut monasterium Raygradense adversus Wratizlaum ducem Brunensem et alios nobiles tueatur. – Conquerentes nobis transcripsere.

B. – Edd. Boczek Cod. dipl. Morav. I 232 n. 252 (fragm) [ad a. 1144] = Migne PL 179, 929. – Regg. Erben Regesta I 111 n. 249. J. 6117. JL. 8692.

†2   *Viterbo (1145) iun. 5*

E u g e n i u s III .. abbatibus de Gradis *(Hradisko)* et de Trebech *(Třebon)* et Ottoni Moraviensi duci: refert se Conradum, Wratizlaum et Depoldum duces et eorum com-plices personam Henrici Moraviensis episcopi, cum unacum ipso Ottone duce ad S.R.E. veniret *(cf. Olomouc, Episc. n. *69),* invaserant *(cf. ibid. n. *70),* in praeterita sol-lemnitate Pentecostes excommunicavisse *(cf. Moravia, Duces ac marchiones n. *8);* mandat, ut una cum duce Boemorum ad satisfactionem (Henrico) episcopo Mora-viensi exhibendam compellant et quidam ex eis ad praesentiam apostolicam veniat *(cf. Olomouc, Episc. n. 71).* – Pervenit ad nos. Dat. Viterbii non. iun.

C. – Edd. Boczek Cod. dipl. Morav. I 236 n. 256 = Migne PL 180, 1044. – Regg. Erben Regesta 114 n. 254. J. 6158. JL. 8765.

De falsitate cf. Šebánek Moderní padělky p. 64 adn. 4. Cf et Olomouc, Episc. n. 71 adn.

†3   *Viterbo (1145) iun. 8*

E u g e n i u s III .. abbati monasterii in Lutomizl, ordinis Premonstratensis: ad preces
Heinrici Moraviensis episcopi monasterium in Lutomizl *(Litomyšl–Leitomischl)* in sedis apostolicae protectionem suscipit; statuit, ut quascunque possessiones vel bona ex
concessione nobilium virorum Brecizlai et Sobezlai, quondam Bohemorum ducum,
nec non Wladizlai ducis et Heinrici fratris eius, Ottonis Moraviensis ducis et Heinrici
episcopi Moraviensis ecclesia in Lutomizl possidet, firma et illibata permaneant. – Fi-
delem devotionem fratris. Dat. Viterbii VI id. iun.

    C. – Edd. Boczek Cod. dipl. Morav. I 237 n. 257 = Migne PL 180, 1044. – Regg. Erben Regesta
I 114 n. 255. J. 6159. JL. 8766.

        De falsitate cf. Šebánek Moderní padělky p. 52 et adn. 4.

†4   *(Auxerre 1147)*

E u g e n i u s III Heinrico Moraviensi episcopo: propositum eius una cum ducibus
Moraviensibus Ottone, Zuatopluk et Wratizla contra Sclavos ceterosque paganos ha-
bitantes versus aquilonem (in Pomerania) eundi et ipsos Christianae religioni subiu-
gandi corroborat, ut negotium, quo illustrem Boemorum ducem cum fratribus ad as-
sumendam crucem et ad expeditionem in terram sanctam proficiscendum inspiravit,
sibi acceptum erat; dolet, unionem inter ecclesias Romanam et Constantinopolitanam
ad finem perduci non potuisse; rogat, ut de progressu expeditionis se certiorem facere
non omittat. – Propositum tuum una.

    C. – Edd. Boczek Cod. dipl. Morav. I 258 n. 277 = Migne PL 180, 1262 n. 214 = Klaus Conrad
Pommersches Urkundenbuch I. Band: 786–1253 (Veröffentlichungen der Historischen Kommission für
Pommern. Reihe II. Köln-Wien ²1970) p. 37 n. 33 [ad 1147 aug.]. – Regg. Erben Regesta I 121 n. 272.
J. 6343. JL. 9110.

        De falso iam Krofta Kurie p. 128 adn. 4 et Šebánek Moderní padělky p. 64 adn. 4 et
p. 78sq. disseruerunt. Cf. etiam Wenskus Zu einigen Legationen p. 141.

Conspectus operum in hoc volumine compendiose laudatorum

Opera, quorum nomina titulosque non reperies in hoc conspectus, in illis quaeras elenchis, quos singulis capitibus ordine chronologico praemisimus.

AA.SS.	=	Acta Sanctorum
ADB	=	Allgemeine deutsche Biographie
ADipl.	=	Archiv für Diplomatik
AKBMS	=	Archiv für Kirchengeschichte Böhmens, Mährens und Schlesiens
APraem.	=	Analecta Praemonstratensia
AQ	=	Ausgewählte Quellen zur deutschen Geschichte des Mittelalters
ČsČH	=	Československy časopis historický
ČČH	=	Česky časopis historický
ČMM	=	Časopis Matice moravské
ČSPS	=	Časopis společnosti přátel starožitností česk(oslovensk)ých v Praze
DA.	=	Deutsches Archiv für Geschichte (Erforschung) des Mittelalters
DHGE	=	Dictionnaire d'histoire et de géographie ecclésiastiques
Dipl.	=	Diploma(ta), Diplomaticus
GV.	=	Geschichtsverein
HJb.	=	Historisches Jahrbuch
J., JE., JK., JL.	=	Jaffé, Jaffé-Ewald, Jaffé-Kaltenbrunner, Jaffé-Löwenfeld (*v.* Regesta pont. Rom.)
Jb., Jbb.	=	Jahrbuch, Jahrbücher
LexMA	=	Lexikon des Mittelalters
MIÖG, MÖIG	=	Mitteilungen des Instituts für Österreichische Geschichtsforschung
MittVGDBöhm	=	Mitteilungen des Vereins für die Geschichte der Deutschen in Böhmen
N. Archiv	=	Neues Archiv der Gesellschaft für ältere deutsche Geschichtskunde
NDB	=	Neue deutsche Biographie
N. F.	=	Neue Folge
N. S.	=	Nova Series
Potth.	=	Potthast (*v.* Regesta pont. Rom.)
Reg.	=	Regesta, Regesten
RepFont	=	Repertorium Fontium
SPFFBU	=	Sborník prací filosofické fakulty Brněnské University
UB.	=	Urkundenbuch
ZfO	=	Zeitschrift für Ost(mitteleuropa)forschung
Zs.	=	Zeitschrift
ZVGMS	=	Zeitschrift des deutschen Vereins für die Geschichte Mährens und Schlesiens

Acta conciliorum et Epistolae Decretales ac Constitutiones Summorum Pontificum. Tom. VI 1. Studio Johannis Harduini. Parisiis 1714.

Acta Romanorum pontificum a s. Clemente I (an. c. 90) ad Coelestinum III († 1198). Tom. I: Introductio, textus actorum, additamenta, appendix (Fontes. Series III. vol. I.). Ed. Pontificia commissio ad redigendum Codicem Iuris Canonici Orientalis sub consultore Aloysio L. Tăutu. Romae 1943.

Acta summorum pontificum res gestas Bohemicas aevi praehussitici et hussitici illustrantia. Pars 1–2. Ed. Jaroslav Eršil. Pragae 1980.

Annales Fuldenses sive Annales regni Francorum orientalis. Recogn. Fridericus Kurze. (Mon. Germ. Script. rer. Germ. VII). Hannoverae 1891. Ed. Reinhold Rau. (Ausgewählte Quellen zur deutschen Geschichte des Mittelalters VII). Darmstadt 1960.

Annales Gradicenses et Opatowicenses. Ed. Wilhelm Wattenbach, in: Mon. Germ. Script. XVII. Hannoverae 1861. 643–653. – Letopisy Hradištsko-Opatovické. Ed. Josef Emler, in Font. rer. Bohem. II. Praha 1875. p. 383–400.

Annales Pragenses. Ed. Georgius Heinricus Pertz, in: Mon. Germ. Script. III. Hannoverae 1839. 119-121. – Letopisy pražské. Ed. Josef Emler, in: Font. rer. Bohem. II. Praha 1874. 376-380.

Die Reichschronik des Annalista Saxo. Hrsg. von Klaus Nass (Mon. Germ. Script. XXXVII). Hannover 2006.

Archivum coronae regni Bohemiae. Tom. I: Inde ab a. MLXXXVI usque ad a. MCCCXLVI. Fasc. 1: Inde ab a. MLXXXVI usque ad a. MCCCV. Ed. Venceslaus Hrubý. Pragae 1935.

Ardura, Bernard, Prémontrés. Histoire et Spiritualité (C.E.R.C.O.R. Travaux et Recherches 7). Saint-Étienne 1995.

Bachmann, Johannes, Die päpstlichen Legaten in Deutschland und Skandinavien (1125–1159). Berlin 1913.

Backmund, Norbert, Monasticon Praemonstratense. Id est Historia circariarum atque canoniarum candidi et canonici ordinis Praemonstratensis. Editio secunda. Tom. I, 1–2. Berolini-Novi Eboraci 1983.

Balbinus, Bohuslaus A., Miscellanea historica regni Bohemiae. Decade I, lib. VI et VIII. Pragae 1681. 1688.

Baumann, Winfried, Die Literatur des Mittelalters in Böhmen. Deutsch-lateinisch-tschechische Literatur vom 10. bis zum 15. Jahrhundert (Veröffentlichungen des Collegium Carolinum 37). München-Wien 1978.

Beiträge zur Tausendjahrfeier des Bistums Prag, 2 Bde. Hrsg. v. Friedrich Prinz e.a. München 1971. 1972.

Benedicti Minoritae dicti Chronica et eius continuatio. Ed. Ladislaus Dušek, in: Franciszkanie w Polsce średniowiecznej, pars 2/3: Franciszkanie na ziemiach polskich (Zakony Franciszkańskie w Polsce 1). Kraków 1989. 323–434.

Benediktinisches Leben in Böhmen, Mähren und Schlesien. Eine Gedenkschrift zum 1400jährigen Jubiläum von Monte Cassino. Hrsg. v. d. Abtei Břevnov-Braunau. Warnsdorf 1929.

Beránek, Karel, Soupis archivních rukopisů a jiných archiválií v universitní a v strahovské knihovně v Praze [Katalog archivalischer Handschriften und anderer Archivmaterialien in der Universitäts- und der Strahover Bibliothek in Prag], in: Sborník archivních prací 21 (1971) 185–234.

Bernhardi, Wilhelm, Konrad III. (Jbb. der Deutschen Geschichte). Leipzig 1883. Reimpr. Berlin 1975.

Biographisches Lexikon zur Geschichte der böhmischen Länder. Bd. I–II. Hrsg. von Heribert Sturm. München-Wien 1979. 1985. Bd. III–IV. Hrsg. von Hans Lemberg, Ralph Melville, Helmut Slapnicka. München-Wien 2000. 2003. 2008.

Bílek, Tomáš V., Statky a jmění kolejí jesuitských, klášterů, kostelů, bratrstev a jiných ústavů v království českém od císaře Josefa II. zrušených [Besitzungen und Vermögen der von Kaiser Joseph II. aufgelösten Jesuitenkollegien, der Klöster, Kirchen, Bruderschaften und anderen Einrichtungen des Königreiches Böhmen]. Praha 1893.

Binius, v. Concilia generalia.

Die Bischöfe des Heiligen Römischen Reiches. Ein biographisches Lexikon. Hrsg. von Erwin Gatz unter Mitwirkung von Clemens Brodkorb (I): 1198 bis 1448; (II): 1448 bis 1648; (III): 1648 bis 1803. Berlin 2001. 1996. 1990.

Bistřický, Jan, Listy adresované olomouckému biskupu Jindřichu Zdíkovi [Zu den an Bischof Heinrich Zdík addressierten Briefen], in: Sborník prací historických X. (Acta Universitatis Palackianae Olomucensis. Fac. phil.- historica 22) Praha 1983. 9–43.

–, Studien zum Urkunden-, Brief- und Handschriftenwesen des Bischofs Heinrich Zdik von Olmütz, in: ADipl. 26 (1980) 135–258.

Die Bistümer des Heiligen Römischen Reiches von ihren Anfängen bis zur Säkularisation. Hrsg. von Erwin Gatz unter Mitwirkung von Clemens Brodkorb und Helmut Flachenecker. Freiburg im Breisgau 2003.

Bláhová, Marie-Frolík, Jan-Profantová, Naďa, Velké dějiny zemí Koruny české [Große Geschichte der Länder der böhmischen Krone]. Vol. I: Do roku 1197. Praha 1999.

Blaul, Otto, Studien zum Register Gregors VII., in: Archiv für Urkundenforschung 4 (1912) 113–228.

Boczek, v. Codex diplomaticus Moraviae.

Böhmer, Johann Friedrich, Regesta Imperii I. Die Regesten des Kaiserreichs unter den Karolingern 751–918. Neu bearb. von Engelbert Mühlbacher. 2. Aufl. vollendet von Johann Lechner. Ibid. p. 839–873: Lechner Verlorene Urkunden. Innsbruck 1908. Nachdr. der 2. Aufl. mit Ergänzungen von Carlrichard Brühl und Hans H. Kaminsky. Hildesheim 1966. Band 4: Papstregesten 800–911. Teil 2: 844–872. Lief. 1: 844–858. Lief. 2: 858–867. Erarbeitet von Klaus Herbers. Köln-Weimar-Wien 1999. 2011.

–, Regesta Imperii II. Die Regesten des Kaiserreichs unter den Herrschern aus dem Sächsischen Hause. 919–1024. Lief. 1: Heinrich I., Otto I. 919–973. Neubearb. von Emil von Ottenthal. Innsbruck 1893. Nachdr. mit Ergänzungen von Hans H. Kaminsky. Hildesheim 1967. 2. Abt.: Otto II. 955(973)–983. Neubearb. von Hanns Leo Mikoletzky. Graz 1950. 3. Abt.: Otto III. 980(983)–1002. Neubearb. von Mathilde Uhlirz. Graz-Köln 1956. 4. Abt.: Heinrich II. 1002–1024. Neubearb. von Theodor Graff. Wien-Köln-Graz 1971. 5. Abt.: Papstregesten 911–1024. Bearb. von Harald Zimmermann. Köln-Wien-Graz ²1998.

–, Regesta Imperii III. Salisches Haus. 1024–1125. 1. Abt.: Konrad II. 1024–1039. Neubearb. von Heinrich Appelt. Graz 1951. 3. Abt.: Heinrich IV. 1056(1050)–1106. Neubearb. von Tilman Struve. 1. Lief.: 1056(1050)–1065. Köln-Wien 1984. 5. Abt. Papstregesten 1024–1058. 1. Lief.: 1024–1046. Bearb. von Karl Augustin Frech. Köln-Weimar-Wien 2006.

–, Regesta Imperii IV. Lothar III. und ältere Staufer. 1. Abt.: Die Regesten des Kaiserreiches unter Lothar III. und Konrad III. 1. Teil: Lothar III. 1125(1075)–1137. Neubearb. von Wolfgang Petke. Köln-Weimar-Wien 1994. 2. Teil: Konrad III. Neubearb. von Jan Paul Niederkorn unter Mitarbeit von Karel Hruza. Wien-Köln-Weimar 2008. 2. Abt.: Die Regesten des Kaiserreiches unter Friedrich I. 1152(1122)–1190. 1. Lief.: 1152(1122)–1158. Neubearb. von Ferdinand Opll. Wien-Köln-Graz 1980. 2. Lief.: 1158–1168. Neubearb. von Ferdinand Opll. Wien-Köln 1991. 3. Lief.: 1168–1180. Neubearb. von Ferdinand Opll. Wien-Köln-Graz 2001. 3. Abt.: Die Regesten des Kaiserreiches unter Heinrich VI. 1165(1190)–1197. Neubearb. von Gerhard Baaken. Köln-Wien 1972. Register und Nachträge. Bearb. von Karin und Gerhard Baaken. Köln-Wien 1979.

– Regesta Imperii IV. 4. Abt.: Papstregesten. Teil 4: 1181–1198. Lief. 1: 1181–1184. Erarbeitet von Katrin Baaken und Ulrich Schmidt. Köln-Weimar-Wien 2003. 2. Lief.: 1184–1185. Erarb. von Katrin Baaken und Ulrich Schmidt. Köln-Weimar-Wien 2006.

Böhmer-Will, v. Regesta archiepiscoporum Maguntinensium.

Bohemia sacra. Das Christentum in Böhmen 973–1973. Hrsg. v. Ferdinand Seibt. Düsseldorf 1974.

Boleslav II. Der tschechische Staat um das Jahr 1000. Internationales Symposium Praha 9.–10. Februar 1999. Hrsg. von Petr Sommer. (Colloquia mediaevalia Pragensia 2). Praha 2001.

Borovský, Tomáš, Kláštery, panovník a zakladatelé na středověké Moravě [Klöster, Herrscher und Stifter im mittelalterlichen Mähren]. Brno 2005.

Boshof, v. Regesten.

Bosl, v. Handbuch.

Bretholz, v. Cosmae Pragensis Chronica.

Brixius, Johannes Matthias, Die Mitglieder des Kardinalkollegiums von 1130–1181. Diss. Straßburg 1912.

Brunner, Sebastian, Ein Chorherrenbuch. Geschichte und Beschreibung der bestehenden und Anführung der aufgehobenen Chorherrenstifte: Augustiner und Prämonstratenser in Österreich-Ungarn, Deutschland und der Schweiz. Würzburg-Wien 1883.

Buben, Milan M., Encyklopedie českých a moravských sídelních biskupů [Lexikon der böhmischen und mährischen Bischöfe]. Praha 2000.

Buben, Milan M., Encyklopedie řádů, kongregací a řeholních společností katolické církve v českých zemích [Lexikon der Orden, Kongregationen und religiöser katholischer Gemeinschaften in den böhmischen Ländern]. T. I. II 1–2. III 1–2. Praha 2002–2007.

Bullarium Poloniae. Tom. I: 1000–1342. Edd. Irena Sułkowska-Kuraś et Stanisław Kuraś. Romae 1982.

Bullarium Romanum, v. Collectio.

Carafa, A., v. Epistolae decretales.

Caspar, v. Mon. Germ. Hist.

Charvátová, Kateřina, Dějiny cisterckého řádu v Čechách 1142–1420. 1. svazek: Fundace 12. století [Geschichte des Zisterzienserordens in Böhmen. T. 1: Stiftungen des 12. Jhs.]. Praha 1998.

Codex diplomaticus et epistolaris Moraviae. Tom. I–IV. Ed. studio et opera Antonii Boczek. Olomucii 1836. 1839. 1841. 1845. Tom. V. Ed. Josefus Chytil. Brunae 1850. Tom. VI–VII. Ed. Peter von Chlumecky. Brunae–Olomucii 1854. 1858. Tom. VIII–XIII. Ed. Vincenc Brandl. Brunae 1874. 1875. 1878. 1885. 1890. 1897. Tom. XIV. Ed. Berthold Bretholz. Olomucii 1903.

Codex diplomaticus et epistolaris regni Bohemiae. Tom. I–III, fasc. I. Ed. Gustavus Friedrich. Tom. III, fasc. II. Edd. Gustavus Friedrich - Zdeněk Kristen. Tom. IV–V. Edd. Jindřich Šebánek - Sáša Dušková. Pragae 1904–1907. 1912. 1942. 1962. 1962–1965. 1974–1993.

Codex diplomaticus et epistolaris Slovaciae. Ad edendum praeparavit Richard Marsina. Tom. I. Bratislavae 1971.

Bullarum, privilegiorum ac diplomatum Romanorum Pontificum amplissima Collec-

tio. Opera et studio Caroli Coquelines. Tom. I. II. Romae 1739. – Bullarum, diplomatum et privilegiorum sanctorum Romanorum pontificum Taurinensis editio. Tom. I. II. Cura et studio Aloysii Tomassetti. Augustae Taurinorum 1857. 1859 (cit. Bullarium Romanorum).

Concilia generalia et provincialia quaecunque reperiri potuerunt omnia … . Studio et industria Severini Binii. Tom. III 2. Coloniae Agrippinae 1606.

Conciliorum [collectio regia]. Tom. 24. 26. Parisiis 1644.

Continuatio [Cosmae chronicae] Gerlaci abbatis Milovicensis a. 1167–1198. Ed. Wilhelm Wattenbach, in: Mon. Germ. Script. XVII. Hannoverae 1861. 683–710. – Letopisy Jarlocha. Ed. Josef Emler, in: Font. rer. Bohem. II. Pragae 1874. 461–516.

Cosmae Pragensis Chronica Boemorum. Die Chronik der Böhmen des Cosmas von Prag. Unter Mitarbeit von W. Weinberger hrsg. v. Bertold Bretholz (Mon. Germ. Script. rer. Germ. N. S. 2). Berlin 1923. Reimpr. München 1980. – Cosmae Chronicon Boemorum cum continuatoribus. Ed. Josephus Emler, in: Font. rer. Bohem. II. Pragae 1874. 1–303.

Cottineau, L. H., Répertoire topo-bibliographique des abbayes et prieurés. Tome I–III. Mâcon 1935. 1939. 1970.

Cowdrey, Herbert E. J., Pope Gregory VII 1073–1085. Oxford 1998.

Cyrillo-Methodiana. Zur Frühgeschichte des Christentums bei den Slawen 863–1963. Hrsg. von Manfred Hellman, Reinhold Olesch, Bernhard Stasiewski und Franz Zagiba (Slavische Forschungen 6). Köln 1964.

Čermák, Dominik K., Premonstráti v Čechách a na Moravě. Stručné vypsání osudů jednotlivých buď ještě stávajících neb již vyhlazených klašterů toho řádu dle roku jich založení [Die Prämonstratenser in Böhmen und Mähren. Kurze Beschreibung der Schicksale bestehender oder bereits aufgelöster Stifte dieses Ordens seit ihrer Gründung]. Praha 1877.

Dobner, Gelasius, Wenceslai Hagek a Liboczan Annales Boemorum. Tom. I–VI. Pragae 1761–1782.

Dolista, Karel, Circaria Bohemiae, abbas Praemonstratensis et capitulum generale

1142–1541, in: APraem. 63 (1987) 221–258; 64 (1988) 143–165. 288–341; 65 (1989) 273–319.

D u c h e s n e , *v.* Liber pontificalis.

D ü m m l e r , Ernst, Geschichte des Ostfränkischen Reiches (Jbb. der Deutschen Geschichte). Bd. 1–3. Leipzig [2]1887–1888.

D u m o n t , Jean de, Corps universel diplomatique du droit des gens. Tome I, partie 1. Amsterdam 1726.

D v o r n i k , Francis, The Making of Central and Eastern Europe. London 1949.

E k e r t , František, Posvátná místa král. hl. města Prahy [Heilige Stätten der königlichen Hauptstadt Prag]. Tom. I–II. Praha 1883. 1884.

Encyklopedie českých klášterů [Enzyklopedie der böhmischen Klöster]. Red. Pavel Vlček, Petr Sommer et Dušan Foltýn. Praha 1998.

Encyklopedie moravských a slezských klášterů [Enzyklopedie der mährischen und schlesischen Klöster]. Red. Dušan Foltýn a kolektiv. Praha 2005.

E n g e l m a n n , Otto, Die päpstlichen Legaten in Deutschland bis zur Mitte des 11. Jahrhunderts. Diss. Marburg 1913.

E p i s t o l a r u m decretalium summorum pontificum tom. III [Coll. Antonio Carafa. Ed. Antonius de Aquino]. Romae 1591.

E r b e n , *v.* Regesta dipl. Bohemiae.

E r š i l , *v.* Acta summorum pontificum.

E u b e l , Konrad, Die päpstlichen Provisionen auf deutsche Abteien während des Schismas und des Pontificats von Martin V. (1378–1431), in: Studien u. Mittheilungen aus dem Benedictiner- u. dem Cistercienserorden 15 (1894) 71–90. 232–244.

Facta probant homines. Sborník příspěvků k životnímu jubileu prof. Dr. Zdeňky Hledíkové [Facta probant homines. Festschrift für Zdeňka Hledíková]. Edd. Ivan Hlaváček et Jan Hrdina. Praha 1998.

F e j é r , Georgius, Codex diplomaticus Hungariae ecclesiasticus ac civilis. Tom. I. Budae 1829.

Fontes rerum Bohemicarum. Prameny dějin českých. Tom. I: Vitae sanctorum et aliorum quorundam pietate insignium. Tom. II 1: Cosmae Chronicon cum continuatoribus. Tom. III: Dalimili Bohemiae Chronicon. An-

nales Heinirici Heimburgensis. Vita Karoli IV imperatoris. Sermones post mortem Karoli IV imperatoris per Johannem, archiepiscopum Pragensem, et mag. Adalbertum Ranconis de Ericinio facti. Johannis Neplachonis, abbatis Opatovicensis, Chronikon. Johannis de Marignola Chronicon. Tom. V: Przibiconis de Radenin dicti Pulkavae Chronicon Bohemiae. Laurentii de Brzezowa Historia Hussitica. Excerpta ex Historia Laurentii de Brzezowa. Laurentii de Brzezowa Carmen de victoria Bohemorum apud Domazlitz. Chronicon Universitatis Pragensis. Chronikon Bartossek de Drahonicz. Additamentum ad Chronicon Bartossek de Drahonicz. Edd. Josef Emler, Jan Gebauer, Jaroslav Goll. Pragae 1873. 1874. 1875. 1882. 1884. 1893.

F r i e d l a e n d e r , Ina, Die päpstlichen Legaten in Deutschland und Italien am Ende des XII. Jahrhunderts (1181–1198) (Historische Studien 177). Berlin 1928.

F r i e d r i c h , *v.* Cod. dipl. Bohem.

F r i n d , Anton, Die Kirchengeschichte Böhmens im Allgemeinen und in ihrer besonderen Beziehung auf die jetzige Leitmeritzer Diözese. Bd. 1–4. Prag 1864. 1866. 1872. 1878.

–, Die Geschichte der Bischöfe und Erzbischöfe von Prag, zur neunhundertjährigen Jubelfeier der Errichtung des Prager Bisthums verfasst und dem Liebesfonde zur Unterstützung bedürftiger Priester gewidmet. Prag 1873.

G a t z , Erwin (Hrsg.), Die W a p p e n der Hochstifte, Bistümer und Diözesanbischöfe im Heiligen Römischen Reich 1648–1803. Regensburg 2007.

– (Hrsg.), A t l a s zur Kirche in Geschichte und Gegenwart. Heiliges Römisches Reich – Deutschsprachige Länder. Regensburg 2009.

G e o r g i s c h , Petrus, Regesta chronologico-diplomatica, in quibus recensentur omnis generis monumenta et documenta publica. Francofurti et Lipsiae 1740–1744.

G i n z e l , Joseph Augustin, Geschichte der Slawenapostel Cyrill und Method und der slawischen Liturgie. Leitmeritz 1857 (2. Aufl. Wien 1861).

G o l d a s t , Melchior, Commentarii de regni Bohemiae .. juribus ac privilegiis … Cura atque studio Johanni Hermanni Schminckii. Tom. I–II. Francofurti ad Moenum 1719.

Goovaerts, Léon, Écrivains, artistes et savants de l'Ordre de Prémontré. Dictionnaire bio-bibliographique. Tome I–IV. Bruxelles 1899–1909.

Gresser, Georg, Die Synoden und Konzilien in der Zeit des Reformpapsttums in Deutschland und Italien von Leo IX. bis Calixt II. 1049–1123 (Konziliengeschichte Reihe A: Darstellungen). Paderborn e.a. 2006.

Grivec, Franciscus – Tomšič, Franciscus, Constantinus et Methodius Thessalonicenses. Fontes – Konstantin i Metodije Solunjani. Izvori (Radovi Staroslavenskog Instituta 4). Zagreb 1960.

Grulich, Rudolf, Orden, Kongregationen und klösterliche Gemeinschaften in der Tschechischen Republik, in: AKBMS 15 (1999) 171–189.

Györffy, Georgius, Diplomata Hungariae antiquissima. Accedunt epistolae et acta ad historiam Hungariae pertinentia. Vol. I: Ab anno 1000 usque ad annum 1131. Budapestini 1992.

Hammerschmid, Joannes Florianus, Prodromus gloriae Pragenae continens urbium Pragenarum fundationes … . Vetero-Pragae 1723.

Handbuch der Geschichte der böhmischen Länder. Bd. I–IV. Hrsg. v. Karl Bosl. Stuttgart 1967. 1968. 1970. 1974.

Handbuch der historischen Stätten: Böhmen und Mähren. Hrsg. von Joachim Bahlcke, Winfried Eberhard und Miloslav Polívka. Stuttgart 1998.

Hardouin, v. Acta conciliorum.

Hauck, Albert, Kirchengeschichte Deutschlands. Teil 1–5. 3./4. Aufl. Leipzig 1904–1912. Reimpr. 1952/53.

Hefele, Charles-Joseph, Histoire des Conciles. Nouvelle traduction française

Der heilige Prokop, Böhmen und Mitteleuropa. Internationales Symposium Benešov – Sázava 24.–26. September 2003. Hrsg. von Petr Sommer (Colloquia mediaevalia Pragensia 4). Praha 2005.

Hiestand, Rudolf, Initienverzeichnis und chronologisches Verzeichnis zu den Archivberichten und Vorarbeiten der Regesta pontificum Romanorum (Mon. Germ. Hilfsmittel 7). München 1983.

Hiestand, Rudolf, Vorarbeiten zum Oriens Pontificius I. Papsturkunden für Templer und Johanniter. Archivberichte und Texte (Abhandlungen der Akademie der Wissenschaften in Göttingen. Phil.-hist. Klasse, III. Folge Nr. 77). Göttingen 1972.

Hilsch, Peter, Die Bischöfe von Prag in der frühen Stauferzeit. Ihre Stellung zwischen Reichs- und Landesgewalt von Daniel I. (1148–1167) bis Heinrich (1182–1197) (Veröffentlichungen des Collegium Carolinum 22). München 1969.

–, Der Bischof von Prag und das Reich in sächsischer Zeit, in: DA. 28 (1972) 1–41.

–, Herzog, Bischof und Kaiser bei Cosmas von Prag, in: Geschichtsschreibung und geistiges Leben im Mittelalter. Festschrift für Heinz Löwe, hrsg. von Karl Hauck und Hubert Mordek. Köln-Wien-Graz 1978. 356–372.

–, Familiensinn und Politik bei den Přemysliden. Jaromir-Gebehard, Bischof von Prag und Kanzler des Königs, in: Papsttum, Kirche und Recht im Mittelalter. Festschrift für Horst Fuhrmann, hrsg. von Hubert Mordek. Tübingen 1991. 215–231.

Hlaváček, Ivan, Středověké soupisy knih a knihoven v českých zemích [Mittelalterliche Bücher- und Bibliothekskataloge in den böhmischen Ländern]. Praha 1965.

–, Diplomatisches Material in den narrativen Quellen des böhmischen Mittelalters bis zum Anfang des 13. Jahrhunderts, in: Palaeographica, diplomatica et archivistica. Studi in onore di Giulio Battelli. Tom. II (Storia e letteratura. Raccolta di studi e testi 140). Roma 1979. 73–96.

–, Der diplomatische Verkehr der böhmischen Partner mit der Kurie bis zum Tode Wenzels I. († 1253). Eine Skizze, in: Facta probant homines. 165–180.

–, Die Anfänge der Prämonstratenser im hochmittelalterlichen böhmischen Staat im Kontext der damaligen Ordensgeistlichkeit, in: Studien zum Prämonstratenserorden, hrsg. von Irene Crusius und Helmut Flachenecker. (Veröffentlichungen des Max-Planck-Instituts für Geschichte 185 – Studien zur Germania Sacra 25). Göttingen 2003. 281–310.

–, Knihy a knihovny v českém středověku (Studie k jejich dějinám do husitství) [Bücher und Bibliotheken im böhmischen Mittelalter (Studien zu ihrer Geschichte bis zum Hussitenzeitalter)]. Praha 2005.

H o r á k , František, Klášterní knihovny v českých zemích [Klosterbibliotheken in den böhmischen Ländern], in: Knihovna 6 (1966) 219–270.

H o s á k , Ladislav, Historický místopis země Moravskoslezské [Historische Beschreibung der Länder Mähren und Schlesien]. Praha 1933–1937.

H r b á č o v á Jana (red.), Jindřich Zdík (1126–1150). Olomoucký biskup uprostřed Evropy [Heinrich Zdík (1126–1150). Ein Olmützer Bischof mitten in Europa]. Olomouc 2009.

H r u b ý František, Církevní zřízení v Čechách a na Moravě od X. do konce XII. století a jeho poměr ke státu [Kirchliche Einrichtungen in Böhmen und Mähren vom 10. bis zum Ende des 12. Jhs. und ihr Verhältnis zum Staat], in: ČČH 22 (1916) 17–53. 257–287. 385–421; 23 (1917) 38–73.

H r u b ý , Václav, v. Archivum coronae regni Bohemiae.

–, Tři studie k české diplomatice [Drei Studien zur böhmischen Diplomatik]. Brno 1936.

H ü l s , Rudolf, Kardinäle, Klerus und Kirchen Roms 1049–1130 (Bibliothek des Deutschen Historischen Instituts in Rom 48). Tübingen 1977.

(H u g o , Carolus Ludovicus), Sacri et canonici ordinis Praemonstratensis Annales. Pars 1. 2. Nanceii 1734. 1736.

J a f f é , Ph., v. Regesta pont. Rom.

J i r e č e k , Hermenegildus (ed.), Codex juris Bohemici. Tom. I aetatem Přemyslidarum continens. Pragae 1867.

J u r i t s c h , Georg, Beiträge zur böhmischen Geschichte in der Zeit der Přemysliden (Quellen und Forschungen aus dem Gebiet der Geschichte 5). Prag 1928.

K a d l e c , Jaroslav, Přehled českých církevních dějin [Abriß der böhmischen Kirchengeschichte]. Tom. 1–2. Řím 1987.

K l o ß , Ferdinand, Das räumliche Bild der Grundherrschaft in Böhmen bis zum Ende des XII. Jahrhunderts, in: MVGDB 70 (1932)

1–26. 133–220 (I); 71 (1933) 1–94 (II); 72 (1934) 103–112 (III).

K o s , Franc, Gradivo za zgodovino Slovencev v srednjem veku [Materialien zur Geschichte der Slowenen während des Mittelalters]. Tom. I–V. Ljubljana 1902–1928.

Královský Vyšehrad. Sborník příspěvků k 900. výročí úmrtí prvního českého krále Vratislava II. (1061–1092) [Königliches Vyšehrad. Beiträge zum 900. Todestag des ersten böhmischen Königs Vratislav II.]. Praha 1992.

Královský Vyšehrad II. Sborník příspěvků ke křesťanskému miléniu a k posvěcení nových zvonů na kapitulním chrámu sv. Petra a Pavla [Königliches Vyšehrad II. Beiträge zum christlichen Millenium und zur Weihe neuer Glocken in der Kollegiatkirche St. Peter und Paul]. Praha-Kostelní Vydří 2001.

Královský Vyšehrad III. Sborník příspěvků ze semináře Vyšehrad a Přemyslovci [Königliches Vyšehrad III. Beiträge der Tagung ,Vyšehrad und die Přemysliden']. Praha-Kostelní Vydří 2007.

K r o f t a , Kamil, Kurie a církevní správa zemí českých v době předhusitské [Die Kurie und die kirchliche Verwaltung in den böhmischen Ländern in vorhussitischer Zeit], in: ČČH 10 (1904) 15–36. 125–152. 249–275. 373–391; 12 (1906) 7–34. 178–191. 274–298. 426–446; 14 (1908) 18–34. 172–196. 273–287. 416–435.

–, Řím a Čechy před hnutím husitským [Rom und Böhmen vor dem Hussitenaufstand], in: Sborník prací historických. Festschrift für Jaroslav Goll. Praha 1906. 178–194.

Kunstdenkmäler in der Tschechoslowakei. Ein Bildhandbuch. Hrsg. von Reinhardt Hootz: Böhmen und Mähren. Einleitung, Erläuterungen und Bildauswahl von Emanuel Poche. Darmstadt 1986.

L a b b e - C o s s a r t , v. Sacrosancta concilia.

L a c k o , Michael, The Popes and Great Moravia in the light of Roman documents, in: Slovak Studies XII. Cyrillo-Methodiana 2. Cleveland-Rome 1972. 9–133.

Le L i b e r censuum de l'Église Romaine. Publ. par P. Fabre et L. Duchesne. Tome I. II. Paris 1889. 1910. Tome III: Tables des matières. Ed. G. Mollat. Paris 1952.

Liber Pontificalis. Texte, introduction et commentaire par L. Duchesne. Tome I. II. Paris 1886. 1892. Reimpr. 1955. Tome III. Ed. C. Vogel. Paris 1957.

Lübke, Christian, Regesten zur Geschichte der Slaven an Elbe und Oder (vom Jahr 900 an). Teil I: Verzeichnis der Literatur und der Quellensigel. Teil II: Regesten 900–983. Teil III: Regesten 983–1013. Teil IV: Regesten 1013–1057. Teil V: Index der Teile II–IV. (Osteuropastudien der Hochschulen des Landes Hessen. Reihe I – Giessener Abhandlungen zur Agrar- und Wirtschaftsforschung des europäischen Ostens 131. 133. 134. 152. 157). Berlin 1984. 1985. 1986. 1987. 1988.

Lünig, Johann Christian, Das Teutsche Reichs-Archiv. Leipzig 1710–1722: Pars specialis: T. V 1 (1713); VII 4 (1711); X 2 (1712); Spicilegium ecclesiasticum: T. XVII 1. 2 (1716); XVIII 1. 2 (1716); XIX (1720); XX (1720); XXI 1. 2 (1721).

–, Codex Germaniae diplomaticus. I–II. Theil. Franckfurt-Leipzig 1732. 1733.

Machilek, Franz, Reformorden und Ordensreformen in den böhmischen Ländern vom 10. bis 18. Jahrhundert, in: Bohemia sacra (1974). 63–80.

–, Klöster und Stifte in Böhmen und Mähren von den Anfängen bis in den Beginn des 14. Jahrhunderts, in: Deutsche in den böhmischen Ländern. Hrsg. v. Hans Rothe. Köln u.a. 1992. 1–27.

Magnae Moraviae Fontes Historici (Prameny k dějinám Velké Moravy). Tom. I: Annales et chronicae. Tom. II: Textus biographici, hagiographici, liturgici. Tom. III: Diplomata, epistolae, textus historici varii. Curaverunt Dagmar Bartoňková, Lubomír Havlík, Jaroslav Ludvíkovský et Radoslav Večerka. Tom. IV: Leges, textus iuridici, supplementa. Tom. V: Indices (Opera universitatis Purkynianae Brunensis, Facultas Philosophica 104. 118. 134. 154. 206). Brno 1966. 1967. 1969. 1971. 1976.

Maleczek, Werner, Papst und Kardinalskolleg von 1191 bis 1216. Die Kardinäle unter Coelestin III. und Innocenz III. (Publikationen des Historischen Instituts beim Österreichischen Kulturinstitut in Rom. I. Abt. Abhandlungen 6). Wien 1984.

–, Petrus Capuanus. Kardinal, Legat am vierten Kreuzzug, Theologe (Publikationen des Historischen Instituts beim Österreichischen Kulturinstitut in Rom I. Abt. Abhandlungen 8). Wien 1988.

Mansi, Joannes Dominicus, Sacrorum conciliorum nova et amplissima collectio. Editio novissima. T. XVII. XIX. XX. Venetiis 1772. 1774. 1775.

Marsina v. Codex dipl. Slovaciae.

Marsina, Richard, Štúdie k Slovenskému diplomatáru I [Studien zum Slowakischen Urkundenbuch I], in: Historické Štúdie 16 (1971) 5–108.

–, Veľkomoravské deperditá. Deperditá diplomatických písomností k dejinám Veľkej Moravy [Großmährische Deperdita. Deperdita diplomatischen Schrifttums zur Geschichte Großmährens], in: Slovenská archivistika 6 (1971) 18–43.

Matzke, Josef, Mährens frühes Christentum. Königstein 1969.

Merhautová, Anežka, Raně středověká architektura v Čechách [Frühmittelalterliche Architektur in Böhmen]. Praha 1971.

Meyer von Knonau, Gerold, Jahrbücher des Deutschen Reiches unter Heinrich IV. und Heinrich V. Bd. 1–7. (Jbb. der Deutschen Geschichte). Leipzig 1890. 1894. 1900. 1903. 1904. 1907. 1909. Reimpr. Berlin 1964.

Migne, Jacques Paul, Patrologiae cursus completus. Series latina. T. 126. 129. 146. 148. 161. 179. 180. 181. 202. 204. 206. Parisiis 1850–1890.

Millenium dioeceseos Pragensis 973–1973. Beiträge zur Kirchengeschichte Mitteleuropas im 9.–11. Jh. (Annales Instituti Slavici 8). Wien-Köln-Graz 1974.

Monumenta Erphesfurtensia saec. XII. XIII. XIV. Ed. Oswaldus Holder-Egger (Mon. Germ. Script. rer. Germ.) Hannoverae et Lipsiae 1899.

Monumenta Germaniae Historica.

–, Scriptores. Tom. III. IV. IX. X. XVI. XVII. XXXVII. Hannoverae 1839. 1841. 1851. 1852. 1859. 1861. 2006

–, Scriptores rerum Germanicarum in usum scholarum ex Monumentis Germaniae Historicis separatim editi. Tom. XLII.

–, Concilia. Tom. III: Concilia aevi Karolini DCCCXLIII–DCCCLIX. Die Konzilien der karolingischen Teilreiche 843–859, hrsg. v. Wilfried Hartmann. Hannover 1984. Tom. VI: Concilia aevi Saxonici DCCCCXVI–MI: Die Konzilien Deutschlands und Reichsitaliens 916–1001, hrsg. v. Ernst-Dieter Hehl unter Mitarbeit von Horst Fuhrmann und Carlo Servatius. Hannover 1987–2007. Tom. VIII: Die Konzilien Deutschlands und Reichsitaliens 1023–1059, hrsg. v. Detlev Jasper. Hannover 2010.

–, Constitutiones et acta publica imperatorum et regum. Tom. I. Ed. Ludewicus Weiland. Hannoverae 1893.

–, Diplomata regum et imperatorum Germaniae. Tom. VI, 1–3: Heinrici IV Diplomata. Bearb. v. Dietrich v. Gladiß und Alfred Gawlik. Berlin 1941. Weimar 1959. Hannover 1978. Tom. VIII: Lotharii III Diplomata nec non et Richenzae imperatricis placita. Hrsg. von Emil v. Ottenthal und Hans Hirsch. Hannover 1927. Tom. IX: Conradi III et filii eius Heinrici Diplomata. Bearb. v. Friedrich Hausmann. Wien-Köln-Graz 1969. Tom. X, 1–5: Friderici I Diplomata. Hrsg. v. Heinrich Appelt e.a. Hannover 1975. 1979. 1985. 1990. 1990. Tom. XIV, 1–2: Friderici II Diplomata. Hrsg. v. Walter Koch. Hannover 2002. 2007.

– Epistolae. Tom. VI. Hrsg. von Ernst Dümmler, Ernst Perels e.a. Berlin 1902–1925. Tom. VII. Hrsg. von Erich Caspar und Gerhard Laehr e.a. Berlin 1912–1928.

– Epistolae selectae. Tom. II: Registrum Gregorii VII. Hrsg. v. Erich Caspar. Berlin 1920–1923.

Monumenta Historica Boemiae. Tom. I–VI. Instruxit P. Gelasius Dobner a S. Catharina. Pragae 1764. 1768. 1774. 1779. 1784. 1785.

Monumenta Vaticana res gestas Bohemicas illustrantia. Tom. I: Acta Clementis VI. Opera Ladislai Klicman. Tom. II: Acta Innocentii VI. Opera Joannis Friderici Novák. Tom. III. Fasc. 1: Acta Urbani V. Opera Frederici Jenšovský. Fasc. 2: Indices. Opera Věrae Jenšovská. Tom. IV: Acta Gregorii XI. Opera Caroli Stloukal. Tom. V: Acta Urbani VI et Bonifatii IX. Opera Camilli Krofta. Pragae 1903. 1907. 1944. 1954. 1949. 1954.

Naegle, August, Kirchengeschichte Böhmens quellenmäßig und kritisch dargestellt. Bd. I, 1–2: Einführung des Christentums in Böhmen. Wien 1915–1918.

Nechutová, Jana, Latinská literatura českého středověku do roku 1400 [Lateinische Literatur des böhmischen Mittelalters bis zum Jahre 1400]. Praha 2000.

Neuwirth, Joseph, Geschichte der christlichen Kunst in Böhmen bis zum Aussterben der Přemysliden. Prag 1888.

Novotný, Václav, České dějiny [Böhmische Geschichte]. Tom. I, 1–5. Praha 1912. 1913. 1928. 1937. 1938.

Nový, Rostislav, Diplomatické poznámky k donačním listinám českých klášterů a kapitul do konce 12. století [Diplomatische Anmerkungen zu den Stiftungsurkunden böhmischer Klöster und Stifte bis zum Ende des 12. Jhs.], in: Studia mediaevalia Pragensia 2 (1991) 125–146.

Od knížat ke králům. Sborník u příležitosti 60. narozenin Josefa Žemličky [Von den Herzögen zu den Königen. Festschrift für Josef Žemlička]. Praha 2007.

Ohnsorge, Werner, Die Legaten Alexanders III. im ersten Jahrzehnt seines Pontifikats (1159–1169). (Historische Studien 175) Berlin 1928.

–, Päpstliche und gegenpäpstliche Legaten in Deutschland und Skandinavien 1159–1181. (Historische Studien 115) Berlin 1929.

Papsturkunden 896–1046. Bearb. v. Harald Zimmermann. Bd. I: 896–996. Bd. II: 996–1046. 2., revidierte Aufl. Wien 1988. 1989. Bd. III: Register. Wien 1989.

Pater familias. Sborník příspěvků k životnímu jubileu prof. dr. Ivana Hlaváčka [Pater familias. Festschrift für Ivan Hlaváček]. Hrsg. von Jan Hrdina unter Mitarbeit von Eva Doležalová und Jan Kahuda. Praha 2002.

Patera, Ad(olf). – Podlaha, Ant(onín), Soupis rukopisů knihovny metropolitní kapitoly pražské [Katalog der Handschriften der Bibliothek des Prager Metropolitankapitels]. Bd. I–II. Praha 1910. 1922.

Pfaff, Volker, Der ‚Liber Censuum' von 1192 (Die im Jahre 1192/93 der Kurie Zinspflichtigen), in: Vierteljahrschrift für Sozial- und Wirtschaftsgeschichte Bd. 44 (1957) 78–96. 105–120. 220–242. 325–351.

P o d l a h a, Ant(onín), Posvátná místa království českého [Heilige Orte des Königreiches Böhmen]. Tom. I, 1–7. Praha 1907–1913.

P o p p, Emil, Die Patrozinien der böhmischen Länder in vorhussitischer Zeit. Eine Bestandsaufnahme, in: Bohemia 13 (1972) 44–130.

P o t t h a s t, *v*. Regesta pont. Rom.

Praha středověká [Mittelalterliches Prag]. [Ed.] Emanuel P o c h e e.a. Praha 1983.

P r ö l l, Laurenz, Ehemalige Prämonstratenser-Stifte, in: Brunner, Ein Chorherrenbuch (v. supra). 716–784.

P r o k o p, August, Die Markgrafschaft Mähren in kunstgeschichtlicher Beziehung. Bd. 1–4. Wien 1904.

Státní Ústřední Archiv v Praze. P r ů v o d c e po archivních fondech a sbírkách [Staatliches Zentralarchiv in Prag. Ein Führer durch die Archivfonds und -sammlungen]. Kolektiv autorů pod vedením Aleny Pazderové. Díl I. Svazek 3. Praha 2005.

Przibiconis de Radenin dicti Pulkavae Chronicon Bohemiae. Edd. Josef Emler et Jan Gebauer, in: Font. rer. Bohem. V. Pragae 1893. 3–207.

R a t k o š, Peter, Pramene k dejinám Veľkej Moravy [Quellen zur Geschichte Großmährens] (Bratislava 1964. ²1968)

–, Kompletnosť veľkomoravských deperdít [Die Vervollständigung der großmährischen Deperdita], in: Slovenská archivistika 8 (1973) 106–110.

Regensburg und Böhmen. Festschrift zur Tausendjahrfeier des Regierungsantrittes Bischof Wolfgangs von Regensburg und der Errichtung des Bistums Prag. Hrsg. von Georg Schwaiger et Josef Staber (Beiträge zur Geschichte des Bistums Regensburg 6). Regensburg 1972.

Regesta archiepiscoporum Maguntinensium. Regesten zur Geschichte der Mainzer Erzbischöfe von Bonifatius bis Uriel von Gemmingen. 742?–1514. Mit Benützung des Nachlasses von Johann Friedrich Böhmer bearb. und hrsg. v. Cornelius Will. Bd. 1. 2. Innsbruck 1877. 1886.

Regesta Bohemiae et Moraviae aetatis Venceslai IV (1378 dec.–1419 aug. 15). Tom. I, 1-7: Fontes archivi metropolitani capituli Pragensi. Ed. Věra Jenšovská. Pragae 1967. 1971.

1974. 1976. 1978. 1982. 1981. Tom. II: Fontes archivi capituli ecclesiae Wissegradensis. Ed. Vladimír Vavřínek. Pragae 1968. Tom. III: Fontes archivi publici Trebonensis. Ed. Božena Kopičková. Pragae 1977. Tom. IV: Fontes archivi publici Olomucensis et Opaviensis. Ed. Božena Kopičková. Pragae 1989. Tom. V: Fontes archivi nationalis. Pars I: Litterae monasteriorum. Fasc.1–2 (1378–1419). Ed. Karel Beránek et Věra Beránková. Pragae 2006. 2007.

Regesta diplomatica nec non epistolaria Bohemiae et Moraviae. Pars I: annorum 600–1253. Opera Caroli Jaromiri Erben. Pragae 1855. Pars II: annorum 1253–1310. Pars III: annorum 1311–1333. Pars IV: annorum 1333–1346. Opera Josephi Emler, Pragae 1882. 1890. 1892. Pars V: annorum 1346–1355, fasc. 1–5. Ed. Jiří Spěváček et Jana Zachová. Pragae 1958. 1960. 2000. 2004. 2005. Pars VI: 1355–1363. Fasc. 1–3 (1355–1358). Opera Bedřich Mendl. Pragae 1928. 1929. 1954. Pars VII: 1358–1363. Fasc. 1–5. Edd. Bedřich Mendl et Milena Linhartová. Pragae 1954. 1955. 1958. 1961. 1963.

Regesta pontificum Romanorum ad a. p. Chr. natum MCXCVIII. Ed. Philippus J a f f e (= J.). Lipsiae 1851. Ed. secundam curaverunt S. L o e w e n f e l d (= JL.), F. K a l t e n b r u n n e r (= JK.), P. E w a l d (= JE.). Tom. I. II. Lipsiae 1885. 1888. Reimpr. Graz 1956.

Regesta pontificum Romanorum inde ab a. post Christum natum MCXCVIII ad a. MCCCIV. Vol. I-II. Ed. Augustus P o t t h a s t. Berolini 1874-1875.

Die Regesten der Bischöfe von Passau. Bd. I: 731–1206. Bearb. von Egon Boshof. Register von Franz-Reiner Erkens. München 1992.

R i e s e n b e r g e r, Dieter, Prosopographie der päpstlichen Legaten von Stephan II. bis Silvester II., Diss. Freiburg/Breisgau 1967.

Romanik in Böhmen. Hrsg. v. Erich Bachmann. München 1977.

Ř í h a, Tomáš, Svatý Norbert a jeho dílo [St. Norbert und sein Werk]. Řím 1971.

Sacri canones servandi sunt. Ius canonicum et status ecclesiae saeculis XIII–XV. Ed. Pavel Krafl. (Opera Instituti historici Pragae. Series C – Miscellanea 19). Praha 2008.

Sacrosancta concilia ad regiam editionem exacta ... studio Philip. Labbei & Gabr. Cossartii. Tom. IX et X. Lutetiae Parisiorum 1671.

Sacrum Pragense Millenium = AKBMS 3 (1973).

Samek, Bohumil, Umělecké památky Moravy a Slezska [Die Kunstdenkmäler Mährens und Schlesiens]. Tom. 1. 2. 3. 4. Praha 1994.

Santifaller, Leo (Hrsg.), Quellen und Forschungen zum Urkunden- und Kanzleiwesen Papst Gregors VII. I. Teil. Quellen: Urkunden. Regesten. Facsimilia (Studi e testi 190). Città del Vaticano 1957.

Monachi Sazavensis continuatio [Cosmae chronicae] a. 932–1162. Ed. Rudolf Köpke, in: Mon. Germ. Script. IX. Hannoverae 1851. 148–163. – Mních Sázavský. Ed. Josef Emler, in: Font. rer. Bohem. II. Pragae 1874. 238–269. – Cf. etiam Bretholz in: Cosmae Chronica (v. supra) p. 242–251.

Schaller, Jaroslaus, Beschreibung der königl. Haupt- und Residenzstadt Prag. Bd. 1–4. Prag 1794–1797.

–, Topographie des Königreichs Böhmen. Theil 1–16. Prag-Wien 1785–1790.

Schubert, Anton, Urkunden-Regesten aus den ehemaligen Archiven der von Kaiser Joseph II. aufgehobenen Klöster Böhmens. Innsbruck 1901.

Schumann, Otto, Die päpstlichen Legaten in Deutschland zur Zeit Heinrichs IV. und Heinrichs V. (1056–1125). Diss. Marburg 1912.

Schwoy, Franz Joseph, Topographie vom Markgrafthum Mähren. Bd. 1–3. Wien 1793–1794.

Siedlung und Verfassung Böhmens in der Frühzeit. Hrsg. von František Graus und Herbert Ludat. Wiesbaden 1967.

Simonsfeld, Henry, Jahrbücher des Deutschen Reiches unter Friedrich I. Bd. 1 (Jbb. des Deutschen Reiches). Leipzig 1908. Reimpr. Berlin 1967.

Sommer, Petr – Třeštík, Dušan – Žemlička, Josef, Bohemia and Moravia, in: Christianization and the rise of christian monarchy. Scandinavia, Central Europe and Rus' c. 900–1200. Ed. by Nora Berend. Cambridge 2007. 214–262.

Spätling, Luchesius, Kardinal Guido und seine Legation in Böhmen-Mähren (1142–1146), in: MIÖG 66 (1958) 306–330.

Stasiewski, Bernhard, Untersuchungen über drei Quellen zur ältesten Geschichte und Kirchengeschichte Polens (Breslauer Studien zur historischen Theologie 24). Breslau 1933.

Stimming, Manfred (Bearb.), Mainzer Urkundenbuch. 1. Band: Die Urkunden bis zum Tode Erzbischof Adalberts I. (1137). Darmstadt 1932.

Stredowsky, Joannes Georgius, Sacra Moraviae historia sive Vita SS. Cyrilli & Methodii. Solisbaci 1710.

Streich, Gerhard, Burg und Kirche während des deutschen Mittelalters. Untersuchungen zur Sakraltopographie von Pfalzen, Burgen und Herrensitzen. Pfalz- und Burgkapellen bis zur staufischen Zeit. Bd. I. II. (VuF Sonderbd. 29 I–II). Sigmaringen 1984.

Sułkowska-Kuraś, v. Bullarium Poloniae.

Svátek, Josef, Organizace řeholních instituci v českých zemích a péče o jejich archivy [Die Organisation der Ordenseinrichtungen in den Ländern der Krone Böhmens und die Pflege ihrer Archive], in: Sborník archivních prací 20 (1970) 503–624.

Šebánek, Jindřich (Ed.), Archivy zrušených klášterů moravských a slezských. Tom. I: Inventář pergamenů z let 1078–1471 [Archive der aufgelösten Klöster Mährens und Schlesiens. Bd. I: Inventar der Pergamenturkunden aus den Jahren 1078–1471] (Publikace Zemského Archivu v Brně. Nova Řada sv. 1). Brno 1932.

Tausend Jahre Bistum Prag. Beiträge zum Millenium. München 1974.

Tăutu, v. Acta Romanorum pontificum.

Tisíc let pražského biskupství 973–1973 [Tausend Jahre Bistum 973–1973]. Řím 1973.

Tisíc let pražského biskupství [Tausend Jahre Bistum Prag], Red. Ladislav Jedlička. Praha 1973.

Tomek, Wácslaw Wladiwoj, Dějepis města Prahy [Geschichte der Stadt Prag]. Tom. 1–12. Praha 1855–1901.

Truhlář, Joseph, Catalogus codicum manu scriptorum latinorum, qui in c. r. bibliotheca publica atque universitatis Pragensis asservantur. Tom. I–II. Pragae 1905. 1906.

Turek, Rudolf, Listina Jindřicha IV z 29. dubna 1086 (DH IV. 390) a její teritoria [Die Urkunde Heinrichs IV vom 29. April 1086 und ihre Territorien], in: Slavia Antiqua 22 (1975) 69–122.

Uhlirz, Mathilde, Jahrbücher des Deutschen Reiches unter Otto II. und Otto III. (Jbb. des Deutschen Reiches). Bd. 2: Otto III. 983–1002. Berlin 1954.

Umělecké památky Čech [Kunstdenkmäler Böhmens]. Red. Emanuel Poche. Tom. 1. 2. 3. 4. Praha 1977. 1978. 1980. 1982.

Umění doby posledních Přemyslovců [Die Kunst in der Zeit der letzten Přemysliden]. Roztoky u Prahy 1982.

Ve stopách sv. Benedikta. Sborník příspěvků z konference „Středověké kláštery v zemích Koruny české" konané ve dnech 24.–25. května 2001 v Třebíči [In den Spuren des hl. Benedikt. Beiträge von der Konferenz „Mittelalterliche Klöster in den Ländern der Krone Böhmens vom 24.–25. April 2001 in Trebic]. Edd. Libor Jan et Petr Obšusta. (Dispitationes Moravicae 3) Brno 2002.

Vincentii Pragensis Annales a. 1140–1167. Ed. Wilhelm Wattenbach, in: Mon. Germ. Script. XVII. Hannoverae 1861. 658–683. – Letopis Vincencia kanovníka kostela pražského. Ed. Josef Emler, in: Font. rer. Bohem. II. Pragae 1875. 401–460

Vita s. Adalberti auctore Canapario. Ed. Georg Heinrich Pertz, in: Mon. Germ. Script. IV. Hannoverae 1841. 581–595. – S. Adalberti Pragensis episcopi et martyris vita prior. Ed. Jadwiga Karwasińska. (Mon. Poloniae Historica S. N. IV, 1). Warszawa 1962.

Vita s. Adalberti auctore Brunone. Ed. Georg Heinrich Pertz, in: Mon. Germ. Script. IV. Hannoverae 1841. 596–612. – S. Adalberti Pragensis episcopi et martyris vita altera auctore Brunone Querfurtensi. Ed. Jadwiga Karwasińska (Mon. Poloniae Historica S. N. IV, 2). Warszawa 1969.

Wattenbach, Wilhelm, Beiträge zur Geschichte der christlichen Kirche in Maehren und Boehmen. Wien 1849.

Wattenbach-Holtzmann, Robert, Deutschlands Geschichtsquellen im Mittelalter. Die Zeit der Sachsen und Salier. Neuausgabe, besorgt von Franz-Josef Schmale. 1. Teil: Das Zeitalter des Ottonischen Staates (900–1050). 2. Teil: Das Zeitalter des Investi-

turstreits (1050–1125). 3. Teil: Italien (1050–1125). England (900–1135). Nachträge zum ersten und zweiten Teil. Darmstadt 1967. 1967. 1971.

Wattenbach-Levison, Wilhelm, Deutschlands Geschichtsquellen im Mittelalter. Vorzeit und Karolinger. H. 2: Die Karolinger vom Anfang des 8. Jahrhunderts bis zum Tode Karls des Großen. Bearb. v. Wilhelm Levison und Heinz Löwe. Weimar 1953.

Wattenbach-Schmale, Franz-Josef, Deutschlands Geschichtsquellen im Mittelalter. Vom Tode Kaiser Heinrichs V. bis zum Ende des Interregnum. 1. Teil: Von Franz-Josef Schmale unter der Mitarbeit von Irene Schmale-Ott und Dieter Berg. Darmstadt 1976.

Wegener, Wilhelm, Böhmen-Mähren und das Reich im Hochmittelalter. Untersuchungen zur staatsrechtlichen Stellung Böhmens und Mährens im Deutschen Reich des Mittelalters 919–1253 (Ostmitteleuropa in Vergangenheit und Gegenwart 5). Köln-Graz 1959.

Wendehorst, Alfred-Benz, Stefan, Verzeichnis der Säkularkanonikerstifte der Reichskirche. 2., verb. Auflage. Neustadt an der Aisch 1997.

Wenskus, Reinhard, Zu einigen päpstlichen Legationen nach Böhmen und Mähren im 12. Jahrhundert, in: Zs. f. Kirchengeschichte 70 (1959) 141–146.

Canonici Wissegradensis continuatio Cosmae a. 1126–1142. Ed. Rudolf Köpke, in: Mon. Germ. Script. IX. Hannoverae 1851. 132–148. – Kanowník Wyšehradský. Vyd. Josef Emler, in: Font. rer. Bohem. II. Pragae 1874. 201–237.

Wolný, Gregor, Die Markgrafschaft Mähren topographisch, statistisch und historisch geschildert. Bd. 1–6. Brünn 1835–1842.

–, Kirchliche Topographie von Mähren. I. Abt.: Olmützer Erzdiöcese. Bd. 1–5. Brünn 1855–1863. II. Abt.: Brünner Diöcese. Bd. 1–4. Brünn 1856–1861.

Wolter, Heinz, Die Synoden im Reichsgebiet und in Reichsitalien von 916 bis 1056. (Konziliengeschichte. Reihe A: Darstellungen). Paderborn e.a. 1988.

Zak, Alphonsus, De b. Henrico II Zdik, septimo episcopo Moraviensi seu Olomucensi,

Ordinis Praemonstratensis († 25 junii 1150), in: Analectes de l'Ordre de Prémontré 4 (1908) 1–48; 5 (1909) 49–112; 6 (1910) 113–173.

Žák, Alfons, Österreichisches Klosterbuch. Statistik der Orden und Kongregationen der katholischen Kirche in Österreich. Wien-Leipzig 1911.

Zenker, Barbara, Die Mitglieder des Kardinalkollegiums von 1130 bis 1159. Diss. phil. Würzburg 1964.

Zeschick, Johannes, Die Benediktiner in Böhmen und Mähren, in: AKBMS 6 (1982) 38–102.

Zíbrt, Čeněk, Bibliografie české historie [Bibliographie zur böhmischen Geschichte]. Bd. I–V. Praha 1900. 1902. 1904–1906. 1907–1909. 1910–1912.

Ziegler, Wolfram, König Konrad III. (1138–1152). Hof, Urkunden und Politik. (Forschungen zur Kaiser- und Papstgeschichte des Mittelalters. Beihefte zu J. F. Böhmer, Regesta Imperii 26). Wien-Köln-Weimar 2008).

Zieliński Józef, Legacja Piotra z Kapui do Czech i Polski w r. 1197 [Die Legationsreise des Petrus Capuanus nach Böhmen und Polen im Jahre 1197], in: Collectanea theologica. Kwartalnik teologów polskich 28 (1957) 576–597.

Zimmermann, Harald, v. Papsturkunden.

Žemlička, Josef, Čechy v době knížecí (1034–1198) [Böhmen in der Zeit der Herzöge 1034–1198] (Edice Česká historie 2). Praha 1997.